北投

賜予從我母親許足女士（一九一八—一九七一）
開始一家發展機會的故里

許陽明

從日治「天狗庵」到民國「中山樓」

北投·草山溫泉歷史「再發現」物語

許陽明——著

古蹟守護的史詩級故事

謝長廷

許陽明先生在台灣常被稱爲古蹟守護的第一人，他與管碧玲及團隊一起努力，無論是從法制的規劃訂定，到文化資產的保存指定或登錄，成績可說相當可觀。這二十幾年來，他們一起從北投開始，從南到北，從海邊到高山，已經保存超過一百棟的建築成爲法定的文化資產。單單由他的辦公室申請在台北市北投指定或登錄成功的文化資產，迄今也已有近二十處。每個古蹟幾乎都有一段感人或困難的故事，最具代表性的是北投溫泉博物館、北投公園與天狗庵紀念公園的設立。

由於一般人對文化資產的保存，不太容易了解也容易誤解，所以文化資產的指定與登錄相當不容易。許陽明他們推動指定與登錄文化資產的過程，不論是順利與否，其實每一件都充滿了故事。就北投而言，在這本《從日治「天狗庵」到民國「中山樓」——北投・草山溫泉歷史「再發現」物語》中，他忠實的記載整個過程、心境以及他跟社區人士互動的點點滴滴，相信這些故事會感動很多人，也會爲台灣的社區運動，留下不少珍貴的資料。

從催生北投溫泉博物館的過程，他接觸到北投石，了解北投石的產生和「瀧」（日文的小瀑布）的關係，因此讓他對該地的溫泉發展歷史產生濃厚興趣，從「瀧乃湯」一直追尋到「星乃湯」，更追溯到「天狗庵」，幾乎上窮碧落下黃泉的追查它們的前世今生，如他自已說的，那是史詩級的美麗故事，他奮筆寫下本書，用許多時間寫了二十幾萬字，述說屬於溫泉鄉北投這一百多年的歷史與傳說。

他自謙說不會日文，憑藉著滿腔熱誠，拿著手邊的大疊資料，遠渡重洋到日本九州，一一造訪這些開發北投歷史人物的後代子孫，在一些日本通的人來看，想要完成這種任務，簡直難如登天，但也許就是他的誠懇和素樸，反而感動接受造訪的日本人，不但積極配合訪談，還紛紛提供珍藏的歷史資料文獻，充實本書內容，讓敘述的事情更加詳實，增加可讀性。

日本九州因地理與台灣較近，日本時代來台灣創業經營小生意或擔任老師、警察等基層公務員的日本人，以九州人爲多，本書描述的平田源吾出生大分縣，他來台經營溫泉就是典型的例子，因爲這些因緣，九州和台灣的交流始終沒有間斷，博多口味的拉麵如一蘭、一風堂在台灣也很合台灣人口味，受到普遍歡迎。今年台積電在熊本成功設廠，更是有口皆碑，掀起台日經濟合作的高潮，陽明這本書正好註解台日民間友好關係的淵源流長。

本書提到的北投石，可以說是台灣的國寶，全世界以台灣地名命名的礦石，只有一九〇五年由岡本要八郎發現，而在一九一二年由國際礦石會議定名的「北投石」（Hokutolite），這件事應該說是空前絕後了。可惜有一段時間，政府並不知重視和保護，在無法律規範下，毫無管理的機制，以致形成北投石的「瀧」地形環境完全破壞，殊爲可惜。當年在推動溫泉博物館時，許陽明和北投國小黃桂冠老師，及多位北投國、高中及小學的老師，也召集許多社區民眾與專家學者，推動在文資法中列入「自然地景與自然紀念物」的法制，要讓北投石之指定與登錄爲文化資產來保護有依據的法源，並思考如何展示讓民眾瞭解愛護北投溪、護育北投石的重要。

嘉義的蔡溫隆先生響應號召，在一九九八年無償捐贈一塊八百公斤的北投石做爲北投溫泉博物館的鎮館之寶。管碧玲擔任立法委員後，也接續推動保護的法制，由於文資法訂定「自然地景與自然紀念物」後的施行日期，授權行政院以命令定之。也因這個機緣，在北投石發現一百週年時，於二〇〇五年十月三十一日，也由我簽署命令發布正式實施。陽明在這本書中，也有將這個集合許多人努力的過程翔實地記錄下來。

但要自然形成北投石可能要等百千年以後，雖然如此，還是值得爲子孫留下國寶級的紀念物。北投石現在的保護已經有了法源，「直轄市定自然地景北投石自然保留區」也已經公告，但北投溪現場也幾乎沒有北投石了，我們可能還需要很長、很長的時間等待北投石重現於北投溪中。如過分宣傳北投石，無形是替過去收藏或開採的人推銷，所以公家或環境人士不太願意再提北投石的話題，但我認爲北投溫泉仍含有北投石的特殊稀有能量，而北投石是台灣特有寶物，應該繼續推廣介紹，因此駐日代表處的台灣文化中心在今年三月舉辦「台日北投石交流展——養生、文化與科技」，邀請台灣相關業者和日本玉川溫泉的從業人士共襄盛舉，期待讓更多的日本人知道北投石的價值，這點也要特別感謝許陽明當年的堅持和推動，同時他對台日一些民間友好關係的貢獻，特別是以寫這本書來作爲歷史的連結，作爲駐日大使，更要特別致上敬意與感謝。

二〇二四．一月十日於東京

（本文作者爲前行政院院長、前駐日台灣代表處大使）

一本穿越世紀時空交流的台日故事書

垂秀夫

許陽明先生這本《從日治「天狗庵」到民國「中山樓」——北投·草山溫泉歷史「再發現」物語》，穿越時空回顧平田源吾經歷一段日本幕府末年，到明治維新的動亂之後，一八九五年五十歲之際，決定到台灣來開採金礦，夢想成爲大富翁，但事與願違，卻意外地到北投開設溫泉旅館「天狗庵」開始，訴說一百多年來北投歷經跌宕起伏，令人流連的泉煙風華歲月之故事。

過去本人在台灣服務時，許陽明先生曾經爲我們導覽過本書中所介紹的幾個地方。北投第一間，也是台灣第一間溫泉旅館「天狗庵」創立者，出生於九州大分的大阪人平田源吾，及「星乃湯」的創辦人，出生於靜岡富士宮的佐野庄太郎，許陽明先生都聯繫到他們的後代子孫們，也與發現「北投石」的岡本要八郎的哲嗣有交流，更從他們那裡獲得珍貴的歷史與影像資料，從一百多年前北投溫泉事業開基肇始，讓這些北投開發先驅們的故事，得以信實地穿越百年時空而來到讀者的面前。

再者，這本書介紹了許多日本的建築形式與文化，更從文化，地理歷史等各種角度去呼籲與保護許多文化財，尤其許陽明與管碧玲他們伉儷，保護及推動了許多台灣日本時代的建築，使之成爲台灣法律指定的文化資產，特別是本書中所介紹的北投溫泉博物館（北投公共浴場）、吟松閣、北投普濟寺、北投不動明王石窟、草山御貴賓館、草山眾樂園，及日本時代的佳山旅館……等等，這些北投珍貴的文化資產，其建築與流轉的世紀物語，都將成爲台日交流的美麗橋樑。

這本書厚重信實、圖文並茂，我鄭重向大家推薦這本穿越世紀時空交流，屬於台灣與日本的故事書！

（本文作者爲日本台灣交流協會台北事務所前秘書長、前日本國駐中國大使）

「凱薩」與「繆思」之間的思辨與交手

管碧玲

土地與人民其實無法分割，土地與人民的環境、歷史與文化，我認為那就是土地的靈魂，我們保護這些環境、文化與歷史，進而讓我們的生活與視野更加厚實，也讓我們的靈魂更加明亮與豐盈。所以多年來，我總是不斷談論到：一個重視土地的倫理，重視人民的環境、歷史與文化的國家，會成為一個具有靈魂的魅力國家；重視土地與人民的環境、歷史與文化的都市，就會成為一個具有靈魂的魅力都市。

二〇〇〇年，我在北投從一個在大學專職任教的學者，轉去高雄擔任新職，二〇〇二年許陽明也到台南任新職，而二〇〇五年開始我到立法院工作，至二〇二三年一月再轉任現職，總計我在立法院的工作，差一天就滿十八年。文化是人與群體表達自己的方式。這近三十年來，我們有幸將我們所思所想的文化、歷史與環境的改造，透過創辦雜誌，為文論說；透過參與社會改造運動，參政問政，在北投、台南與高雄到台灣各地，多有表達與實踐自己想法與主張的機遇。

除了我們過去在北投提倡的「生活環境博物園區」與「親手打造自己社區的博物館」的概念之外，二〇〇五年，我們更將視野放眼於全國。我們提出我們對台灣歷史與土地關聯的看法，提出要保存台灣歷史現場，提出再現台灣歷史現場的論述與清單，以作為建構台灣歷史不可或缺的內涵。二〇〇五年我在對行政院長的總質詢中，對台灣擁有許多足以與世界對話的文化景觀與資源，呼籲我們應該展現企圖，翻轉過去沒有系統與國家政策方向的古蹟修復概念。我呼籲行政院相關單位及主管機關，展現政府應有的文化視野、歷史責任和國際觀點，大刀闊斧地進行台灣歷史文化資產的整體建構。我認爲：當國家發展的軌跡可以讓我們觸摸到時，國家的歷史建構才算完成。台灣發展的軌跡應該透過文化建設，營造成爲活生生的歷史教育及文化觀光的核心。

我最先提出四十二項以台灣歷史爲主體的指標性「歷史現場」，二〇一三年三月十八日我再向交通部長質詢此議題後增補爲七十八項歷史現場，現在這份名單已經擴充到一百二十多項了。質詢中我呼籲文化建設要注重歷史文化的策略性與方向性，文化資產不要只拘泥於古蹟本體的修復，應打破單點、單棟、個案式的文化資產保存，並應轉向以整體歷史文化的視野來塑造古蹟政策，以具有歷史故事的現場爲基地，強化古蹟主體的空間特性與周邊機能，整合既有資源，塑造既有全球高度，又有在地特色的文化地景來創造國家的新面貌。那時我們團隊在許陽明的召集下，也花了四、五年的時間，上山下海，從顏思齊墓園到牡丹社事件各現場，再到霧社事件馬赫坡古戰場，將台灣歷史分八個階段，逐一訪查我們所論述的重要台灣歷史之現場，也提出台灣歷史現場的保存與再現的初步清單。

二〇一六年，我們建議將「歷史現場再造」列在蔡英文總統競選的文化政策中。很榮幸我們的這個建議，榮獲列在當時由鄭麗君委員召集研議的蔡總統「文化政策白皮書」之中。蔡總統就職後，鄭麗君委員就任文化部長，文化部根據總統競選時的文化政策白皮書，制定「前瞻基礎建設計畫——再造歷史現場」，成爲行政院全國性重要政策的專案計劃，讓各縣市政府申請承辦。歷史現場的保存與再現，經我們推動多年之後，終於成爲國家的重要文化政策編列預算全面推動。

當然從一九九五年開始，在這近三十年當中，我們也投入許多文化資產的搶救與保存工作，成功的案例已經達到百件之多。尤其我們投入幾個重大的文化資產保存事件，從台北蔡瑞月舞蹈社、台北酒廠華山文創園區、台灣煉瓦會社高雄工場、原台灣總督府氣象台阿里山觀象所廳舍、原日軍台南衛戍病院，也是成功大學力行校區，到現在我國最大的國定古蹟鐵道部台北機廠等等，這些文化資產指定成功的過程充滿衝突與論戰，實在是讓我們累積了相當多的處理經驗與建構論述，並廣增了我們對文化建設的視野。

二〇一三年，我請辦公室同仁，花了近三個月的時間，天涯海角逐一內外詳細檢視、拍照記錄我國的三十八座燈塔（如加上太平島的燈塔則共有三十九座），並向各相關機關提出了除太平島燈塔外，對三十八座燈塔的完整報告。我對三十八座燈塔只有九座具有文資身分的情況，向各相關機關提出整體提升保存與經營的建議，而我的建議也受到各經管機關相當的重視。現在我國燈塔保存的層級與內容已經陸續擴大提升，例如東椗島燈塔、彭佳嶼燈塔從沒有文資身分，現在已經提升指定爲國定古蹟了，而觀音白沙岬燈塔、烏坵燈塔與東湧燈塔都從縣定級提升爲國定古蹟。而我們建議的開放燈塔觀光，至二〇二三年底也已經有二十二個燈塔開放參觀了。許陽明在台南市推出大型的文化建設，也是再造歷史現場先驅型的示範案「安平港國家歷史風景區」；我也在高雄提出過「鳳山舊城歷史保存與再現（再造歷史現場 高雄市左營舊城見城計畫）、「高雄港歷史風貌保存區」（再造歷史現場興濱計畫：哈瑪星港濱街町再生）。這些都可說是由於我們在北投的經驗，使我們對台灣歷史現場的保存與再現，有了廣域的全新視野。

我們所稱的歷史現場再造或再現，其實具有雙重內涵：既是以歷史文化的主題來美化與深化整體的城鄉環境，也是讓人們可以在歷史現場，實際感受歷史的變遷，以滋生歷史意識和認同。在倡議物質建設的同時，能夠在建設中用文化改善環境，美化環境，進而促進突顯自我認同。這也是我們從北投溫泉鄉重建開始，所獲致的深層體會，並一再論述的核心價值。

而我們有機緣投入這些文化與歷史的建構，以及文化資產的保存與建設的工作，其實可說是起緣於當年我們投入北投重建，在文化上所體會的「自我認同」與「自我再發現」。「自我認同」與「自我再發現」的意識，更讓我們進而延伸至台灣歷史現場之保存與再現的論述，也因而能構思出一個以台灣歷史現場再現的整體架構與願景，使之成爲歷史文化地景與環境改造的全國性國家政策。

二〇〇〇年時許陽明出版了《女巫之湯——北投溫泉鄉重建筆記》，那本書雖然是筆記式的札記，但是該書對於北投溫泉鄉的論述，從溫泉的歷史與利用出發，改變了過去大眾對北投的想像與理解，並提出了一個北投在新時代的發展新典範，也寫出一個民意代表如何去完成對選民的重大承諾。誠如當年提出搶救北投公共浴場的黃桂冠老師說的：「由於是提出搶救北投溫泉公共浴場的師生之一，我親眼看到許陽明先生，接受我們的陳請後，如何鋪陳他的社會資源去完成他對我們的承諾；也讀到他寫的許多文章，知道他如何利用理論去建構北投的重建，我也親眼目睹許陽明先生如何去面對衝突，如何去排難解紛，最後也看到許先生如何去實踐，如何去敦促政府單位，將一堆複雜的計畫，在三年間逐一完成。」

北投溫泉鄉的重建，讓外界研究北投或討論北投的故事，從此大多轉爲聚焦於溫泉的歷史與社區的重建營造。不過該書出版之後，雖然成了許多研究北投都會參看的書籍，但是那本書畢竟是許陽明在赴任新職之前，在很有限的時間裡，快速地書寫出來的筆記匯本。所以有些需要說的故事還來不及說，例如北投幾個重要的文化資產之保存的故事與發展，如北投文物館、七虎籃球場、北投穀倉，北投石自然保留區……等等的故事，還有星乃湯爲什麼沒有指定爲古蹟的故事也沒有說；另外湯守觀音也因當年爲尊重寺方人員的顧慮，只首度發表照片而沒有明說湯守觀音尊奉在普濟寺大殿牆中的位置與故事；而北投台銀舊宿舍的故事也只說了一部分。書中所寫的大部分故事，都還沒有將完整的背景與故事說清楚，而該書出版後的北投故事發展，當然是還沒有機會補充。

當時也因爲對北投的整體文化資產，在短時間內做全面性的推動保護，而沒有充分的時間去尋找資料、爬梳研究每一件事的細節，例如普濟寺的前身鐵眞院的歷史源流，所以只能用有限的資料書寫，以致故事的呈現有所不足或有所違誤。這些年來許陽明一直感到那本有許多人都在參考的書，實在應該適度地加以修正與補充，以免有些違誤的資料一直沒有獲得改正，所以就花了一些時間，將書的內容補充到近三十萬字的規模了，因此才有了這本《從日治「天狗庵」到民國「中山樓」——北投．草山溫泉歷史「再發現」物語》的出版。我在此鄭重推薦這本書的原因，除了許多是我與許陽明共同參與那些文化保存運動的深重情感之外，大致有三：

一、本書再回顧一九九五年開始北投重建的社區營造部分，大部分是在二〇〇〇年出版的《女巫之湯——北投溫泉鄉重建筆記》書上，或多或少已經有所敘述，但這本新書並不是復述那些故事而已，其實也增加北投重建之後續發展中，所發生的許多意外及外界所不知的細節與波折，例如天狗庵遺構的保護，在紀念公園都市計畫定案後，還曾經歷了一段土地被分割賣給財團去擴充大樓的面積，天狗庵的遺構因此差一點就被毀於怪手之下。但是我們經歷了一段不爲外界所知的奮鬥，才阻擋了這件事，才將天狗庵的遺構保存了下來，最後才闢建成紀念公園。這件事雖已事過境遷，但在本書中公布那時折衝過程中一些外界所不知的關鍵文件，正是要表明，北投重建之路並非一路平順宛如嘉年華會，而是我們背後有理性的方法與原則在堅持。再舉一例，如星乃湯被許陽明推崇爲北投溫泉建築三寶之一，爲什麼沒有努力去將之指定爲文化資產？其實我們是有過努力，只是時機違和失之交臂。所以在本書中也有將其原因加以敘述。

二、這本書的內容橫跨北投的溫泉、歷史、地理、建築、宗教與凱達格蘭原民……等等，可說涉獵內容相當豐富，但本書所書寫或所用的資料，絕大部分是我們自己調查、自己測量及收集的第一手原始資料；而本書使用的歷史資料亦大多數是出自日本時代的原始資料，及昔日在北投之日本家族所提供的第一手原始資料，所以本書不人云亦云，以文化資產的保存爲核心，盡力追根到底，而因此充滿了「再發現」的故事。我們曾獲幾位日本時代北投開拓先驅的後代們之協助，尤其是第一家溫泉旅館的創辦者平田源吾，及星乃湯創辦者佐野庄太郎等等的孫輩「賢拜」們，及北投石發現者岡本要八郎的哲嗣岡本正豐先生，及幾位日本時代「北投尋常小學校同窗會」的北投老鄉親們，他們熱心提供的珍貴歷史影像與資料或故事，讓我們解開了許多過去所不知或不清楚的事實。當然我們也獲益於日益成熟開放的國家檔案與政府公文書資料，例如蔣中正的日記、監管張學良的檔案，及一些歷史建築流轉的政府公文書與歷史文獻等等，讓我們得以揭開一些謎題，例如蔣中正爲什麼在其評價甚高的草山御貴賓館，只住了兩個星期就搬離開去住草山行館？這本書都有所揭露。

三、這近三十年來我們即知即行，不但搶救了許多文化資產，我們也從那些搶救的行動中，知學獲益良多。我們從許多搶救文化資產的行動中，體會了許多行動的準則與方法，這些行動的準則與方法，我們也將之化爲法律，最後我對《文化資產保存法》實施三十週年提出總體檢，並在二〇一六年提案將該法全面大修。我將普遍平等的文化參與權全面增進文資法中；也將文化資產明確分爲有形與無形兩大系統；更擴充文化資產的種類以適應實際適用的需要；也將審議程序中的暫定古蹟之範圍擴大至歷史建築、紀念建築、聚落建築；無形文化資產的擁有者，與此無形文化資產相關聯的公有有形文化資產，得享有平等互惠無償合作的優先權，以及對文化資產容積轉移的政府服務之積極規定等等，這些重大的觀念革新，都是我們在那近三十年中，參與眾多文化資產保存的運動中，遭遇許多困難與衝突的檢討中所獲致的理念。在許陽明的這本書中，對一些案例也有許多實際直白的描寫，所以這也是一本相當寫實、精彩且直言無諱的故事書，我認為這本書相當程度融入了學術的方法，深入探索了北投文化資產的歷史淵源，也將其流變的轉折與來龍去脈，做了相當深入的探索。所以這本書不僅足以變成以後探索北投歷史與文化資產的索引，其方法論述也足以供其他有志書寫此種深遠文化與歷史環境者之參考。

許陽明在本書中，其實也直白地論述「文化政策與文化建設，很多時候，總是『凱薩』與『繆思』之間的思辨與交手的結果。你我皆可以成為『凱撒』，也可以成為『繆思』，兩者並不完全是對立的或一定會交惡衝突的。」文化政策與文化建設是公共事務，自然離不開「凱薩」，但其權力之舞使，如何與「謬思」攜手相處並進，則永遠是一項課題。誠然此書！所以我內舉不避親，鄭重地向大家推薦這本書。

（本文作者為高雄市首任文化局局長、前立法委員，現為行政院海洋委員會主任委員）

11　文　化　（第3種郵便物認可）

文　化

「台湾の日本建築に関心を」

旅館「星乃湯」取材で来崎

建物の保存活動続ける　許 陽明さん（70）

林田さん（右）が保存している祖父や「星乃湯」の写真について説明を受ける許さん＝長崎市平野町

台湾で日本統治時代の日本建築の保存に携わる歴史研究家、許陽明さん(70)が今夏、かつて台北市で温泉旅館「星乃湯」を経営した佐野庄太郎さん（1878～1948年）の取材のため長崎市を訪れ、佐野さんの孫である林田剛衛さん(70)から話を聞き取りした。

佐野さんは静岡県富士宮市出身。19歳で単身台湾に渡り、30歳で3階建ての旅館「台北館」を台北市に開業。さらに市郊外の北投温泉に進出し、50歳で「星乃湯」を開いた。日本庭園も備えた純和風の施設などが注目され、政財界も利用する有名旅館になったという。

しかし、敗戦を受けて佐野さんは旅館を手放し、日本に引き揚げることに。星乃湯はその後、元従業員が引き継ぎ別の名で運営したが、2013年に廃業したという。

北投出身の許さんは台南市副市長などを務めた政治家で、日本統治時代の建物の保存活動に1990年代から取り組んでいる。2000年に刊行した著書「女巫の湯―北投温泉郷重建筆記」で、星乃湯とその近くに佐野さんが築いた「不動明王石窟」を紹介。同石窟が1998年、台北市の有形文化財に指定されたのも、許さんの提案がきっかけだった。

許さんが8月に来崎したのは、年内に発行する著書の取材が目的。林田さんが2021年に発刊した小説「星乃湯　離の夢～台湾北投に〝日本〟をつくった佐野庄太郎一家」（集広舎）のことをインターネットで知り、直接会って話を聞くことにした。

許さんは林田さんから、佐野さんや星乃湯の大広間、玄関、従業員らが映った写真アルバムを見せてもらいながら当時の説明を受けた。許さんからは、今は廃虚となった星乃湯の現状を報告。「かつて星乃湯を台北市の文化財に指定するよう動いたが、当時の持ち主が亡くなったために実現せず、とても残念」と振り返った。

新著では、日本統治時代に北投に建てられたホテルや公共浴場、寺などの調査結果とこれまでの保存活動などを紹介する。許さんは「できれば日本人にも関心を持ってもらい、台湾を訪れ、歴史を肌で感じてほしい」と話した。

（中村修二）

2023年　筆者到長崎訪問佐野庄太郎的外孫林田賢昆仲，
承蒙《長崎新聞》採訪報導（令和5年10月9日）。

說明｜本書所用現代照片、圖片如無特別說明，皆爲筆者自拍，或筆者與辦公室同仁之攝影。日本時代的照片、圖片，如無特別說明，皆爲自有之日本時代的原版照片或明信片；或由日本時代在北投的日本家族所贈並授權使用之照片。而日本時代之上彩照片或圖片，皆由筆者以Photoshop親手所繪。但無法得知眞實色彩，所以只能以美術觀點上彩。本書之版權除出版社之版權保護外，本書版權特別再敦聘高雄市仁頌聯合律師事務所劉思龍律師專案特別管理，特此敬告說明。

致謝

中華民國前行政院院長、前駐日台灣代表處大使　謝長廷
日本台灣交流協會台北事務所前秘書長、前日本國駐中國大使　垂秀夫
中華民國行政院海洋委員會主任委員　管碧玲
日本台灣交流協會台北事務所　陳雅慧秘書
堀込憲二教授／郭中端老師／李乾朗教授／王惠君教授／李學忠教授
許以心副教授／崔世勳助理教授
日本時代台灣關係者／平田恆之先生／岡本正豐先生／林田益興先生／林田剛衛先生
玉腰保雄先生／（在日）北投尋常小學校同窗會
日本／川端幸夫先生／長崎新聞／中村修二主任／陳威臣特派／周麗文女士／劉家愷諮議
黃桂冠老師／呂鴻文老師／李雲嬌老師／黃斐菲老師／陳瑋鈴老師／黃文菊老師／王雅芬老師
陳琦君老師／曾麗俐老師／林淑慈老師
李天礢先生／黃秀如女士／薛惠玲小姐／辛奇導演／黃明貴先生／吳滿居士／蔡孟珊小姐

李宏智先生／謝和枝女士／吳春福先生／李秋霞里長／潘國良先生／李正賢先生／許以文女士
沂水園　陳專煉先生派下陳氏諸兄弟／潘慧安長老／鄭旺財先生／吳相羅先生／高周金女士
張聿文里長

財政部國有財產署／內政部營建署陽明山國家公園管理處／國防部後勤指揮部
台灣銀行不動產管理部／（在台）北投尋常小學校同窗會／基督教長老教會台北中會
基督教長老教會北投教會／自立長老會新北投教會／北投番仔厝保德宮

出版／簡志忠社長／劉鳳剛副總

影像／本書智慧財產權專案管理　仁頌聯合律師事務所　劉思龍律師

前立法委員管碧玲國會辦公室
陳林頌先生／陳鳳瑜女士／蔡馨儀小姐／王文雯小姐／郭書瑜小姐

特別紀念

蔡慈鴻建築師／潘慧耀長老／陳嘉林理事長

許陽明　謹致謝／二〇二四年

目錄

〈第九章〉

蓬萊米故鄉與籃運搖籃七虎籃球場 389

〈第十章〉

草山御貴賓館與中山樓 427

〈第一章〉

平田源吾與天狗庵史蹟公園

「北投」的發音，傳說是「凱達格蘭人」語「女巫」之意，可能因北投過去是一個泉煙瀰漫的神秘之地，原住民對此地充滿了尊崇與敬畏，才有這樣的地名稱呼吧。泉煙瀰漫的草山與北投得天獨厚，擁有泉質完全不同的「青磺」、「白磺」與「鐵磺」三種溫泉，這三種溫泉各有特色各擅勝場，都爲愛泡湯的人們所喜愛。也因爲這些溫泉的開發，曾經繁華，也曾經墜入風塵，從日治到現代，一百多年的時光流轉，使北投與草山成爲一個充滿故事的地方，而近年新發現的一些故事，或過去來不及寫的故事，都讓我們覺得北投與草山的故事眞是柳暗花明、精彩豐富。

這些新發現或過去來不及說的故事，就是本書所要說的北投與草山溫泉歷史的「再發現」物語。

北投溫泉開拓者平田源吾

北投溫泉的開發，我們就從一個經歷過日本動亂的幕府末期，到明治維新，一直都不甚得志的浪人平田源吾談起。一八九五年四月十七日馬關條約在日本下關春帆樓簽約之後，台灣割讓日本，平田源吾認爲機會來了，於是他懷抱著要做出一番事業，甚至一獲千金，能成爲天下屈指可數的大富翁，於是在一八九五年六月，馬關條約簽約後兩個月不到，他就隻身來到台灣，打算採掘金礦，實現他的美夢以及野心。然而事與願違，殘酷的事實是，他瞭解到金礦，根本不是他那種身分的人有權利去開採的。更糟的是掏金夢碎的他，在勘查礦山時受了傷，卻在當地找不到醫生治療。

在尋找治療方法時，他打聽到台北近郊草山下的北投有溫泉，於是他就想到要利用溫泉來療傷，因此他輾轉來到了北投，發現北投果眞有溫泉，於是他在北投溫泉溪中沐浴療傷，一個月後傷處終於痊癒。由於此一因緣，讓他認識到北投溫泉的優異，而最後讓他決定在北投開設一家溫泉旅館。這個意外，開啓了北投溫泉的開發，也因而造就了北投一百多年來迭宕起伏，令人流連的泉煙風華歲月。

德川幕府末期，日本面對著強大的國內外壓力，「尊王攘夷」與「開國師夷」兩派主張者，互視對方爲寇讎，殺戮征戰，使日本動亂不休。受到內外極大壓力的德川幕府末代將軍德川慶喜，亟思因應之道，最後選擇於一八六七年十月，在京都二條城發表「大政奉還」還政於天皇。但實際上德川慶喜當時還擁有相當的軍政實力，在那樣的背景之下，該年十二月九日以天皇爲中心的新政府成立，決議「王政復古之大號令」，對德川慶喜下「辭官與納地」的處分，而開啓了日本近代最重要，史無前例的巨大變革「明治維新」。德川慶喜因此退居大阪，頓時日本各地動亂四起。明治元年，一八六八年一月，以薩摩藩（約今鹿兒島縣）和長州藩（約今山口縣）聯盟爲主的新政府軍，形成與幕府軍對峙的局面，雙方在京都近郊展開「鳥羽伏見之戰」，於是以此爲開端的明治維新內戰「戊辰戰爭」爆發，此役幕府軍大敗，德川慶喜從大阪由海路逃回江戶。

隨後由幕臣勝海舟居中與新政府軍主帥薩摩藩的西鄉隆盛談判，最後江戶（今東京）無血開城，德川慶喜改移靜岡幽居，而保住其德川家的家脈。但擁幕的勢力繼續陸續抵抗，接續發生上野戰爭、東北戰爭、會津戰爭等等，但逐一被維新政府軍平定。至一八六九年五月北海道箱館「五稜郭」之戰，擁幕武士集團新撰組副局長土方歲三在此戰死，幕府殘軍「蝦夷共和國」總裁榎本武揚投降，至

1. 1909年　平田源吾在天狗庵。（筆者以Photoshop上彩）
2. 1895-4-17　簽訂馬關條約的下關春帆樓。（2023年筆者自拍）
3. 天狗庵側門入口。（筆者以Photoshop上彩）
4. 西鄉隆盛與勝海舟在江戶談判無血開城的地點（今東京田町駅附近）。（2019年筆者 攝）

1. 德川慶喜（左）及夫人（御台所）德川美賀子（一條美賀子、肅貞院）（右）墓園。（2019筆者 攝）
2. 高山市——高山陣屋。
3. 西鄉隆盛在西南戰爭最後以傳統武士方法結束自己浩蕩一生的地方。鹿兒島城山南洲翁終焉之地。（筆者自拍）

此被稱爲「新日本之黎明」的戊辰戰爭結束。

於是明治二年，一八六九年六月維新政府趁勢實施「版籍奉還」，將藩國版圖與藩民戶籍收歸天皇中央所有；接下去明治四年，一八七一年維新政府推行「廢藩置縣」廢除封建大名制度，開始中央集權；一八七二年頒布徵兵令建立新陸軍與海軍；一八七四年佐賀士族，明治維新後的日本首任司法卿，以「征韓論」失敗而下野的江藤新平爲首，發動佐賀之亂。佐賀之亂迅速遭到新政府軍鎮壓後，江藤新平被斬首示眾。一八七六年維新政府再頒廢刀令，廢除武士制度等等，逐步打破藩國封建的種種新政，因而引起各藩身爲武士的士族蜂起反抗。一八七六年接連發生以日本舊武士階級士族爲主的神風連之亂、秋月之亂、萩之亂等，但都逐一遭到維新政府平定。一八七七年鹿兒島薩摩藩士族擁立被尊爲日本明治維新三傑之一的西鄉隆盛，發動日本最後一場大規模的內戰「西南戰爭」，此役西鄉軍失敗後，日本才逐漸平定，經過史無前例的維新革命，中央集權，拓殖產業，整軍經武，日益強盛的新日本開始以軍國主義出現在國際舞台。

幕末「尊王攘夷」派的熱血人士

開發北投溫泉的平田源吾（平田ゲンゴ Hirata Gengo），生於日本弘化二年，西元一八四五年。根據一九〇九年他出版的《北投溫泉誌》中《溫泉場の開山平田源吾翁の履歷》介紹，他本籍是大阪南區北桃谷町百三十八番地，但出生地是豐前中津奧平藩，該地在明治維新廢藩置縣後，成了九州大分縣的一部分。他父親的名字爲柳原傳兵衛，他之所以會姓平田，是因爲被母親家族中的平田右衛門收爲養子，繼承了平田家的緣故。

慶應元年，一八六五年，平田源吾二十一歲那年，時值上述幕府末期，明治維新胎動的年代。明治天皇於一八六七年即位，平田源吾在自傳中說，那是個動亂的時期，與日本領台初始的台灣軍政時期情況有點類似，他就是在那個所謂的過渡時期，也是他自己認爲「饒富趣味」的時候遷到大阪。當時，他認爲自己並不適合長久待在那種無聊的邊境地帶，而應該要趁著這個千載難逢的時機，爲天下眾生做一番大事。

他滿懷抱負，和一些氣性相投的青年同志們往來。慶應二年，一八六六年十二月三十一日，平田源吾和平野四郎、石見忠義、佐田內記等二百五十八人，在現已廢郡，併入九州大分縣宇佐市的宇佐郡，放火把幕府的「陣屋」燒掉了，還佔領了兩門大砲，奪取了陣屋的米糧，佔據了宇佐八幡的御許山。從這些行動看，他們這一群人應該是日本幕末「尊王攘夷」派的熱血人士。

日本的「陣屋」是江戶時代負責管理幕府直轄領地的行政、財政、警察、刑事裁決及官倉庫藏等政務的官署。經過幕府末年，明治初年的動亂，至今歷經一百五十多年的激烈變化，日本幕府時代的「陣屋」多已不存。二〇〇五年七月筆者參訪過，建於日本元祿八年，一六九五年，位於現在岐阜縣高山市，昔日幕府直轄的「天領」「飛驒國」之「高山陣屋」。據該館所印刷的摺頁解說，該國家級歷史遺跡「高山陣屋」已是日本全國唯一現存的一座郡代官府。筆者也參觀過京都的「二條陣屋」，但那是不同型態的陣屋。平田源吾他們燒掉的陣屋，應該是屬於地方行政的郡代官府。

一八五三年七月美國培里（Matthew C. Perry）率艦隊向日本叩關，船堅砲利威懾了幕府。首度見識到西洋船堅炮利、威強武力的日本，被迫簽訂了不平等條約，開港通商並失去治外法權，日本史稱此爲打開日本門戶的「黑船來襲」事件。因此幕末日本有一派人士，稱爲「尊王攘夷」派，視西洋壓迫爲恥辱，因而反對開國並主張驅逐西洋夷人。

當時平田源吾他們在宇佐郡起義，也是因爲主張尊皇攘夷，而預定進行攻佔九州的計畫。事後平田源吾承認，那是一次有勇無謀的舉動。因爲宇佐郡起義後的次月，也就是一八六七年一月十五日，有一千多人從長州來到了宇佐，自稱是平田源吾他們的同志。而平田源吾他們根本沒想到那些人是否眞的是同志，當他們派平野和佐田兩人，以使者的身分去迎接他們，卻反而是中計被殺。平田源吾他們未警覺到那其實是敵人來襲，在沒有準備，防守脆弱的情況下當然敗北。最後大家衹好解散，四處散逃去了。當時，平田源吾的右膝蓋曾經被子彈擦過，直到他流浪到台灣之後，傷痕都還留著。

亂世負劍雲遊的浪人

平田源吾逃亡之後，先暫時躲藏在宇佐附近立石藩的親戚家裏，等到風聲稍爲平靜之後，平田源吾化身成浪人，效法武者修行雲遊各地。平田源吾形容，他當時腰上插著一支長三尺二寸五分的名刀，穿著小倉和服，肩上擔著劍道用的防具和竹刀，就這樣從故鄉出發。他回憶說，當時年輕沒什麼遊歷見聞，在各地都沒有熟人，所以那段期間內心著實寂寞。他父親送他的那把名刀，成爲唯一的護身物、唯一的依靠。他一直都很珍惜那把刀，隨身攜帶，不敢稍離。日後平田源吾來到台灣，卻在曾任群馬縣代議士，實業界名士久米民之助先生的請求之下，以五十圓的價格，把護身名刀出讓了。

經過一段浪人的生活，平田源吾最後到達江戶。他當時認爲應該要學習劍術，於是就拜在將軍家的武術指導「旗本」的桃井春藏先生之門下。「旗本」是一種身分，指幕府將軍直屬的高階武士。桃井春藏是幕末任職於幕府講武所的著名劍客，是劍術「鏡心明智流」第四代目。明治元年，一八六八年，桃井南下來到了大阪，在空堀，當時的桃谷開設一間道場，二十四歲的平田源吾也隨他回來到

1. 天狗庵側門。平田源吾長孫——平田松菊與台灣人子守（保姆）攝於天狗庵側門入口處。（筆者以Photoshop上彩）
2. 平田源吾（1845-1919）。
3. 辰馬商會——河東利八。（筆者在舊照片的基礎上Photoshop重新繪製）

大阪。明治三年時，大阪府開始設立警察機構，當局採用了原來就擔任追捕犯人工作的年輕人來當巡查，桃井的學生裡也有十一個人被選拔爲警察官，平田源吾就是其中之一。

明治四年，一八七一年十一月十二日，爲考察與談判不平等條約，由朝臣岩倉具視擔任團長，維新要角大久保利通、木戶孝允、伊藤博文等擔任副使的「岩倉使節團」，從橫濱出發，考察團從美國到歐洲共經歷十五個國家，對歐美強國做全面性的考察，其目的除了企圖廢止不平等條約外，也在尋找日本國家發展的新方向與新藍圖，這個岩倉使節團到明治六年九月十三日才全部歸國。這種政府重要人物大規模集體出國學習的觀摩團，幾乎是史無前例的世紀創舉。這次使節團的影響可說是非常巨大的，這讓明治政府的一些要角，見識到了西方國家的強盛，大開這群人的視界與願景。這群人歸國後，就主張改革內政爲首要，成了「內治優先派」，並反對主張「武斷征韓」以紓解士族武士階級被廢除後的出路壓力，以留守政府西鄉隆盛爲主的「征韓派」。兩派對立主張的背後，其實也是同志間掌控權力的鬥爭。

所以明治六年，維新政府內部，就發生了留守政府之「征韓論」，與使節觀摩團之「內政改革優先論」的攤牌鬥爭。「征韓論」談判破裂被否決後，以西鄉隆盛爲首，板垣退助、江藤新平……等征韓論派，一時之間就全部辭職下台了，這件事日本史稱爲「明治六年政變」。

這件事影響非常大，因爲他們的追隨者也同樣選擇離開政府，這也埋下了士族武士起而反抗新政府，掀起內戰的重要因素。明治七年，大阪的二十八位主要警察官也跟著一起辭職了，平田源吾也是其中一個，大阪的警察局幾乎瓦解。後來土佐出身的楠本大參事和知事渡邊昇先生盡力挽救，才穩住情況。

經歷這些風波之後，從明治十八年開始，平田源吾就在大阪住友家從事礦山工作，之後他被派到長州櫻鄉的銅山出差，該地是現在的山口市葳目喜銀山，露天開採的礦山現爲「櫻鄉銅山跡農村公園」。平田源吾說，後來在台北成爲名醫，也是台北刀圭（藥物、醫術）界之名士的阿部兵熊先生，當時也住在櫻鄉銅山。不過，那時他還不認識阿部兵熊，祇聽說銅山住著一位醫師而已。

淘金夢碎溫泉療傷

明治二十八年，西元一八九五年，台灣割讓日本那年的六月，年紀剛過五十的平田源吾心想，到台灣發展應該是一個大好機會。於是這個冒險家辭去了住友家的工作，立刻渡海來到台灣。他說：「以數年間在住友家從事礦山工作的實地經驗，並且懷抱著一獲千金，希望成爲天下屈指可數的大富翁的美夢以及野心，來到台灣打算採掘金礦。」

一八九五年日軍進入台灣，由於尚未掌握情勢，對於珍貴的黃金礦區，就先採取懷柔的政策，仍仿清廷金砂局舊制，該年十月就在瑞芳設置砂金署，頒佈「砂金署章程及採取規則」，只要繳納十五錢，就可以繼續在原地採金、洗金。但隨後情勢稍穩時，就改採管制政策，並頒佈「台灣礦業規則」明定經營礦業只限定原日本國民爲之。最後又公布依基隆山南北走向的軸線爲界，將礦區劃分爲東西兩礦區，東區的金瓜石「礦二號」礦區由田中長兵衛所主持的「田中組」取得；九份山「礦一號」採礦權則由男爵藤田傳三郎所主持的藤田組「藤田合名會社」取得。這兩人都是日軍征台時，供應軍需的「御用商人」，取得採礦權最主要的原因就是酬庸他們，所以根本就不是平田源吾這樣身份的人可以取得採礦權。

平田源吾從基隆上陸之後，立刻飛奔到瑞芳山區，經過調察之後，他發現台灣的確和自己所想的一樣，是一個礦源非常豐富的地方，於是立刻向基隆的軍政廳提出了約五十萬坪的試掘請願書。不過，那時採礦權尚未分配，當局卻以那座金山屬於皇室財產爲理由，拒絕平田源吾的請願。平田源吾在探查礦山時又受傷了，不久傷口開始腐爛，同時腳氣病也發作。當時基隆連一個醫生都沒有，沒有任何方法可以療傷治病。流落異鄉、事業碰壁，又病痛纏身，平田源吾後來回憶時不禁感慨：「我內心的痛苦可想而知了！」

平田源吾在失望之餘，無意中聽到一個消息：台北附近的山會冒出溫泉。雖然他覺得這個消息不太可靠，但心想姑且信之，先去看看再說。於是，平田源吾沿著基隆河南下，來到了台北。平田源吾到大稻埕千秋街由台灣總督府初創於始政後第三天的「大日本台灣病院」就醫，那地方就在今天淡水河邊的台北市貴德街。平田源吾當時也暫時住在與千秋街相連的建昌街，一家由日本人在領台初期即開設的店鋪「辰馬商店」中。千秋街與建昌街，是清末時期劉銘傳在台北淡水河邊，首先建立的閩式紅磚現代化街道，那時已是外國貿商聚集，國際貿易昌盛的區域。

平田源吾經過了一番尋找，一八九五年，明治二十八年日本入台第一年的十一月二十五日，平田源吾第一次來到北投，發現了溫泉溪，終於確定了大屯山山麓有溫泉。他借宿在一位姓陳的本島人家裡，他在現在的「北投溪」中沐浴養生了一段時間後，病情漸漸好轉，到當年十二月底，他的傷勢幾乎痊癒了。

台灣第一家溫泉旅館的誕生

傷癒的平田源吾先回去台北過新年，仍然住在辰馬商店。辰馬商店是日治剛初始，日本人即在建

1. 天狗庵全景。（筆者以Photoshop上彩）
2. 天狗庵一番奧與藝子二人。
3. 今重慶南路彰化銀行是日本時代辰馬商店之本町店鋪，也是228事件爆發時的重要現場之一。

昌街設立的商店，代理各式的日本酒品、醬油及各種飲料。平田源吾也說辰馬商店是他來台灣之後，因旅行疲累而首次停下腳步來歇息的地方。平田源吾也曾說，辰馬商店對他來說，一直是個有如自己家一樣的場所。不只是主人的河東利八先生，還有和氣利三郎先生、前北悅二郎先生、坂本靜一先生、常田鶴之助先生、柏木伊三郎先生等等，每個人都和他有如親兄弟一般非常地要好。由這些自述看，平田源吾應該也是一個樂於廣交，心胸開闊的人。

辰馬商會經營相當成功，昔日石坊街，今天台北市衡陽路與懷寧街口，公園號酸梅湯及其左右相連的四間市定古蹟街屋，都曾屬於辰馬商會所有。一九二一年辰馬商會成立株式會社，從大稻埕遷往台北城內本町四丁目二十四番地設立本社。最後接續辰馬商會的取締役社長河東富次，在台北本町一丁目三番地新建辰馬商會本町店鋪，於一九二九年五月完工，該建築戰後由公賣局接收，位於現在的台北市重慶南路一段二十五與二十七號。二二八事變時，該建築被憤怒民眾包圍，搬出公賣局倉庫的貨物焚燒抗議。該建築現在是彰化銀行台北分行，現在的建築外觀雖非辰馬商店或二二八事變時的原貌，但因爲是見證重大歷史事件的現場，仍在二〇一二年十月登錄爲台北市歷史建築，登錄理由曾敘明本建物歷年雖經不同程度之整修，惟尚保存大致形式，仍可依設計圖面復舊。

不過一八九六年，明治二十九年一月一日，陳秋菊、胡阿錦等利用新年時間襲擊台北城。當時住在辰馬商店的平田源吾也因局勢危險，暫時無法重返北投。但是喜歡上北投的平田源吾，終究還是在明治二十九年三月時，再度回到北投，這時重返北投的平田源吾買下了一位當地人的房子，在臨近北投溪的地方開了一間臨時的溫泉旅店，之後才逐步擴大。這間旅店就是「天狗庵」，不但是北投第一家溫泉旅館，也是台灣的第一家溫泉旅館。

因爲當時日本才剛進駐台灣不久，是一個軍政時期，也是一個還頗爲危險混亂的時期。且當時的

1. 平田源吾（左二）、平田剛太郎（左一）在第一代新北投駅，1916年設立的「新北投乘降場」前留影。
2. 平田源吾（上）在北投溪第一瀧，天狗庵距離此景約五十公尺。

北投山區大屯山脈是簡大獅的根據地，所以當時平田源吾心知，在這種尚未完全安定的環境之下，率先來北投開起溫泉旅館，確實奪得先機。所以他自豪地認為，以內地人（即日本人）身分來到北投溫泉沐浴養生的，他應該是第一個！

因緣真是一種很奇妙的東西

平田源吾到北投落腳之後，誠如曾任職《台灣日日新報》的山田武吉所說的：「他堅守著自己開拓者的本分，成為北投的重要人物、北投溫泉的守護人、北投的活路標，和北投溫泉共存共生，創造出無限的生命。總而言之，可稱之為北投開拓者的平田翁，從一開始就了解自己所應該完成的事業是什麼，並且從頭到尾都發揮了自己全部的能力來達成這項事業。」

北投成為平田源吾一生最鍾愛的地方，以及最後的歸宿。一九一九年七月七日平田源吾離世後，天狗庵由他的夫人平田ハツユ（Hatsuyu）及兒子平田剛太郎繼續當家經營。平田剛太郎曾經在一九二〇年，大正九年接手天狗庵，即擔任「北投宿屋業組合」副組合長，也就是相當於當時北投旅館公會的副會長。但最後窮兵黷武的軍國主義，讓這一切都變成空。第二次世界大戰戰敗後，平田家族只能放棄在台灣經營五十年的一切，離開平田源吾開創、經營幾乎達半世紀之久的北投天狗庵，引揚回到日本。

經過近一世紀的變遷，平田源吾的大孫子平田松菊，畢業於明治大學，第二次世界大戰時曾被徵調滿州（中國東北）當兵。二孫平田恆之畢業於台北商業學校，後來定居在日本九州大分市，經營建築業。到一九九六年，我們連絡上平田恆之先生時，他已經七十多歲了。而平田松菊則在那時之前

1. 1920年天狗庵新當家——老夫人平田ハツユ（前排中）、平田剛太郎（右一）、平田松菊（後戴學生帽者）與平田家族合影於天狗庵正門口石階前。（筆者以Photoshop上彩）
2. 天狗庵第六番客間。（筆者以Photoshop上彩）
3. 天狗庵第十番間。（筆者以Photoshop上彩）

十多年就過世了。平田源吾的孫女平田夢子，結婚後從夫姓，名爲「林夢子」，那時定居在日本熊本市，也已八十五歲矣。

一九〇九年時，平田源吾曾經回憶說：「因緣眞是一種很奇妙的東西。」「有時候我眞的懷疑：這對我來說到底是幸，還是不幸呢？對現在的我來說，不管是成爲天下第一大富豪，還是當一個小小的溫泉旅館天狗庵的主人，大致上來說，好像也沒有什麼差別了吧？」「我並沒有很強烈的失落感。能夠平安無事才是最重要的，沒必要在那裡一直對往事念念不忘。人應該在行動自由的情況下，盡力做好自己做得到的事，這就夠了。對於自己現在的境遇，我應該要感到滿足才是。」

從明治二十九年，西元一八九六年八月起，原台北軍政廳稅務課長松本龜太郎開始著手建築松濤園，那是北投第二家溫泉旅館。財務課裡有一位追隨松本來北投發展的木村又藏先生，辭去官職後來到天狗庵住宿，以方便監督松濤園的工程。松本龜太郎另曾於一九一一年在北投創設窯廠，被尊稱爲「北投燒元祖」，對北投的發展也頗有貢獻。松本的故事，在本書第八章將再詳述。

之後，保養園、北投館等溫泉旅館也跟著興建起來了。看到這種發展，平田源吾不禁感慨：「看到這種情形，我深深的感受到，在這十幾年的歲月當中，人事物的變遷是多麼的巨大啊。」

一個負劍雲遊的日本浪人，帶著淘金夢來到台灣，因緣際會的偶然，開始了北投溫泉鄉的開發。這段一百多年前的故事，開始爲北投帶來了百年的泉煙風華歲月。

北投光明路上的「瀧乃湯」因爲歷史悠久、面貌古樸，過去有一位知名的老地方學者，誤指「瀧乃湯」爲北投第一家溫泉旅館「天狗庵」所改名而來，以致以訛傳訛，有一陣子經常被媒體錯誤報導。但兩者成立背景不同，成立時間也不同，筆者比對日本時期地圖，知道「天狗庵」與「瀧乃湯」不是同一家。就決心要弄清楚其座落位置，並尋找平田家族的下落。

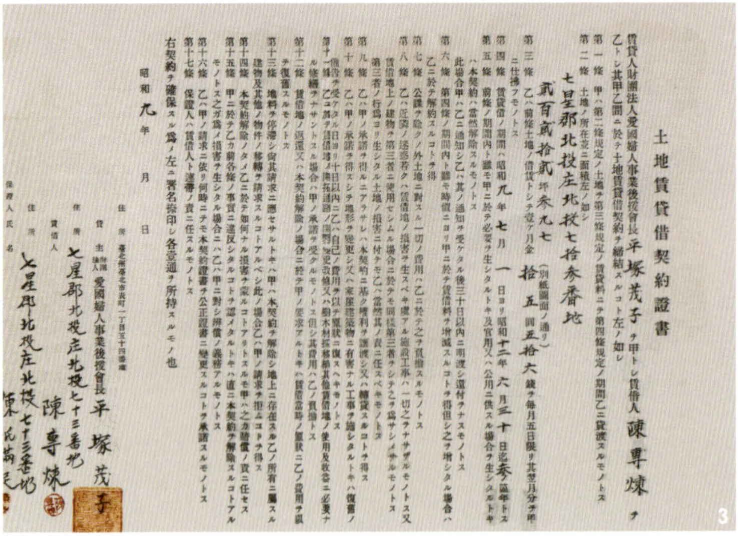

土地賃貸借契約證書

賃貸人財團法人愛國婦人事業後援會長平塚茂子ヲ甲トシ賃借人陳專煉ヲ乙トシ其甲乙間ニ於テ土地賃貸借契約ヲ締結スルコト左ノ如シ

第一條 甲ハ第二條規定ノ土地ヲ第三條規定ノ賃貸料ニテ第四條規定ノ期間乙ニ貸渡スルモノトス

第二條 土地ノ所在並ニ面積左ノ如シ

七星郡北投庄北投七拾參番地

貳百貳拾貳坪參九七（別紙圖面ノ通リ）

第三條 乙ハ前條土地ノ借賃トシテ壹ケ月金拾五圓五拾六錢ヲ毎月五日限リ其翌月分ヲ甲ニ仕拂フモノトス

第四條 賃貸借ノ期間ハ昭和九年七月一日ヨリ昭和十二年六月三十日迄參箇年トス

第五條 前條ノ期間內ト雖モ甲ニ於テ必要ヲ生シタルトキ及官用又ハ公用ニ供スル場合ヲ生シタルトキハ本契約ハ當然解除スルモノトス

此場合甲ハ乙ニ通知シ乙ハ其ノ通知ヲ受ケタル後三十日以內ニ明渡シ還付ヲナスモノトス

第六條 第四條ノ期間內ト雖モ時價ニヨリ甲ニ於テ賃借料ヲ增減スルコトヲ得但シ之ヲ增シタル場合ハ乙ニ於テ解約スルコトヲ得

第七條 公課ヲ除クノ外土地ニ對スル一切ノ費用ハ乙ニ於テ之ヲ負擔スルモノトス

第八條 乙ハ近隣ノ迷惑若クハ賃借地ノ損害ヲ生スベキ虞アル施設工事ハ一切之ヲナサザルモノトス又賃借地上ノ建物ヲ第三者ニ使用セシムル場合ニ於テモ同樣第三者ヲシテ之ヲ爲サシメサルモノトス

第三者ノ行爲ヨリ生シタル土地ノ損害ニ付テモ乙ハ當然其ノ責ニ任スベキモノトス

第九條 乙ハ甲ノ承諾ヲ得ルニアラサレハ本契約ニ基ク權利ヲ讓渡シ又ハ轉貸スルコトヲ得ス

第十條 乙ハ甲ノ承諾ヲ得スシテ地形ヲ變更シ又ハ家屋建築物ニ有害ナル工事ヲ施シタルトキハ復舊ノ催告ヲ受ケタル日ヨリ十日以內ニ乙ハ自己ノ費用ヲ以テ原狀ニ復スヘキモノトス

第十一條 乙ヨリ爲ス賃借地ノ開拓通路ノ開鑿變更改修又ハ樹木材採移植其他賃借地ノ使用及收益ニ必要ナル修繕ヲナサントスル場合ハ甲ノ承諾ヲ受クルモノトス但シ其費用ハ乙ノ負擔トス

第十二條 賃借地ノ返還又ハ本契約解除ノ場合ニ於テ甲ノ要求アルトキハ賃借當時ノ原狀ニ乙ノ費用ヲ以テ復舊スルモノトス

第十三條 地料ヲ停滯シ尙其請求ニ應セサルトキハ甲ハ本契約ヲ解除シ地上ニ存在スル乙ノ所有ニ屬スル建物及其他ノ物件ノ移轉ヲ請求スルコトアルベシ此ノ場合乙ハ甲ノ請求ヲ拒ムコトヲ得ス

第十四條 本契約解除ノタメ乙ニ於テ如何ナル損害ヲ蒙ルコトアリトスルモ甲ハ之カ賠償ノ責ニ任セス

第十五條 甲ニ於テ乙カ前各條ノ事項ニ違反シタルコトヲ認メタルトキハ直ニ本契約ヲ解除スルコトアルモノトス之ガ爲メ損害ヲ生シタル場合ニハ乙ハ甲ニ對シ辨償ノ義務アルモノトス

第十六條 乙ハ甲ノ請求ニ依リ何時ニテモ本契約證書ヲ公正證書ニ變更スルコトヲ承諾スルモノトス

第十七條 保證人ハ賃借人ト連帶ノ責ニ任スルモノトス

右契約ヲ確保スル爲メ左ニ署名捺印シ各壹通ヲ所持スルモノ也

昭和九年　月　日

住所 臺北州臺北市表町一丁目五十四番地

貸主 財團法人 愛國婦人事業後援會長 平塚茂子

住所 七星郡北投庄北投七十三番地

賃借人 陳專煉

住所

保證人氏名 七星郡北投庄北投七十三番地 [illegible]

1. 久米民之助（1861-1931）。（本圖為在舊照片的基礎上，筆者以Photoshop補正繪製）

2. 平田源吾與孫女平田夢子，夢子婚後從夫姓改名林夢子。（筆者以Photoshop上彩）

3. 1934年 北投沂水園土地賃貸借契約證書（地址與天狗庵同一番號）。

台灣人在北投所經營的「沂水園」溫泉旅館，是日本時代北投少數幾家由台灣人所設立與經營的溫泉旅館之一。沂水園曾在大正十三年，一九二四年十二月十八日辦理建物所有權保存登記，該地是向「財團法人愛國婦人事業後援會」所承租，根據當年的「土地賃貸借契約證書」顯示，昭和九年，一九三四年七月一日起至昭和十二年六月三十日止，每月的租金是十五圓五十六錢，所租地的面積爲二百二十二坪三九七。「財團法人愛國婦人事業後援會」的會址在台北市表町一丁目五十四番地，約在今二二八和平公園前襄陽路九號「富邦城中大樓」的位置。租約是由「財團法人愛國婦人事業後援會」會長平塚茂子，與陳專煉先生所簽，其約中的保證人陳滿足女士，是陳專煉先生的夫人。

發現天狗庵還有遺構存在

當年的那張證書上面所寫的沂水園地址，也是「北投溫泉誌」上所寫的天狗庵地址，兩者的地址都是「台北廳芝蘭二堡北投庄七十三番地」。筆者訪談沂水園陳家的幾位兄弟，再訪問了幾位北投耆老後，就確認了「天狗庵」的舊址所在地點。天狗庵與沂水園兩家旅館，在日本時代的地址是同一番號，中間只隔著今天的北投溫泉路七十三巷，分別坐落在巷口的兩旁。在我們重新發現天狗庵舊址時，沂水園的地址爲光明路二三二號，天狗庵舊址的門牌號碼是光明路二三四號。

沂水園是由陳成地先生（一八七七年三月十三日～一九三二年一月五日），與其妻取日本名「武東昌代」的陳黃昌女士（一八八一年十一月二十一日～一九六六年十二月十三日）所創辦，而後由其子陳專煉先生（一九〇三年十月五日～一九八一年六月十八日）繼承經營。陳專煉先生淡江中學畢業，一九一九年六月二十二日由鍾天枝牧師在淡水施洗，是虔誠的基督教友，相當熱心於公益與橄欖

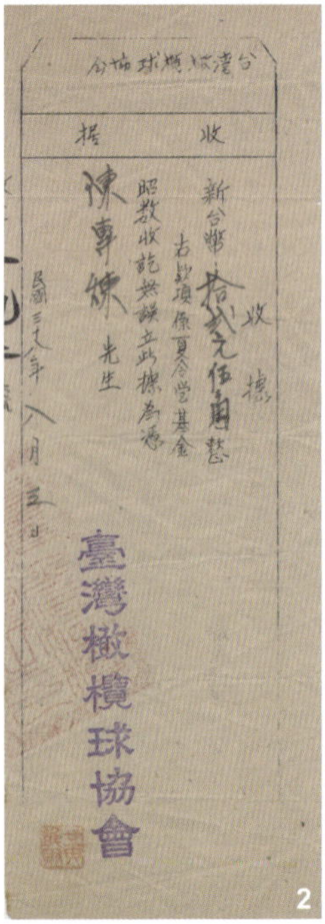
台灣橄欖球協会

收據

收據

新台幣拾貳元伍角整

右款項係夏令營基金

照數收訖無誤立此據為憑

陳專煉 先生

民國三十八年八月三日

臺灣橄欖球協會

1. 1997年　荒廢之天狗庵門柱與石階。

2. 1949年　陳專煉先生台灣橄欖球協會——捐贈夏令營基金收據。

球運動。陳專煉先生共有十五位兒女，一九九七年六月二十日，已有八十多年歷史的沂水園開拆，一九九九年秋天住宅高樓落成，新命名為「龍邦沂水園」，重現於北投公園邊溫泉路七十三巷口的原址。

日本時代在北投的日本人子弟，多就讀北投專收日人子弟的「北投尋常小學校」，校址在今北投國中，除了沂水園的陳家兄弟外，北投也有許多位台灣人耆老，也是畢業於「北投尋常小學校」，筆者經由他們尋找他們五十多年前的同窗，而連絡到「天狗庵」創建者平田源吾的孫公子平田恆之先生；也聯絡到住在日本京都府龜岡市的玉腰保雄先生，他們當時都已年過七十了，但他們聽到昔日小學校同窗說，有人在重新建構北投的歷史文化都非常高興，所以就欣然致贈一些珍貴的北投史料與歷史照片給筆者使用。

二戰之後，天狗庵的平田家族引揚回歸日本之後，天狗庵的房地就由台灣省政府接收，改為省政府衛生處的北投招待所，後來再變成為員工宿舍。原住宿那裏的員工，在退休後都仍然佔用，長期沒有搬走。當筆者確定天狗庵所在之時，也還住著一位黃姓的省衛生處退休人員。筆者在一九九六年中，敲門訪問黃姓退休人員時，已是平田家族離開後歷經了五十年。也不知在什麼時候，天狗庵原址的日式建築物，已經被完全破壞改建，變成粗糙的紅磚平房宿舍。不過我們也從平田恆之贈送筆者的照片中，經比對發現天狗庵舊址的大門門柱與石階，沒遭到破壞仍然是原貌存在。這個發現令我們相當興奮，所以就決定要盡全力將這些天狗庵的遺構保存下來，以作為北投溫泉鄉開發的史蹟及見證。

「天狗庵」與「天狗庵史蹟公園」

一九九七年九月筆者向台北市市政府提出「天狗庵舊址大門門柱與石階」古蹟指定陳請書，十月二十三日民政局邀請學者會勘，古蹟審查委員會在十一月二十七日通過審查。不過在一九九八年三月十日，市政會議召開之前，審查委員王啓宗教授與黃富三教授向筆者表示，「天狗庵」只剩下一個石階梯與兩根門柱，是否仍要提報市政會議列爲古蹟？他們認爲「遺址」在考古學上是有一定的定義，「天狗庵」並不符合這種條件；此外，如果舊址可以成爲古蹟，這將對台灣的古蹟之界線會產生很大的爭議。不過兩位教授都建議在那裡立碑紀念。筆者欣然接受兩位學者的意見，所以市政會議就沒有處理公告「天狗庵」遺蹟成爲古蹟的指定。其實，殘蹟或遺構指定爲文化資產應該不是問題，現在已經有多件殘蹟被指定或登錄的案例，例如台北市歷史建築「草山林間學校駁坎」、台北市定古蹟「台北監獄圍牆遺蹟」、「番學堂遺構」，新北市古蹟「海山神社殘蹟」、歷史建築「烏來加九寮臺車道橋樑遺構」等等都是。

於是隨後筆者就另案向台北市政府發展局陳請，在筆者提案的「北投溫泉親水公園特定專用區」的都市計畫中，加入新構想併入原提案，以天狗庵殘存的門柱與石階爲核心，建議將這原台灣省政府衛生處財產的該基地，改爲「天狗庵紀念公園預定地」，以資紀念北投溫泉的開基歷史。這個提議也獲都市發展局同意，將該舊址的土地使用區分改爲公園用地，並規劃爲天狗庵紀念公園。這個計畫隨著「變更台北市北投溫泉親水公園附近地區主要計畫案」等，也就是筆者所陳請的北投溫泉區都市計畫案，一路從市政府到內政部，筆者都親自出席說明，也都順利通過審議，一九九九年十一月十一日正式公告完成。公告完成時，因阿扁市長連任失利，台北市政府已政黨輪替快滿一年了。

但更重要的是後續的演變，是我們完全沒有料想到的。在省府衛生處黃姓退休人員搬遷出去後，當時我們想連都市計畫都完成了，天狗庵紀念公園應該不至於有變，而筆者也去擔任忙碌的新職，所以也就沒有一直盯著該案。但不知道在什麼原因及情況下，天狗庵的門柱與石階這部分所定著的土地，竟被劃出而賣給私人開發公司，計畫與隔壁的土地一起變成大樓的一部分基地，也就是今天加賀屋日系旅館大樓用地的一部分。

關涉重建的公信力與正當性

當初筆者同意不公告爲古蹟，是因爲市府主管機關也已有承諾會以天狗庵的遺構爲核心，闢建成紀念公園，而且後來都市計畫也通過了，應不致有變才是。但這麼簡單的事，怎麼會變成把紀念的「核心標的」天狗庵僅存的大門門柱與石階所定著的土地，被單獨切割出去賣給私人公司配合他們去開發旅館大樓？筆者倡議的天狗庵紀念公園，原本最重要的目標，就是要保存天狗庵的門柱與石階這些有歷史意義的遺構，來作爲紀念公園的門面，這樣才更能彰顯紀念公園的價值。天狗庵遺構的存在，讓北投的溫泉發展史有一個明確的開基歷史地標，對北投的文化與觀光而言珍貴無比。

當初這一點筆者說得明明白白，在歷次的審議會中，大家也都同意，這牽涉到我們當初推動紀念公園及北投重建，及筆者同意天狗庵遺構在通過古蹟審查後，以建立紀念公園來取代公告古蹟的公信力，這更涉及我們推動所有北投重建計畫的正當性與公信力。而且將來如果天狗庵門柱與石階被怪手鏟鋤蓋大樓時，輿論必定譁然。那就會變成古蹟謀殺案之超完美的嫁禍，到時我們就百口莫辯了，這種演變是我們絕對無法容忍的。

幸好也是在推土機尚未動手之前，在申請建照的時間點，知情人士緊急私下向我們密報，顯示業者申請建築執照的計畫，其建築外牆將跨越過天狗庵的門柱與石階。換句話說，如果建照通過，天狗庵的門柱與石階，應該會立刻被推土機剷平，造成不可挽回的破壞。

最初開發商態度也非常強硬，後來此事逐漸被披露出來，且因爲新市府上任後，推動樹木保護法，所以最初市政府文化局龍應台，最在乎的是天狗庵舊址上的老樟樹，二〇〇一年十一月二十六日中國時報還報導「今年七月底，台北市文化局長龍應台邀集專家學者，赴新北投第一家溫泉旅館天狗庵遺跡，對殘存的石階梯、老樟樹、大榕樹如何保存，與開發商日勝科技討論。開發商當場表明，十多層的飯店大樓已在設計中，爲求基地完整，將移除階梯和老樹，因爲這些殘留物並不受文化資產法保護，花錢買地的建商擁有對地上物逕行處置的權利。」文化局當時也表示「由於現行法律無法對建商禁拆禁伐，將盡力協調，但開發商能做多大讓步，並無保握。」

阻止開發建照保存天狗庵遺構

眞的是幸好我們及時知道此事，了解整個天狗庵遺構處理來龍去脈的我們，才能有機會阻止這個即將發生的慘劇。我們找上市府主管首長說明此計畫的原意，與當初設定紀念公園的保存目標，我們向市府主管單位的首長建議，請停審停發建築執照。

市府主管首長親自聽到我們說明原委後，也認知到此事與原計畫不符，就沒有立即發照。不久之後廠商就急著要找我們溝通，但我們不可能跟廠商聯絡表示意見，不過我們的態度很清楚，也很簡單，我們只要保存天狗庵的門柱與石階，成爲紀念公園的指標建物而已。這牽涉到我們推動北投溫泉鄉重建的公信力與正當性，我們態度堅決，所以最後他們拿出一張廠商擬就的「北投天狗庵石階、門柱及土地捐贈同意協議書」，表明要修改建築設計，並見諸文字明說「取消原跨於天狗庵石階之牆面設計方案，以使天狗庵遺址紀念公園、石階、門柱等重要歷史資產具有完整之空間主體性，避免前述

1

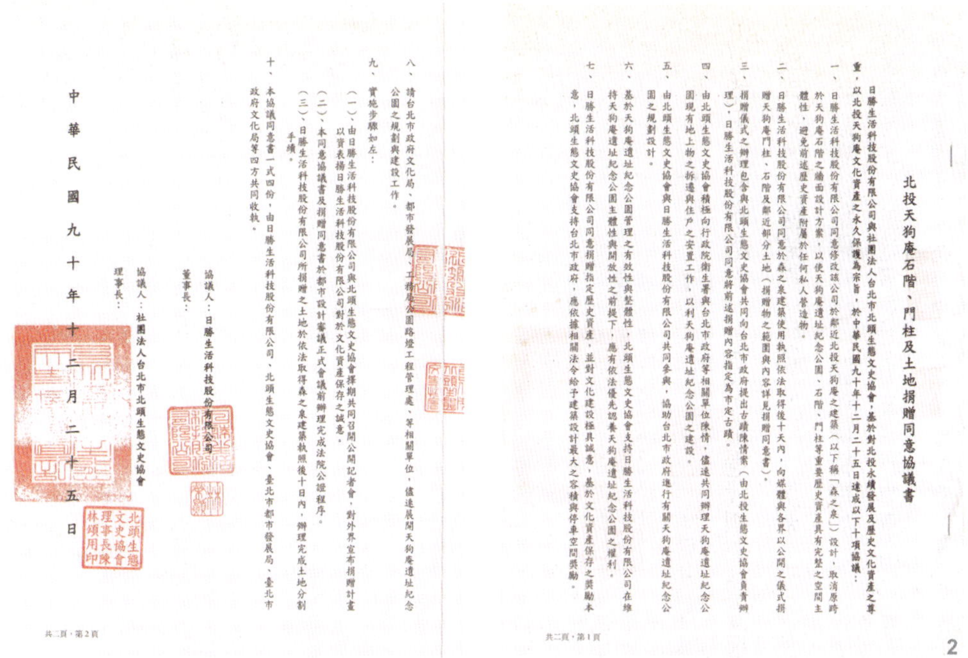

北投天狗庵石階、門柱及土地捐贈同意協議書

日勝生活科技股份有限公司與社團法人台北市北頭生態文史協會，基於對北投永續發展及歷史文化資產之尊重，以北投天狗庵文化資產之永久保護為宗旨，於中華民國九十年十二月二十五日達成以下十項協議：

一、日勝生活科技股份有限公司同意修改該公司於鄰近北投天狗庵之建築（以下稱「森之泉」）設計，取消原跨於天狗庵石階之牆面設計方案，以使天狗庵遺址紀念公園、石階、門柱等重要歷史資產具有完整之空間主體性，避免前述歷史資產附屬於任何私人營造物。

二、日勝生活科技股份有限公司同意於森之泉建築使用執照依法取得後十天內，向媒體與各界以公開之儀式捐贈天狗庵門柱、石階及鄰近部分土地（捐贈物之範圍與內容詳見捐贈同意書）。

三、捐贈儀式之辦理包含與北頭生態文史協會共同向台北市政府提出古蹟陳情案（由北投生態文史協會負責辦理），日勝生活科技股份有限公司同意將前述捐贈內容指定為市定古蹟。

四、由北頭生態文史協會積極向行政院衛生署與台北市政府等相關單位陳情，儘速共同辦理天狗庵遺址紀念公園現有地上物之拆遷與住戶之安置工作，以利天狗庵遺址紀念公園之建設。

五、由北頭生態文史協會與日勝生活科技股份有限公司共同參與，協助台北市政府進行有關天狗庵遺址紀念公園之規劃設計。

六、基於天狗庵遺址紀念公園管理之有效性與整體性，北頭生態文史協會支持日勝生活科技股份有限公司在維持天狗庵遺址紀念公園主體性與開放性之前提下，應有依法優先認養天狗庵遺址紀念公園之權利。

七、日勝生活科技股份有限公司同意捐贈指定歷史資產，並對文化建設極具誠意，基於文化資產保存之獎勵本意，北頭生態文史協會支持台北市政府，應依據相關法令給予建築設計最大之容積與停車空間獎勵。

共二頁・第1頁

八、請台北市政府文化局、都市發展局、工務局公園路燈工程管理處、等相關單位，儘速展開天狗庵遺址紀念公園之規劃與建設工作。

九、實施步驟如左：

（一）、由日勝生活科技股份有限公司與北頭生態文史協會擇期共同召開公開記者會，對外界宣布捐贈計畫以資表揚日勝生活科技股份有限公司對於文化資產保存之誠意。

（二）、本同意協議書及捐贈同意書於都市設計審議正式會議前辦理完成法院公證程序。

（三）、日勝生活科技股份有限公司所捐贈之土地於依法取得森之泉建築執照後十日內，辦理完成土地分割手續。

十、本協議同意書一式四份，由日勝生活科技股份有限公司、北頭生態文史協會、臺北市都市發展局、臺北市政府文化局等四方共同收執。

協議人：日勝生活科技股份有限公司

董事長：

協議人：社團法人台北市北頭生態文史協會

理事長：

北頭生態文史協會理事長陳林頌用印

中華民國九十年十二月二十五日

共二頁・第2頁

2

1. 2023年　天狗庵紀念公園。

2. 2001-12-25　北投天狗庵石階門柱及土地捐贈同意協議書。

歷史資產附屬於任何私人營造物。」協議書內就聲明「建築使用執照依法取得後十天內，向媒體與各界以公開之儀式捐贈天狗庵門柱、石階及鄰近部分土地（捐贈物之範圍與內容詳見捐贈同意書）」。

其實我們的態度很單純，就是堅持保存天狗庵遺址上的遺構而已，而且這件事的處理結果，也會關涉曾參與北投重建諸團體與團體間的公信力及互信的問題，實在是社區發展的關鍵歷史性事務，並非個人的堅持而已。所以最後陳林頌就以「社團法人台北市北頭生態文史協會」理事長的身份，在二〇〇一年十二月二十五日與開發廠商，簽署天狗庵遺構捐贈協議書。我們也相信廠商應該很清楚，保存天狗庵的遺構，雖然會減少一點建築的空間，不過卻可順利蓋大樓，又可博得保護古蹟的美名，更可讓北投留下一處重要的開荒歷史之見證地，這是各方都屬贏家，都很光榮的事情。

最終搶救了天狗庵的遺構

所以開發商將建築設計依照我們的堅持修改，保存了天狗庵的遺構，在新建築圖修改通過後，我們就放手了。因爲我們的目的只在保存天狗庵的這些遺構，並沒有要爲難任何人。後來廠商果然就自行修復石階，並立了解說牌，讓天狗庵的門柱與石階成爲開放的公共空間。加賀屋也順利於二〇一一年開館營運，而「天狗庵史蹟公園」則到二〇一七年七月才完工。做到這裡，我們將北投與台灣溫泉事業的濫觴之地「天狗庵」舊址，已經以史蹟公園的形式保存下來了。

此事之後，筆者認爲已通過古蹟審查的天狗庵門柱與石階，何況開發商也「同意將捐贈內容指定爲市定古蹟」，所以仍應以法定文化資產的身分公告永久保存，我們希望透過天狗庵的遺構，可以讓後人認識，並緬懷這走過一百多年的女巫之湯的歷史風華，並見證北投溫泉事業墮入黃塵之後的重建之路。事過境遷，今天公布這些文書，正是要表明，重建之路並非一路平順宛如嘉年華會，而是背後我們有理性的方法與原則在堅持。

從這裡筆者也不禁想起，「天狗」在日本文化裡，是住在山裡的妖精，貌似人類，但臉是紅色的，鼻子也長長的，還有一對翅膀，一手拿扇子，一手拿念珠，可在天空飛行。「天狗」一詞是用來比喻吹噓自己的能力與成就的人。

年過花甲之時的平田源吾，雖然把自己創辦北投第一家溫泉旅館一事，自我介紹並寫成書《北投溫泉誌》出版，形容成是「小賣弄」一番。其實他在《北投溫泉誌》中，誇讚頌揚了許多人，筆者認爲他的措辭總是帶有一種久經江湖的世故感。他自己其實是第一名，卻常常大力去誇讚他人是第一名，他推崇藤田嗣章爲「北投溫泉場的先登開拓者」；他誇讚松本龜太郎對北投溫泉場的貢獻，誇讚松本創立的松濤園是北投溫泉場唯一的旅館；在爭取湯瀧浴場重新開放時，到台北廳警務課去見大山課長，在書上寫這段時，自稱爲「天下之大罪人不肖平田源吾」，其實是有點在賣弄他自己竟敢上官府跟大官大聲爭取這些事情。

所以「天狗庵」命名的由來，筆者猜測可能是平田源吾一生奔波後，來北投創辦了台灣第一家溫泉旅館，蠻感得意的，才自我解嘲如此命名。但平田源吾自謙的這個「小賣弄」，卻是北投溫泉鄉一百多年來發展迭宕起伏，令人流連的泉煙風華歲月的肇始之端。

日本有一詞「海千山千」，意思是在海底住過千年、在山中住過千年的蛇，經過大風大浪的千年鍾鍊，會搖身變成老江湖的龍。下面一章，我們就來說一百多年前，一個住在日本偏鄉的一個少年，他所做的「龍の夢」物語。

〈第二章〉
佐野「龍之夢」的星乃湯與不動明王石窟

一九九八年筆者在推動北投溫泉鄉重建時，「星乃湯」因其建築維護良好的日式風情，並充分反映北投數十年來溫泉利用與經營適應時代的流轉，曾被筆者讚譽爲北投溫泉建築三寶之一。二戰結束日本人離開台灣，「星乃湯」被我政府接收後，再拍賣給民間而改名爲逸邨的「星乃湯」，日本時代的店名爲「星の湯」或「星ノ湯」，也是老北投人所熟知的Hoshi no yu，地址是「北投庄北投六十五ノ六」。

「星の湯」溫泉旅館是由日本人佐野庄太郎（一八七八～一九四八）所創辦。由於戰後接手「星の湯」並將之改名爲逸邨的李根源先生，原是日本時代星乃湯的員工，所以佐野庄太郎的掌上明珠佐野八重子，在一九八八年重訪星乃湯之際，曾根據其在一九五九年，昭和三十四年所寫緬懷其父親創建「星乃湯」，與「不動明王石窟」的筆記，取其筆記的一些內容，寫信給後來接續經營逸邨，李根源的大公子李宏智先生伉儷。而李先生伉儷曾將那封信影印一份送給筆者，並將八重子所贈一些佐野庄太郎及不動明王石窟的珍貴照片轉贈送給筆者。

一九九八年筆者將願主佐野庄太郎奉獻的「北投不動明王石窟」，陳請爲台北市定古蹟之際，曾根據佐野八重子的來信，寫了一篇《珍稀罕見的石窟庶民寺廟——北投不動明王寺》，並附有多張珍貴的照片，發表在一九九八年八月三十日出版，筆者所辦的《北投社雜誌》第九期中。這篇應該是台

1. 1913年頃　佐野商店本店與支店的員工慶祝新年在門口合影，佐野商店看起來朝氣蓬勃，佐野商店門匾旁即「六角形框富字」註冊商標。佐野庄太郎（右五）、小孩是佐野台一、庄太郎的小弟佐野彥作（左三）。
2. 靜岡時代渡台之時的佐野庄太郎。

灣第一次有人寫文章，介紹佐野庄太郎創辦星乃湯與不動明王石窟的故事。二〇〇〇年五月，筆者出版《女巫之湯——北投溫泉鄉重建筆記》時，也將這些故事書寫其中，這應該也是台灣第一次有書本介紹佐野庄太郎的此一故事。

星乃湯　龍の夢

一九一八年，大正七年五月二日，出生在台灣的佐野八重子，可說是一位了不起的女兒與母親。作爲女兒她收藏了許多佐野家在台灣的珍貴照片，及她所畫的圖畫，並記下了她所聽來的故事與她自己回憶的筆記。作爲母親，她將她父親一生奮鬥的故事，點點滴滴地說給她自己戰後出生在長崎的兒子們聽。八重子的二公子林田剛衛先生，自小即聽聞母親述說外祖父佐野庄太郎的許多故事，在筆者出版《女巫之湯》之後二十一年，二〇二一年九月剛衛先生將母親遺留的這些豐富之文化遺產，寫成一本《星乃湯龍の夢——台湾北投に「日本」をつくった佐野庄太郎一家》，即《星乃湯龍之夢——在台灣北投創建「日本」的佐野庄太郎一家》的書出版。

這本內容豐富精彩的書，可說相當詳細地介紹了佐野庄太郎一家的故事，特別是回顧了一八九七年，一百二十幾年前，他的外祖父佐野庄太郎從日本偏鄉，可以看得到富士山的靜岡縣富士郡大宮町字安居山，現在的富士宮市安居山，立志到台灣闖蕩的始末。佐野庄太郎，從在台北城中擔任雜貨店夥計開始，到自己在台北繁華的大街，現在的台北館前路上創立自己的雜貨店，接著在雜貨店所在的地點，重新建造一棟名爲「台北館」的三層歐式紅磚旅館，而原有的佐野商店仍然在此建築一樓的一間店面繼續經營著。旅館經營有成後接著到北投購買大批土地，並創立曾被筆者讚譽爲北投溫泉建築三寶之一的星乃湯溫泉旅館。

且為了在北投天星山，他曾經做了一個「龍之夢」的地方，他供奉了一尊不動明王，以祈求「商販繁盛、家內安全」。這座不動明王石窟，一九九八年由筆者向台北市政府陳請成功成為台北市定古蹟。二戰日本戰敗後，佐野只能放棄一生在台灣奮鬥的事業回到日本去。剛衛先生的書也書寫佐野一家引揚回到日本的點點滴滴，特別是佐野八重子與夫婿林田尚回日本後的故事也多所著墨。剛衛先生的這本書，是筆者在二〇〇〇年出版《女巫之湯》之後，又能再度在本書的本章中，增添豐富內容進一步書寫關於佐野庄太郎一生史詩般的故事最重要之引用根據。

佐野八重子女士與筆者的母親同年，而剛衛老師與筆者也是同年都是龍年之子。所以筆者也向剛衛老師說，他外祖父曾做了一個「龍之夢」，而我們則都是「龍之子」。我們都是時代背景相同的同一時代之人。

筆者親自到日本長崎拜訪林田剛衛老師，蒙他同意可以在本文中引用他書中的書寫與資料，並將佐野家在台灣時期遠超過百張的所有歷史照片檔，與一份完整的佐野家譜資料贈送給筆者使用。藉此，筆者再度感謝已故佐野八重子女士過去的書寫，給予筆者再發現星乃湯與不動明王石窟故事的指引，也鄭重感謝林田家兄弟慷慨致贈並授權筆者可以使用其家族全部的歷史影像與資料。而筆者也提供林田家昆仲一些關於他們外祖父在台灣奮鬥時的新聞報導，由筆者製作之百年前報紙原寸複製本，及一些文獻資料。他拿到筆者所贈的資料，非常高興地對筆者說，我提供的貴重文獻，可以推論證明他母親所說的故事是真的。

當然筆者當年對星乃湯的調查，來不及在《女巫之湯》一書中書寫的，這次在本文中也做了一些補充與說明。剛衛先生的書中有提到星乃湯的命名，是以新旅館興建之時，庄太郎在北投山區做了

1. 筆者贈送林田家昆仲林田益興先生與林田剛衛先生，一百多年前報導其外祖父佐野庄太郎事蹟的報紙原寸複製本。
2. 林田剛衛老師與筆者回顧佐野家族在台灣的歷史照片。
3. 林田剛衛帶筆者至其父母引揚回日本後在長崎市的住處，現正闢改建的中央公園。

一個「龍之夢」後，看到流星流向新旅館，便用那顆流星與庄太郎鍾愛的小兒子星太郎的「星」來命名。本文也就這個說法，也提出一個時間差的問題。

筆者主要的根據是當年「台灣日日新報」之報導。「星乃湯」的名號在一九二五年三月時，已經明確地出現在報端了，早於星太郎出生的一九二七年六月之前。筆者也提出在今之台北市館前路的當年佐野商店之外，佐野庄太郎還有個在城南街的佐野支店。庄太郎在經營佐野商店時曾經遭遇過困難，幸獲「金柿商店」老闆的協助，日後相互幫助，兩人也因此情如兄弟，並促成佐野八重子與林田尚先生的婚姻，筆者也查到並在此寫出這位金柿先生的全名是「金柿源次」。本文也試著帶讀者回到歷史的現場，說明當年的地點是今之何處。

剛衛先生書中寫星乃湯興建之時，有一個男浴場，一個女浴場，兩個家庭浴場，和佐野家庭的浴場，共有五個浴場。但星乃湯也歷經過改修建，所以本文所寫的星乃湯內部之狀況，是一九九六年前後，由當時還是淡江大學研究生的蔡慈鴻建築師測繪調查，及筆者歷年調查、測量及觀察紀錄的結果。

十九歲以八日圓開始「龍の夢」

佐野莊太郎，一八七八年，明治十一年七月十八日，出生於距離富士山不遠的日本靜岡縣富士郡大宮町，現在的富士宮市安居山八五〇番地。其父親佐野国藏原出身於山梨縣西八代郡宮原林，育有六個兒女，庄太郎排行第五，上有大姊セイ（Sei）、二姊モソ（Mon）、三姊ゲソ（Gen）、哥哥伝次郎，及弟弟彥作。

佐野庄太郎在二戰後出生的外孫，從母親八重子那裏聽到的外公之故事，敘述佐野庄太郎在十幾歲時，就經常作夢，曾夢見自己變成一條龍，飛越富士山，但看到的卻不是富士郡，而是一個不知名的地方，有一條河流由小鎮流過，鎮旁矗立著一座陡峭的山峰。巨龍仰天長嘯後俯衝而下，庄太郎被巨龍的咆嘯聲，及從河中升起的蒸氣驚醒。庄太郎經常興起想要離開富士郡，到外界去闖蕩以揚名立萬的心情。每次想到那個夢，那種想法就越來越強烈。佐野家形容這是佐野庄太郎的「龍の夢」。

由於明治維新之後，日本的國力日益強盛，尤其甲午戰爭更戰勝了東亞大國的大清帝國，筆者認爲如同司馬遼太郎所寫「坂上之雲」那部歷史小說所展現的，建立日本新騎兵的秋山好古，與日俄海戰準確規劃預測而殲滅俄國波羅的海艦隊的參謀秋山眞之兩兄弟一般，當時日本有志的年輕人，更是受到鼓舞，都有一股要往外發展，直衝雲霄的志氣，認爲人人都可以憑自己才氣與努力來做出一番事業。

明治三十年，一八九七年，佐野庄太郎十九歲之時，已一心一意想外出闖蕩。因爲剛割讓給日本的台灣，土地肥沃、人口稀少，是一個極有吸引力的地方。所以那時佐野庄太郎就想到台灣來發展，但這種想法受到幾乎所有家人的反對，不過庄太郎認爲，那像有一股炙熱的東西在他的胸口沸騰，且家業有兄長繼承，他不必承擔家業，所以他的決心非常堅定。

他暗地裡存了三圓，加上深知其性格的母親餞別時給他的五圓，身上總共帶著八日圓，隻身就出發來台灣探索新天地。當時日本一個警察或教員的月給俸大約就是八圓，根據剛衛先生書中的估計，以現在的幣值算，當時的一日圓，約現在的二萬日圓，所以他約等於帶著現在的十六萬日圓，就從故鄉靜岡輾轉搭火車到九州，再從長崎搭貨船出發到基隆上岸來到台灣。

他輾轉到台北時衣著髒污，由於途中並沒吃什麼東西，已經疲憊不堪。他遇到一位說日本話，衣服上有富山商店標誌的中年人跟他搭訕，說他這種樣子一定是剛從日本來台灣的青年人，就問他是不是在找工作？庄太郎就這樣見到了台北駅附近，一家雜貨店「富山商店」的老闆山田先生。山田先生也因爲店裡人手不足正在找人，所以就邀約庄太郎到他店裡來工作。

因此庄太郎就到富山商店工作，展開他來台灣的經商生涯。他工作非常認眞，都比別人早到店裡來打掃整理。他從頭開始學習，從進貨、出貨、倉庫管理、販售開發、經營管理到應對顧客等等，還有仔細觀察都市的人流，他都一一認眞學習，因而就學會了經營商店的訣竅。

三十歲創辦佐野商店

一九〇七年，他二十九歲時，在靜岡市經營醬油事業的哥哥伝次郎過世，庄太郎回到日本幫忙處理哥哥的後事，這時的庄太郎也尚未娶妻，所以親友就紛紛要他趕快娶妻以便承擔佐野家的家業，但這時他表明了他不會回來繼承家業。反而說他要在台灣創辦自己的事業，也詢問是否有人願意跟他回台灣，加入佐野商店工作。他也表明他要娶的人，是要會照顧家人，並願意跟他一起到台灣奮鬥的人。結果大家都勸他娶一位名叫「一ノ瀬ハナ」，小庄太郎十歲的同鄉ハナ（Hana花）結婚。結果ハナ不清楚台灣是哪裡，就跟庄太郎結婚而來到台灣。

明治四十一年，一九〇八年，佐野三十歲之時，也是他來台的十年後，在台北駅與總督府博物館之間的繁榮街道上「府後街」，清代「台北府衙」後面的大街，也就是在今天台北車站前的「館前路」，成立了一家經營雜貨的「佐野商店」。由於筆者並沒有找到富山商店的遺留線索與地址，且林田家所提供當時的寫眞中，有一張破損的照片，筆者這裡將之修復，結果看到佐野商店的註冊商標正好是一個六角形框中一個「富」字。筆者不禁懷疑佐野庄太郎其實是承接了富山商店的經營？只是將「富山商店」改名為「佐野商店」但沒有改商標？

龜中商會株式會社

筆者放大仔細檢視當年佐野商店門口的照片，新發現到門匾上除了有「佐野商店」與六角形框「富」字之商標外，門匾中還另有一商號，筆者從字體極小的寫眞中發現了「龜中商會株式會社」之名號。筆者從訪談中知道，佐野庄太郎非常崇拜坂本龍馬，他在佐野商店及星乃湯店中，一直都掛有一幅坂本龍馬的畫像，現在那幅畫還在佐野家中存留著。

佐野庄太郎從長崎上船來台灣時，曾在長崎停留一段時間，可能也參觀過坂本龍馬在長崎所創立的日本第一家船運貿易商會「龜山社中」的遺址，於是他來台灣自立後，可能也在「佐野商店」的同址，設立了一家「龜中商會株式會社」從事台日之間的貿易，以示他嚮往坂本龍馬的志業？而佐野庄太郎的第一個孩子也在那年明治四十一年的十二月二十一日誕生，由於是第一個在台灣出生的兒子，所以就取名為佐野台一。隔兩年他的第二個兒子出生，取名為「佐野庄三郎」。

台式的地址，是以「街道」為軸線編列，順著街道巷弄，依順序排列；日式的地址，是以塊狀的「町」及「丁目」為主軸，也就是在塊狀的小區域「丁目」內編號。那佐野商店在哪裡？根據一九〇九年十一月二十七日台灣日日新報的報導，雜貨商佐野庄太郎（三十二歲），在二十五日時，用底部多粘了一些麥粉容量一升的枡，一種木盒狀的日式量器，來秤量商品，被警察發現斤兩會不夠而被警告。此事鬧上新聞，那個新聞上寫的地址是「台北府後街三丁目六番地」，但其實「佐野商店」的正

1. 2023年　筆者攝於坂本龍馬1865年設在長崎山坡上的「龜山社中」是日本第一家海事商社。圖中紀念館為原址復建的「龜山社中」紀念館。
2. 京都伏見桃山，坂本龍馬遇刺的寺田屋紀念館中的坂本龍馬畫像。（2012年筆者 攝）
3. 原日本時代北投日軍偕行社殘餘之建築。（1997年筆者 攝）

式地址是「台北府後街三丁目三番地」，台北市町名改正後的新址爲「表町一丁目四八番地」。筆者將這個故事告訴林田家兄弟，並將一百多年前的該報紙原尺寸複製本送他們。他們第一次知道此事都笑了，說祖父應該是一個正直的人，那或許是夥計所爲之事吧。

另外筆者研究也另發現庄太郎在台北城南的「城南街四丁目九番地」，也開了一家佐野商店的分店「佐野支店」，此地町名改正後改爲「城南町二丁目九番地」。由於該地一百多年來的地景已有很大的改變，建築已經全部改建了，但套圖比對今昔地圖，「佐野支店」其位置靠近今之台北植物園的博愛門，約在今天博愛路南門郵局的對面。

設立「台北館」經營旅館

庄太郎經營商店非常認眞，每天清晨六點就召集員工，一一訓示當天的工作計畫，也努力地透過員工學習台灣話，在店內與十幾個員工同桌，一起吃ハナ親自準備的餐食，獎勵員工也不分台、日或家人一視同仁。一九一九年，大正八年，佐野庄太郎也曾參加公會擔任「台北日用雜貨商組合」評議員。那一年，佐野本店的十年金牌店員有大石多作；五年銀牌店員有佐野三市、上野鄉作、濱中富吉、謝阿龍。

幾年下來，已經積累頗有資產的佐野庄太郎發現，由於台北建設日益發達，尤其他的店在台北駅前，是一個黃金地段，人來人往非常熱鬧。而且他有一個優勢，佐野商店旁還有空地，於是庄太郎就想要迎接新的挑戰，在佐野商店的土地上，重新蓋了一棟名爲「台北館」的旅館。

這家旅館位於台北新公園總督府博物館與台北駅之間，地址是「台北府後街三丁目二番地」，照這地址正是佐野商店的隔壁，町名改正後的新址也是「表町一丁目四八番地」，台北館與佐野商店是位於同一番號地上。大正十二年，一九二三年曾有出版品《台灣民間職員錄》紀載「台北旅館」店主佐野ハナ。似乎「台北館」有時也稱爲「台北旅館」。

「佐野商店」與「台北館」相鄰座落在當時通稱爲「表町通」，今天的「館前路」上，這條路一百多年來一直是一條熱鬧繁榮的街道。「台北館」是一棟具有三開間，半圓連拱之三崁店面的三層樓建築，外觀是紅磚飾有水泥條柱，近似「辰野金吾式風格」的歐式門面旅館，也就是台北城中，在町名改正街道重整後所建的那種歐式紅磚建築，而佐野商店是該棟建築右邊一崁的店面。這棟建築坐落於「台灣鐵道ホテル」（HOTEL）即「台灣鐵道飯店」（台灣鐵道旅館）的後方，也就是現在台北火車站對面新光摩天大樓，新光三越台北站前店與亞洲廣場大樓的後方，其確切位置在今天館前路與信陽街口的南側三角窗街角。而「台灣鐵道飯店」建於一九〇八年，是當時設備最新穎豪華的旅館，但「台灣鐵道飯店」及那個街區，多毀於一九四五年五月三十一日美軍的台北大轟炸。

今天館前路與信陽街口的南側三角窗街角，日本時代的職別地圖所標示的商號是「台北館」，佐野家人說那一區在美軍大空襲時全毀。但戰後一九四九年的職別地圖「最新台北市街圖工商指南」，原「台北館」的位置已改稱爲「台北旅館」，但不知是否仍爲佐野當初所開設的「台北館」？後來那個地方的街區幾經整合更新，原台北館及隔鄰所在之地已改建成今日的「國泰世華銀行」大樓。

佐野設立台北館之當時，台北的軍政情勢越來越穩定，日本商人與視察團絡繹不絕，佐野經營的「台北館」旅館，地處市中心要道上，交通非常方便，所以生意興隆，就逐漸累積了一些財富。

台北館支店「星乃湯」

當初佐野來北投，是爲了利用溫泉散發的煙氣治療氣喘，所以就經常造訪北投，久而久之，看上了此地泉質優良的溫泉，也因台北館經營順利資金充裕，讓他對旅館的經營有了一定的信心，因而決定來北投投資，並在北投溫泉「青磺」的湧泉口「地獄谷」上方，創辦了他認爲北投應該要有的一間純正的日本和式溫泉旅館。

一九二五年三月三日台灣日日新報已有報導，佐野庄太郎爲了「星の湯」在北投六十五番地之一的土地，與陸軍在北投六十五番地之二的土地，因兩者界線不清問題，而請辯護士岩本與陸軍大臣宇垣一成興訟。筆者查看星乃湯隔鄰的土地，應該就是要興建陸軍浴場，這個陸軍浴場就是後來的日本陸軍聯誼社「偕行社」（Kaikosha），日陸軍「偕行社」的功能與角色類似今台灣的「國軍英雄館」。戰後蔣中正邀請岡村寧次帶領的覆面部隊「白團」秘密來台訓練國軍，即以北投前日軍陸軍偕行社作爲岡村寧次等顧問的招待所。

從台灣日日新報的這個新聞看，在一九二五年三月之前，已經有「星の湯」的名號了，而且是被佐野家稱爲「台北館支店」。不但如此，佐野那時亦收購了大批北投的土地，並自行開闢道路。所以佐野八重子說，包括佳山、花月、うぐいす（夜鶯）等九家料理屋，都是向佐野承租土地。

如果向佐野租地的「佳山」，就是目前「北投文物館」的前身「佳山旅館」，那我們就可以推論一些情況。因爲佳山建築群中最初的建築，是建於一九二一年入口玄關的那一棟。那一棟從格局與形式來看確實是像料亭，而較不像旅館。如果佐野家所說的此事無誤，則佐野庄太郎開始在北投買地，應該就是在佳山初建之前，也就是早於一九二一年，而星乃湯也應該是在那個時期就開始興建或籌

1942-1 佐野庄太郎家族與員工攝於星乃湯前。

佐野星太郎（右一）、佐野台一夫人片山乃ぶ（ノブNobu）（右四）、小女孩為佐野台一的女兒シケ子（右六）、佐野夫人ハナ（右七）、佐野台一（站立者左三）、佐野庄太郎（左六）。星乃湯的日式門庭所種的松樹、皋月杜鵑花與仿故鄉大石寺的五重塔，都是佐野庄太郎從靜岡家鄉移植過來的。

建，也應是早於庄太郎所鍾愛的最小、排行第四的兒子佐野星太郎，在一九二七年六月十五日的出生日。

庄太郎思想起故鄉靜岡之「三保の松原」的美景，那裏是距離富士山約四十五公里外，二〇一三年登錄爲世界文化遺產「富士山——信仰的對象與藝術的泉源」之一部分，爲綿延七公里長，種有五萬株以上松樹的海岸林。所以他就特別從故鄉運來松樹小苗、皋月杜鵑，及他自己設計模仿故鄉大石寺的五重塔，製作了一個小型的五重石塔等，配置於「星の湯」的前庭，來營造純正日式的風格。「星の湯」營業後，業主是佐野庄太郎，另根據北投的溫泉案內記載，經理人則是其夫人佐野ハナ。

賣掉台北館

佐野庄太郎是什麼時候賣掉台北館的？解說「龍之夢」一書的日本作家平野久美子說，佐野是在一九二八年賣掉台北館。而佐野家賣掉台北館後，就舉家全部遷來北投居住，專心經營星乃湯。但那畢竟已經是一百年前的故事，所以筆者嘗試以幾個事實來重新推論這件事。佐野星太郎是一九二七年六月十五日出生的，有一張沒有寫年份，佐野家與台北館員工慶祝新年在台北館玄關的合照，就當作那張合照是他們說的賣掉台北館之時，一九二八年在台北館慶祝新年，那應該是佐野家在台北館最後一次過新年，也是在台北館門口的最後一張合照。那個時間點佐野星太郎應該才半歲而已，應尚在襁褓中。但那張照片的星太郎站在父親旁，以身高來看至少應該有二、三歲多了，所以那張照片應該不是在一九二八年的新年照的，而是更晚之後的新年。所以平野久美子說一九二八年賣掉台北館，時間應該有點出入。

1. 約1930-1-1 台北館員工慶祝新年，在今台北市中正區信陽街與館前路交叉口大門前合影。前排為佐野八重子、佐野夫人、佐野星太郎、佐野庄太郎（右四至右七），佐野源太郎（左三）、佐野庄三郎（後排左一）。

2. 1935新年 佐野庄太郎與家人在星乃湯玄關合影留念。圖中掛著新年裝飾日本祈福用的「注連繩」。

3. 1936年頃 星乃湯玄關。佐野源太郎（前排右一）、佐野ハナ（右二）、佐野庄三郎（右三），佐野星太郎（後排右一）、佐野八重子（右二）。

庄太郎的掌上明珠佐野八重子，在昭和五年，一九三〇年三月畢業於台北樺山小學校，是第十九回畢業生。當時樺山小學校位於台北市役所，今台北市忠孝東路一段行政院隔壁的警政署所在之地，所以那時候佐野家應該還沒全部搬來北投，所以那時應該還沒有賣掉台北館。因此筆者判斷佐野庄太郎賣掉台北館的時間，應該是在一九三〇年三月八重子小學校畢業之後，才舉家全部遷往北投。佐野以八萬日圓將「台北館」包括裡面的設備，全部賣給中島金八氏，之後就全心專注投入北投「星の湯」的經營。如不計通膨，仍以二萬倍計算，賣掉台北館的價格，如約現在的幣值十六億日圓，以台北車站前的台北市館前路來說，一百多年來一直都是極爲繁榮的要道街區，三開間三層樓的房子，以現在的眼光看，賣這個價格應該算很便宜。

根據一九三〇年六月二十一日出版的《台北近郊の北投草山溫泉案內》中，介紹「星の湯」有旅館部、貸席部（場地出租）、浴場部及料理部。旅館房間分爲三等，而浴場收費，特別風呂一人二十錢、普通一回三錢。一九三五年，從十月十日至十一月二十八日，日本台灣總督府舉辦了一次盛大的「慶祝始政四十週年記念台灣博覽會」，並在草山現今中山樓下方的「磺溪內」溫泉谷地，設置了一個博覽會的「草山分館」。草山分館的招牌是「觀光館」，這個館是台灣博覽會宣傳觀光的重要館舍，以模型及照片介紹台日二十九個著名景點，其中屬於台灣的景點主要是介紹台灣八景，及大屯國立公園候選地，以及五座日本國立公園。大屯國立公園候選地，包括草山（今陽明山）、觀音山等等地區。這個草山分館在展覽會後，仍然保留成爲常設並改名爲「草山貴賓館別館」。

星乃湯經營的高峰

博覽會舉辦期間，爲方便遊客參觀草山分館，草山線巴士每八分鐘一班，台北至北投的車資由二圓五十錢降爲二圓，台北經北投至草山線，車資由五圓降爲四圓。展覽期間每日上午七點至下午六點，到會場閉幕前，規定行駛車輛只得依循「士林→草山→頂北投→北投」的單向路線，並在各街庄路口配置專務巡查、保甲壯丁團處理交通事務。

展覽期間從日本本土或台灣各地組團前來參觀這個博覽會的人群絡繹不絕，因此根據統計草山線巴士，平常閒淡時，一日收入只有七十到八十圓，但展覽會期間遊客大增，巴士平均每日營運額淨增加了數倍達到四四〇點八七圓。作爲展覽會「草山分館」參觀後之中繼休憩站的北投，溫泉遊憩也因此更加興旺。

「星の湯」之溫泉是與旅館下方之地獄谷湧出的溫泉屬於同源，其顏色半透明青亮而沒有浮懸物質，是被稱爲「鐳溫泉」的「青磺」。以純正和式，佔地相對寬廣，及鐳溫泉爲號召的「星の湯」，在展覽期間及展覽過後，以北投最高級溫泉旅館之姿廣爲宣傳，使生意達到了一個高峰。

日本的「捨て子」文化

日本文化中，面對災厄或人生的重大轉折，有用一種「捨て子」（捨子）或取「捨て名」（捨名）來脫離災厄，或象徵重生、重新開始的習俗。例如明治初年日本第一位在美國大學畢業的女性山川捨松，原本名字是山川咲子，要隨岩倉使節團前往美國留學時，尚未滿七歲，出發前母親給她取了一個新名字「山川捨松」，「捨」是捨棄過去的意思，「松」的發音與等待的「待」相同，新名字的意思是捨棄過去並等待妳回來，這也是一個「捨て名」。

生育孩子時有因遭逢天時的「流年厄」年，有因父母本命中的「本命厄」年，有為求孩子無災、無厄，健康順利成長等等的各種原因，而故意在形式上做出一種拋棄不祥、不幸或災厄的想像，以乞求孩子平安健康順利成長。例如形式上假裝遺棄孩子，但套好招請外人撿拾；或假裝拋棄名字，再取一個「捨て名」（捨名）表示重生；或跳過排行表示無此排行之孩子；或去拜託一些別人家的水與米來餵養孩子，形似別人家生養的孩子等等。這些意圖避開厄運的習俗，台灣人在日本時代及戰後初期多少也有這些習俗。

佐野庄太郎經營佐野商店期間，有一段時期他曾經遭遇到困難，那時他曾得到金柿源次資金的幫忙，所以庄太郎稱金柿為恩人。金柿源次是日本熊本縣上益郡白旗村人，生於一八七二年，明治五年十二月二十六日。自幼好學，稍長立志於實業雄圖遠大，曾到美國從事果物園及製糖十三年，歸國後在長崎從事海產物的經營，一九一一年，明治四十四年來台灣在小野原支店工作，中途又回日本，一九一三年，大正二年再度來台創業，在台北城內榮町四丁目三番地，經營海產乾貨販賣明太子、海苔、鰹魚等等，由於信用良好生意相當隆盛，該店的位置在今天衡陽路、寶慶路之間，現「遠東百貨」寶慶店隔鄰的延平南路上，也是當時很繁榮的小區塊內。

後來金柿也曾遭逢一段生意不如意的時期，那時期也因庄太郎的回報協助而重新站起來，於是兩人感情非常好，成為結拜兄弟，佐野家的孩子都稱他為伯父，兩家往來很密切，並約定將來要成為兒女親家。但是金柿夫婦沒有親生的子女，只有一個養子金柿靖之，不過庄太郎並沒有很欣賞這位養子，最後才撮合八重子與金柿太太的外甥林田尙先生結婚。佐野的獨生愛女八重子，有個「捨て名」

叫「尙子」，與林田「尙」巧合同名，也算是有緣，所以就這樣結成爲夫妻。

林田尙後來從軍，配屬的四五五〇部隊被送去菲律賓參戰，本來八重子已有他們無法平安回來的覺悟。但後來林田尙罹患瘧疾與一些傷兵被送回台灣，就在他們回台灣的兩天後，四五五〇部隊投入戰鬥時全部被美軍殲滅。

除了八重子有捨名之外，她的二哥庄三郎明明是「次子」，爲何取名爲「三郎」？庄三郎取名字之時，也是認爲這個次子命中有災厄，所以捨掉二郎或次郎之名，直接跳過改取名爲三郎，祈能避開厄運，但佐野庄三郎還是沒能逃過厄運，最後還是戰死於菲律賓。庄太郎的小兒子星太郎，也有個「捨て名」叫「常夫」也叫「常雄」。一九四三年，昭和十八年也入伍加入日軍少年航空隊志願兵。

「星の湯」被徵調為航空隊病院第一別館

一九二九年開始全球陷入經濟大蕭條，日本經濟大衰退並波及台灣，一九三三年日本三陸地震海嘯，日本經濟更受到很大的傷害。此時日本的國際貿易，也因與歐美壁壘分明，而受到英美的抵制，只有在日本、朝鮮、滿州與台灣間的貿易尙能順暢進行。因此日本軍部就一直宣傳，要打破這種歐美經濟抵制的現狀，唯一的出路就是軍方所說的「東亞共榮圈」。在佐野庄太郎他們成長的經驗中，台灣已經取得長足的發展和成長，因此他們相信軍部那一套說法，如果「東亞共榮圈」可以實現，亞洲國家打造成一個集團，自然都可以變得跟台灣一樣發展壯大。所以最後庄三郎就從軍了，當庄太郎得知庄三郎申請自願服役，雖然心中覺得一陣黯然，但基本上他是一個愛國者，所以並沒有反對。

庄三郎最先在高雄入伍受訓，後來被派往東南亞最前線，很久都沒有音訊。一九四一年十二月七

1. 1942-2-18　北投各界慶祝新加坡陷落。北投各界被動員，在北投街上舉行大東亞戰爭戰捷第一次祝賀紀念的化裝遊行，圓球上寫著「大東亞共榮圈」。
2. 1942-2-18　大東亞戰爭戰捷第一次祝賀紀念遊行，北投各界被動員慶祝新加坡陷落，牛車上的圓球寫著「大東亞共榮圈」，後為主要是由台灣人經營之旅館的女中們所組成的「北投溫友女子奉公團」。（日本時代原版照片由王雅芬老師贈送）

日，日軍突襲珍珠港，太平洋戰爭爆發。根據剛衛先生書中敘述，一九四一年十二月有一天夜晚，佐野庄太郎疑似看到一個黑影，當時他心情非常焦躁，心生有不祥之感。隔年一月突然收到陸軍部的電報通知，庄三郎已在一九四一年，昭和十六年十二月二十三日戰死於菲律賓。庄太郎回想起那晚的黑影，認為是庄三郎回來稟告其已陣亡的訊息，庄太郎非常非常的難過。後來佐野家在故鄉的安居山東漸寺，舉辦了故陸軍軍曹佐野庄三郎「妙法敬忠院義厚日庄居士」的追悼會。

一九四二年二月十五日，日軍全面攻陷新加坡，英軍司令向日軍投降。二月十八日，北投各界被動員慶祝新加坡陷落，舉辦「大東亞戰爭戰捷第一次祝賀紀念遊行」，在北投各大街上遊行，遊行隊伍中有一穿制服的女生隊伍，那是由主要是台灣人經營的新薈芳、新樂園、沂水園……等北投各溫泉旅館的女中們，在戰爭時所組的「北投溫友女子奉公團」，遊行隊伍中還有一台牛車，牛車上的大圓球上書寫著大字「東亞共榮圈」，也有北投公學校的隊伍製作一艘戰艦的模型拉到北投街上遊行。有許多北投鄉親的家裡，都還留有參加那次遊行的各種照片。

另根據一九四二年五月三十一日，台灣日日新報報載，住「七星郡北投街六五ノ六番地」的佐野庄太郎，曾捐了國防獻金一千圓，那是庄三郎的香奠金，庄太郎將這筆錢回捐給軍部。太平洋戰爭末期，北投因溫泉療養之便，諸多旅館被徵調充當醫院、軍方招待所等等，星の湯也被徵調作為「日軍航空隊病院第一別館」，充當醫院的臨時分院，此時的佐野仍然不改其本色，出錢搭建舞台，舉辦活動安慰軍方傷患及地方老人。

1. 1942年頃　星乃湯被徵調為「日軍航空病院第一別館」時，佐野庄太郎在天星山法華道場側面自費舉辦慰問傷兵活動。
2. 1942年頃　星乃湯在被徵調為「日軍航空病院第一別館」。圖中軍人為佐野庄太郎的女婿，八重子的夫婿林田尚先生。
3. 1942年　靜岡安居山東漸寺所舉行的故陸軍軍曹佐野庄三郎「妙法敬忠院義厚日庄居士」追悼法會。佐野福藏（左一）。

長眠故鄉看得見富士山的東漸寺

一九四五年，昭和二十年八月十五日，日本宣布投降。十六日正午，庄太郎召集星乃湯的員工及相關者，在星の湯大廣間集合。庄太郎說必須向大家道歉，日本戰敗了，失去星乃湯是沒有辦法的事，沒辦法給大家退職金，眞的很抱歉。最後佐野庄太郎只好攜眷，與在日軍高雄高砲部隊的女婿林田尙，還有他的結拜兄弟金杮源次一家人，一起乘船「引揚」，從基隆到日本政府指定的主要引揚港口，日本海的舞鶴港上陸回到日本。佐野庄太郎自此離開他自十九歲開始，已奮鬥了四十八年的台灣。他的四個兒子，一個女兒，全部是在台灣出生，那時在日本沒有家，台灣就是故鄉的「灣生」。

佐野家遣送回到日本後，佐野庄太郎與夫人佐野ハナ，由十九歲的小兒子佐野星太郎陪伴回到靜岡縣的故鄉。雖然庄太郎在台灣發達時，曾經協助了多位故鄉的親戚，特別是照顧了姊姊們三十年，但戰後回到百廢待舉的日本，也沒有什麼人可以幫助庄太郎，回到富士郡大宮町的庄太郎，只好投靠安居山的東漸寺。雖然台一他們知道了庄太郎的姊姊們，並沒有對返鄉的庄太郎有什麼協助，都相當生氣，但庄太郎並沒有抱怨，只是與太太ハナ一起平靜地過日子。而星太郎除了幫幫父母之外，也在寺裡當學徒。星太郎後來娶妻直代，生了女兒直樹、兒子宏二郎。

大兒子佐野台一與大媳婦，娘家名字片山乃ぶ（ノブNobu），兩夫婦與孫子佐野太一郎、佐野大二郎與孫女佐野シケ子等一行人，則到大阪發展，後來又再生了個兒子大三郎。因爲庄太郎非常景仰台灣第四任總督兒玉源太郎，所以將生於大正六年一月三日的三兒子取名爲「源太郎」。源太郎與娘家名字爲栗田勝枝的太太，戰後則從上海回到日本也前往大阪發展，源太郎育有三個兒子，英一、健司與文隆。

筆者長崎拜訪佐野的外孫

八重子與夫婿隨父親庄太郎一行回到日本後，再隨夫婿林田尚回故鄉長崎縣的飯岳，後來再搬到長崎市材木町的營房去，那地方現在已變成是興善町的中央公園。筆者拜訪林田剛衛先生兄弟時，林田剛衛先生也曾帶筆者去現場看現在正在重整的中央公園。林田尚後來開了一家當舖「林田質店」，與八重子生了一女二男，長女宣子、長男益興、二男剛衛。據林田兄弟說，宣子的丈夫勝山義一，曾是戰後第一個來台登上次高山（雪山）而登上了媒體的日本人。益興大哥是牙醫師，還在服務，而剛衛與筆者同年，為教師退休，筆者到長崎與他們兄弟會面，我們一見如故相談甚歡。

軍國主義窮兵黷武注定失敗，東亞共榮圈成幻影，一切轉眼變成空，後果是佐野庄太郎必須放棄在台灣一生努力與祈求發達的事業。回到日本後的佐野，也經常思念起星乃湯的松樹是否長得還好嗎。所以回到日本的佐野，短短二、三年即別世而去。我們可以想像他這樣抱著「龍之夢」，來台灣想要做出一番事業的人，卻在經歷近半世紀之後，一夕之間失去一生努力經營的一切，應該會感到無比的鬱滯空虛罷。

一九四八年五月十一日早晨，佐野庄太郎還躺在床上，叫星太郎來說：「能不能幫我抱起來？」當星太郎抱起父親後，庄太郎又說：「幫我把身體轉向皇居的方向。」說完便閉上眼睛，就倒在星太郎的懷中，與世長辭了，享年七十一歲。半年後，十一月八日，小庄太郎十歲的佐野夫人ハナ追後而去。佐野夫婦就長眠在故鄉富士郡大宮町安居山，看得見富士山的日蓮宗大法山「東漸寺」，該寺就是他們引揚回日本後安頓的地方。佐野庄太郎諡號「境行院法宣日庄居士」，佐野夫人ハナ諡號「境正院妙華日德大姉」。

戰後星乃湯李根源接手

八重子回到日本後曾經傷心地說過，她再也不要再踏上台灣的土地。但一直思念故鄉，想念台灣的八重子與夫婿林田尚，最後忍不住，還是帶著戰後在長崎出生的益興與其妻佳代子，一九八八年十二月三十日，曾來台造訪其父親庄太郎一生投注最多心力的星乃湯，以及天星山的不動明王、法華道場，當年的情景實讓八重子依依不捨。而剛衛近年也曾來訪一次，結果竟是看到歇業封閉，已經頹廢塌陷的星乃湯，緬懷外祖父一生投注的心血，感傷不已。

「星乃湯」由於是日產，戰後一九四六年四月由台灣省行政長官公署農林處進行接收，原本農林處計畫作爲俱樂部，但不知原因並未施行。後來星乃湯被公開拍賣由新業主，當時在基隆從事船務商業的李根源先生承接。其實李根源在日本時代原爲星乃湯的老員工，對北投及星乃湯極爲孰悉，其購得星乃湯後改換新店號爲逸邨，但仍維持當年的日式風格。逸邨在李根源之後由李宏智與李銘恭兩個兒子繼承，但實際經營者是其大兒子李宏智先生。

有人說「星乃湯」戰後改名爲「逸邨」，是因孫中山（孫逸仙）曾經到過「星乃湯」泡湯，爲紀念孫逸仙到此泡湯過而改名爲「逸邨」。但是孫逸仙逝世於一九二五年三月，那時「星乃湯」才爲用地問題在與陸軍打官司，而根據佐野家的說法，星乃湯在一九二八年才正式開業。那時孫逸仙早就逝世了。如何能重生來北投泡湯？所以那種說法根本是在「鬼扯」。

陸尤進先生在民國四十二年出版的《北投導遊指南》中，寫著「逸邨李根源現年四十三歲，大學

1. 1948年 先後安眠於靜岡安居山東漸寺的佐野庄太郎與夫人之墓。

2. 1996年 逸邨（星乃湯）二樓廊下的和式風格。

3. 1996年 逸邨（星乃湯）的和式風格。

高材生，不求仕進，息影家園……逸邨……房間設備，均至上乘，走廊寬長光滑，可以爲有舞迷的旅客們臨時「篷拆」（筆者註：跳舞）之需，特別室有三間，榻榻米加上眠床，更顯出是錦上添花，久爲南洋僑胞所樂於問津。……」。

日本時代草山與北投地區的溫泉旅館，每家都有個別的價位，形成高低等級。戰後收歸公有的各家日人經營的旅館也陸續釋出拍賣或出租，工商秩序逐漸恢復。在陽明山管理局成立之後，對當時北投溫泉飯店與旅館的消費，予以規定統一的收費標準，並將各旅館的各房間分等級。同等級的房間，全北投統一定價。筆者歸納一九五三年出版的《北投導遊指南》的記載，當時共有金台灣、新薈芳、新薈芳別館（即日本時代的草山ホテルHOTEL）、國際大飯店、國際分館、沂水園、水月莊、金谷園、新樂園、嘉賓閣、月明、牡丹莊、綠園、文士閣、蓬萊別館、別有天、金門、新哖莊、新秀閣、新生莊、掬翠園、新美華、鳳凰閣、逸邨、興友、峰月莊、迎賓閣、華泉、東亞、大屯、百樂園、月光莊、新香、逸莊，共三十四家北投旅社，每一家都公開房間號碼的等級，供消費者參考。

戰後北投溫泉旅館統一規定分等級

北投的溫泉旅館開始統一分等級時，分爲「特別室、特乙、忠、孝、仁、愛、信、義」共八等級。但這種房間的分等稱爲「忠、孝、仁、愛……」實在太沉重。民國四十二年頃，又頒布新分等，改爲「特別室、甲、乙、丙、丁、戊、己」共七等級。每一房號的等級都是公開資訊。每一間房的消費方式分爲：房租、休息費、單純泡溫泉三種區分，房租又以進住人數，從一人開始計算累計至五人，分人數累計計費；休息費則以小時爲單位計時收費；不住房也不休息純泡湯則以「次」收費。

當時北投旅館的各種消費方式，陽明山管理局均有巨細靡遺的統一規定，包括毛巾一條收費一元，茶水費以總金額二成計算……等等，且像現在的計程車計費率一樣，計費調整時也全部旅館統一適用調整。舉例說明：民國四十二年時，新規定的統一價格：特別室的房租一人四十元，每加一人再累加費用二十元，住五人時則累計至一百二十元。特別室休息費一人八元，二人為十六元、三人為二十元、四人為二十四元，五人為二十八元。僅洗溫泉不租房者，每次計費四元，租用毛巾也加收一元。當然，特種的「地下經濟」則各顯神通，雖也有規則，但不做公開的定價，如有需要時獲知管道並不難。不過這種生硬的統一定價，在北投「溫柔鄉」的盛名之下，並無法規範業者為求生意興旺，所增加的各種營業花招。

一九六六年改擴建

那時逸邨的房間特別室有三間：別莊（即後來所稱的別館）、一號房與二號房。乙等房間八間、丙等房間七間，總共有十八間房，最尊貴的寬敞房間當然是有獨立庭院的純日式「別館」。戰後逸邨的正門地址是北投溫泉路一四〇號，但其星乃湯之舊名仍廣為北投人所知，由於承接者李源根受過高等教育，亦曾是星乃湯日本時代的老員工，所以在其經營下，星乃湯之建築與經營的日式風格，保存與維護實可稱相當良好。

逸邨前門面臨溫泉路，後門面臨幽雅路，兩邊道路高差有三公尺，所以溫泉路大門設計有正宗日式造景並以石階平衡前後的高差。幽雅路後門是後來改建其原玄關廳後花園充作停車場而來，在停車場左邊，是業者的住家空間。但溫泉路門面的石階、石塔與造景，可說仍然維持日本時代的舊觀沒有破壞。

逸邨在一九六六年，民國五十五年前後那個時期，因越戰美軍將台灣作爲休假勝地之一，美軍大舉來北投渡假，所以那時就成爲星乃湯經營史上的另一次高峰，因此逸邨的空間在民國五十五年大幅整修擴建，將木構造的「別館」拆遷，移至現今逸邨內下坡的位置，維持原貌重建，而拆遷「別館」後空出的土地，加建一棟鋼筋混凝土的二層樓建築，以作爲西式大客房及較大的洋式、日式房間，來因應那時越戰美軍大舉來北投度假，及北投「那卡西」餐飲最興盛時期的使用。

而通往二樓的樓梯，也因防災避難的法規要求，改爲外表鋪地毯的鐵梯。所以到一九九〇年代星乃湯的建築，不計別館共有溫泉套房二十間，其中和式有五間，中式有二間，其餘的房間則與一般旅館的房間無甚差異，在長廊的最後並有一個可供舉辦宴會的中式大餐廳，從這個餐廳的窗戶，可以看到普濟寺高聳的屋頂。所以逸邨大多數的房間，那時已經非原來純日式的形態了。

正門前庭院與男大浴池維持原貌

星乃湯原共有四處庭院，除了正門口前庭院維持原貌外，原玄關廳後花園，後來改成臨幽雅路的小停車場及經營者住家，大風呂場（男大浴場）前的中庭花園維護也相當良好，但小魚池上的小橋及其欄杆並非原貌，是以水泥裸露鋪造而略顯粗糙。別館的庭園仍維持幽靜雅緻，雖因移建但原來的建築並沒有受到破壞。

逸邨的建築雖歷經改建、增建，但原來的別館、前庭院、大風呂場（男大浴場）空間則仍然是「星乃湯」日本時期的原貌，且逸邨內的公共空間，仍然維持著木構外觀的和式風格。依筆者過去經

1. 1996年　逸邨（星乃湯）豪華的男大浴室。

2. 1996年　逸邨（星乃湯）大風呂前的日式大中庭。

3. 1996年　逸邨（星乃湯）簡單的女浴室。

常造訪逸邨，有機會詳細觀察其各部位空間的經驗來看，整體而言逸邨作為一座溫泉旅館與浴場的空間，佔地寬廣且舒適雅緻兼具，依然維持著濃郁的日式風情，但卻有各種不同型態的空間，可供消費者選擇。這種調適正是反映戰後北投日式建築適應時代需求之變化的典型範例。逸邨實是一座能充份反應那個時代的北投特色，也是一所古典與現代兼具的溫泉旅館與浴場。這一點其實一直都維護相當良好，這也是筆者讚譽星乃湯是北投溫泉建築三寶之一的原因。

逸邨除了每個房間都有小浴室外，其公共浴室分為男女各一間。大風呂場（男大浴室）長十公尺、寬八公尺，比同樣是豪華古典的吟松閣浴室更為寬敞，雖然瀧乃湯的石造古樸浴室，比星乃湯的浴室大，但星乃湯與吟松閣的浴室都是有設計裝飾的浴室，因此星乃湯的男浴室可算是北投最大的豪華古典日式浴場。

星乃湯的男大浴場的浴池則為馬蹄形，寬度為三公尺，最長處約五公尺，深度為六十五公分，置於浴室靠窗之中央，浴池兩側則為清洗身體的空間，設有冷水水龍頭，及加裝有供淋浴的蓮蓬頭。蓮蓬頭應該是七十年代才改裝的，以提供顧客不同方式沖浴的需求。這個男大浴場的浴池靠窗的一側布置有一排景石，景石之後是落地形的大窗戶，大窗戶外即是臨溫泉路的正門前庭院，因為此庭院的布局，且庭院高出溫泉路的路面超過一人高，所以一般外人無法從室外觀看此浴室的內部。由於澡堂開窗為落地窗，落地窗上方加設百葉窗，澡堂屋頂也設有通風口，以形成浴室空氣的通風對流，所以星乃湯的男大浴場是一個相當舒適且高級的古典日式溫泉浴室。

女性浴室空間則顯得較為簡單，要進入女浴室，先要從櫃檯邊進入一間如等待準備室的空間，進去後再去開右邊門進女浴室，或開左邊門進女廁所。女性浴室僅有五公尺長，四公尺寬，且環境較為幽閉。女性浴室在角落設置一半徑二公尺半的扇形石砌浴池，深度亦在六十公分左右，浴室除門之外，四周則爲牆壁，並無向外的開窗，而以屋頂的通風口解決通風問題，女浴室雖爲公共浴室，但並無法同時提供很多人共浴。

北投的溫泉旅館在日本時代原多無女性專用的浴室，在剛衛先生的書中雖有書寫星乃湯原有一女浴場，但這個小小封閉的女浴室，也可能與吟松閣的女浴池一樣，是戰後台灣經濟起飛，女性職別與消費力興起後，才增建的簡單女浴池。因逸邨緊鄰於青礦湧泉口地獄谷的東側坡上方，其溫泉是直接由現地湧出，不經其他公共水管或供水設施取得，故在北投溫泉水日愈不足的情況下，逸邨從來就是以水質優良又充足著稱。

星乃湯素雅幽靜的別館

逸邨溫泉旅館中的「別館」僅對少數固定團體與貴賓開放使用，一般而言並不對外開放。到別館必須先上二樓，由二樓再下另一邊的階梯，穿過長通道才能到達。但隱密的別館，其木構建築原是星乃湯中保存最良好的空間，打開別館日式拉門，幽靜的日式庭園即映入眼簾，是一處素靜幽雅的日式休憩空間，置身其中可說完全脫離旅館塵世的氛圍，可以讓人感到相當地舒適與放鬆。

日式建築最尊貴的空間是「座敷」（ざしき zashiki）。在「座敷」這個空間中，標準配置有「床之間」、「床脇」及「押入」等空間。「床之間」的「床」之本意爲「高處」，是給地位高的人坐的，「床之間」的掛軸與插花，講究的主人，是隨季節或要接待的人之身分，或主人心境的不同，而有不同的安排，以呈現主人款待賓客的誠摯心意（おもてなし omotenashi）。所以「床之間」所在的座敷，不但是接待賓客的地方，也是有品味的主人追尋美感，與寄託心靈的空間；「床脇」則是與床之間相連具有上、下收納櫃，及中間擺飾架的空間。檢視星乃湯的所有空間，筆者認爲這間別館，未遷移前在日本時代應該也是佐野庄太郎，作爲主人自己使用或接待貴賓的座敷所在的空間。

逸邨當年經營業主李宏智先生與夫人謝和枝女士，在我們開始建構北投溫泉博物館的那幾年，由於充分了解並贊同筆者對新時代之北投的主張，對筆者在北投溫泉鄉重建的論述或宣導可說相當的支持，北投溫泉博物館開館時他們非常喜悅，開館之時主動，也免費提供逸邨的純日式浴室用品作爲展品。他們伉儷也曾提供了不少關於北投溫泉軼聞與典故的資料與照片給筆者，包括一九八八年佐野八重子給他們家的照片、信件影本等。那幾年也完全免費，不吝讓筆者邀約，或介紹來北投參訪的各界，乃至各國貴賓參觀逸邨，尤其也不吝讓筆者邀請並帶領貴賓，參觀其別館與典雅的大浴室，甚至體驗其溫泉。

特別是二〇〇〇年後那二、三年，我們辦公室接待過很多外國貴賓，貴賓們時間有限，如想參觀台灣比較特別的地方，同仁們常常會起鬨要筆者帶大家到北投參觀。例如二〇〇一年的尾牙，筆者接待呂副總統秀蓮女士帶領一群貴賓參觀過，另外筆者也帶領過來台開會的「國際自由民主政黨聯盟」（LI）的各國貴賓，及歐洲議會來台訪問的各國議員，日本交流協會的日本朋友，及許多位國內外的作家、學者，例如德國著名的漢學家馬漢茂等等，及許多位外籍記者參觀逸邨，參觀過的人幾乎都對大風呂場男浴室古典精緻，及「別館」幽靜素雅的空間讚美有加。

失之交臂的古蹟指定

至於星乃湯古蹟的陳請，原本筆者與李宏智先生商談多時，最後李先生原本已同意筆者的建議，

1. 1996年 逸邨（星乃湯）幽靜的別館庭院。

2. 1996年 逸邨（星乃湯）別館餐廳。

3. 1996年 逸邨（星乃湯）別館。

1. 1996年　逸邨（星乃湯）別館座敷應是日本時代原佐野庄太郎做為主人最重要的空間。

2. 1996年　由星乃湯後花園改建之逸邨在幽雅路之後門停車場。左側建築為業者住家。

3. 2001年　筆者（右二）帶領亞洲自由聯盟（ASIAN LI）各國貴賓參訪星乃湯別館。

先將「溫泉路的正門石階及正門前庭院」、「男浴室」、「別館」三大部分，也就是「星乃湯」中被筆者一直讚譽爲北投溫泉建築三寶之一，最具代表性的空間，由筆者書寫陳請理由，並向市政府陳請指定爲市定古蹟。

然而一九九七年九月三十日一早，筆者依約到逸邨李府收取簽名蓋章的同意書時，李老闆的高堂慈母李母傅太夫人紅棗女士，卻於前一夜二十九日晚間，在台北榮民總醫院辭世，享壽八十一歲。那天李家的氛圍完全不適合再談此事，因此同意「星乃湯正門石階與前庭院、別館與男浴室」指定爲古蹟之事就此打住，也從那之後就不再提起此事了。僅此一日之差，星乃湯「溫泉路正門石階及前庭院」、「男浴室」、「別館」三部分，指定爲古蹟之事，就失之交臂了。

日式旅館或料亭中接送賓客，對賓客噓寒問暖，隨時提供服務的核心工作職稱叫「仲居」。從接待到準備餐飲，鋪床墊被，噓寒問暖……等等，很多古老或著名的日本旅館或料亭，爲了表示對賓客的重視，其「仲居」很多都是由女主人或主人的媳婦、女兒親自擔綱接待，再不然就是由訓練有素、觀察入微的資深員工擔任。筆者開始調查北投文化資產之時，日本時代的那種「仲居」可說已經消失了，業者也沒有再使用此一職稱了。

根據筆者當年訪談許多位北投各旅館的資深服務人員「女將」或「女中」們回憶，北投一些有名的老式溫泉旅館，從戰後至民國六十年代初的經營情況與對賓客的接待，筆者認爲應可稱爲台式的逐步變型。那是台北還沒有什麼豪華大飯店的時代，是很多巨賈富商、企業大老闆或大人物，偏愛選擇來北投消費的時代，比諸市區內的大飯店，北投的這些老式古典型溫泉飯店，那時並不重視公開的訂價，而注重招呼陪酒等等的排場。熱鬧的歡聚或祝壽宴會，會有魚貫而入的服務人員，輪流不停地進來服務。

以前大老闆與大人物，都會拿一疊鈔票，最早是一元鈔票，後來都升級爲百元鈔票，尤其受過日本教育，會唱日語歌的大老闆或大人物在唱那卡西的時候，大家跟著節拍拍手，每唱完一首歌，群聚的服務員就奮力拍手歡呼叫好。大老闆或大人物每唱完一首歌，他們手上的鈔票，就一張一張的發放給每一位服務生，越多人聚集領賞，氣氛就越熱烈，在賓主盡歡之下，服務員們也皆大歡喜。戰後早期的服務人員「女將」，甚至只求上班不求薪水，只靠大老闆與大人物的チップ（小費）就可以了。這些一攤接一攤的眾多小費，甚至比領薪水還好。但新時代的消費者，普遍不興這一套，可是相當多的女將，卻還期待過去的流風與榮景。所以逐漸地也產生了一些消費方與服務方，雙方期待的時代落差問題。

惋惜逸邨停業崩毀

逸邨在那個時代，不收沒有派頭，沒有來頭突如其來的散客，當然都是以客滿爲託辭拒客，也因爲要維持高水準的服務，服務人員眾多，比諸市區大飯店的消費，多出很多額外的服務費，在當時應屬相當高消費的旅館，也算是北投最高貴的宴客歡聚場所之一。到民國七、八十年代，逸邨還多少留有這種經營遺風，但據筆者在一九九〇年代後半那幾年的觀察，那種大老闆與大人物，尤其是受過日本教育的那些需要多人陪侍才能滿意的高階消費群，逐漸老去消逝後，逸邨經營方式的困境就逐漸浮現了。而且隨著台北新的大飯店一家一家興起後，新一代的消費人口，多不習慣逸邨那種消費模式或老式設施，而讓逸邨的氛圍顯得「稀微」起來，雖然逸邨也有所改進因應，但新時代的消費模式不斷翻新，消費需求也不一樣。舉最單純的例子來說，過去的大老闆與大人物，多有專職司機開車，所以

1. 1997年 鳥瞰逸邨（星乃湯），後面的煙氣即地熱谷的冒氣。（筆者 攝）
2. 2023年 鳥瞰已經廢棄崩塌的逸邨（星乃湯）。（筆者 攝）

沒有停車的問題。但新一代的消費主力，是自己開車，逸邨室外空間有限，無法滿足停車需求，而以逸邨自己的交通車接送，也因經濟規模而實益不大。況且市區的高級大飯店空間與設施可能更多元好用，大場地、大停車場……交通更方便，這些條件都是逸邨遠遠不及的地方。種種問題因此可能也逐漸造成逸邨經營上的困境，北投吟松閣也有類似的問題。

李宏智先生與其在美國的弟弟李銘恭先生，還有三個姊妹，五個兄弟姊妹中有三個移民在美國，姪甥輩也是在美居多。經營的困境一出現，家家有本不足爲外人道的「難唸的經」就出現了，最後手足走上法庭對簿公堂，導致二〇一〇年八月一日以內部整修之名宣布歇業，這一休就是十多年，過去這十多年間，逸邨就再也沒有恢復營業了。

堪稱相當優雅且歷史悠久的星乃湯，在這歇業的十多年間竟逐漸崩壞，我們從當年佐野庄太郎最鍾愛的天星山一帶的高遠之處鳥瞰星乃湯，除了水泥牆屋外，屋頂與木構建築已經大部分倒塌，雜草叢樹已掩蓋了一些建築，看到彼情彼景，實在也令筆者深深地不捨，覺得非常非常地可惜。

二〇二二年五月九日，一則有關逸邨的新聞出現，更令筆者惋惜不已。此一佔地相當寬廣，歷史悠久的溫泉飯店，總共八筆土地，在休業的幾年間，已經被建商逐年逐一收購，產權現在已經全部被收購集中在一建商手中了，收購者計畫利用建築的老危優惠，重建溫泉住宅大樓。逸邨走過北投歷史的高低起伏，從一九二〇年代前後創業至今，堪稱是一棟見證了百年來北投溫泉事業發展的著名溫泉旅館，就此要從北投的溫泉山谷地消失，一百多年前佐野庄太郎所做的龍之夢，也到此即將煙消雲散。

當年筆者失之交臂，失去讓這棟建築永久保存的機會。現在除了感傷這棟曾經優雅迷人的建築已經消失，更想到這也正是筆者長期以來一直憂慮的，公共浴場、旅館被改建爲私人高樓住宅，或養老機構，使原本公眾可以消費使用的溫泉資源，被轉為私有化專用，而成為固定少數人封閉專享的問題，實在讓筆者在心中浮起一陣婉惜之感，也讓筆者為這棟曾經被筆者讚譽，尊為北投溫泉建築三寶之一的星乃湯，心中一陣黯然再度深深地哀悼不已。

星乃湯、天星山及星太郎

昔日佐野庄太郎在北投創辦星乃湯之初，他專心住在北投處理星乃湯的建設。而台北城中的台北館，由於都已上了軌道，庄太郎便將台北館交由太太ハナ照顧經營，久久才回台北一次。有一天，庄太郎從新建中的旅館往上順著山路行走，想去探索除了北投公園之外，是否還有其他地方可以吸引遊客。庄太郎不知不覺地走到一處水潭，上有一瀑布往下沖注入水潭。於是庄太郎就進入水潭泡水讓瀑布沖涼，泡了一陣上來後通體舒暢，他看到旁邊有一洞窟，就在那裏不知不覺地睡著了。

在睡夢中，庄太郎又夢見自己變成了巨龍，飛上天盤旋在山頂之上的高空，俯視著北投小鎮，感到非常滿意北投的全般面貌，最後巨吼一聲朝著山洞俯衝而下。這時庄太郎又變成不是龍了，搖晃著身體如釋重擔地進了山洞，閉上眼睛睡著了。這時庄太郎感覺龍就睡在他旁邊，他還把手放在龍的肚子上。

不知睡了多久，突然夢中聽到一聲巨響，庄太郎就驚醒了。醒來後他感覺神清氣爽，就認為這個地方應該是一個龍穴。離開山洞時已經是傍晚天色暗下來了，天空藍色、靛藍和夕陽橙色混在一起，小鎮的燈火已經在閃爍，城市的燈光混合著自然的色調交相輝映，伴隨著山巒的深綠色，佐野庄太郎感到心曠神怡。他認為他雖然是第一次來到這裡，但眼前這個景色是以前他不知在哪裡看過的景色。

他突然走到一塊突出的平台，下面是懸崖，從那裏可以看到北投，他非常震驚，因爲景色跟剛剛他所夢見的北投一模一樣。

這時他轉身想下山，卻看到滿天的星星在流淌，從那裡他看到一顆流星正流向他新建旅館的方向。因爲這顆星，讓他充滿了希望。隔日佐野回到台北，他跟太太ハナ說，他在北投山區的夢，以及他看到星星的景象。ハナ說這個夢和你小時候在靜岡所做的夢很像。

聽到ハナ的提醒，佐野庄太郎終於把北投的夢想，與年少時的夢想聯結起來了。那一刻，在那「龍之夢」的引導下，庄太郎有強烈的北投使命感。他萌生了一個想法，他就想ハナ懷孕中的孩子就取名爲星太郎吧！他也想他做「龍之夢」的那座山應該命名爲「天星山」，而北投的新旅館就以「龍之夢」醒後看到的那顆流向新旅館的流星，和星太郎之名，取名爲「星乃湯」吧！

星乃湯故事釋疑

這個故事是剛衛先生，從母親八重子那裏聽來而書寫的故事，這個故事眞的是非常的浪漫傳奇。不過這個故事，經過百年的相傳，當然有籠統及時間模糊的問題，所以筆者還是查證客觀的事實試著釋疑如下：

一九二五年三月佐野已經在爲「星乃湯」的土地問題與陸軍打官司了，這個新聞與星乃湯的店號是報紙上的報導，足證那時之前已有星乃湯的店號了。但星太郎是一九二七年六月十五日才出生的，所以時間上應該不會是先有「星太郎」之名，再用「星太郎」之名去取「星乃湯」之名。除非星太郎之名，早在出生前很久就想好了。

現在筆者將一些客觀的事實，日本時代台灣日日新報報導，早年八重子的筆記，還有各石碑上碑文所刻之記載……等等略述於後：

一九二五年三月　星乃湯已經定名；如果佳山是向佐野租地，那時間可能更早在一九二一年。

一九二五年三月　星乃湯土地界線問題與陸軍打官司（當時台灣日日新報刊載）；

一九二五年五月　大正十四年安奉不動明王（不動明王石窟所鑲貼石板上的紀載。）；

一九二七年六月　昭和二年六月十五日星太郎出生（佐野家譜記載）；

一九三三年五月　不動明王石窟旁建立「青龍明神」石碑（碑上刻記）；

一九三九年六月　不動明王石窟旁建立「大蛇明神」石碑（碑上刻記）；

一九四〇年五月　靜岡人建立不動明王奉納石笠柱（碑上刻記）；

一九四一年二月　建立佐野福藏題字的「草庵創建之蹟」石碑（碑上刻記）。

筆者重新再想像推論，佐野庄太郎在北投山區作那個「龍之夢」的時間，應該是在一九二五年三月之前，且已有一段時日了，而且在作夢之後，就將天星山與星乃湯都取好名字了，才會有一九二五年三月爲「星乃湯」之名的土地界線問題與陸軍打官司。

如果當年庄太郎作那個「龍之夢」後，回到台北告訴ハナ說，做了那個龍之夢，以及看到一顆流星流向新旅館，所以就跟ハナ說，要將那座山取名爲「天星山」；台北館在北投的支店，也就是新旅館要取名爲「星乃湯」，且以後我們的第四個男孩就取名爲「星太郎」。如果是像筆者這樣揣測，就沒有時間序列的矛盾問題了。

天星山在哪裡？

「天星山」是佐野庄太郎在北投作龍之夢的那個山區，他夢醒後看到天上的繁星，以及流向他新旅館方向的那顆流星後，從佐野自家才開始有的稱呼。那「天星山」在哪裡呢？

根據各個時代的一些資料、照片與地圖，還有一些民間的說法，從北投幽雅路轉杏林巷的「不動山」、「天星山」，到溫泉路上方的「大師山」，奇岩路上方的「丹鳳山」，奇岩路中和禪寺上方的「福壽山」，這是因爲中和禪寺境內，有一設於昭和六年六月的「曹洞宗聯絡佛教靈光塔蓮座」，這座樓塔的外牆上書寫著名稱爲「福壽山靈光塔」。所以這一帶的山區也有被稱爲「福壽山」。這一片山區，一直延伸到石牌東華路上的「唭哩岸山」，還有「奇岩山」，與榮總及今陽明交通大學，過去的陽明醫學院上方的「軍艦岩」，或昔日因廣植松樹而稱「松葉山」，其實都是相連相通的一大整片山林。

在石牌與北投之間沿著山邊的東華街與公館路之間，就是一般稱呼的唭哩岸山，及著名的唭哩岸石之產地，打石場就位於東華街尾的山邊。「唭哩岸」是凱達格蘭族語「海灣」之意，這個位置大概就是關渡平原尚未形成前，那裡形似海灣的河口邊緣地帶而得名。

只是日本時代稱呼的「不動山」或「天星山」或「大師山」甚至「福壽山」等等，界線並不清楚，似乎就是各自指涉供奉那些神佛或寺廟範圍內之山區的泛稱，現在一般人已沒有再以那些山名稱呼了，大概就是簡化將那一整片的山區，北投這邊籠統的泛稱爲「丹鳳山」，而榮民總醫院那邊就泛稱爲「軍艦岩」。

「北投不動明王石窟」位於北投區幽雅路杏林巷內，離一般稱呼的丹鳳山還有一段距離。「北

1. 1932年頃　北投天星山不動明王拜殿與石窟旁，稱為「劍池」的水潭，範圍比現在廣大。
2. 1941-2　靜岡人所奉納的石笠柱。
3. 1925-5　奉立於大正14年的天星山不動尊像。

投不動明王石窟」是以石窟、拜亭及御手洗（手水舍）的形式存在，並非一般有圍牆圈定範圍或境域的廟宇。其所在位置的那一帶土地，日本時代在佐野家的照片上有寫為「不動山」，也有稱為「天星山」，這些都是以佐野庄太郎的故事為基礎而來的稱呼。

根據佐野家的照片與佐野八重子當年的說明，那一帶的土地很多都是佐野庄太郎的私有產業，佐野曾自費鳩工開拓了通往天星山不動尊的道路，開通之時還舉辦了熱鬧的遊行慶祝活動。每年舉行的不動尊慶典活動，佐野也總是很高興地在隊伍之前率隊遊行，佐野家存留有一張當時在今天幽雅路、泉源路進入杏林巷的交叉口，所拍攝佐野庄太郎率隊遊行隊伍的照片。佐野也曾動員不少人力，在自有土地上闢建了一個天星山「佐野公園」，公園裡也建築了休憩所。現在一般或稱這一帶為「鐘鼓峒山」，北投廢娼後，曾有學者說過要規劃「鐘鼓山遊樂區」，漫天畫個大餅說要建設一個像狄斯奈樂園的地方，就是指這一帶的山區。

不動明王鎮煞傳說

「不動明王」有各種不同的稱呼，梵語稱「阿查拉那達」。「阿查拉」是不動的意思，「那達」就是守護神。可譯為「不動咸怒明王」，簡稱「不動尊」或「無動尊」。真言宗寺廟內均以大日如來佛為中心，左側是不動明王，右側則為弘法大師。以不動明王象徵大日如來的智慧，以弘法大師象徵大日如來的慈悲。不動明王，背著火焰站在大磐石上，或坐或立，右手執劍，左手持羅索，以恐怖的造型出現。

密宗把諸佛諸尊劃分為四級：第一級是「佛」，也就是如來；第二級是「菩薩」，菩薩雖已達到

1. 2023年攝 北投不動明王石窟全景。左邊為御手洗亭，中間為儲藏櫃、拜亭及不動尊石窟，右邊為信衆機動使用的空間。
2. 1932年頃 不動尊旁——天星山境内金精之瀧。
3. 戰後新築之不動尊王門坊。圖中人為佐野庄太郎的大公子佐野台一先生。

領悟的境界，但尚未成佛，他要替代如來說法，故稱「正法輪」；第三級是明王，是「教令輪身」，意爲傳令使或宣傳員，他奉如來之令，在世間做宣傳的活動。菩薩都是柔和溫馨的樣子，明王卻是一副兇神惡煞的面孔，此乃對付那些不聽菩薩諄諄教誨，難以得教的眾惡生，使他們懾於不動明王的凶相而得救贖。

不動明王石窟旁有一小瀑布，或在日本時代佐野家所稱的「當山之金精之瀧」，也就是該天星山的金精瀑布。因爲在一九九八年筆者寫佐野的故事之前，並沒有人寫過佐野庄太郎與不動明王石窟設立的故事，加上石窟旁立有兩座「青龍明神」與「大蛇明神」石碑，大家不明其所以，因此民眾各自發揮，創作了自己想像的故事。

因爲如此，不動明王石窟建寺的過程，過去就有幾種傳說，其中之一曾廣爲流傳的是：日本時代當地有一條巨蟒盤據，經常危害人畜，於是日人回到內地，即當時日人所稱的日本，請來不動明王一尊，並開鑿石窟，搭建拜庭供奉，從此巨蟒爲「不動明王」所鎮伏，地方才平靜安寧。也有一說該地本有兩條蛇，一條白蛇，一條青蛇，這兩條蛇被不動明王降伏後成爲護法，白蛇轉任「大蛇明神」，青蛇轉任「青龍明神」，就分別立了兩柱碑以資紀念。當然民間的說法很浪漫，也可增添遊憩的趣味性與豐富性。

但日本時代該地的業主，佐野庄太郎的女兒佐野八重子對此景觀說得很具體而清楚。當時佐野庄太郎感覺星乃湯的建設，還有他所開闢通往夢見龍的洞穴與看到流星的山區之道路，所有工程進行都很順利。佐野感覺到他能從日本來台灣，在波濤洶湧的大海中生存下來，現在並得到很多人的信任，他覺得這不僅僅是他自己的努力而已，他覺得這是他當時從日本到台灣，一路隨身攜帶的日蓮宗經文之力量，還有神佛在護持。因此他決定在他做龍之夢的洞窟中，供奉神尊並把那地方做成一個修行堂。

最後佐野庄太郎以願主身分，將瀑布旁的洞窟，作了一個修行堂，供奉了一尊不動明王。筆者在二〇〇〇年出版的「女巫之湯」一書中，就根據佐野八重子，寫給逸邨李家的信所提及的「不動尊」的尊像是在大正十四年，一九二五年五月安置，尊像上石的製作人是山川勇松，是京都市今熊野日吉町人。現在筆者查看林田家贈送的照片檔中，其中有一張北投不動明王石窟初建之時的照片，當時與石窟相連的供桌下鑲貼著一塊石板，所刻的內容正是佐野八重子所說的往昔尊像創建的這些記事。但戰後石窟被增添一座與石窟相連的「不動尊王」水泥門坊，而那塊「尊像上石」記事的石板已經不見了。筆者根據現場建築的異動判斷，原日本時代石板供桌下已被水泥填滿，所以那塊記事刻石板如果不是已被覆蓋在水泥裡面，就是已被移除。

佐野尊奉青龍神與蛇神之因緣

佐野八重子曾回憶，他喜愛北投溫泉的父親，爲了祈求「商販繁盛、家內安全」，保佑溫泉事業能夠發達，一生信奉不動明王不渝，對寺廟的活動與建設，出錢出力不遺餘力。而佐野庄太郎也深深感到，除了日蓮經文的力量，他小時候在富士郡大宮町，及在此天星山所夢到的那龍神，隱隱約約地指引了他的奮鬥之路。佐野感覺星乃湯的經營日益順利，爲了紀念他在此地曾作了一個「龍の夢」，給了他很多的啓示，庄太郎就立了「青龍明神」碑加以供奉並紀念。而做龍之夢的洞窟旁，他初次在那沖涼的那個瀑布，讓他進入龍之夢，也因此而被取名爲「金精之瀧」。

碑的正面陰刻金字「南無妙法蓮華經青龍明神」。此碑爲何也刻有妙法蓮華經？因爲佐野從日本

1. 1933-5 立於北投不動明王石窟旁之「南無妙法蓮華經青龍明神」碑。（2022年筆者 攝）

2. 1939-6 立於北投不動明王石窟旁之「大蛇明神」碑。（2022年筆者 攝）

3. 1925-5 佐野庄太郎在北投天星山奉立一不動尊石窟，石窟本鑲有一石板，說明設立來源與日期，且當時有木構佛龕門，但戰後都消失了。

來台灣之時，一路上隨身攜帶蓮華經並不時拿出來禱唸，且故鄉附近的「身延山大石寺」是日蓮宗大本山，他故鄉那一帶的人，多是日蓮宗的信徒，信仰日蓮尊者的「立正安國論」，所以佐野庄太郎也是日蓮宗的信徒，不但如此，戰後接手星乃湯的李根源一家亦是日蓮宗的信徒。

依石碑左側刻字記載，「青龍明神」碑立於一九三三年，昭和八年五月吉日，比「大蛇明神」碑更早六年設立，因爲不動尊「上石記事」的那塊石板已經不見了，所以這是那裡現存所有建物或石造物上，刻記最早的年代。「青龍明神」碑立於兩層的平台之上，根據我們調查時的測量，其底層平台約「寬八十六公分，長八十六公分，高三十八公分」；第二層平台約「寬五十三點二公分，長五十三公分，高三十四公分」。豎立於這兩層平台之上的「青龍明神」碑，約「寬三十二公分，長也是三十二公分，高則是一〇九公分」。

至於「大蛇明神」碑，八重子的筆記曾敘述，有一天早晨，佐野先生看到一個村夫，抓到一條受傷的巨蟒經過星乃湯的門口，於心不忍就將蛇買下，送到不動明王石窟旁瀑布上方去放生，叫它去奉事不動明王，去當不動明王的僕役。

隔年，佐野先生在不動明王石窟參拜時，看到在瀑布的上方，隱約好像有一條巨蟒閃過的影子。佐野上去察看，結果看到一條巨蟒的蛻皮，剛好這張蛻皮有一道傷痕，應該是去年放生的那條蟒蛇所留下的。佐野就將這條蟒蛇皮帶回家中供奉祭拜，之後每年都會在瀑布上方看到同樣的蛻皮，佐野也夢到了那條蟒蛇。於是佐野就在昭和十四年六月，在立青龍明神石碑六年之後，又在瀑布旁恭奉了一塊「寬爲二〇公分，長十四點五公分，高一三六公分」的「大蛇明神」石碑以資紀念。

八重子也回憶說，星乃湯有一位從高雄來的客人，前往不動明王石窟爲其受眼疾所苦的女兒祈求不動明王保佑，每天由山下行跪拜禮上山，在二十一天祭拜禮屆滿之日，傳來他女兒眼疾突然復原的消息。這個靈驗故事傳開之後，信徒日增。

「青龍明神」碑與「大蛇明神」碑的基座，原爲單純之紅磚外敷水泥砌成，指定爲市定古蹟之後還一直維持著原貌，惟近些年水泥基座外表，已被貼覆上時髦光滑的紅寶石色系花崗石片。

不動明王寺石窟周邊與現況

根據現場刻石存留的記事來看，奉獻不動明王石窟的附屬設施還有另外一些人。御手洗上刻有杉山恆次郎，還有「世話人」（義工）小川銀藏、金重傳一、杉山久子等人名，現在他們的身分與年代都已難查考，但庄太郎與星太郎曾留有在此御手洗旁的寫眞，所以應該是有接受這些奉納，因此這些人應該都是當年佐野認識的朋友們。

另外，在一份日本時期介紹北投風景的「書簡圖繪　北投要覽」摺頁上，在介紹不動明王石窟的圖說，出現了「上北投成田不動尊」的名稱。爲何有「成田」的稱呼？這名稱應該是有所根據的。日本東京附近千葉縣成田市的成田山，有一史跡「成田山不動明王舊跡」，北投天星山的這尊不動明王，是否就是從那地方請來的不動明王？或者還有其他典故？這已經找不到人可以回答了。

不動明王石窟前拜亭的尺寸約「寬三七九公分，長二六五公分，高三二八公分」，仍是日本時代的樣貌，只是多加了歷年不斷積累的保護油漆，而且應該是拜亭屋頂曾有損壞，有修改建過的痕跡，且增建一供桌之上的擋雨廊頂，使拜亭與「不動尊王」門坊相連。

日本時代不動尊石窟前的拜亭，平時只有布置簡單的日式擋煞暖簾或只有垂紙裝置，有祭典活動時就會加掛日式燈籠作爲裝飾。筆者陳請古蹟之時，日式的裝飾早已全部消失，但拜亭上有三面戰後才添加的匾額，前一面是以黑底金字刻寫的藏文，那是佛教一句不須懂的眞言。後兩面一面是「不動尊王」，另一面是「大顯威靈」。但後面這兩面，現也已經被換成紅底金色字的「北投明王寺」。

石窟前方的御手洗「頂部長一〇八點五公分，寬七十五公分、高六四點五公分」，其他各種石造物如石碑、奉獻石柱、石燈籠等的保存狀況大體都還好，並沒有受到破壞。御手洗旁有兩座小型奉獻石柱，筆者判斷應可稱是日式的笠帽狀「石笠柱」。以露出土面計算，左邊一座高一〇三公分刻著「靜岡縣盤田郡中泉町堀志能」，右邊一座高九十公分刻著「昭和十五年五月建之」。佐野庄太郎是靜岡縣富士郡大宮町人，而這個從遙遠的日本靜岡縣，來此北投偏僻的山區獻立這石笠柱的人，或許也與佐野有某種關係吧？

從日本時代的照片看，石窟前面之日、月型火口的兩座石燈籠，日本時代即已存在。依我們調查時所測量，現在不動明王石窟約「寬一一八公分，高一六八點五公分，石窟的深度則爲二二五公分」，其實還不算小。在日本時代，石窟也鑲有一對日式木框佛龕門門，但應該是石窟戰後修改加建水泥門坊時被移除，所以現在並沒有木框佛龕門門。而現在拜亭前的香爐與中國北方型式的銅獅像，則明顯是戰後所加，日本時代的不動尊前並無此設施。

不動明王石窟所在的山區，因爲自日本時代就是靠近現在陽明山的第一公墓。筆者陳請古蹟指定當時，當地羅列了各式各樣、從正宗寺院到過去一段時間庶民信仰的大家樂問卜，大大小小的一群寺、廟、宮、庵、堂等，齊聚一山，相當有特色，但也因爲隨意而建顯得有點雜亂，不然以不動明王石窟建寺的傳說與故事，再加上那地方如果是單純的公園，實足以讓此地成爲一處觀光名勝。

從不動明王石窟的各種石造物所刻寫的建立時間看，是從昭和時代開始，陸陸續續添加各種建造物，遂成今天的整體面貌。在古蹟陳請的一九九八年初之時，還存留著戰後新加的清晰遺跡，周邊岩

1. 日本時代上北投成田不動尊。在日本時代介紹北投之「書簡圖繪　北投要覽」中的面貌。
2. 1932年頃　北投天星山不動尊願主，也就是創建人佐野庄太郎與其鍾愛的小兒子星太郎在不動尊石窟前之御手洗留影。
3. 2022攝　北投不動明王石窟拜亭。

壁上被鑿刻有標語如「勿忘在莒」、「別有洞天」、「蔣總統華誕菲律賓華僑回國暨勞軍……」，附近還有一木構長形房舍，高腳水泥基礎上還用油漆寫著標語「返我河山」、「實行三民主義」、「復興中華」等等戰後來台軍眷族群在此地區安身的遺蹟。只是標語油漆逐漸退色，現在的山壁自然景觀遂漸恢復，面貌已經比較沒有那麼突兀了。

「自然石鳥居」與「草庵創建之蹟」碑

不動明王石窟在日治時期的參拜道入口，是在今天杏林巷轉入不動明王石窟的路口。此處左右原有各一座圓形火口的石燈籠，各刻「奉納」二字，根據八重子所寫的照片說明，那是佐野庄太郎所設的，並稱之爲「自然石鳥居」，鳥居常常是日本神社建築之一，象徵神域與凡間的分界。只是那兩座當作鳥居的石燈籠今天已不知下落。看日本時代的照片，這處不動尊參拜道入口的石燈籠左邊，有一小木柱書寫「無料休憩所」，所以不動尊參拜道從這個「自然石鳥居」進去後就是佐野公園，原有一處免費供參拜者休息的地方。現在從參拜道進去，還會看到一石柱「草庵創建」碑。

「草庵創建」碑原是紀念佐野庄太郎在此奉獻的一座草庵。該碑是由天星山的朝山拜佛團體「天星山題目講中」，在日本「皇紀二千六百一年辛巳二月十二日」，即昭和十六年，一九四一年二月十二日所建立的。「講中」是日文，是指日本一種宗教上「遊山朝拜的信眾團體」。此碑是立在不動明王石窟前方約四十公尺處，現在永興宮門前對面的路邊，也就是原來參拜道上路邊的一座花岡石碑。

此碑的完整碑文爲「草庵創建之蹟」碑，原也有一底座，但該碑從「之蹟」兩字以下及底座已全被埋入土下，如從現在露出土面的部分起算，寬二十八公分，長二十六公分，高一〇七公分，該碑應該沒有被破壞。但戰後一些民眾陸續進入此地居住或建宮廟，因爲要將原來高高低低的山區小路徑拉平，所以就將舊路徑塡高拉平，以變爲順平的道路，致使原有道路升高不少，於是原碑之一部分就被埋入地下。如從舊照片的比例換算，此碑如包括埋入地下的部分及基座，總高大約是二二〇公分左右。

而「草庵創建」碑上所刻的「佐野福藏之代」意即「草庵創建之蹟」這六個字，是由「佐野福藏」所書寫。佐野福藏是佐野庄太郎的同鄉，他是其故鄉富士郡大宮町當年日蓮宗天母山法華道場的堂守（住持）。根據筆者向林田家詢問確認，他與佐野庄太郎並不是親戚，但與佐野家的關係密切。佐野庄太郎昔日在北投杏林巷，所設立的日蓮宗「法華道場」中恭設佛堂，固定於冬季嚴寒之日舉辦苦行，以祈求不動尊庇佑的「寒行」活動及各種祭典。佐野福藏曾應佐野庄太郎之邀，從日本靜岡千里迢迢來到北投，主持不動尊前的活動與法會。而此碑的石工則是台北市老松町的藤原光藏。

草庵所在之地原是佐野庄太郎當年做了龍之夢後，他看到滿天星斗，還有一顆流星流向星乃湯方向的懸崖邊，這裡是給庄太郎帶來很多啓示的地方。事後這一帶的土地都被庄太郎收購，他並在此闢建其私人的公園，取名爲「佐野公園」，並且建了一座草庵，一座休憩所，及一棟日蓮宗「法華道場」以供人參拜、觀景及休憩之用。

當然，事隔百年，滄海桑田，景物全非，除了草庵及休憩所早已不見蹤影外，佐野公園所在之地全部收歸國有。因此該地在戰後就陸續被民眾與軍眷圈地入住，更在奇石坡地開墾塡土或灌水泥，自行興建了一些建物，作爲住家或興建宮廟。且因塡土造地擴建柏油道路，而將原有山區道路塡高拉平，也堆砌起維護道路的石砌或水泥駁坎，而且約一百年前，此地很少樹木的周邊奇石山坡，現在已

1. 1932年頃　不動尊參拜道入口處，佐野庄太郎所稱之「自然石鳥居」（石燈籠）與「無料休憩所」指示牌（左側木柱）。
2. 1998年攝　1941年所設立的「佐野福藏之代——草庵創建之蹟」碑，從「之蹟」兩字以下已被埋入地下。
3. 1932年　最初的草庵與無料休憩所。位於不動尊前方，現永興宮所在之位置。佐野庄太郎（左一）、佐野夫人（左二）、佐野星太郎（右一小孩）。

4. 1936年頃 天星山「佐野公園」施工時，星太郎（右二）、庄太郎（右三）、佐野夫人ハナ（Hana花）（右六）、源太郎（蹲者），他後面為八重子與庄三郎。

5. 1940年頃 靜岡縣富士郡大宮町之「天母山日蓮華法會」道場堂守（住持）——佐野福藏。

6. 1942年頃 星乃湯被徵調為「日軍航空病院第一別館」時，佐野庄太郎在天星山法華道場側面自費舉辦慰問傷兵活動。

7. 佐野庄太郎每年於寒冬之時都請佐野福藏來主持「寒行」的祈福法會，繞行北投山區，並分發赤豆飯等給衆人分享。佐野夫人ハナ（前排右一）。

1. 1925年頃　佐野庄太郎修築北投天星山區至不動尊石窟的道路，完工時率隊遊行慶祝，圖為行經今天之幽雅路、泉源路轉進杏林巷交叉口處。
2. 1932年　天星山登山口，佐野庄太郎（左一）、佐野星太郎（左二）、金柿源次夫婦（左三與左四）、佐野夫人（前排右一）。
3. 1932年　從不動山「草庵」與「無料休憩所」，看位於其後的左側岩山之風影。此處位於不動尊石窟上方。佐野庄太郎（後排右一）、金柿源次（右二）、星太郎（前排右三）、佐野夫人（右四）。

1. 佐野庄太郎設立的天星山法華道場正面，門旁大松樹仍生意盎然。法華道場今之玉皇宮，已逐步被改建了。圖中人為佐野台一先生。
2. 1998年　參拜道旁的玉皇宮，改建了鐵棚架拜亭，門左旁大松樹已被腰斬。（筆者 攝）
3. 2023年　參拜道旁的玉皇宮，改建了一個屋瓦式的拜亭，拜亭柱子已改為大龍柱，舊松樹也已移除。（筆者 攝）

長滿了樹木，於是原來都是奇石山坡的地理景觀，今日已全都改觀了。在佐野公園裡，佐野庄太郎在不動尊石窟前奉納興建的草庵及無料休憩所，戰後不知在什麼時候就被拆除全部消失了，取而代之的是民眾圈地，逐步再塡土墊高整平而加以佔用，最後被興建成現在供奉三太子爲主神的永興宮。

至於昔日的日蓮宗法華道場，根據林田家的照片及其解說看，已演變成今日的「玉皇宮」。而玉皇宮這幾十多年來，也屢有修改建。三十六年前，八重子來訪時，玉皇宮門口並非現在門口的拜亭，且門口旁有一棵生意盎然，當年佐野所種已然高大的松樹。而二十六年前筆者所照的照片，玉皇宮門口則加了一個鐵棚架當作拜亭，旁邊大松樹已經死亡而且從腰截斷了。現今的建築則被重新改加建，拜亭加建了豪華的龍柱，已經腰斷的大枯松樹幹也已經不見了。日本時代其周邊空地也蓋了許多的建物，所以該地的地形地貌，已經完全不同於一百年前佐野的時代了。

不動尊旁「劍池」

北投不動明王石窟雖然已被筆者陳請成功列爲台北市定古蹟，但石窟旁周邊建物紛雜。根據日本時代的照片觀察，北投不動明王石窟旁瀑布下方自然形成的水潭範圍較大，且像有紓水道存在用以維持水潭之水位，緊鄰拜亭邊還是水潭的石砌駁坎。但現在拜亭旁邊的水潭已經大幅被縮小，一大部分的水潭變成是水泥空地了，而原瀑布也長期被從上方截流，現在已經沒有什麼水流下來了。

因此原水潭現在被水泥砌成類似方型的小水池，並裝上不銹鋼的圍欄，現在水池右邊長約四百五十五公分，水池的左邊長約六百一十一公分，而水池的內邊是斜山壁，外邊的寬度則約五百八十公分，與日本時代的照片相比範圍已經縮小很多。

可能因為不動尊持有一把神劍用以鎮壓邪魔，所以這個「金精之瀧」沖下的這個水潭曾被稱為「劍池」，且不知何時刻有「劍池」二字於鄰近岩壁上。這個刻有「劍池」二字的岩壁位於「御手洗亭」之前方，在現在草庵創建碑旁邊，也是永興宮門斜對面的路旁，不過「劍」刻字已有部分崩壞。而且北投不動明王石窟旁現在水池的右側邊，也加蓋一處鐵皮屋頂的空間，很明顯是一處有人常態在使用的場所，且此地有一位大家公認的廟公，長期以來一直在此侍奉不動明王，且維護整理環境。

不動尊山神廟特色

在筆者的理想中，那一帶原是應以公園形式保存的區域，但現在地形地貌已經完全改變而不似公園了。因此北投不動明王石窟周邊環境如何整理，以及寺廟將如何管理以凸顯古蹟特色？現在都還是未解的課題。

當年筆者為「北投不動明王石窟」陳請古蹟而書寫的理由如下：

一、位於舊稱天星山的北投不動明王石窟，是一座非常簡樸的禮佛場所。從建廟的傳說，與其說是露天寺院，不如說是具有地方守護神駐在特色的小型土地神廟。在這裡，不動明王不再只是密教中大日如來的護法，而是具有山神特色，負有保護地方安寧的身分。寺廟的主建築又以石窟形式呈現，雖受到地形所限，但因地制宜，庶民風格非常濃烈，也非常有創意與特色，故應列為古蹟妥為保存。

二、不動明王石窟明顯是日式宗教所傳，是日本時代日本宗教在台灣的活見證，也是北投溫泉開發先賢祈求地方繁榮的社會心理見證。建寺的傳說充滿濃厚的本土色彩，可說是外來宗教在本土的演化與融合，具有特色與歷史價值，再加上年代已久，列為古蹟永久保存，應會使整個北投溫泉鄉生態

1. 1998-5-28 台北市古蹟審議委員審查會勘北投不動明王石窟時之合影。前排：王啓宗教授（右一）、民政局長李逸洋（右四）、筆者（左二）、黃柏鈴教授（左一）。後排：李乾朗教授（左一）、閻亞寧教授（右四）、米復國教授（右三）、堀込憲二教授（右二）。

2. 1998年 不動明王石窟旁的軍眷舍之還我河山題字。

3. 2023年攝 劍池勒石。

博物園區更加完整。

筆者向台北市政府提出古蹟陳請後，民政局邀請學者專家，於一九九八年五月二十八日來北投現場會勘，七月二十三日通過審查，並命名爲「北投不動明王石窟」。同批審查通過筆者所陳請的古蹟還有「前日軍衛戍醫院北投分院」、「北投文物館」、「草山御賓館」等，經台北市政會議於八月十八日通過，列爲台北直轄市定古蹟，九月一日公告。但北投不動明王石窟，因界址需與國有財產局鑑界，遲延一段時間後才由市政會議通過，並另於十月十四日公告，才正式成爲台北直轄市定古蹟。

大師山「弘法大師巖石窟」與「弘法大師紀念碑」

北投這一帶山區，除了「天星山不動明王石窟」之外，靠近北投公園熱海大飯店後門，溫泉路的上方小徑可以通達，位於海拔一百五十公尺到二百公尺上下之間的丹鳳山區，還有一座「波切不動明王石窟」。這座「波切不動明王石窟」坐落於「弘法大師巖石窟」緊鄰的背後方。

從這兩個石窟四周的碑石上所刻記之文字看，這石窟群所供俸的弘法大師與波切不動明王，應該都是名爲「台北茶榮講中」這個信眾團體，從日本高野山請來供俸的。根據「波切不動明王石窟」與「弘法大師巖石窟」其石壁雕刻之記事，兩者設立時間相差十餘年，發起人奉獻者的名字中，兩石窟雖有重複者，但都沒有佐野庄太郎的名字，所以看起來是與佐野庄太郎及其設立的天星山不動尊沒有關連。下面先來介紹弘法大師巖石窟。

日本時代有一種信教遊山朝拜者的團體，日文稱爲「講中」。「弘法大師巖石窟」就是這種團體在此地山岩壁鑿一方型，並裝有木構門門作爲佛龕，以恭奉弘法大師的石窟。日本時代介紹北投的扉頁「書簡圖繪　北投要覽」上的照片，明顯可以看到佛龕內奉有一尊眞言宗開山祖師弘法大師，也即是空海和尙的尊像，圖說稱此爲「大師山大師巖」。所以此地應該是因爲有此弘法大師巖，而被信眾稱爲「大師山」。只是日本時代照片中，佛龕內弘法大師較大的尊像早已經不見蹤影了。

依據弘法大師石窟石壁上所刻的記事，這石窟應該是在明治四十三年三月二十一日建立的，而石壁這個時間點之雕刻中的「治、三、一」三個字已被鑿破壞。此外還有台灣日日新報的兩則報導作爲參考：一九一二年，明治四十五年五月二十日，台灣日日新報第二版刊有西門外街澤德松氏數名發起，以工費三百餘圓，在北投故兒玉總督別墅上手之山上安置弘法大師，今日舉辦也供一般人參拜的盛大法會。一九二一年，大正十年四月二十五日，台灣日日新報第五版，報導四月二十八日即舊曆三月二十一日，舉行北投弘法大師勸進十週年紀念祭。因此以這則新聞往前推十年，即一九一一年，明治四十四年三月二十一日，如以這個時間來算弘法大師石窟設置的時間，看起來是比明治四十三年晚了一年，以石壁所刻的時間爲準，所以這個時間點僅供大家參考。

此弘法大師石窟佛龕下方的石壁，大約刻有九十位左右的發起人與世話人的名字。前面日日新報所提的「澤德松」，在這石壁上的名單中，確實有一「沢德松」之名在內，但並不特別也不突出，所以無法確認「澤德松」在設立此石窟時所擔任的角色。再因爲這個石壁名單的最後有一行「台北茶榮講中」這個團體的名字，所以這些人應該都是與「台北茶榮講中」有關的人士。不過這石刻的名字中有一些損毀，已難以看出字跡的全貌。

且這個石窟前呈現成一個四方的小廣場，周邊有諸多刻有名號的奉納者小石柱，如「高山安吉」、「高倉寫眞館」，「石井傳次郎」、「京都境良吉」、「平島豊次郎」……這些小石柱或還立著，或已經斷了，或橫倒在地。這些殘蹟小石柱應該是日本時代石窟小廣場四周已經被破壞的石造欄杅的一部分。原參拜道上有一作為靈域識別的「高野山弘法大師」碑，此碑的背後刻著「大正十一年茶榮講　奧房二氏」，奧房二也是波切不動明王石窟發起人之一。而「茶榮講」可能還有一個「中」字，是「茶榮講中」，但並沒有看到「中」字。

根據我們普查北投文化資產時的測量，弘法大師石窟的尺寸約「高九十五點五公分、寬七十七公分、深六十三公分」，如果也包含木造佛龕的尺寸，則整座石窟佛龕的尺寸約「高一〇一公分、寬八十五公分」。

石窟前廣場左方，也立有一約「高一三六公分、寬八十九公分、厚約二十至二十五公分」，由「台北茶榮講中」這個團體所署名設立的「弘法大師紀念碑」。碑上刻著一首和歌記述著「遠望只見鄉里的草木花　大師之光輝閃耀」。此碑背部刻有四個大字似是「為先祖代」？因似有被破壞的痕跡，也已有些風化，所以筆者不能完全確認，也不知其意。而這四個大字之下列有一些似是店號的大田、小川、澤井、倉本……等，有些字也已風化難以辨識，這些應該是奉獻此碑的店家名號。

弘法大師像所在的岩壁石窟，現在仍然矗立在山林中，但現在佛龕內已無日本時代的原物。而原有的石窟佛龕木門，完全露天暴露於日曬雨淋的山林間，應難以維持百年，所以日本時代照片上看到的佛龕木門，也早已不存在了。

在弘法大師石窟之旁，現在有一塊貼有打字輸出所貼的說明牌，石窟下方也另有二小塊已經腐蝕的木牌刻著一些說明。其中一塊腐蝕較不嚴重的木板，還可清楚看出其內容。根據其內容，現在的佛龕木門應該是民國九十八年信徒重新製做的。以下是其內容：

「敬禮眞言宗教主大日如來、兩部界會諸尊聖眾、高祖弘法大師。伏以大師岩為明治時代「明治四十三年」所建。主龕初供奉大師尊像，自民國光復後，逐漸荒蕪，現由僧俗四眾發心供養金剛界大

1. 大師山「弘法大師岩（巖）石窟」佛龕內之擺設。
2. 大師山「弘法大師岩（巖）石窟」及其窟前小廣場。
3. 大師岩在日本時代介紹北投之「書簡圖繪 北投要覽」中的面貌。
4. 大師山「弘法大師紀念碑」。
5. 大師山「弘法大師岩（巖）石窟」佛龕開啓狀況。

日如來、弘法大師，不動龕奉祀不動明王，合爲眞言宗三尊，並禮請清淨慈門寶海大阿闍梨啓建開光聖住法會，圓滿安座後，經稽核史蹟，檀越發心，再興建立大師岩一宇木造祠堂及一對高方石燈，增補不動龕一扇木門。願興佛光明，廣利群生，正法久住，迴向阿耨多羅三藐三菩提。民國九十八年三月吉日 三寶弟子 陳洋寶 拜書」。

「阿闍梨」是佛教與印度教的法語，有「阿闍黎」、「阿奢黎」等等多種音譯法，爲「導師」或「上師」之意。「阿耨多羅三藐三菩提」是梵語，「阿耨多羅」是「無上」之意，「三藐」是「上而正」之意，「三菩提」是「普遍的智慧與覺悟」之意。所以「阿耨多羅三藐三菩提」是「無上正等正覺最高智慧」的意思。

佛龕旁邊現在也有一由十方善信在民國九十八年一月吉日奉納的說明牌，這個說明牌與上述已經腐蝕的小木牌，其內容大同小異，是打字輸出貼在此說明牌上：「……本地爲日治時代『明治四十三年（一九一〇年）』所建之大師岩。主龕原供奉弘法大師，自光復後，逐漸荒蕪，現由信眾發心供養金剛界大日如來、弘法大師，副龕奉祀不動明王，合爲眞言宗三尊。期能復興聖地，重輝佛祠。願諸見聞瞻禮香，均能獲福無量，菩提增上。」依此木板的內容看，現在的石窟佛龕木門似乎是民國九十八年三月由「眞言宗清淨門」的信眾所裝設的，已非日本時代的原物。佛龕石窟前有兩座小型燈籠，這兩座燈籠雖然已經劣化龜裂，但背面確實寫刻著「眞言宗清淨慈門」的字樣。

石窟下方另一塊小木牌，已嚴重腐蝕，上刻有大字「御大施主」，左邊刻有「善願得成就 正法廣宣揚」兩行字，右邊也刻有兩行字，但第一行因木板裂開腐蝕，字無法辨識，第二行是「諸福盡隨喜」，木牌中央較小的字列有釋法至、釋法宇、陳英子……等三十二位施主的名字，但字跡已不甚清楚，應該是現有木門佛龕奉獻者的大名，最下面則刻有兩行字「善根迴向自他 法界平等利益」，此木牌放置時間也是民國九十八年。

「波切不動明王石窟」

弘法大師佛龕大岩石的背後，即是緊鄰「波切不動明王」石窟的所在。這座不動明王石窟與旁邊的弘法大師石窟的形式相同，也是在山壁鑿出一個方形石窟的佛龕，並做一個木構門門，平時門門就關著。佛龕上方有一石匾刻著「奉納波切不動明王尊」，這應該是此一石窟被命名爲「波切不動明王石窟」的由來。根據我們調查時的測量，這一座石窟「外部總高一七三公分，外部總寬一二三公分」。龕內石窟「高一一八點五公分、寬九十七點五公分、石窟深度七十五公分」。比弘法大師巖石窟的尺寸稍微大一些。

波切不動明王石窟之下，鑲有一石板，「長七十九點五公分、高三十一公分」，刻著建設此座波切不動明王石窟的發起人：池田常三郎、生田福松、井上清一、今村、西山小四郎、堀川俊博、保坂伊太郎、奧房二、中富菊太郎、中村啓一、福島、宮崎楢次郎、平島豊次郎等人，這些人名之下有一行「茶榮講中」，所以這些人也是「茶榮講中」這個朝山拜佛信徒團體的成員。由此看來，大師山「弘法大師巖石窟」與「弘法大師紀念碑」與「波切不動明王石窟」，應都是台北「茶榮講中」的會友們所發起奉納的奉佛境域。這塊石板也刻著這座波切不動明王石窟的捐贈者名號「御安置建設」，是「安置建設」在大正拾五年六月二十八日所捐獻。所以由此石壁上的雕刻所敘述之內容看，大致可以知道「波切不動明王石窟」建立的時間，應該是在大正十五年，一九二六年六月，該年十二月二十五日後就是昭和元年，約在「弘法大師巖石窟」設立之後十五、十六年多，其設立的時間亦稍晚於佐

1. 大師山「波切不動明王石窟」，圖中前方山壁即為弘法大師石窟的背面。
2. 大師山「波切不動明王石窟」。
3. 大師山「波切不動明王石窟」佛龕開啓狀況。
4. 大師山「波切不動明王石窟」佛龕內擺設。內有關公一尊，信衆自由自在已多元化了。

野庄太郎設立天星山不動明王石窟後約一年多。「波切不動明王」石窟參拜道石階前也有一座「高野山波切不動尊」識別境域的石碑，這塊石碑的背後，也是刻有「大正十一年茶榮講 奥房二氏」，此外另還有一座「生田福松」奉納的小石柱。「生田福松」的名字也有刻在前面弘法大師岩壁上。

同樣由十方善信在民國九十八年一月吉日奉納的木板牌所貼說明指出：「相傳弘法大師自唐朝學成後，由上師惠果阿闍梨親自雕刻不動明王念持佛像，贈與大師，一行人歸返日，乘船時，遭遇暴風雨，大師即向不動明王祈禱，應時，明王顯聖，揮劍斬平波浪，護佑大師等人平安返回日本，故稱此尊爲波切不動明王，本尊靈驗應心，至今仍供奉於高野山南院。此處原爲供奉波切不動明王之護法龕『大正十五年（一九二六）』。現今亦由信眾供奉不動明王、藥師七佛、黃財神等諸尊，唯願護持正法久住，眾生安樂。民國九十八年一月吉日 十方善信 奉納」。

此石窟內日本時代的佛像與文物早已都不在了，近年我們也看到石窟內還安奉有一尊琉璃關公像，也有一張裝於相框的「五大明王像」。這個無主管理的石窟群靈場域，自由自在，信眾各自表述，供奉的諸神與布置的教派，似乎也已經多元化了。

這座石窟前有一座約「長四十九公分、寬三十九點五公分、高二十四公分」的小方型手水鉢，由日本德嶋市佐古町岡重太郎所捐奉。石窟前還有一傾倒在地「鎌野時計舖」的奉獻石柱，「鎌野時計舖」是由奈良人鎌野芳松，日治早期即在台北書院街一丁目五番戶所創辦的時鐘店。鎌野芳松與大神久吉、平尾伊三郎、二宮實太郎、尾崎彌三郎等眞言宗信徒，在大正十五年，一九二六年曾發起創設「台北新四國八十八箇所靈場」。其中有多尊佛像是奉在北投的幾處寺院與場所，但戰後奉在各處的諸佛尊許多流失離散。二〇二三年四月一日，北投普濟寺從北投鳳梨厝的民家，迎回逸失多年，在一九二六年原供奉於鐵眞院的第八十八番藥師如來佛。

「北投真言宗石窟建築群」指定為市定古蹟

大師山「弘法大師巖石窟」與「波切不動明王石窟」所在之處，有些被破壞的痕跡，長久以來，在我們一些鄉親的呼籲下，二〇一九年七月二十四日公告爲市定古蹟，公告位置「台北市北投區丹鳳山」，古蹟名稱定爲「北投眞言宗石窟建築群」，周邊尚有奉獻石柱、參道、弘法大師紀念碑、石燈籠遺跡等附屬設施物，呈現日治時期之佛教石雕技藝及其布局。這古蹟本體包含「弘法大師巖石窟」及「波切不動明王石窟」，兩個石窟均鑿石壁爲神龕，分別奉祀弘法大師及波切不動明王。附屬設施包括「弘法大師紀念碑」、「生田福松碑」、「高野山波切不動碑」、「高野山弘法大師碑」及「奉獻石柱」、「石燈籠」、「石階」、「石欄杆」等。

在弘法大師石窟參拜道石階前道旁，現在還有一塊沒有署名，不知由誰所立，也不知年代，近年在登山活動頻繁的山區，被發現的石碑，此碑約「高五十七公分、長七十七公分、最厚處約四十五點五公分」，不規則但較接近三角形的石碑。這塊石碑現已被移至此參拜道旁的一個石座之上，且碑文已被塡上紅油漆。此碑的內容爲「台湾よ、永に幸なれ」，這碑即一些山友所稱的「台灣幸福碑」，不過此碑因沒有落款，來歷也不明而未被認定價値。

要進入此石窟群靈域可通達的路徑相當多，但歸納起來主要有三條路徑：一、由位於熱海大飯店後門對面的登山口小徑直上。此徑途中可經一巨大岩石，一九二五年，其上建有一石亭奉著被人稱呼爲「黑面觀音」的觀音石像，因所在之大岩石其型似船而被稱爲「法石船」。二、由中和禪寺旁的登山道，進入丹鳳山再向北投公園方向前行。三、由軍艦岩或照明寺旁的山徑，向北投方向前行。

〈第三章〉北投公共浴場與北投公園

平田源吾曾說：以內地人（日本人）身分來到北投溫泉沐浴養生的，他應該是第一個！但北投溫泉的利用，在日本時代之前，住淡水的洋人們就有在利用溫泉了。根據昭和四年七月「北投庄役場」所出版的《北投之栞》之記載，在一八九三年七月，「明治二十六年七月（陽曆），即清光緒十九年五月（農曆），德國人奧李（Ohly）發現了北投溫泉，並且在當地建了一間俱樂部。」日本進駐台灣之後文獻的記載還有：

「明治二十八年十月十日，角田海軍少將以及仁禮台北縣書記官曾經來視察溫泉。」

「同月十七日在士林舊街舉行國語學校開學儀式，參加儀式的水野民政局長等人曾到北投來視察。」

「同年十一月樺山總督到北投來視察溫泉。」

「從台北大稻埕通往北投的道路，由台灣守備工兵第一中隊於明治二十九年開工興建，至三十年四月完工。」

「明治二十八年年底，由總督府委任台北縣廳收買陸軍專用地。以約七萬步大小的土地，田地是十四錢，山地是六錢的價格收買。」

緊隨天狗庵成立之後，明治二十九年，一八九六年十一月，樺山總督與後來歸化法國的日本著名畫家藤田嗣治的父親，當時任台灣軍醫監的藤田嗣章共同到北投視察，欲徵購陸軍用地，作爲撫慰當時首批來台之日籍軍員假日修養之用，這是軍事單位利用北投溫泉的第一步。

一八九七年日本台灣守備工兵第一中隊，展開修築台北大稻埕至北投之間的道路。這項軍事工程，成爲日後北投地區溫泉發展的基礎交通設施。駐北投的工兵隊在宿舍基地正下方發現一處溫泉源頭，就構築成簡單的公共浴室，這就是北投開始有公共浴場的簡易初始。

北投溪的湯瀧浴場

明治三十一年，西元一八九八年八月，台北陸軍衛戍病院北投療養分院落成。到了日俄戰爭時，北投已經成爲前方將士休假療養，以及出征前慰勞與遊樂的地方。日本殖民政府充分運用了溫泉在感官上的刺激，將日本休閒文化逐漸移植北投，使溫泉與軍事上的療養休閒結合在一起。

初期北投地區的溫泉旅館，只有那些有錢有勢的特殊階級才有能力享用，一般民眾想要入浴，僅能在北投溪河流中，利用河階地的特殊地形來泡溫泉。發源自「地獄谷」的「北投溪」，由於火山熔岩的作用，在溪流之間橫豎著大小不一的熔岩斷崖，而與下方的溪流產生落差，此落差處即形成一處溫泉瀑布，瀑布日本時代稱爲「瀧」（Taki）；從「地獄谷」（地熱谷）至今「北投溫泉博物館」東南邊的瀑布爲止，共有五個明顯的溫泉瀑布，人們在溫泉瀑布下面搭建一個簡易茅草頂涼亭式的棚子，就形成一座溫泉浴場，這就是「湯瀧浴場」了。

這種浴場逐漸受到歡迎，吸引了不少的浴客。這種情形荏苒五六年，一九〇一年，明治三十四年三月時，北投溪的露天浴場發生了落石傷人，以及男女混浴的情形，警察官吏以風俗壞亂爲理由，將

1. 1901年之前北投溫泉溪露天的湯瀧浴場。（筆者以Photoshop上彩）
2. 1901-3後　北投湯瀧浴場因落石事件及風化問題而被立牌公告禁制。（筆者以Photoshop上彩）
3. 1905-11　「台灣婦人慈善會」改良北投溪湯瀧浴場後的北投溪中的湯瀧浴場。（筆者以Photoshop上彩）
4. 1905-11　「台灣婦人慈善會」改良北投溪湯瀧浴場後的北投溪湯瀧浴場。（筆者以Photoshop上彩）
5. 井村大吉（1874-1927）。北投公園中紀念建設北投公共浴場及北投公園的台北廳長井村大吉的半身銅像，1934-4-7舉行除幕式。照片攝於1940-4-24。

1. 第一代新北投 「新北投乘降場」，為1937年之前尚未擴建時之影像，其屋頂只有三個老虎窗。
2. 1911年 新建中的北投公共浴場，後面的建築為天狗庵。北投公園也正在興建中，現北投圖書館前的噴水池，還只是圓形的草坪。（筆者以Photoshop上彩）

這種原始型態茅草頂之竹木棚下納涼式的「湯瀧浴場」拆除，並圍起二重竹籬圍，立了告示牌，全部加以嚴禁入浴。

但是一九〇一年，明治三十四年八月，台北與淡水間之鐵路開通，在台北過「荒涼生活」的台北市民很高興，從此到北投利用溫泉做休閒活動的人愈來愈多。當時在開發北投的日本人，因「湯瀧浴場」被禁，感覺到吸引遊客的根源被剝奪，天狗庵的主人平田源吾，便率先推動浴場建築與設備的改良，並與士林支廳長筑紫次雄溝通，最後與北投的日本人，在一九〇二年，明治三十五年三月二十五日一起向台北廳菊池廳長與大山警務課長等人溝通請求，希望不再招致敗壞風俗的污名。最後經過官警的諒解，到了四月一日，浴場重新搭建並經過環境改善後，設置保安風致林，與公眾療病院的建築，湯瀧浴場才又被允許恢復一般遊客入浴。

「台灣婦人慈善會」也適時組織了浴場改良會，希望改善一般民眾的公眾衛生觀念。一九〇五年，明治三十八年十一月，「台灣婦人慈善會」顧問長谷川謹介、荒井泰治兩氏，及「台灣婦人慈善會」商議員高木友枝、藤原銀次郎、平岡寅之助諸氏，發起「浴場改良會」組織，當時台北廳長佐藤友熊，鐵道部的村上彰一，也都是「台灣婦人慈善會」的商議員，大家一起開始推動改良「湯瀧浴場」。

當時的民政長官後藤新平氏非常贊同此一美舉，寄附了鉅額的款項，而台北的仕紳也爭先寄附土地與建築物，使得北投溫泉事業有明顯的進步。一九〇五年，明治三十八年十一月，日本剛取得日俄戰爭的勝利，接連贏得與清、俄兩大國的戰爭，使日本充滿了一股國力上昇的樂觀景象。而戰爭期間一些傷兵送來北投療養，更讓北投對溫泉事業的發展，有了更大的企圖心。一九〇七年，明治四十年十月，「台灣婦人慈善會」進一步取得「湯瀧浴場」的海軍用地使用權之後，支出了一千日圓搭蓋改良「湯瀧浴場」，購買附近角田先生與已故英國人羅斯的土地興建遊樂園，而附近的居民也配合種植花木，使北投溫泉區的面目爲之一新。

一八九五年隨樺山總督來台，次年日人在台創辦第一份報紙「台灣新報」擔任發行人，後來又任「台灣日日新報」首任社長、帝國製糖會社社長、台灣製腦社長的山下秀實，一八九八年開始在北投購買土地，興建別墅，也投資了溫泉鐵管線路至屋內，使浴客得以享受更便宜的泡溫泉。他在一九〇九年，也捐獻了二百圓橋梁費蓋了一座橋，那橋便以他名字中的「實」，命名爲「ミノル橋」（MINO RU）。

井村大吉的溫泉建設

畢業於東京帝國大學的井村大吉，明治四十年任通信局郵務課長，四十一年改任總督官房參事官。一九一〇年，明治四十三年，井村大吉就任台北廳長，開始展開建設北投的計畫，將北投溪畔原有的「湯瀧浴場」用地擴建爲「北投公共浴場」，一九一三年，大正二年六月十七日，日本領台始政十八年紀念日，舉行落成開場典禮，那也就是今天「北投溫泉博物館」之前身。

興建北投公共浴場的同時，井村大吉也開始修築了北投溪沿岸及公共浴場周圍原有的綠地，擴大爲佔地一萬餘坪的溫泉公園，成爲一個大型的現代化的公園，命名爲「北投公園」。有一張北投公共浴場興建中的歷史照片，可以看出周邊的土地，除了天狗庵之外，似乎都還未興建其他建物。現在北投圖書館前噴水池的地方，當時還只是一個畫圓圈的小徑，尙未興建噴水池，小徑邊還有兩張供遊客休息的座椅。北投公共浴場與北投公園興建之後，以北投公園周邊爲主的溫泉旅館與浴場逐漸興盛，

1. 1913年 北投公共浴場準備落成之時的南面，工人尚在整理環境，也可看出建築右側尚未增建接待裕仁皇太子的貴賓室。（原圖為黑白，筆者以Photoshop上彩）
2. 1913年 北投公共浴場初建年代之正門入口。
3. 山下秀實（1847-1930）。（筆者在舊照片的基礎上以Photoshop修補重繪）

5. 1940-2-14 昭和15年，新薈芳寶惜姑娘離職，同仁在北投公園井村大吉銅像前，穿新薈芳制服合影留念。後排左起：新玉（左一）、寶惜（左二）、梅蘭（左四）。前排左起：春桂、錦蓮、百合子、春江、茉子、馬壽子。（日本時代原版照片由王雅芬老師贈送）

6. 1999-1-18 59年後我們安排阿嬤重聚，新薈芳姑娘變阿嬤，在59年前的同一地方再度合影留念：春桂──高周金（左）、梅蘭──簡玉英（中）、茉子──王美玉（右），只是人海凋零且銅像已經變成孫中山。

7. 1947-1 戰後井村大吉銅像就被拆除改為光復紀念碑。孫中山百年時，又被改為孫中山銅像，此景靜靜地訴說著時代的變遷。

1. 1920年代　北投公共浴場二樓大廣間。
2. 1930年代　北投公園噴水池及日式舖石子步道景觀，右邊建築為台灣人經營的沂水園旅館。
3. 1940-4-26　北投「新薈芳親睦會」成立大會於北投公園井村大吉銅像前拍照紀念。（親睦會會訓：親睦兩字値千金　千金難買親睦心　親善為本攏沒差　協力同志成一家。）
4. 1920年代　北投公園之一角。視角是現在北投公園圖書分館的位置。當時有一賣店與花棚架。出自「書簡圖繪　北投要覽」。（見本書630頁）

經過數十年的發展，北投溫泉鄉逐漸展露風華。這個浴場與公園深深地促進了北投溫泉鄉的繁榮，實爲二十世紀初對北投影響最大，眼光非常宏遠的建設。

井村在大正三年轉爲專任基隆港務所所長，大正四年再改任總督府通信局局長，昭和二年，一九二七年七月八日病歿。後來爲了記念井村大吉對北投的貢獻，就在北投公園內立了一個井村大吉的半身銅像，昭和九年，一九三四年四月七日舉行揭幕式。第二次世界大戰後，該銅像被移除不知所終，但在原基座上另立了一塊「光復紀念」的石碑。民國五十四年孫中山百年誕辰時，該「光復紀念」碑又被移除，改立了一尊孫中山的半身銅像，那即是現在北投公園中的孫中山銅像，而花崗石基座則仍是一九三四年所立的原物。

「北投公共浴場」採用英國風之外貌，例如角窗、望樓等造型，內部二樓則有木構休憩爲主的日式大廣間，一樓則爲磚造有拱廊華麗大浴池，是一座美麗大型的公共浴場建築。據說這建築是仿自日本國內靜岡伊豆山的溫泉公共浴場，由當時總督府的技師森山松之助監造，當時造價爲五萬六千餘日圓，佔地七百坪，爲和洋與磚木併構的折衷式雙層建築，交由台北廳公共衛生單位經營管理。

戰後北投公共浴場被大幅改建

北投公共浴場成立之後，開放一般民眾使用，成爲台灣最華麗、寬廣、舒適，令人引以爲傲的地標溫泉浴場。根據一九三〇年的北投溫泉案內資料敘述，北投公共浴場內平面層（現爲二樓、中山路入口層）設有食堂、休憩室、樂器室、圖書新聞室，這部分入場料金大人二十錢、小人（孩）十錢；地面層（現一樓浴場層）具有拱柱的華麗羅馬式寬大浴場，設有更衣室，設備齊全，收費則是入浴料

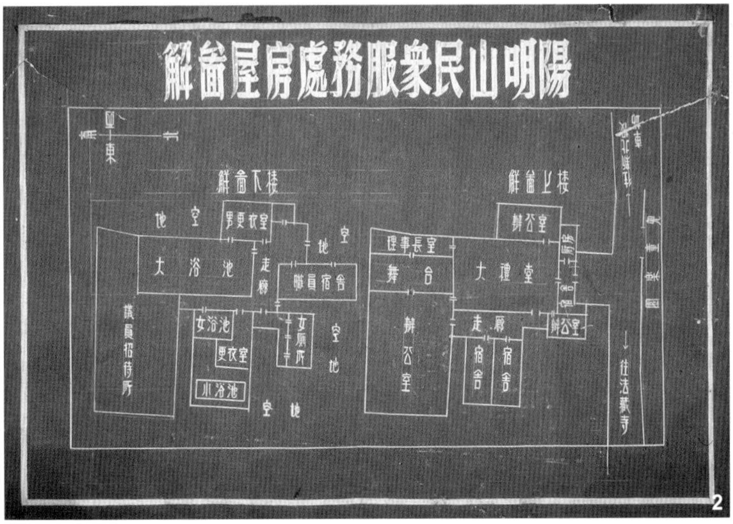

1. 1923年之後的北投公共浴場，右側為接待裕仁皇太子增建的貴賓室。
2. 1995年　筆者在廢棄的北投公共浴場內國民黨黨部之地上，撿拾到的國民黨「陽明山民衆服務處房屋圖解」，由北投溫泉博物館收藏。

金一回，大人五錢、小孩三錢。一九二三年，大正十二年，爲了接待裕仁皇太子到訪視察北投溪北投石，曾花費一萬七千圓，在平面層增建一間三十坪，廣開窗戶的接待貴賓室，這個貴賓室歷經改建，就是今天北投溫泉博物館的視聽室。

戰後政府接收日產，北投公共浴場由台北縣政府接管，但許多單位都覬覦此處的寬敞，交通方便好用，都來分一杯羹，於是黨國不分陸續遷入使用（詳見「陽明山民眾服務處房屋圖解」）。爲因應各單位使用的龐雜目的，北投公共浴場陸續被各單位大幅改建：

一、日本時代二樓大部分由國民黨部占用，平面層塌塌米的日式大廣間，被國民黨部「陽明山民眾服務處」改造成水泥鋪地，變成一間有大舞台可辦活動的「北投中山堂」。舞台兩邊還掛上蔣中正的書法木雕「養天地正氣 法古今完人」之口號。

二、開放式的二樓大廣間檐側，類似希臘多立克式的柱子，都改爲磚牆包住原來的柱子，且磚牆之間加裝了窗戶，因此大廣間的檐側就變成爲「北投中山堂」的內部空間。而開放式的原「望樓」也跟大廣間的檐側一樣，被加磚牆與窗戶，「望樓」則變成爲民眾服務社理事長等人共用的辦公室，門上還貼有「理事長、主任室」及「常務委員、書記室」的壓克力牌子。

三、二樓原大廣間的玄關廳之前的大門，被改爲落地大鋁門，廢棄前其門上也貼有占用單位「台北市北投區民眾服務分社」（在陽明山管理局廢除後，設於北投公共浴場的「陽明山民眾服務處」之名銜也改爲「台北市北投區民眾服務分社」）。而今天二樓大門廳，其右側的空間被改爲中山堂辦桌的廚房；其左側，也就是二樓大門口最左側，原本有煙囪，煙囪之下的空間被改造得已不知其原來的樣貌；大門旁左側空間是原公共浴場的收票處，因爲就在門口，所以整個二樓大門左側的空間，後來就由北投警分局改造作爲光明派出所使用。修復時，爲了博物館公共安全之消防避難的要求，需要上

1. 1995年 北投公共浴場修復前二樓原來是日式大廣間被改成北投中山堂大廳。（筆者 攝）
2. 1995年 北投公共浴場荒廢時期，右側為被改為密閉式國民黨北投區黨部理事長辦公室的望樓。（筆者 攝）
3. 1995年 北投公共浴場修復前二樓的望樓被改成國民黨黨部附設之民衆服務分社理事長、常務委員、主任及書記的辦公室。（筆者 攝）
4. 1998年 北投公共浴場修復時之望樓。

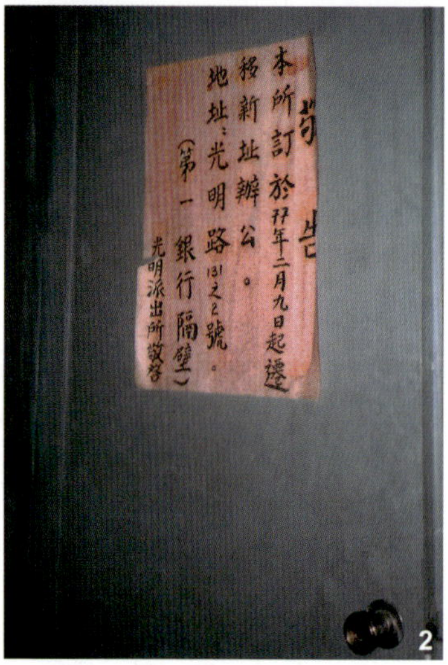

1. 1996年　北投公共浴場未修復前，西側立面被開了一扇門充當國民黨民衆服務站經營的浴場入口。圖為筆者導覽廢墟時期的北投公共浴場。
2. 1995年　在北投公共浴場的側門口所貼出之光明派出所遷移啓事。（筆者 攝）
3. 1998年　北投公共浴場煙囪的位置修改為樓梯間。（筆者 攝）

下樓兩座分離的樓梯間，就將最左側原煙囪部位，已無作用的空間地板打掉，改作爲博物館下樓之樓梯間。

四、國民黨北投區黨部遷入昔日二樓接待裕仁皇太子的貴賓室，將之改建成黨部的辦公室，牆上掛著「凡我同志務必共濟時艱興國　持志同維正義精神服務人群」的口號。這個空間修復時改爲今天的視聽室，這個黨部在此處也設有民眾服務站，兼營「北投中山堂」外借或出租給其他單位辦活動，或民眾結婚或祝壽宴客的場所；國民黨並在接待皇太子貴賓室的對面加建黨部人員的磚造宿舍，馬英九的父親馬鶴凌即曾在此黨部上班過。博物館開館時，這個宿舍空間曾作爲「台語片的好萊塢」之展示間，而現在則變成內部使用不對外的空間。

五、一樓大門之下原本就有一個開門，但西側面對心形池與草坪的那面紅磚外牆，非常不協調的被開拆打了一個對外的側門，這個門作爲台北市北投區民眾服務分社附設民眾活動中心出入浴場的門，而整個民眾活動中心的內部牆面，也就是整個浴場的牆壁，被油漆漆成軍營的綠色。浴場修復時，筆者就建議規劃施工單位，將昔日浴場內外遞交物品之窗口部位的綠色油漆牆保留，以作爲昔日使用方式的見證。

六、台北縣議會占用地面層浴場部分的空間，也將黨部辦公室（即原接待裕仁的貴賓室）下面一樓的位置，改建爲議會招待所，以便就近使用一樓的大浴池。所以縣議會招待所也將原本都是紅磚造，開窗戶臨北投溪的南面，改建爲較封閉的水泥貼磁磚外牆，並開了一扇門，成爲縣議會招待所的出入大門。這個招待所的位置就是今天北投溫泉博物館的辦公室。

這些性質各異的佔用單位，各自隨自己需要而做不協調的改建行爲，遂令北投公共浴場的內外景觀逐漸叢生雜亂景象，致使原有建築的優美文化景觀全部變調。

三位一體的溫泉產業

雖然在日本時代，北投著名的產業有溫泉業、陶瓷業、藺草（也就是鹹草）業、硫磺業等等，陶瓷業直到戰後還興盛過一段時期。不過，一九七〇年代，由於貴子坑濫採北投土，造成水土保持的問題，政府開始禁止開採北投土；另一方面，北投陶瓷業過去燒窯依賴煤炭為主，曾經造成嚴重的空氣污染問題，因此燒煤炭最後也遭到禁止，陶瓷業祇好轉往鶯歌、竹南等有瓦斯可用之地發展。

台灣傳統市場，在塑膠袋及塑膠繩尚未全面作為包裝材料之前，生鮮食物大都是以姑婆芋葉包裝，再用藺（鹹）草繩綑綁，到傳統市場購買生鮮一定都會使用到，使用量可說相當龐大。北投的藺草業發達，主要是使用於製作日式塌塌米，及傳統市場綑綁生鮮使用。但是戰後日式榻榻米逐漸式微，再加上傳統菜市場裡，藺草繩的使用逐漸被塑膠繩所取代，因此藺草也逐漸從市場中失去蹤影。硫磺業更因為石化工業的發展而失去開採價值。

當年的那些產業，唯一存留至今的是以溫泉為主的休閒餐飲業。但溫泉休閒替北投帶來極其深遠的負面影響：一、過度開發，破壞了自然環境；二、昔日既有的特種行業，逐漸形成連鎖一起的「溫泉—餐飲—色情」產業，這個污名曾經讓美麗溫泉鄉的情色聲名遠播國際。

溫泉休閒業對溫泉區自然景觀的影響，主要是對北投溫泉事業的母體北投溪的影響為主。北投溪從地熱谷起源，流經北投公園，至光明路北投公園口附近，是其最著名的流域。因溪流的鄰近地區，是溫泉旅館與相關產業的集中之地，北投廢娼後，就逐漸發展成為一般的住商混合區域。從此房屋、建築物日漸稠密，於是旅館廢水、家庭廢水、廚餘汙水、建築土石磚廢棄物，甚至廢棄的家具物品床墊等皆流入或被棄置溪中。此外，也有旅館業者在熱海大飯店前之北投溪上加蓋違建停車場，凡此總

1. 1995年　北投公共浴場原接待裕仁皇太子之貴賓室，已改為國民黨北投區黨部辦公室，牆上所掛附設民眾活動中心的牌子。（筆者 攝）
2. 北投公共浴場的一樓浴場部分，在民眾活動中心時代全部被漆成軍營式的綠色。修復時筆者要求浴場傳遞用品的窗口部分，仍保留綠色不要清洗，以做為當時使用之見證。
3. 1995年　北投溫泉公共浴場內，接待裕仁皇太子的貴賓室，作為國民黨區黨部時之牆上標語。（筆者 攝）
4. 1930年代　從北投公園噴水池及日式鋪石子步道之景觀，看天狗庵（左邊建築）與沂水園（右邊建築）。

總使北投溪的景觀遭到嚴重污染、侵奪與破壞，實帶來了一些難以彌補的後果。

待應生與美國大兵

已故建築師蔡慈鴻先生曾在他的研究中說：由於日本時代藝妓文化的遺風，色情業戰後繼續存在北投地區。戰後初期，省政府曾頒禁娼令，意圖解決台灣存在已久的性工作者問題，但未見成效。當政府遷台後，隨政府來台的軍人裡，單身男子佔絕大多數，種種需求使得不時有出現為其代言者。當時屏東參議員張吉甫，曾向省政府倡議建立「特種酒家」，以解決若干男子在性方面的困擾及苦悶，同時亦可維持一般妓女的生活。在此特殊的歷史因緣之下，台灣開始允許試辦特種酒家。這種特種酒家，不僅是吃花酒的場所，也是交易色情的地方，其實就是一種公開的娼館。

民國三十八年，一九四九年十二月，聯合國通過「禁止人口買賣及剝削他人賣淫之公約」，依公約規定，簽約國必須實行廢娼，我國當時也是簽約國，自有遵守之義務。民國三十九年度行政會議「請整肅社會風氣，鞏固復興基地」一案中，第三條曾指出，「特種酒家乃依各縣市參議會為適應禁娼後之需要而試辦者，似為公娼之別名，有違禁娼令，妨害社會風氣，似可交由警務處參考。必要時得邀請有關單位慎密研究，考察其利弊得失，俾定存廢。」

但民國四十年間，台北縣還是通過了「特種侍應生管理辦法」，規定旅館、公娼可以公開營業，女侍應生平日在住宿戶中聽候電話應召，但不得於住宿戶內接客營業，必須至旅館或飯店。於是北投溫泉旅館業，就堂而皇之正式公開此種特種侍應生的行業，並且讓侍應生領有官方核准可以隨身攜帶的證件，其證件封面印的正式名稱為「妓女許可證」，並要求每周一次做定期健康檢查。這項辦法使得北投地區經營色情形同正式合法化，北投旅館業就以此作爲有力號召，增加旅館業的經營資源。溫泉加上領有「妓女許可證」的應召女性，成就了北投旅館的最大特色。

由於溫泉餐飲休閒空間的發展，配合著民國四十年代美軍顧問團的駐台，再加上民國五、六十年代美軍介入越戰開打，因地利之便，消費相對低廉，美軍就以台灣爲休假基地之一，北投更成爲美軍喜愛的渡假樂園之一。而日本人也基於歷史因緣、文化遺風，還有相對便宜的消費，也相當喜愛到北投休閒渡假。於是國際觀光業與色情產業在北投結合，使北投繁榮一時。這個國際觀光業發展的極盛時期，北投說得出名號的旅館，由原有二十二家增至六十餘家，這也可以說是北投地區景觀變化最大的一段時期。

雖然北投地區可以合法經營應召女性的行業，但是仍有許多未領有許可證的應召女性，出沒在北投與溫泉相關的各種產業之中，這種非法的應召女性，也就是所謂的「暗娼」，由業者不精密的粗估，約有八百位之多。這些未登記從事色情業的侍應生，由於牽涉黑道與人口販賣的問題，曾形成北投地區很大的治安問題。

美國積極介入越戰之時，美國休假軍人大批湧入東南亞各國，台灣自然也成爲越戰美軍的休假中心。當時是由名爲「中美聯合小組」的單位，負責接待大舉來台渡假的美國大兵。這個時期包括了中山北路、林口電台、台南空軍基地、基隆港口、台中清泉崗空軍基地的周邊，及後來被戲謔稱爲「美國第七艦隊街」的高雄七賢三路等，都成爲越戰時美軍戰力再生產的中心重鎮。民國五十六年十二月二十二日出版的美國TIME時代周刊，曾經描述：「從台北坐計程車，祇要二十分鐘就到達北投，北投有七十五家溫泉旅社，其中最能値得花費的是文士閣（the Literary Inn）。」套現在的流行語就是CP値最高的。據陸尤進先生在民國四十二年出版的《北投導遊指南》中說，四十七歲的文士閣老闆徐坤泉

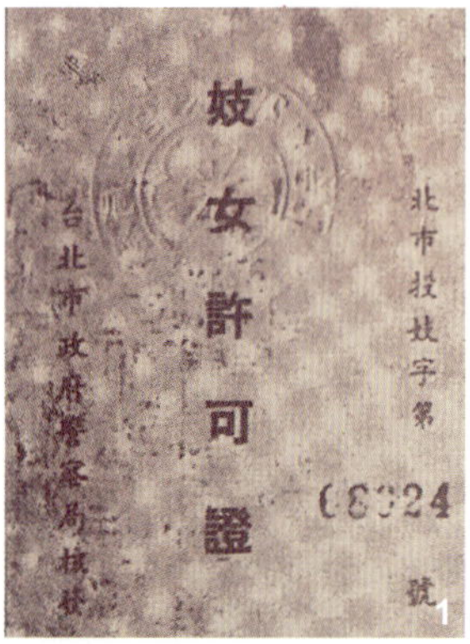

1. 1979年 北投廢娼前，北投侍應生之北投「妓女許可證」。（邱維國 攝影／中國時報胡鴻仁 提供）
2. 1995年 北投公共浴場廢墟時期的一樓大浴池。
3. 1995年 從新秀閣旅館三樓看未修復前屋頂塌陷、牆壁破落的北投公共浴場。
4. 1996-1-24 北投公共浴場的柱子被水泥包覆成為牆壁的一部分。

先生是上海聖約翰大學畢業的，曾服務於新聞界，英文相當流利，外籍嘉賓多喜下榻其間。應該是後來的美國大兵口耳相傳此店英文好溝通，文士閣就一直相當受到美國大兵的青睞。

廢娼之後的北投新視野——提倡與定義新溫泉文化

這篇報導刊登了兩位北投應召女全身裸露，為美國大兵陪浴的彩色照片。這種國際新聞雖然讓台灣丟了國際形象，卻收到了意想不到的全球廣告效果，也成就了北投成為台灣溫柔鄉的代表。北投以「溫泉—餐飲—色情」為中心的休閒產業，這時已達到了高峰。這些因素都讓北投溫泉區起了很大的變化。蔡慈鴻先生曾對此有詳細的分析。溫泉休閒業所帶來的商務交際及休憩活動，成了北投特殊的人文景觀。

於是，在北投溫泉區的服務業，逐漸形成以「溫泉—餐飲—色情」為核心的北投「污名化」產業。與這個產業系統共生的行業，還包括理髮業、美容業、廚師、那卡西樂師，以及以摩托車為工具載客的「限時專送」業。這個系統產業的興盛發展，使北投變成溫柔鄉、色情區的代名詞。

「去北投」變成是一個極曖昧，暗示「消費色情」的代用詞。

但此種色情消費也引起了種種社會及治安的問題。一九七七年二月五日台北市政府公告北投區妓女戶應依本市管理娼妓辦法，於公告之日准予維持現狀一年，期滿集中管理，不得再到旅館或飯店接客。一九七七年台北市議會第二屆第八次大會第二十五次會議決議：同意維持現狀二年，但自議會通過後公佈之日起實施，嗣後不得以任何理由再行延長。一九七九年八月二十五日《中國論壇》出版第九十四期，主題是「北投公娼　存廢問題」由台大黃光國教授策劃。此篇專題採訪了正反主張南轅北轍的人士。該文訪問了北投幾家大型飯店的業主，如北投大飯店李董事長、熱海大飯店林總經理及南華大飯店陳董事長，他們對廢娼前景極爲悲觀。「說一句老實話，昔日以溫泉名聞中外的北投，今日已經根本沒有溫泉了。」「北投公園面積狹隘，根本沒有特別可以具有觀光勝地的條件。」

到了一九七九年，民國六十八年十一月二日台北市政府正式宣布北投廢娼後，北投的這種休閒產業就開始大幅走下波。這時，溫泉旅館逐漸開始歇業或廢棄，有些溫泉旅館改建爲一般住宅，或其他用途，北投的豔名也逐漸被林森北路所取代。北投溫泉休閒區雖然沒落了，但是，「溫泉—餐飲—色情」產業所帶給北投的「污名化」影響，並沒有隨著這個系統產業的沒落而消失。溫泉產業沒落促使一些經營不下去的旅館改建作爲他用，也因而造成公共資源溫泉的「私有化」。

但從另一個角度看，北投溫泉休閒業的沒落，與房地產業在一九九〇年前後那些年的不景氣，卻也延緩了整體環境的破壞與改觀。日本時代留下來尙存的部分溫泉文化古蹟，雖然沒有受到照顧，但有些也因爲沒有進一步的開發破壞而倖存下來。換句話說，北投在這種溫泉休閒業沒落與一些房地產業不景氣時段的雙重作用下，溫泉文化古蹟才沒有遭到全面性的拆除改建與破壞的命運。這些溫泉文化古蹟，也才有機會在社區主義、本土文化保存的風潮下，獲得喘息與搶救的機會。

到了一九九〇年代中期，北投的再生終於出現了契機。

經過一世紀的歲月，平田源吾開發的溫泉處女地，經歷過燈紅酒綠的煙花歲月，燈紅雖已不再，但自然生態已被貪婪的過度開發而破損。頹敝的北投有可能再生嗎？

在這名爲「女巫」充滿泉煙的故里之中，似乎居住著神秘的「女巫」。現在想像起來，這種意象其實是相當浪漫的。所以那些年，我們也曾以一個具有世界性共同形象，由復興高中林淑慈老師繪製設計加以轉化的可愛卡通小女巫，來代表「北投」。希望北投能成爲台灣的溫泉文化之都之外，也希望「北投」能成爲一個溫馨可愛又有特色的地方。更希望曾經是台灣最負盛名的「女巫之湯」能再度成爲國人喜愛與敬重，而能展現溫泉文化的最好溫泉。

但什麼是「新溫泉文化」呢？筆者認爲使用溫泉，必須注重浴場的規範與禮儀，也必須注重溫泉水源與水質，及其母體整體環境的保護；也就是使用溫泉要注重人與人的關係，也要注重人與自然的關係，不浪費與過度消費水源相當有限的溫泉。所以溫泉文化應該就是一種透過溫泉的使用，表現出一種尊重人、尊重自然環境的價值、態度與生活的方式，這也是我們認爲北投溫泉地方創生應有的新視野與新態度。

但是過去幾十年來，北投的形象卻深受以「溫泉—餐飲—色情」爲核心的產業鏈所影響。這個產業鏈爲北投所帶來的影響，最嚴重的就是「污名化」北投，使北投變成色情區的代名詞。這個污名要如何去除呢？

劃設特定營業區？狄斯奈樂園？

當地方產業沒落時，關心者都相當焦急，因此一些輿論或民意代表，想來想去總是以緬懷過去特種行業盛行時的榮景爲目標來想像，由於沒有重新建構地方發展的新典範，所以呼籲恢復特種行業的呼聲，就不時地出現。一九八四年三月十二日的新聞就報導過，其新聞標題是「政院原則同意劃設特定營業區　北投可能恢復昔日盛況　業者歡喜　區民憂心忡忡。」

當然也有一些天馬行空的畫餅想像，例如一九九一年四月十一日，中國時報台北市版就登過一個學者的談話，他說市政府經過二年的努力，已獲軍方同意北投鐘鼓山的土地由市政府使用。「北投鐘鼓山遊樂區預計五年後完成，將與木柵動物園成為南北對峙的兩大觀光目標。……他說，這個遊樂區是市府配合北投禁娼而決定開發的，也就是要建設一個大型遊樂區來維繫北投的繁榮。他認為這個遊樂區應富有教育、文化的意義，遊客則是普遍性的，包括小孩、大人、國內外觀光客……並使這個遊樂區像狄斯奈樂園那樣吸引人。……這個遊樂區面積五十公頃，另外中正山三十公頃，中間規劃空中纜車連接，面積總共八十公頃，他預計提出六種至八種規劃方案，供市府選擇採用。」

像狄斯奈樂園一樣？這種胡扯的說法，大餅畫得可謂不小，完全沒有思考這樣的計畫與陽明山國家公園與地形的扞格。鐘鼓山就是北投不動明王石窟所在的山區，我們當然不知其詳細內容，不過這個不是根基於社區需要，也不了解北投地理環境限制的新聞，曇花一現之後就永遠沒有看到下文了。

其實很多想要振興北投繁榮的想像，前有鐘鼓山這個畫大餅，後有賄賂作弊的北投纜車，都遠遠超出北投地理上所能承擔的條件與資源，常常以無限的空間或無盡的願景，來繪畫唬爛北投的振興，完全避開或忽視北投溫泉谷地的地理空間其實相當有限，法律也有所限制，根本無法隨興上山下谷盡情地開墾使用美麗陡高的山林坡地。

有限理性的開發

所以我們深深認知，北投的重建應該謹記開發的「有限理性」，除了我們努力指定保存歷史文化資產之外，還必須清楚北投最有條件來設定振興目標的資源是什麼，用以扭轉北投過去的污名，並刺激地方對於創生的想像，這確實需要一種在地的新論述與新的示範活動。我們深知，這種「去污名化」的工程，最有效的方式是透過一些清新的活動，讓社區居民參與，重新認識自己社區最重要的資源是什麼，用以重建溫泉文化的內容，也重新建構溫泉在新時代創生的內涵。這是一方面要讓社區的成員，重新建立自己對這個社區歷史與文化的「再認知」與「再認同」；同時也藉由這些活動向社區外的人們宣示「北投在改變了」，讓更多的人重新去認同北投的新形象，並建立尊重人與自然的溫泉文化，筆者認爲這才是我們垂手可得的資源與根基於在地文化與環境的重建方向。

一九八〇年代，使用「北投公共浴場」的單位，諸如國民黨北投區黨部及其隨附的陽明山民眾服務分社，及台北縣議會招待所、北投分局光明派出所等，因建築內的使用單位多，很多場所互通共用，產權也不屬於自己單位，維護建築的權責也不明，因而使公共浴場建築沒有受到適當的維護，老舊破損之後變成不好用，這些單位就陸續棄之而遷出。一九八八年二月九日，原來設於中山堂，即「北投公共浴場」內的最後一個單位光明派出所，也遷移至新址光明路一三一之二號。這時「北投公共浴場」就開始荒廢了。後來有一小段時間，原台北縣議會招待所的部分，變成台北縣政府相關人員陳師堯先生的住所，但其他部分空間隨後就淪爲出租電影道具間，還是陷入半荒廢狀態。當陳師堯也搬出後，建築逐漸被野貓、野狗盤據，充斥著跳蚤、蚊蟲，公共浴場建築就開始急速傾頹、損壞了。

幸好，當時台灣社會自主的力量逐漸上升，各地社區運動風起雲湧，文化資產的保存風氣，也在台灣各地掀起風潮。在那個社區意識逐漸覺醒的時代，北投也找到再生的契機。

一九九四年初，我們興起了成立社區營造團體的念頭，並於二月間在筆者北投中和街辦公室開過一次會。會中我們討論要以當時立在「石牌派出所」院子內的「漢番界碑」，應該放到適當的位置，來探討北投的歷史，所以就擬了「漢番界碑回家記」作爲發起活動的主題。「漢番界碑」是指避免漢人的開發，與凱達格蘭原住民發生侵擾紛爭，就由官府畫界立碑互不侵犯以供雙方遵奉，其內容是「奉憲分府曾批斷東南勢田　歸番管業界」。「曾批斷」是指「漢番界碑」由乾隆十一年，一七四六年任淡水廳第十任同知曾日瑛所批示裁斷東南向的田歸屬原住民所管。但「漢番界碑」到底有幾座？則眾說紛紜，不過最後只剩兩座，當時留在北投的一座就被遷移立在石牌派出所院子內。那次活動我們曾邀請了幾個社區人士參與，由我們向與會人士報告規劃「漢番界碑回家記」的計畫，這項計畫原打算在北投區各中小學宣導「漢番界碑」的由來，以作爲喚起鄉土意識的起步。但後來我們因忙於選舉，沒有進一步行動。

不過在石牌派出所改建遷移之前，一九九六年十月一日下午，筆者也曾約了石牌派出所所長林志誠，到該里蔡阿梯里長家中討論「漢番界碑」何去何從。因爲「漢番界碑」原本就不只一座，而那時已經沒有人知道「漢番界碑」的原始確切位置在哪裡，所以最後的共識是建議將「漢番界碑」，在捷運通車時遷至「石牌捷運站之周邊或其內部」，我們並將此次協商的紀錄，發函給都發局局長。後來隨著北淡線捷運線的落成通車，「漢番界碑」的遷移亦再度引起石牌地區多位里長與多位市議員不時地的關切。一九九九年民政局也曾邀集石牌地區各里里長會勘，那時一些里長雖有一些爭論，但後來大家也逐漸形成遷移至石牌捷運站的共識。

尋找湮沒的北投公共浴場

一九九四年六月，就讀於逢甲大學建築系的陳林頌先生正著手研究北投溪、北投公共浴場以及北投公園。由於小時候遊歷北投的美好記憶，陳林頌決定以北投溫泉谷地的研究作爲畢業論文。他清楚知道北投公共浴場的情況，自己測繪了北投公共浴場之平面圖，與四面之立面圖，也更進一步製作了北投溪谷地的地形模型，進行北投歷史空間的研究。

1

3

2

1. 1936年 昭和11年漢番界碑的狀況。
2. 我們也曾以一個具有世界性共同形象，可愛卡通小女巫，來代表「北投」。（復興高中林淑慈老師 繪製設計）
3. 1996年 在舊石牌派出所院子中的漢番界碑。

就在陳林頌著手研究北投時，北投國小呂鴻文、黃桂冠、謝淑玲、許家寶四位老師在一九九四年夏天，準備規劃下一個年度資源班的教學主題。她們決定以「鄉土教學」爲重點，四位老師分頭尋找教材，呂鴻文老師到文獻會及中央圖書館查閱與北投相關的史料，結果查到「北投公共浴場」這棟建築的資料。

那年秋天，北投國小資源班鄉土教學開始了，呂鴻文老師根據查閱來的史料告知資源班老師，希望共尋「北投公共浴場」的下落。冬天，呂鴻文、黃桂冠老師在探勘北投溪時，進入了已荒廢的「台北縣議會招待所」，但當她們看到宏偉的浴池時，赫然發現這棟建築即是「北投公共浴場」。不久之後，資源班的四位老師再次探勘浴場，並由許家寶老師拍攝彩繪玻璃及建築風貌。

一九九四年冬天一直到一九九五年春天，北投國小資源班四位老師陸續帶學生到浴場進行教學，並將發現浴場的事情告訴指導教授師大溫振華先生，邀他前往探勘。資源班老師又從自來水處溫泉股股長王正宗先生處得知，台北縣有計畫將「北投公共浴場」拆除改建爲「公務人員遊憩中心」。

大家聽到這個消息，心中十分焦急，連忙討論如何展開挽救行動。一九九五年春天，北投國小資源班四位老師在溫振華教授的指導下，舉行「全台北市資優教學研討會」，向全台北市教師報告北投國小鄉土教學的經驗。他們利用這個難得的機會，播放「北投公共浴場」的彩繪玻璃和古蹟幻燈片。經過這次會議的催化，師生逐漸認識「北投公共浴場」，也凝聚了要爭取保留溫泉建築之美的共識。

搶救北投公共浴場

一九九五年春天，一位北投在地選出的市議員參觀了北投國小資源班的鄉土教學展示，表示她願意在市議會中爲大家陳請，爭取保留公共浴場爲古蹟，並帶走相關的所有幻燈片及文獻資料。不料這位議員一去不回，不但沒有任何回音，後來連北投國小師生再去拜訪這位議員想要回資料時，這位議員卻聲稱已經遺失。師生們辛苦找來的原始調查資料，就這樣消失了。當年四月，蔡麗美老師草擬了一張簡單的陳請書，這份總共一百六十一個字的陳請書總共有兩張十行紙，共四十四位師生簽名。一九九五年上半年，資源班師生及家長持續透過各種管道向各黨派的市議員陳請，不過都是石沈大海。十二月十一日那天呂鴻文、黃桂冠兩位老師與筆者，在北投國小對面的餐廳見面，筆者接受他們的請託，並承諾處理「北投公共浴場」的搶救事宜。

當年九月十五日中國時報第十三版報導，北市府工務局與陽明山國家公園管理處等官員，於十四日會同當地議員，會勘陽明山國家公園聯外空中纜車計畫路線。這個案子是委託中央營建技術顧問研究社，進行了規劃以及初步的環境影響評估，已經在進行期中報告了，並研擬出四條纜車路線的方案。這項計畫將依各界意見，就四條路線篩選其一，作爲空中纜車的確定路線。值得關切的是，除了方案一是由復興公園北側的停車場，行至陽明山國家公園交通轉運中心之外，其餘三條路線均由北投中山堂經不同路線，分別抵達陽明山公園的第二停車場。也就是說，有三條纜車路線都是計畫拆除「北投公共浴場」作爲纜車站的站址。因此纜車路線如果未能審慎評估，或是決定失之草率，這項計畫有很大的機率將拆除「北投公共浴場」作爲纜車站。

陳林頌一看到這篇報導，認爲如果決定如此，北投公共浴場這棟原本美麗，日本時代之北投最具指標性的歷史建築與建設，就要爲之化爲灰燼。就很焦急地向「專業者都市改革組織」，提出「陽明山國家公園聯外空中纜車計畫下北投公共浴場保存與再利用暨新北投公園之社區營造提案」，希望有人或團體能出面搶救這棟歷史建築。由於筆者邀請台大地理系周素卿教授擔任北投社雜誌的顧問，一九九五年十二月十六日，周素卿教授向筆者輾轉介紹了當時正在台灣大學城鄉所擔任助理的陳林頌，送來他在逢甲大學的畢業論文，一篇有關北投公共浴場保存的研究報告。

重建溫泉鄉再出發

陳林頌配合他的論文製作了一個精緻的北投溫泉谷地的地形模型，我們曾將這個模型放在四月七日「戀戀溫泉」園遊會的活動中展出。那座模型在一九九六年六月，也在台北市政府中庭舉辦的「地區環境改造計畫展覽」中展出，之後被台北市政府發展局收藏。其實要向社會大眾以及政府單位進行訴求，需要一些紮實而專業的資料，所以後來我們向市政府提出北投公共浴場古蹟的陳請，或隨後推動北投重建的論述與文宣，主要都是利用陳林頌向「專業者都市改革組織」提過的案子，及他的論文與研究使用的資料。尤其筆者為了推動北投重建所創辦的《北投社雜誌》，第一期中談北投歷史與公共浴場的幾篇文章，使用了陳林頌的研究資料，所以讓大家都覺得我們對外的說明弄得有聲有色。

最後呼籲北投公共浴場保存的上述幾份資料，全匯集到筆者這裡，筆者將幾份資料整合成一份報告書，準備找機會向陳水扁市長報告。陳市長就請張景森局長先來了解，於是一九九五年十二月十七日，筆者就邀請台北市發展局張景森局長，一起到處於廢墟狀態的「北投公共浴場」，及「瀧乃湯」、「北投溪」等幾個地方參觀。筆者向張景森局長說明「北投溫泉親水公園」與「北投溫泉博物館」的一些粗略概念，那一天也是新市府主管都市發展的首長，第一次踏進「北投公共浴場」。

從那個時候開始，阿扁市長與社區居民的合作，以兩年多的時間，共同創造了一個讓人驚異，展現效率與品質的營造模式，也創造了一個以文化帶動社區發展的新典範。在往後的兩年多裡，筆者規劃舉辦了許多導覽與活動，也出版了一些刊物。一如胎動、一如驚蟄，使北投溫泉鄉的重建終於啓動了。

市長積極回應北投公共浴場古蹟陳請案

一九九六年一月十一日晚上，民進黨內的一個聯誼聚會中，筆者約請了陳水扁市長，於會後聽取筆者要向他報告的「北投公共浴場古蹟保存案」。筆者特別以陳林頌的報告爲主軸，並口頭說明這個案子是北投國小師生與一批專業者，不約而同來陳請的案件。阿扁市長相當認同這項計畫，但他要求好好整體規畫，並指示當時也在場的市政府主管單位民政局陳哲男局長辦理。我們就約定好，一星期內送案子到民政局處理。

這項計畫能很快進入決策與執行程序，主要是靠陳林頌的報告，而得到了認同。一月十五日由筆者辦公室製作，以「國大代表許陽明辦公室」領銜，「八頭里仁協會」、「專業者都市改革組織」兩個單位共同聯名副署的陳請書，由筆者親自送達市府面交民政局長親收。陳請書的主文說明以陳林頌的論文爲主軸，並以陳林頌所測繪的「北投公共浴場」平面圖、東西南北四面的立面圖爲說明，正式向市政府陳請提報「北投公共浴場」列爲古蹟。

由於先前聚會中已經有共識，所以陳哲男局長當場承諾會儘速安排會勘「北投公共浴場」。同一天，筆者也向台北市副市長陳師孟教授報告，也請環保局長林俊義、社會局長陳菊、訴願會主委張富美等三位市府首長，同時也是筆者當時在國民大會的同事，協助居民完成這個心願。

九天之後，民政局就迅速作了回應，一月二十四日，民政局副局長葉良增陪同古蹟文史專家林衡道先生、淡江大學歷史系主任周宗賢教授、博風技術工程顧問有限公司的趙工杜教授，三位學者專家到「北投公共浴場」會勘，並通知筆者到場說明。民政局這樣明快的處理方式，似乎也預告了市府將全力支持這個案子。而阿扁市府在往後的兩年多時間裡，也確實對再造北投的計畫，做出積極的回應與強力支持。

北投纜車再評估

一九九六年二月五日，陳水扁市長在市立圖書館北投分館主持「北投纜車規劃案報告會」，如同前面陳林頌看到報紙刊登過的，承辦單位說明的計畫，就是在四條纜車規劃路線中，有三條路線都是計畫拆除「北投公共浴場」改作爲纜車站址。筆者和幾位居民代表一起參加表達意見，中央大學教授陳慧慈提出十二項質疑；奇岩社區發展協會蔡麗琴理事長也在會中嚴詞反對興建纜車。陳市長在聽取各方意見後，並未如推動單位的期待，選定一條纜車的路線，並在當場正式宣布。反而是要求相關單位謹慎評估，並與居民充分溝通意見。當時推動纜車最積極的陳姓市議員也在場，則非常生氣與失望。

會議將結束時，筆者臨時邀請阿扁市長到與圖書館僅一溪之隔的「北投公共浴場」參觀。陳市長看到的雖然是廢墟，但這棟建築的基本架構還是相當宏偉而吸引人。市長看完後當場表示，這棟建築應該要保存下來。這是阿扁市長第一次進入「北投公共浴場」，也可說是市府直接宣告了保存這棟古蹟的立場。

同一天下午，台北市發展局爲了要更深入了解我們提的保存北投公共浴場的案子，邀請曾參與宜蘭冬山河規劃的日籍崛込憲二教授到北投考察，並請陳慧慈教授和筆者作陪，筆者趁機會向憲二教授說明「北投溫泉親水公園」依地形特色施建的構想。在考察活動中，憲二教授發現北投公園石造拱橋是一個珍稀的建築，隔天筆者就請憲二教授惠賜文章介紹北投公園石拱橋，刊登在《北投社雜誌》第一期。之後許多媒體報導都有引用他的文章，介紹北投公園裡美麗的石造拱橋。之後筆者也發文向台北市政府提出陳請書，建議將北投公園溜冰場邊的石造拱橋指定爲古蹟。

一九九六年二月十九日，《北投社雜誌》第一期出刊，創刊號封面故事就是以陳林頌的資料書寫的「北投公共浴場」，專題故事則是由筆者發表的「爲北投溫泉親水公園催生」。創刊號發行了一萬份，大量在北投社區與市府各單位散發，也廣寄給新聞界與專家學者，和全國各地的社區營造團體。筆者也向新聞界友好推介《北投社雜誌》，介紹「北投公共浴場」，並面請當時任職電子媒體的楊憲宏、蔣家語、林奎佑（魚夫）等好友幫忙。經過這些努力，北投溫泉鄉的重建議題，在短時間內引起很大的迴響。

二月二十三日，距離北投公共浴場的古蹟會勘時間才將滿一個月，筆者辦公室收到民政局公文函覆北投公共浴場保存案「……至現場查勘，會後經三位教授簽註『古蹟評鑑表』建議列爲第三級古蹟，本局近日將提交市政會議通過後函報內政部核列古蹟。」接到公文後，我們都非常的興奮。短短的時間，就將北投公共浴場的可貴與稀有重要性說服成功，也算不負諸多鄉親之託付。

推動北投溫泉親水公園

一九九六年二月二十六日我們邀請陳水扁及相關市府首長，出席四月七日「溫泉文化園遊會——爲北投溫泉親水公園催生」的活動。三月二日，筆者拜訪發展局張景森局長。張局長建議將「北投溫泉親水公園」案列爲「社區環境改造計畫」中之一案。並以《北投社雜誌》第一期中，筆者所寫的「爲北投溫泉親水公園催生」一文爲構想藍本去發展這個計畫，並以這次拜訪的結論，由筆者草擬並完成「一個市民參與改造台北的計畫—社區參與推動『北投溫泉親水公園』計畫書」。與張景森局長詳細討論整個大計畫的工作進度後，原則確定應於本屆市長任期屆滿前完成計畫，以回應社區民眾熱烈的期待與反應，並請他向市長報告。我們初步擬訂工作進度，並建議市長動用預備金進行規劃，以爭取時效。

陳市長後來同意了這個案子，並按計畫由各相關單位負責編列預算，後來這個計畫所需的經費，也相當順利地與已編列的預算接合，從此，計畫一路前行，筆者與各相關單位開了極多次的協調會，推動得相當順利。其實有創意的好計畫人人愛，大家都樂觀其成，都希望儘快完成能成爲政績。也因爲這樣，這個計畫才沒有陷入空有計畫，卻無預算執行的窘境。而當時幾位積極認眞經常與我們開會討論的幾個局處的科長或執行人員，經歷幾屆市長，無關黨派，有好幾位後來都高升到局長、副局長或獨當一面的主管了。

北投公共浴場列為三級古蹟

「北投公共浴場」與「推動北投溫泉親水公園」計畫，是市府該年度最大的社區環境改造計畫案，好幾個團體疑慮這個案子會排擠掉他們案子的經費，紛紛提出意見。爲避免引起困擾，我們繼續與市府磋商爭取這個計畫案的規模，最後讓這個案子成爲專案性、指標性的市政重大建設案，名稱與名義維持依舊，但另找預算獨立編列，這樣也沒有排擠到其他社區改造計畫案的經費，也平息了其他社區團體的疑慮。

三月二十八日，市長室秘書通知筆者公共浴場古蹟案已列入四月二日市政會議的議程，將進行古蹟確認。知道這個消息後，筆者在四月一日密集拜訪市府各局、處首長，送上「北投公共浴場應列爲古蹟說帖」，請求大家支持通過北投公共浴場爲古蹟。隔天，市政會議由副市長陳師孟主持，由於當時古蹟的分類還是分一級、二級與三級，所以「北投公共浴場」就順利通過爲三級古蹟，並提報內政部核列。

這個古蹟陳請案從送案到通過，只用了兩個多月的時間，相對於那時台灣各地有好幾件古蹟的指定，都有相當的波折，而「北投公共浴場」指定爲古蹟，卻是這樣的效率，讓大家都覺得不可思議。「市民主義」的阿扁市長給了當時的各社區團體很大的鼓勵。

一九九六年四月五日，我們到發展局報告由筆者執筆的「一個市民參與改造台北的計畫——社區參與推動『北投溫泉親水公園』計畫案」的期初報告。當天我們也利用市政府的會議室，爲四月七日的溫泉文化園遊會召開記者會，市府也建議這個園遊會的活動，與「一個市民參與改造台北的計畫——社區參與推動『北投溫泉親水公園』計畫案」合併，成爲「社區環境改造計畫」中的一部分，也引起媒體很多的注意。

由於「北投公共浴場」的產權戰後由台北縣政府接收，因此屬台北縣產。爲尊重業主，在舉辦園遊會的前夕，因縣長不在公館內，筆者特別以傳眞到縣長公館向尤清縣長報告此事。

台北市政府公園路燈管理處與台北縣政府財政局，在市府指定北投公共浴場爲古蹟後，曾來往公文幾次，但對再利用要如何處理，都不得要領。到了一九九七年四月十一日夜，尤清縣長在官邸宴請角逐縣長寶座的立法委員蘇貞昌先生，剛好筆者也應邀赴宴。筆者就藉此機會再向尤清縣長報告，我們計畫再利用北投公共浴場爲溫泉博物館，主政單位是台北市政府，與所有權者台北縣的原計畫不同。尤縣長與筆者稍加討論後，尤清縣長明確地表示，與台北市以土地交換方式解決。尤縣長劍及履及，四月十五日，也就是會面的四天後，台北縣政府主管會議就依縣長指示議決此一交換原則。筆者收到台北縣政府的公文後，也立刻以公文陳請台北市政府，儘速研究換地事宜。

一九九七年五月十五日，民政局函覆給筆者，函中指出「北投公共浴場」涉及產權屬台北縣政府土地，研究以林口台北縣立大學之市有地交換案，陳市長裁示要交由「以地換地」專案小組併案考量。

七月四日，「研商台北縣、市土地產權交換事宜會議」在台北市政府十一樓首長會報室舉行，由台北市政府秘書長廖正井主持。決議因公務、公共需要使用公有不動產，縣、市雙方同意，依行政院函頒「各級政府機關互相撥用公有不動產之有償與無償劃分原則」，由需地機關檢附撥用計畫、圖說及有無妨礙都市計畫證明書，依規定申辦撥用。因此這個看起來很麻煩的土地問題，台北縣、市政府就以極快的速度圓滿解決了。在這個案例中，縣市互相協調，順利讓土地交換互撥。台北縣、市除了同黨執政的信任感之外，雙方重新了解此一棟建築在文化歷史上的意義，因而產生保存共識，也是一個關鍵因素。

婉轉折衝化解對立

一九九六年四月七日，北投溫泉鄉系列《戀戀溫泉——北投溫泉鄉全陪導覽手冊》、《北投溪溫泉之旅》出版，當日舉行的「戀戀溫泉」溫泉文化園遊會，北投各社區中的各種社團、各小學家長會，都全力充分動員外，因媒體熱烈報導，而獲得北投鄉親與各界人士的熱烈參與。當日北投公園不但嘉賓雲集，來了市長及四位市府的局長，和幾位民意代表，會場內也擠滿人潮，為溫泉鄉的重建打響了第一炮。

因「北投溫泉親水公園」案，獲頒台北市政府「優良都市設計獎」，一九九六年六月二十四日由筆者代表，在市政府大廳接受陳市長的親自頒獎。這個獎，對北投鄉親以及許多專業人士對「溫泉文化復興」運動的投入是個珍貴的肯定。

不過在推動「北投公共浴場」保存時，我們就意識到這個運動會與推動「北投纜車」的計畫有所衝突。因為原本「北投纜車」案研究報告中，所規畫的四條纜車選擇路線，有三條路線都是計畫拆除「北投公共浴場」作為纜車站，其實那就是明講，也是暗示北投公共浴場是最佳纜車站的場址。

當時我們就決定，在推動「北投公共浴場」為「北投溫泉博物館」時，不再刺激纜車的推動者。理由很簡單，纜車的推動已有相當時日，問題的複雜程度不是一朝一夕能解決的。如果順利的話，我們很快就能達成重建浴場的目標，而屆時纜車可能連個影子都還沒有。在這個策略評估下，我們犯不著去與推動纜車的市議員為敵，而阻礙「北投溫泉博物館」與「北投溫泉親水公園」預算的爭取。

確定了這個想法後，筆者就去說服社區中幾個反對纜車興建的朋友，結果也獲得大家接受。陳水扁市長曾裁示，由區公所辦理區民對纜車的民意調查，以民意調查解決爭端，而北投區公所也已經在一九九六年四月，已擬就「陽明山國家公園——北投線空中纜車系統規畫北投居民意願問卷調查表」，就贊不贊成興建、四條路線哪個方案可行、興建與管理採用何種模式等等八個問題，就全體北投區民做調查，這個調查表且已經獲得市長85府研一字第八五〇二〇一九三號（函）核定在案。

1. 1998-3-1 北投溫泉博物館開工典禮儀式由管碧玲教授主持。

2. 2023年 北投公園池塘與溜冰場。

避免攤牌的衝突

筆者仔細思考了這件事的民調及其公布的可能後果。筆者認爲以全大北投來看，大部分的居民都不了解，或事不關己，或不知纜車的路線會破壞什麼，又會帶來什麼的問題。因此僅以推動纜車的表面上說辭，要振興觀光與方便上陽明山的交通，可以避免塞車的理由下，要全北投區民決定贊成纜車與否，民調結果幾乎是可以預測的，屆時大家也勢必騎虎難下。所以我們沒有必要因民調的問題與結果，迫使大家必須攤牌，去面對民調結果公布後，可預見的抗爭、反彈或杯葛。因此在這個階段，沒有必要因爲纜車該不該興建的問題而吵翻天，致使我們所推動的案子遭到莫名的阻礙。

我們當時認定北投纜車不可能有「適當的地點」，也不可能「通過環境影響評估」。有了這個共識之後，便由筆者出面去阻止纜車的民調，經協商後由幾個反對纜車的團體署名，以書面文書向市政府表示：如果有「適當的地點」，又能「通過環境影響評估」，我們對纜車還是樂觀其成的。市政府有了這張書面依據後，也就視爲反對原因消失，同意不必辦理纜車興建與否的民調。

我們成功地阻止了纜車的民調，以及可能因民調結果而引起的大風波。到了「北投溫泉博物館」開館時，大家都能知道其中的微妙之處，並沒有人公開撕破臉去批評纜車計畫。

有些人對這種避免衝突的作法或許不以爲然，認爲我們對破壞環境的主張採取了姑息的態度。不過在地方事務中，也常看到衹因堅持理念或眼前的利益，絲毫不考慮策略，以致地方上不同主張者的衝突不斷，最後兩敗俱傷一事無成。

我們採取的策略，結果證明是對的。因爲「北投溫泉博物館」的相關經費與預算，在議會也沒有遭到任何反對，所以很快就能修復並準時開館。當我們決定不採取「衝突策略」後，也讓一直推動該纜車計畫，而原本希望拆除北投公共浴場當纜車站的市議員，後來有機會在選舉時大發文宣，宣傳他對「北投溫泉博物館」的爭取功勞。看到這樣的文宣，知道內情者都感到好氣又好笑。但無論如何，當時不採取與纜車主張者正面衝突的策略，沒遭到推動纜車者找碴指桑罵槐式或暗中的強力杯葛，實是北投溫泉博物館順利快速完成的重要關鍵之一。

北投纜車的結局

當然推動北投纜車者，在北投溫泉博物館成立後，仍然沒有放棄推動纜車的計畫。但那幾年的情形已有轉變，原推動纜車最力的那位議員，在二〇〇二年十一月十六日遭槍擊身亡於選舉之時的街頭；而部分北投的溫泉旅館業者，仍然冀望北投纜車能帶來更多觀光人潮，他們原本透過該議員推動纜車，但到了這時候，部分旅館業者，就轉變成公開推動纜車的主力。不過北投的一些鄉親也沒有放棄保護北投公園、保護北投溫泉谷地的要求，於是北投生態文史工作室、北頭生態文史協會的陳林頌，北投在地的名音樂家陳明章，及陳慧慈教授、張聿文里長等人，則成為反北投纜車的主力，繼續提出反北投纜車的訴求與宣導活動，幾乎所有有關北投纜車的問題，都已經被提出了。

而且北投溫泉旅館業者對興建纜車的利害立場也不一致。在熱海大飯店之後的許多旅館業主，也並不贊成纜車計畫，因爲他們認爲纜車的興建會讓生意集中在北投公園的前端，對他們的生意反而有害。但是當時的市政府無視這些意見是否正確，反而視這些反對意見是「爲反對而反對」，還是執意強力執行。

在筆者南下台南市任職的那幾年當中，北投纜車的計畫已通過都市計畫審議，也由於採用中國規格十一公尺的「路權寬」，而規避採用我國經濟部所制定的架空索道國家標準十五公尺寬的標準，結果讓原本應該接受環評的十二點零八公頃的開發總面積，降為九點九七二公頃，而刻意規避了原會超過十公頃環評的門檻，因當時市政府積極推動，雖知法令問題如此也勢在必行，故默許此規避環評的設計，全案地方政府也都通過了，本案最後經中央核定，由台北市政府選商開工。因為北投纜車推動者，原本最希望成為纜車站的北投公共浴場，已經指定為古蹟且已經成為「北投溫泉博物館」。所以這時的北投纜車站也轉而預計設於北投公園內的溜冰場中。

北投溜冰場在日本時代是一空地，是舉辦公眾聚會，特別是二戰時舉辦消防演習，或動員演習的最佳場所，戰後才變成溜冰場。這個計畫其實是完全罔顧該溜冰場已有幾十年的悠久歷史，完全忽略該溜冰場是多少北投鄉親孩提時，時常流連忘返的遊戲場所，也是多少北投人攜帶孩子在該地遊玩練習溜冰的共同記憶。該計畫中央核定後，市政府就讓廠商強勢地將溜冰場用鐵皮圍籬圍起來開挖破壞了。

興建已百餘年，高樹聳立，狹長型的北投公園，如果單純作為市民的遊戲休閒空間，實在是空曠優美、舒適有餘，但作為纜車的起點站，則會顯出雜亂壅擠空間不足的窘態，也勢必要拆除與破壞許多歷史悠久的空間與地景。其實北投纜車，如果一切依法限制而行，「利基」根本不夠，且依國家公園的限制，營利空間必然不足以供應龐大營運與維持獲利之所需，所以政商強勢要興建，掛羊頭賣狗肉作弊是必然的。

果然北投空中纜車新建工程，在二〇〇六年七月十九日爆發重大弊案，內政部政務次長，被指控為協助業者取得纜車案山上站違法增建一百八十三間名為「研習宿舍」，實際為豪華溫泉旅館的建照，涉嫌向陽明山國家公園管理處施壓發照。而內政部次長與陽明山國家公園管理處等數名官員，也涉嫌收受廠商賄賂，此弊案的最後發展，涉案官員與廠商最終都被判了刑。

事情發展至此，種種不良居心與意圖逐步蠶食鯨吞，破壞國家公園與歷史悠久美麗的北投公園之企圖，終於嘎然而止，北投纜車計畫只冒出一點點苗頭就胎死腹中，北投公園的溜冰場也在民意壓力下復建恢復舊觀。二〇一五年五月，台北市長柯文哲宣布，北市府決議不興建北投纜車。歷經陳水扁市長，從馬英九到郝龍斌市長，因弊案而停止的北投纜車案，在柯市長宣布不興建後，歷經四位不同黨派市長的北投纜車案，終於告終。

北投公園已依文資法登錄為文化景觀

當年我們眼看北投纜車案已經要進入執行階段，北投公園的地景與景觀會被纜車案如何破壞與改變，其實我們已經是預料到了，所以筆者也曾提出陳請北投公園指定爲文化資產，以抵制拖延纜車案。但北投纜車案已經要進入實作階段了，當時的市府權責單位與主管，對我們陳請北投公園指定爲文化資產的提案，視爲惡意杯葛與搗蛋，故意忽視而不見，始終沒有給我們回復與下文。然而經過弊案揭發，市長再度換人做後，美麗優雅的北投公園，最終也得到法律保護的歸宿了。

二〇二〇年一月二十日「北投公園暨周邊景觀」（含兒童樂園）終於依文資法審查通過，登錄爲「台北市定文化景觀」。超過百年歷史的整個北投公園，及周邊眾多的文化資產都登錄保存下來了。

登錄說明「北投公園爲台北四大公園之一，一九一三年由台北廳長井村大吉於北投公共浴場附近依自然環境整建而成，爲台灣當時最具規模的公園。公園內代表性建物包括古蹟北投溫泉浴場、北投圖書館、紀念性建物石拱橋，以及曾爲水道洩壓孔的噴水池，周邊的天狗庵古階梯及門柱，園內廣植

1. 北投公園石拱橋。
2. 已逾百年的北投公園充滿熱帶風情，優美舒適。
3. 北投公共浴場前的兒童樂園是搭配公共浴場的遊樂設施。

熱帶植物，體現北投溫泉文化之景觀。另因應公共浴場的開設，於周邊設立附屬遊園地，即現今北投兒童樂園。兒童樂園內現有入口階梯、步道、門柱、溜滑梯、防空洞二處等設施，爲不同時期留下的景觀元素，反應二十世紀初都市公園及休閒生活特色。」

登錄理由則爲：「一、北投公園爲台北四大公園之一，日治時期大正年間（一九一三年）爲配合北投公共浴場及周邊自然環境闢建而成，已有百年歷史。北投兒童樂園係民眾前往泡湯時供家庭隨行之兒童遊憩使用，爲北投公共浴場之附屬設施。兩處場域具歷史相關性，呈現北投地區溫泉產業與周邊環境之關係，具時代及社會意義。

二、北投公園植栽及造景經特別設計，廣植熱帶植物，反映日治時期極力營造熱帶公園氛圍之意圖，園區內尚存有北投公共浴場、石拱橋、涼亭、西式花園及噴水池、銅像基座、北投溪溫泉四瀧，鄰近之北投兒童樂園入口門柱、磨石溜滑梯、防空壕等，亦大致保持良好，形成此區豐富的自然與人文地景，反映二十世紀初都市公園及休閒生活特色。」

當然北投公園因歷史悠久，公園口的廣場歷來也有多次的改建與變化，民國五十年代，筆者讀初中時，北投公園口還有一土崗，上面還有一座防空高射炮，那時士林未改建爲現在的士林橋之前的文林橋橋頭，也有一座防空高射炮。北投公園現在溜冰場的位置，也是日本時代戰爭時期被利用來做各種演習訓練的場所。但北投公園因北投溪青磺溫泉流淌其間，發展成爲北投溫泉事業之母，周邊也成爲北投盛名興發，溫泉事業的肇始之地；也成爲孕育綻放幽微放射性鐳，世界首見珍奇的「北投石」之產地；北投公園也曾見證北投燈紅酒綠，艷名張揚國際的時代；也見證了北投溫泉百年來悲歡離合的興衰；更見證了北投人奮起重建北投溫泉鄉風華的努力。

雖然北投公園依法登錄爲「文化景觀」了，但大眾對於「文化景觀」的認識相當有限，不像古蹟

1. 北投溫泉博物館西側立面。
2. 北投公園邊的北投溪，是北投溫泉鄉一百多年來發展的見證。圖中舊橋為「溫泉鄉的吉他橋」。
3. 現北投溫泉博物館大廣間。

的文資身分被正視。基於我們多年來對北投公園這優美文化景觀的觀察，以及對周邊商業行爲與模式的觀察及了解，「文化景觀」的法律保護力終究有其極限。所以寄望北投公園改變，並增添其他用途者仍然不乏其人。在台灣常見某一地方遊客多了，成爲熱門景點後，各種勢力或團體，就會來想方設法添加「政績」或滲入形同宣傳的各類設施，致使許多名勝不斷地被雜亂的涼亭，或無意義的宣傳設施與建物參雜。所以筆者在台南市服務時，就曾推動一個「減量建設」的概念，用在「安平港國家歷史風景區」，赤崁樓隔鄰的成功國小，及台南孔廟隔鄰的忠義國小，都是以拆除歷年積累的大量雜亂建物，來整頓周遭的環境。

二〇二三年，北投公園突然沒頭沒腦增加了一座刻有「北投文學步道」但沒有署名的白色大石頭。我們不知「北投文學步道」到底有什麼歷史意義，或有什麼事實指涉。但如果大家都無視法定文化資產不可隨意亂添加或改變，你隨便加一個東西，我也隨便加一個東西，他也隨便加一個東西，那不出幾年公園的景觀又會變成擁擠雜亂無章了。所以大家，尤其是市政府，仍然需要隨時自我克制並注意任何可能破壞已依文資法登錄爲文化景觀的北投公園，被胡亂添加無意義或無關聯之景物的不合法企圖。

不過雖然要注意這些事，但我們多年來尋求將歷史已超過一世紀，北投人戀戀喜愛、優雅美麗的北投公園，以及周邊各個歷史現場，以法定文化資產的身分來保存的夢想，也算是實現了。

〈第四章〉前日軍台北衛戍病院北投分院與佳山旅館

一九九七年初有一天，筆者從北投新民國中前的中心街，要走向地熱谷，剛經過前「國軍八一八醫院」，也就是一九九八年七月一日起，改名為「國軍北投醫院」的後門時，發現裡面有一棟大型的木構平房。那很明顯是一棟舊軍營營房建築，也是外觀類似早期中小學、軍營舍尚未全面改建前，日治時期留下的那種木構學校或軍營建築。

見證北投發展的「前日軍台北衛戍病院北投分院」

看到這棟建築，筆者腦海中不禁浮起日本時代的北投地圖，直覺地感到在這僻靜小路上的這棟美麗建築，可能是日本時代「北投衛戍療養分院」的建築。回家後，詳細比對老地圖，再多方探訪北投耆老與該地隔鄰的眷村人士，終於確定該棟建築，不但是前日本陸軍「台北衛戍病院北投分院」碩果僅存的一棟建築，也是療養院最原始的正門。難怪建築的入口石階會極為氣派，而整體環境呈現著濃厚的悠久歷史之氛圍。

日本時代的「台北衛戍病院」是今「台北市聯合醫院」，曾經因SARS而喧騰一時之「和平院區」的前身。一八九五年，明治二十八年十二月四日，當時的日本台灣守備軍醫部長藤田嗣章，陪同樺山總督同行視察北投。因當時爲日本領台初期，兵舍衛生尙不完備，所以看上北投溫泉的藤田極力主張在北投購買陸軍用地，以作爲病患療養之需。隨即在「明治二十八年年底，由總督府委任台北縣廳收買陸軍專用地。以約七萬步大小的土地，田地是十四錢，山地是六錢的價格收買。」自明治三十一年，一八九八年六月一日開工，該工程的承包商爲鐵田米吉氏，當時的工作人員每日約六百人，同年八月即完工。在平田源吾出版的「北投溫泉誌」中稱爲「北投衛戍療養分院」的這棟陸軍療養病院，其建設費用聽說是十萬日圓。

這就是日本「陸軍台北衛戍病院北投分院」建設的由來。七萬步是相當大的範圍，當時不知是如何計算，以現代人慢慢走，一萬步就可走六公里左右，所以北投溫泉誌寫的這個數字，應該是僅供參考而已。

日俄戰爭的見證

北投衛戍療養分院開張之後，最初由木村軍醫、酒井軍醫、渡邊軍醫分別以一、二年期間擔任過院長。但自明治三十五年起，可能因爲各地軍營的設備日佳，已經沒有衛戍療養分院存在的必要，所以「北投衛戍療養分院」改派二個中隊擔任守備。明治三十八年，一九〇五年守備隊也撤除，一度成爲空屋。

但當年爲日俄（露）戰爭之年，在遼東半島作戰的傷兵，大量送來氣候溫和又有溫泉的北投療養，此一陸軍療養分院於是恢復了運作。北投溫泉也因日俄戰爭，傷兵來來去去而聲名逐漸遠播，於是北投也逐漸成爲遠近馳名的溫泉鄉，這對北投的發展是非常重要的，因此也可以說「陸軍台北衛戍病院北投分院」是日俄戰爭與北投溫泉發展的重要歷史見證。所以平田源吾在一九〇九年所出版的「北投溫泉誌」中，就推崇藤田嗣章爲「北投溫泉場的先登開拓者」。後來派駐韓國擔任韓國最高軍醫職的藤田嗣章，從四位勳二等功三級，日本著名畫家藤田嗣治是他的二兒子。

當年的北投衛戍療養分院已經演變爲今日的「國軍北投醫院」，現址是北投新民路六十號，當年療養分院的正門現在變成是後門。依當時的北投地圖看，今日新民國中校地，北投逸仙國小，可能都是當年「台北陸軍衛戍療養院北投分院」的院區或尚未開發的周邊荒地，而其旁邊依文資法登錄的「中心新村聚落」，其聚落建築應該就是由該院的宿舍區，在二戰後逐漸發展出來的。而筆者再發現此段故事之時，醫院內門匾上掛著「向陽學苑」的建築，是該院原有的三大棟長形木構院舍中，碩果僅存的一棟，我們陳請指定爲台北市定古蹟的也是這一棟。根據訪談，這棟曾充當過庫房、一度也曾做爲托兒所，也曾是煙癮復健、會議、心理治療、尿液檢驗等部門的辦公室。但檢視該棟建築廢棄前的平面圖看，該棟建築從其正面看，右側共有大小不一的六間宿舍，左側則有一間福利社、一間辦公室與三間庫房。

根據我們處理該院的古蹟指定時，筆者所作的院內訪談口述，該院當時的護理長王學英曾敘述，日治時期位於該棟建築北邊的木造房舍，即現今職能治療科及第九病房，在一九八六至八七年間曾因溫泉井淹死一位男孩，而溫泉也悶死過一位老士官，故院方將木房拆除改爲磚造。一九九二年至九三年間，再改建爲今貌，不過房屋雖拆除，但填起來的溫泉井與管路還留在草坪之下。今天整個院區已是現代化的建築與設備了，唯獨「向陽學苑」與其周邊庭院，雖屢有改建之議，但都因經費等諸多問題而未能實現。也因如此，這棟影響北投發展的歷史建築，才還能留下來見證當年歷史的因緣際會。在這裡我們也將國軍使用這棟建築的整個沿革歷史，做一陳列以供參考。

4. 1932年　整修後的日軍台北衛戍病院北投分院。

5. 藤田嗣章（1854-1941）。

6. 2013年　筆者在京都參觀藤田嗣治（1886-1968）版畫展。

1

2

3

1. 1998年 前日軍台北衛戍病院北投分院陳請古蹟時的狀況，現在圖中建築前之樹木已被全部移除。
2. 2023-3-21 前日軍台北衛戍病院北投分院，門口大樹已被清除。
3. 1999-5-2 黃桂冠老師（左邊穿紅衣者）導覽前日軍台北衛戍病院北投分院，大門口的大樹還在。

戰後國軍使用「台北陸軍衛戍療養院北投分院」沿革表

日期	國軍使用歷史
一九四九年三月一日	於浙江蕭山成立聯勤一〇八醫院。
一九四九年八月一日	轉駐台灣基隆七堵國小學校。
一九五二年十月十六日	收容精神病患，爲軍中首創精神科。
一九五七年	美軍精神醫學小組蒞院指導與訓練。
一九六〇年五月五日	更名爲陸軍第八二一醫院，編制六百床。
一九六六年	由基隆搬遷至北投現址。
一九七五年十一月一日	更名爲三軍精神病院。
一九七六年九月一日	更名爲陸軍八三一醫院。
一九八六年七月一日	更名爲國軍八一八醫院。並奉命與三軍總醫院合作發展成爲「國軍精神醫學中心」。
一九八七年	成立日間病房五十房。
一九九〇年九月十六日	開設夜間病房。
一九九一年	開辦康復之家，庇護工廠，居家治療。衛生署評鑑爲精神科專科醫院。

一九九四年	衛生署評鑑爲精神科專科醫師訓練醫院，成立藥癮精神科，設藥癮病房二十九床，成立社區精神科。
一九九七年	衛生署評鑑爲精神科專科教學醫院。
一九九八年七月一日	更名爲「國軍北投醫院」。
一九九九年一月一日	配合國軍精實案，改編爲二百床。
一九九九年三月一日	慶祝五十週年院慶。

「內地移植型」代表建築

「向陽學苑」之建築可說是日治初期「內地移植型」的代表性建築。所謂的「內地移植型」，其中的「內地」即指「日本」，亦是說該棟建築是日治初期由日本移植過來，第一代的日式木構、長形、單層，用於軍營、學校或醫院等的公共建築。這類型的建築，今天在台灣拆除得幾乎殆盡。這棟建築大門上鑲著台灣式的陶製花磚，顯示該建築類型移植來台灣的受融與適應。

筆者重新再發現此棟建築之歷史時，「向陽學苑」建築的年歲已久，處處顯露出腐朽的痕跡。其內部空間也已歷經變革，也處處有改建隔間的痕跡。不過就建築整體而言，外部美觀氣派，且其所附屬的庭院，百年樹木高大森立，處處發出令人思古之幽情。

北投發展史上各時代一些具有代表性的溫泉建築，實可展現北投豐富的溫泉文化面貌。「向陽

1-2. 2013-1-23　管碧玲國會辦公室舉辦前日軍衛戍醫院北投分院——北投鄉親修復參訪與座談活動。

3. 1932年　昭和7年12月16日整修記事陶板。

4. 1998年　前日軍衛戍醫院北投分院內廊道。

學苑」正是一棟可以見證北投溫泉發展的重要歷史現場。一九九八年五月筆者詳附資料，連同其他多件建築向台北市政府民政局，提出北投的第三批古蹟陳請，五月二十八日民政局安排學者專家現場會勘，會勘的學者專家都對當時門匾掛著「向陽學苑」的這棟建築，與其周邊森立樹木的珍貴與希罕性，都有相當好的評價，而院方對指定爲古蹟也沒有什麼反對或特別的意見。

七月二十三日民政局舉行古蹟審查會，一致通過原「國軍八一八醫院」院內的「向陽學苑」爲台北直轄市定古蹟，並薦請定名爲「前日軍衛戍醫院北投分院」，八月十八日市政會議通過，九月一日公告確定爲台北市直轄市定古蹟。這棟見證北投溫泉鄉發展歷史的建築，終獲確定保存。從發現這棟建築尚存未被拆除時，筆者隨即展開保存指定的程序，到確立爲市定古蹟，約歷時一年半。那時台北市政府的效率與保存文化古蹟的誠意，讓北投在這一年多的時間內，增添十幾件大多與溫泉有關的古蹟，實在是令人感到快慰。

修復後擔負過「茶金」影劇的場景

這棟建築歷史悠久，當然不免有過修繕。一九三二年，昭和七年時這棟建築曾經維修過一次，在此建築大門正面的右側下方有一陶板上面刻著：

「北投分院二病室其他復舊及新當工事　啓工　昭和七年十二月十六日　竣工　同　八年三月二十八日　請負金額壹萬九千四百円　台灣軍經理部長矢部潤二　部員佐藤忠一　技師淺井新一　技手不免申之吉　雇員長谷川進　請負者陳海沙」，施工者陳海沙應是台灣人承包商。

算一下時間，這棟建築從昭和七年修繕後，到我們陳請成爲古蹟，已經有六十六年之久了，所以

6. 1997年　年初調查時前日軍台北衛戍病院北投分院的庭院。
7. 1997年　年初調查時前日軍台北衛戍病院北投分院的庭院。
8. 前日軍台北衛戍病院北投分院舊大門。
9. 2013-1-23　前日軍衛戍醫院北投分院廊道。
10. 2013-10-28　管碧玲委員應國防部邀請，與嚴明部長參加台北衛戍病院北投分院古蹟修復落成開幕剪綵。

1. 2022-2-13 前日軍台北衛戍病院北投分院正門：向陽學苑。
2. 2023-3-21 前日軍台北衛戍病院北投分院。
3. 2013-1-23 前日軍台北衛戍病院北投分院。
4. 2021年 前日軍台北衛戍病院北投分院在茶金劇中之劇照。（從NETFLIX截圖）
5. 2021年 前日軍台北衛戍病院北投分院在茶金劇中之劇照。（從NETFLIX截圖）

這棟以木構爲主的建築難免老舊損毀。

管碧玲擔任立法委員後，我們就屢屢關切此棟建築的復建事宜，所以國防部就在二〇一二年啓動修復工程，管碧玲委員國會辦公室也舉辦過一次修復工程的參訪會勘，在二〇一三年一月二十三日，邀請過去曾與我們共同關心此一建築的北投鄉親約四十位，一起參訪即將修復完工的這棟建築，讓院方與工程人員向北投鄉親說明修復工程，與未來計畫的總總情形。而這棟古蹟也在修復後，二〇一三年十月二十八日由國防部長嚴明主持開幕典禮，立法委員管碧玲也應邀出席共同揭幕。這棟已有百年歷史的稀有建築，終於重新以悠久的歷史面貌再現，重新出發繼續擔任醫療與社區服務的工作。

修復後的前日軍台北衛戍病院北投分院，不只可以擔負社區的服務工作，在二〇二一年電視劇「茶金」之中也登上了銀幕。劇中天才製茶師羅山妹的父親阿旺叔，長期身體不佳住院，古色古香的前日軍台北衛戍病院北投分院，優雅地登場作爲劇中那個時代的醫院，名實相符實在是非常的適配。我們相信如果沒有這歷史現場的古蹟可以派上用場，而去搭樣品屋來拍片，氛圍與品質一定遠遠無法相比。管碧玲委員看到劇照，馬上貼到臉書粉絲頁與大家分享，而且更擴大推薦拍片也可以去利用很完整的，也是由我們搶救成爲台南市定古蹟的前日軍台南衛戍病院，也獲相當大的迴響，實在眞是令人歡喜。

北投文物館——神風特攻隊最後的家園

「北投文物館」地址是幽雅路三十二號，是一座頗具規模的日式建築群，日本時代是爲旅館與御料理名爲「佳山」。其建築之格局與北投台銀舊宿舍的情形可說是旗鼓相當，但其與北投台銀舊宿舍

1. 2023年 北投文物館B棟玄關大門口。

2. 2020年 北投文物館外觀。

「和洋混合且並置式」的建築不一樣，除了鋪設了日本時代在地生產的「北投燒」洋磁磚的廁所、電梯間及浴室等幾處水泥建築外，北投文物館可說是純日式的木構建築。

佳山始建於一九二一年

至於北投文物館建築的年代，最初一棟始建於一九二一年，大正十年。不過北投文物館陸續興建的建物共有四間，層層疊疊興建的時間並不相同，筆者依民國四十九年十月一日，陽明山管理局的建物平面圖檢視（詳見一八三頁圖一），當時佳山的建物，從平面圖的左至右共有A、B、C、D四棟及一座室外渡廊。這張平面圖是以日尺標示並計算面積，其中A棟面積二〇七點五六坪、B棟面積八三點八坪，而A、B棟是相連相通在一起的兩棟建築。C棟面積二九點一一坪、D棟面積十二點九四坪、渡廊面積十一點五四坪，四棟加渡廊，總面積共爲三百四十四點九五坪。而現在的建物謄本登載面積，一層七九七平方公尺、二層三四〇平方公尺，總面積共一一三七平方公尺，約三百四十三點九四坪。

B棟的「玄關先」大門外觀是屬於歇山式的「入母屋造」，是北投文物館的前棟，也就是現在主建築入口玄關廳、廣間的所在，也是佳山一九二一年創立時的最初建築。根據北投「星の湯」創辦人佐野庄太郎的女兒佐野八重子敘述，一九二〇年代，那時佐野庄太郎在北投購置大量土地，曾出租給九家料理店，「佳山」就是其中之一。綜觀B棟的整體格局，也確實較像料理店而較不像旅館。如果佐野家族的這個說法爲眞，則佳山一九二一年初建的B棟，就可能只是料亭。

北投文物館從私營旅館，到二戰末期被徵用爲日軍的軍士官招待所，戰後成爲外交部公家宿舍，

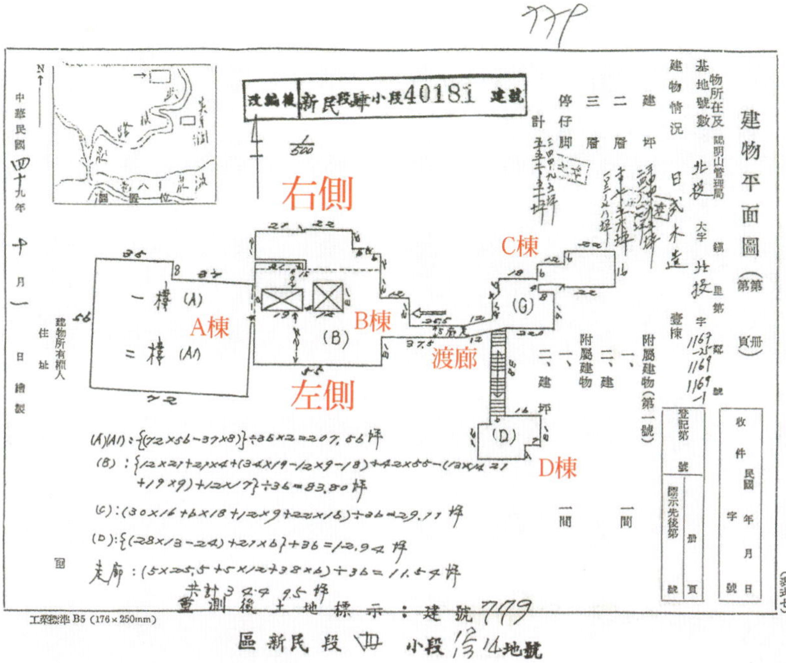

1

2

3

1. 1960-10-1 民國49年地政機關的北投文物館之建物平面圖，紅色字為筆者所加之標示。
2. 昭和時代北投佳山旅館（北投文物館）前的宗教活動，當時左側連接茶屋的渡廊還存在著。
3. 2023年 北投文物館B棟外觀，白色外牆為「漆喰（灰泥）塗」，右側的小門為文物館之側門（勝手口）。

1. 北投文物館的枯山水小中庭。
2. 北投文物館的枯山水小中庭。
3. 北投文物館的咖啡座。
4. 怡然居（餐廳）床之間等設施俱在，是過去佳山旅館的房間。

再到私人別墅，再到民藝文物之家，民俗文物館，再到目前北投文物館，其空間的使用歷來多有更迭，即使到目前文物館的空間利用亦時有變更。B棟除了入口玄關與玄關廳外，以兩個小型的「枯山水」中庭坐落在中間，將B棟建築分隔爲右、左側兩部分。

站在玄關背對大門往內觀察，現在玄關「右邊」第一個空間，除了是售票處外，主要是作爲販賣部的「禮品坊」。再右邊的空間，則是文物館的工作人員內部使用的空間與機電室，再進去後面爲廊道可通文物館的側邊小門，這個側邊小門面對著文物館幽雅路的入口大門通道，應爲日本時代佳山旅館的貨物或工作人員進出的「勝手口」之一。

從玄關廳「右側」再左轉進入，第一個空間是玄關廳延伸出去的「伸手」建築，第二個空間是「太子樓」。「伸手」建築與「太子樓」建築，以全開放式的空間相連接。目前「伸手」部位，是放置一個開放式的展示櫃，面對著第一個枯山水中庭。「太子樓」在過去曾經作爲湯屋使用，但目前則改爲咖啡座，咖啡座區有兩張桌子的座位區、販賣櫃台及廚房。這部分開始是「中下廊型」的空間，「下廊」就是走廊，「中下廊型」也就是中央走道兩旁配置房間或設施型態的空間。咖啡座位區與販賣櫃台之間的中央走道，爲B棟右側的主通道，座位區左側即爲第二個枯山水的小中庭。

B棟玄關廳「左側」即鞋櫃間，即日式放木屐的「下駄箱」。從「左側」鞋櫃間右轉進入即現在稱爲「怡然居」的大餐廳，過去這地方的一部分也曾經作爲販賣部。「怡然居」餐廳原本是兩間和式房間，這兩間都有緣側，及配置座敷設施「床之間」與「床脇」。現在將兩間和式房之間的不透明紙拉門「襖」移除，再將緣側的「障子」拉門一起移除，成爲一大開放空間，也全作爲餐廳使用。「怡然居」除了室內用餐區外，也有室外露天擺設桌椅的用餐區。室外露天座椅區的下面，則有一水泥建築，現在做爲文物館不對外的辦公室。此辦公室須由玄關室外庭園左側的露天小階梯下去再右轉進

1. 怡然居（餐廳）。
2. 咖啡座旁的廊道。
3. 從玄關展示櫃看太子樓之咖啡座。

入。

怡然居與咖啡座之間隔著兩間枯山水中庭，這兩個枯山水中庭之間有一通道，使左側的怡然居與右側的咖啡座相通，也就是B棟左右兩側，除了玄關廳外也可以此通道相通。

以上是北投文物館的B棟區域，再進去即爲文物館的A棟。A、B兩棟之間也是以開放式的室內空間相連接。二層樓建築的A棟，是北投文物館始建於一九三八年的後棟。根據此棟屋頂所懸掛的棟札，此屋建築上棟時間爲昭和十三年，一九三八年五月二十一日，筆者檢視其建物登記謄本上記載，建築完成時間是一九三八年十二月一日，應該就是指其落成的時間。

從咖啡座直通進入A棟一樓的右側，亦爲一「中下廊型」的空間，廊道與前B棟相連相通。A棟右側的走廊右邊有三個空間，第一個空間拉門緊閉不對外開放。第二間是「類似兩開間」的大展示間，第三間則是約只有第二間一半大的展示間，這兩間都是開放式的空間。再進去則爲男女盥洗室及無障礙廁所，再進去則爲電梯間。電梯間前有一通道連接A棟後面的左右兩側。A棟右側走廊的左邊，爲兩間展示室，這兩間展示室，即位於A棟一樓左右兩側中間的中央區域。

宛如美術作品的典雅溫泉浴池

如果從B棟左側怡然居的房門前走道再直入，就進入A棟左側的中間通道，這走道右邊的第一個空間，是A棟的前樓梯間。過了樓梯間，走道再進去的右邊是A棟中央區域展示間的一間及其外牆，這區域的外牆目前作爲「佳山藝廊」，可以吊掛各種創作展覽品。走道到底就是A棟的後樓梯間。

A棟左側走道左邊的第一個空間，則是佳山的湯屋，也就是佳山的溫泉大風呂，但佳山的空間因

1. 2023年　北投文物館大風呂，浴池邊的竹節剖面型小排水溝設計精美。此圖可看出大浴室的上、下腰牆之不同布置。
2. 1997年　筆者申請古蹟時，北投文物館大風呂由老董事長專屬使用，圖為浴池充滿溫泉時的情形，圖中還有洗臉台、用品架等設備。
3. 1997年　筆者申請古蹟時，北投文物館大風呂由老董事長專屬使用，故還有沖洗水龍頭、洗臉台、用品架等設備，證明北投文物館的浴室也有修改的歷史。
4. 佳山藝廊。
5. 北投文物館大風呂浴池旁的竹節剖面型小排水溝，堪稱難得一見之精美作品。

歷史與用途屢有更迭，浴室也在歷次的更迭使用時有所改建，所以這個大風呂，應該是日本時代佳山旅館所稱的「大眾大浴室」或其中之一。這個湯屋有準備室與浴室兩個空間，須先進入準備室再進入浴室。走道左邊的第二個空間即準備室，現在也已改為展示室。第三個空間在筆者陳請文物館為古蹟的時候，原為業主接待賓客的客廳，裡面有西式沙發桌椅，但現在亦改為展示室。浴室、準備室與客廳三個空間相通，當年都是業主使用的私人空間，這三個空間的左邊是原為緣側的廊道，這個廊道前後相通，前通浴室，最後端則是一小門可通室外。

這個「大眾大浴室」長四二五公分，寬四七二公分。浴室的地磚為黃褐色、十四點八公分的正方形平面磁磚。「大眾大浴池」的形狀則是圓角方型狀，其「湯船壁」（浴槽壁）的外緣壁約長二一〇公分，寬二五六公分，高二八公分；「湯船壁」的內緣壁約長一六五公分，寬二一三公分，深則為七八公分。採用九點七公分的正方形平面、橄欖綠與青綠色為主色的磁磚鋪設；浴池「轉角磁磚」的尺寸為長九點七公分、寬五點二公分為主。浴池的「湯船壁」的上緣面寬為二三點五公分，且上緣貼有兩排長寬各九點七公分的橄欖綠色磁磚，其兩側都鑲以一條白色的細帶狀面磚。

浴池周圍有以約八公分寬、十五公分長的褐色、彎曲、淺溝狀，竹節剖面型之磁磚，排列鋪設的小排水溝，而這個小排水溝的設計與施工，難得一見，實堪稱為精美典雅。

此浴室具有出入口在同一邊的左右兩側各有一扇門（參看第一九〇頁圖1.）。浴室四面牆壁的上下塗裝並不同，上面部位筆者將之稱為「上腰牆」，下面部位筆者將之稱為「下腰牆」。大浴室入口右邊牆具有四扇連窗，在此四扇連窗窗下的「下腰牆」部位高七十公分，另外浴室入口左邊及正對面這兩面無窗牆的「下腰牆」則有一百二十公分高。四壁上腰牆的部位都是塗布白灰泥的「漆喰塗」，而浴室四面的下腰牆之磁磚的混搭如下：

下腰牆位置	下腰牆上半部	下腰牆下半部	磁磚特色/塊
出入口右邊牆	五排青褐色瓷磚	四排青綠色瓷磚	尺寸相同二三一點八×六公分、長條型三十三溝
出入口左邊牆	十二排青褐色瓷磚	四排青綠色瓷磚	尺寸相同二三一點八×六公分、長條型三十三溝
出入口對面牆	十二排青褐色瓷磚	四排青綠色瓷磚	尺寸相同二三一點八×六公分、長條型三十三溝
出入口門中間牆	下腰牆全部是九排青綠色瓷磚		尺寸相同二三一點八×六公分、長條型三十三溝

浴室中的這些不同顏色混搭的磁磚，都拼貼成橫帶狀，且呈現悠久歷史的斑駁樣貌，所以整間浴室的顏色顯得相當古樸典雅而不呆滯。筆者認爲文物館現存的這個大眾大風呂，不啻爲一典雅的美術作品。另外文物館A棟一樓的男女廁所，與電梯間的磁磚類別如下：

位置	牆面	地板	磁磚尺寸
男、女廁所	青綠褐色混合平面斑駁磁磚	褐色平面斑駁磁磚	九點八×九點八公分
電梯間	橄欖色不規則塊狀浮雕磁磚		十一×六公分
電梯間		印麻布紋磁磚	十四點八×十四點八公分

1. 1997-3-13 在北投文物館浴室隔壁是當年老張董事長接待賓客的會客室。今此一空間已改為展覽室。
2. 原浴室隔壁之準備室為原老董事長專屬使用的空間，現改為展覽室。左邊即為大風呂間浴室。
3. 本圖右邊為原北投文物館浴室隔壁老張董事長接待賓客的會客室，左邊為原浴室之準備室。今此一空間已都改為展覽室。
4. 原老董事長專屬使用接待貴賓的空間，現改為展覽室，即由圖1.的會客室變成圖4.的展覽室。

1. 2023年　北投文物館的A棟二樓大廣間。
2. 2016-8-23　北投文物館的A棟二樓大廣間。
3. 2023年　北投文物館的A棟二樓大廣間。
4. 2023年　北投文物館的A棟二樓大廣間。

其實整棟北投文物館內貼有磁磚的部分，所有磁磚都採自日本時代在地出產的北投燒磁磚，都不是呆板的純色，整體而言其磁磚鋪貼的品質與藝術性都相當古樸高雅。

一九九七年底，筆者在游說張福祿老先生同意文物館的古蹟陳請時，該文物館的大風呂澡堂並沒有對外公開。那時張老先生還天天到文物館的該浴室來泡溫泉，筆者當年在那裏與張老先生相談甚歡，還曾獲張老先生厚愛，有一次還邀請筆者在該浴池裡泡溫泉體驗該風呂的風情。那次在那大浴室泡溫泉，實在是一次非常美好的體驗，其典雅氣氛令筆者難忘。

四大天王鎮守及衆神護持的棟札

北投文物館A棟的二樓，主要是一間具有舞台的日式大廣間，也就是北投鄉親證言昔日曾接待神風特攻隊的大會場。A棟的二樓右側爲面對幽雅路的走道，左側則爲緣側。這大廣間有六十帖榻榻米大，以前也曾經充當大型的展示間，現在則擺放可容納一百一十人的日式宴會廳的設施，可以包場出租作爲活動與宴會場所，在日本時代稱呼爲「舞台付大宴會堂」。據筆者長期的觀察，其大廣間的舞台布置與其所布展的花藝，品味高雅堪稱是一極爲用心經營的空間。二樓大廣間舞台後面是兩間八帖的房間，可以做爲辦活動的後台，其中一間現在作爲展示間，而這兩間房的背後，即是A棟的後樓梯間。

此棟建築的屋頂，整修時發現內掛有一頂部爲山形約高五十五公分，上寬十七公分，底寬十五公分的棟札。該棟札的正面中央以大字書寫「南無妙法蓮花經」，並以較大的字體，在棟札的四個角，書寫佛教護法保安的四大天王。右上角是「大持國天王」、左上角是「大毘沙門天王」、右下是「大

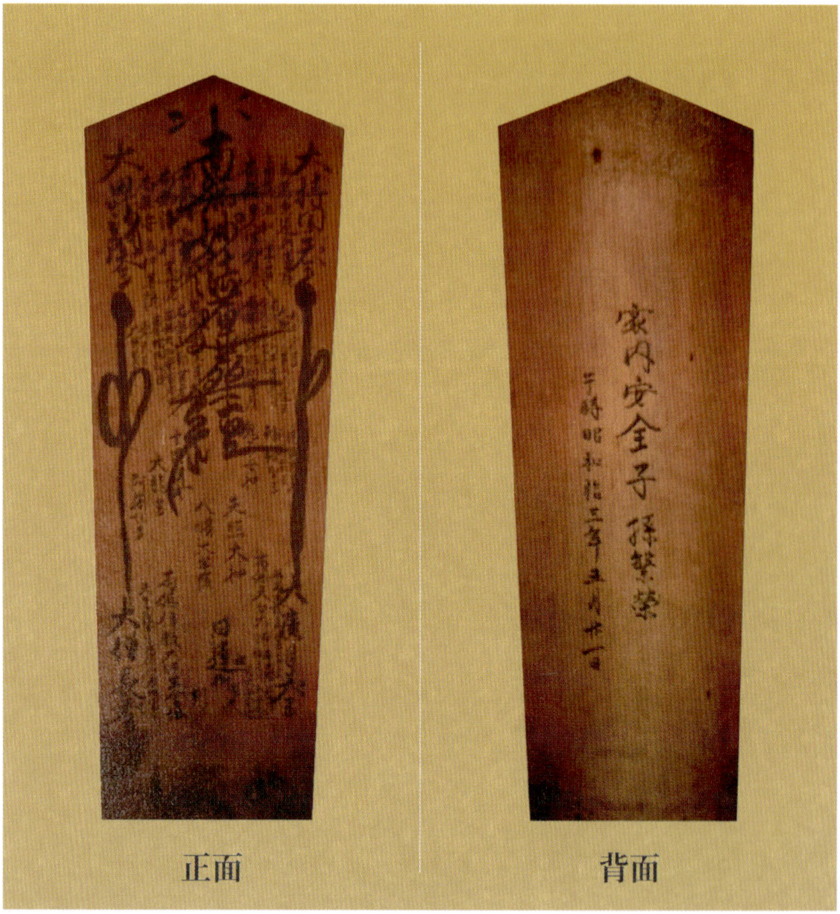

佳山旅館A棟屋頂棟札的正背面。

2000年 郭中端老師調查研究北投文物館時留影（正背面併合並列），由此棟札可以看出日本時代的原屋主應為信奉日蓮宗。此棟札正面所呼請的神尊高達39尊，應為北投棟札之最，相當熱鬧。

廣目天王」、左下角是「大增長天王」。而書寫「南無妙法蓮花經」的下方，右邊是「天照大神」，左邊是「八幡大菩薩」。而整個棟札中以較小的字體書寫的神祉，竟達三十九尊之多，是筆者所見過的北投棟札之最。

從這個棟札判斷，當年的業主應該也是日本「日蓮宗」一派的信徒。棟札的背面則書寫兩排字「家內安全　子孫繁榮　于昭和拾三年五月二十一日」，這個一九三八年的上棟日期也是我們推算A棟建築興建時間的最有力線索，不過這個棟札上面並沒有署業主之姓名。

從佛教經典中誕生的「四大天王」，在各國的佛教中所塑造的典型大致相同，只是在細節多有不同的演繹。簡單地說，須彌山是佛教傳說中世界中心的山，此山有四山峰，稱須彌四寶山，東面黃金，西面白銀，南面琉璃，北面瑪瑙。或說須彌山有四嶽，四大天王各駐一嶽，須彌山四周有四大洲，東毘提訶、西瞿陀尼、南閻浮提、北拘羅洲，這些論述的典型，大概就是指世界有四方，四大天王各護守一方，故「四大天王」就是「守護世界四大天王」。

其實各地四大天王所持的寶器也有些個別的小差異，持什麼寶器就有什麼論述與詮釋。護守東方的「大持國天王」，手持琵琶是主樂神，要用音樂來使眾生皈依佛教。「持國」就是慈悲爲懷，保護眾生。然而日本奈良東大寺的持國天王卻是持劍，也有持大刀的。

護守南方的「大增長天王」，手握寶劍，保護佛法，能傳令眾生，增長善根，護持佛法。

護守西方的「大廣目天王」，爲群龍領袖，手中纏一龍，亦有持羅索，可以擒拿鎮服魔妖。奈良東大寺的廣目天是手持書卷與筆，所以「廣目天王」能以淨天眼隨時觀察世界，護持人民。

護守北方的「大毘沙門天王」亦稱「大多聞天王」，右手持寶幡，左手握銀鼠，用以制服魔眾，保護人民財富。「多聞」喻福、德之名聞於四方。奈良東大寺的多聞天是持三叉戟與寶塔，也有持寶

1. 2023年　北投文物館陶然居。
2. 2023年　北投文物館怡然居之一。
3. 2023年　北投物館A棟一樓右側廊下。
4. 2023年　北投文物館B棟左側廊下。

塔與寶棒或寶杵的。

但在日本的四大天王，大多是足下踩壓著邪魔妖怪。民間呼請這些神祉，除了祈望鎮宅之外，也都有祈望鎮邪保安的概念。以這些論述來看北投文物館A棟的棟札，將四大天王書寫在棟札的四個角，筆者想像大概就是希望鎮守四方的四大天王，庇佑平安與守護財富等等。「天照大神」則是日本天皇的祖先，是日本神明中地位最高的神祉。而「八幡大菩薩」，在日本自古就被信仰爲弓箭之神，象徵著鎮守家園、去災消厄、保佑生產、育兒平安。從A棟的棟札所羅列的諸多神明，我們大概就可以想像當年佳山業主的內心祈望。

幽雅怡人的日式茶亭

另一群建築C棟則在文物館正門對面，現稱呼爲「陶然居茶藝館」，附屬有日式庭園，小橋、流水及假山，建築也呈現日本雁行式的布局，整區完整地展現日式木構建築細膩雅致的美學邏輯。根據日本時代的照片，及民國四十九年陽明山管理局的平面圖，佳山主建築B棟與C棟之間，原有一座長十五公尺、寬一點五一公尺，有屋頂的渡廊相通，只是現在渡廊已經不見了，不知何時也不知爲什麼被拆除。

C棟建築係建於一九三五年，是爲配合日本總督府「始政四十週年記念台灣博覽會」草山分館的設立，爲因應北投草山地區觀光客大量湧入而增建的別館，這棟即是目前的茶藝館「陶然居」。D棟則是在C棟的下方，以階梯相通。

日本時代的「佳山」，經營者是吉田（よしだYoshida）家族，當時佳山的「宿泊料」一泊二食的費用：特等房間六圓、「松」等級五圓、「竹」等級四圓、「梅」等級三圓五十錢。這個價格與日本人鈴木蒼吉經營的「神泉閣」或永田勇助經營的「養氣閣」旅館大致相同，但與台灣人李築碑經營的「新薈芳」相比，新薈芳泊料一泊壹等房一圓、二等房八十錢，相對而言，日本人經營的旅館比台灣人經營的旅館價格貴很多，那應該就是日本時代的階級呈現。

佳山軍士官俱樂部

佳山旅館由於環境優雅，日本時代即是雅士名流定期舉辦文化活動如詩會的地方。而北投的溫泉旅館在太平洋戰爭後期，幾乎都已停擺，一些日本人經營的旅館，也被日本軍方徵收做爲各種用途之用。佳山旅館在太平洋戰爭的後期，與星乃湯被航空隊徵用做爲軍醫院的臨時分院一樣，被日本軍方徵用成爲「佳山軍士官俱樂部」。據北投耆老的口述，佳山軍士官俱樂部時期，最出名的事蹟，莫過於在太平洋戰爭後期，與同被軍方徵用的「八勝園」一樣，曾作爲神風特攻隊的接待所。八勝園在戰後已經拆除，所以前身爲佳山旅館的北投文物館，在太平洋戰爭末期被日本軍方徵用爲軍士官招待所，成爲神風特攻隊在北投的最後見證之地，根據多位北投耆老證言，這兩處招待所就是上演「一夜新娘」故事的場所。

根據北投耆老鄉親回憶，只要神風特攻隊出征前夕一到北投，北投庄的要員，尤其戰後出任第一任鎮長的周碧先生，由於是北投出名的巨富，人也熱心公共事務，就被拱著要去緊急張羅收購管制配給的豬隻來宰殺，用以接待那些表面已視死如歸，即將遠赴戰場，註定一去不歸的隊員。「豬肉」可是戰爭後期最珍貴的配給物資，這些種種盡心接待的作爲，都是在爲那些隊員，營造一個心靈上最後的安頓之所，所以北投文物館可說是神風特攻隊在台灣最後的家園。根據二戰剛結束時的照片顯示及耆老口述，日本戰敗後，美日軍的地位翻轉，佳山在戰後短暫的一段時間，曾作為大戰時被日軍俘虜之美軍戰俘的接待所，以等待美國政府來接那些戰俘回國。

佳山不是接收而是政府購買的日產

依照規定，二戰之後台灣的原來日產應由政府直接無償強制沒收接管，尤其是戰爭後期被日本軍方徵用的日產更不用說。但戰爭後期被徵用作爲日軍軍士官招待所的佳山旅館，並非被我政府直接無償沒入接收，而是遲至一九四九年，民國三十八年七月，當時國民黨與政府已經開始陸續遷台，正值兵荒馬亂之際，而且距離戰後遣送日本人回日本，也已經有相當一段時日了，佳山旅館卻由「善後事業管理委員會」直接向吉田さみ（Yoshida Sami），也就是日本時代的業主，以舊台幣五億九千一百七十三萬兩千元簽約購買後，交由台灣省日產清理處管理。

這是相當奇特的案例，不知爲什麼原因，完全不符當時雷厲風行，強制無償接收日產，即使私下買賣轉移給民間，照樣認定是假買賣而無效，並一樣強制無償沒收的規定。因爲佳山如此交易，成爲接收日產時期人民口中的亂象之一，以致當年民間就有流傳一些相當不堪的流言。之後此建築再移轉給外交部，此時的佳山由外交部使用名爲「佳山招待所」，實際上是掛牌作爲「外交部職員宿舍」。

戰後該建築在一九五二年七月二十四日第一次登記。一九六五年，民國五十四年十一月二十六日，政府釋出此建築公開拍賣，由企業界林進來先生以新台幣一百萬零三千元標得，作爲自家別墅與招待賓客，舉行招商、聯誼會的地方，也經常出租供拍攝電影之用，出租拍攝電影當時，佳山還曾被影劇界取個外號稱爲「古月莊」。

一九九〇年一月八日佳山再次變更登記，建物二分之一的產權登記給一位張陳女士，持有人原住址在台北市士林區，後遷移至巴西聖保羅市，登記原因爲「買賣」，產權至今未變。這位張陳女士也持有土地的二分之一，換句話說，這位張陳女士擁有建物與土地各一半的持分。

建物另外二分之一，在一九九二年十一月四日，登記給林姓姊妹花，這兩位姊妹一位住台北市中正區，另一位住美國加州，各持分四分之一，登記原因爲「贈與」，所以這對姊妹花與林進來先生應是有親屬關係。土地也由一位林先生持有二分之一，筆者從登記地址判斷，這位林先生與上述林氏姐妹也應有親屬關係，所以這位林先生應該也是林進來先生的親屬。但所有土地登記原因都是「買賣」。

林氏姊妹持有的建物部分，二〇一九年五月再次變更登記，轉爲由持有土地二分之一的林先生持有，變更理由爲「買賣」。

一九八三年由張純明董事長承租，設立「台灣民藝文物之家」，一九八四年由張木養教授擔任第一任館長。在「台灣民藝文物之家」之前，及「台灣民藝文物之家」經營之際，佳山的使用兼營餐飲名爲「禪園」，範圍亦包含今日文物館隔壁的禪園餐廳。一九八七年兩邊分離經營，「禪園」後由何忠錦先生承租經營，那時期尚未編造成「少帥禪園」張學良幽禁舊居，是專營台式蒙古烤肉的自助式餐廳。當年筆者也與何忠錦先生熟識，經常有機會到禪園內詳細觀察，亦曾在禪園那時一直不對外開放，位於禪園下坡處之座敷內的風呂泡過溫泉。

北投幽雅路三十四號的禪園，民國四十三年八月二十日第一次登記在「台灣航業股份公司」名下之時，筆者檢視其所有建物登記謄本，也算是一建築群，總共有五個建物：（一）建於一九三七年，

1. 2023年 北投文物館入口走道。
2. 北投文物館多年來一直維持品質高雅小而美。
（筆者 攝）

昭和十二年五月十二日的主建物，面積二三八平方公尺。（二）完成於一九三三年，昭和八年七月一日的兩個建物分別爲九十二平方公尺與七十九平方公尺。（三）完成於一九三四年，昭和九年八月八日的建物，面積六十四平方公尺。（四）完成於一九三五年，昭和十年十月二十五日的建物，面積四十八平方公尺。

其實禪園的文化資產價值，與有沒有張學良被虛構幽禁於此都無關，也根本不需要去虛構故事，因爲其建築本身就是一極具風情的日式幽雅建築群，也是北投生活環境博物園區很重要的一處景觀。所以筆者還是深深地認爲應該指定爲文化資產，以將那份幽雅的風情永久保存。

小而美的文物館

而佳山的部分那時則再更名爲「北投文物館」直接由福祿基金會經營，聘任專業館長管理。福祿基金會是張純明先生以其父親之名所成立的基金會。張福祿先生，台北樹林人，民國四年出生。青年時曾困苦奮鬥，曾任酒廠工友，但奮鬥有成，於四〇年代創辦三福化工股份有限公司，是其主要之企業體。

整體而言，北投文物館有餐廳、接待室、貴賓室、臥室、溫泉浴室、迴廊、庭園等等，內容豐富設施齊全。尤其北投文物館也是因地制宜，依山勢而建，日式庭園同樣幽雅怡人，其屋頂是歇山式鋪黑瓦，黑瓦白牆，綠樹依傍，意境不俗。而一樓從入口玄關進去後，左右兩側都是迴廊型的空間，迴廊中間除了頗具禪意的日式天井外，兩邊迴廊的空間一間接一間，這是過去的旅館使用的空間，改作爲展覽文物的空間，這些空間布局頗有柳暗花明的效果，而且多數障子門上的幾個不同圖樣的雕刻欄

副本

保存年限：永久
檔號：52-44

台北市政府民政局會勘通知單

受文者	如出列席人員
副本收受者	許陽明先生、本局第三科
會勘事由	本市北投區「基督教長老會北投教會」「普濟寺」「聖母無原罪天主堂」「北投文物館」「教師會館」建物現場會勘
會勘時間	中華民國八十六年十月二十三日（星期四）上午八時三十分
集合地點	本府一樓中庭大廳
主持人	葉副局長良增
聯絡人（或單位）	羅玉娟
電話	七二五六二三七
出席單位及人員	周教授宗賢、李教授乾朗、閻教授亞寧、米教授復國、黃教授富三、薛教授琴、曹教授鸞平、吳教授光庭、楊教授仁江
列席單位及人員	本府都市發展局、北投區公所、基督教長老會北投教會、普濟寺、聖母無原罪天主堂、北投文物館、教師會館、本局第三科相關人員
備註	請北投區公所聯絡所有權人或管理單位本會勘事宜。
發文日期	中華民國八十六年十月二十日
發文字號	北市民三字第八六二三〇八一九〇〇號
附件	
承辦人	速件
發文單位	臺北市政府民政局

A:\0820-5.DOD

1

台北市
市定古蹟陳請案

日治時期原名
草山公共浴場(衆樂園)
戰後使用
陽明山管理局

現在
台北市教師研習中心

陳請單位
許陽明辦公室
台北市北投區中和街 239 號 2 樓
TEL 02-8917982 \ 02-8914737
FAX 02-8914494

2

1. 1997-10-23 北投教會&北投文物館&教師會館的古蹟建物現場會勘，通知陳請人（筆者）之公函。
2. 1997年 筆者陳請北投第一波古蹟案九件中之「台北市教師研習中心」陳請案封面。

間可說精彩細緻；另外各式多樣型態、位置、大小不拘的下地窗，處處讓北投文物館充分表現了日式木構建築的細膩之美。依筆者持續近三十年的觀察，北投文物館多年來，經營維護堪稱優良精緻，一直是一品質高雅，小而美的博物館。

北投文物館的古蹟陳請，在一九九七年九月，筆者與業主張福祿老先生經一段時間的懇談後，張老先生最後同意筆者向市政府提出申請爲市定古蹟，於是筆者同時向市政府提出北投文物館、北投教堂、普濟寺……等九處古蹟陳請，筆者提出北投文物館爲古蹟時，是連同禪園陳請一起爲一案。一九九七年十月二十三日審查委員到現場逐一會勘，一九九七年十一月二十七日在市政府舉行古蹟鑑定審查會，審查會時因禪園不願指定爲古蹟，審查會尊重禪園業主的意願，所以北投文物館與禪園一案並未討論完成，所以北投文物館也未議決爲古蹟。一九九八年五月一日筆者再度提出一批古蹟陳請時，將北投文物館一案再度重新提出陳請。七月二十三日民政局舉行古蹟審查會，將北投文物館與禪園脫鉤單獨審查通過爲台北市定古蹟，八月經市政會議通過，九月一日公告爲台北市定古蹟。

〈第五章〉庶民浴場瀧乃湯與古蹟旅館吟松閣

今日北投最古老的公共浴場，應該就是在北投溪畔光明路二四四號的「瀧乃湯」。「瀧乃湯」在日本時代名爲「瀧の湯」，意思是指「瀑布的溫泉」。由於「瀧乃湯」的門口，曾是北投溪中最著名與壯觀的第二號溫泉瀑布，這個溫泉瀑布及周邊景觀，當年北投溪未遭其兩岸道路拓寬塡土，並堆砌駁坎侵奪時，其壯闊的溪流瀑布景觀，曾是從日本時代到戰後的一大段時間中，遊客到北投公園遊覽，最愛留連拍照的景點，我們曾經看過許多遊客及家庭在此留影紀念的歷史照片。所以「瀧の湯」此一店號也是因此景觀而命名，而第二號瀑布所在之溪流段，應也曾是當年「湯瀧浴場」的一部分。

「台灣婦人慈善會」推動改良浴場

我們雖沒有找到「瀧の湯」建造的確切年代，但我們綜合各種資料推斷，「瀧の湯」應該就是一九〇五年，明治三十八年十一月，「台灣婦人慈善會」顧問長谷川謹介、荒井泰治兩氏，及「台灣婦人慈善會」商議員高木友枝、藤原銀次郎、平岡寅之助諸氏，發起「浴場改良會」組織，推動改良「湯瀧浴場」後，也就是西元一九〇七年之後，那幾年內所建的改良浴場。所以這樣算起來，「瀧乃

1. 1915年　岡本要八郎調查北投溪時的第二瀧與圖右的瀧乃湯。
2. 1923-4　當時所立的「皇太子殿下御渡涉紀念」碑，最後被移至瀧乃湯院子中。
3. 1997年攝　瀧乃湯個人浴池之部分。
4. 1997年攝　瀧乃湯個人浴池內部。

湯」早已經超過百年的歷史。在「天狗庵」、「松濤園」……等北投開山旅館，在戰後陸續拆除改建後，「瀧乃湯」可說是目前北投最古老，也是僅存的不兼營餐食與宿泊的老日式「純浴場」。

一九一五年岡本要八郎調查北投溪時，在調查報文中附有一張北投溪第二瀧的照片，其旁的房屋即是今日的瀧乃湯，當時岡本先生在其所畫的「北投溫泉附近地形圖」中，瀧乃湯的位置所標示的名稱爲「北投溪溫泉浴場」。

現在瀧乃湯院子中，有一座在一九二三年，大正十二年四月所造的石碑，此碑係紀念日本皇太子裕仁的北投公共浴場行啓，爲北投石而渡涉北投溪，所設立四邊寬約爲二十四公分，露出地面之高一二六公分的四方緩尖頂石柱，碑文爲「皇太子殿下御渡涉紀念」的石碑。此碑並沒有遭到破壞，但此碑的背面下方刻小字「昭和九年十二月道路改」，似記錄著此碑因道路拓寬而被遷移的歷史。根據一九五三年出版的《北投導遊指南》一書中，尚有敘述民國四十一年時，此碑立於瀧乃湯前瀑布岸邊的大樹下，民國四十二年時又因光明路道路拓整，此碑再被遷移置於瀧乃湯院子中，躺在樹下變成遊客的休息石座，後來被遊客發現是歷史文物，才被豎立在現在的瀧乃湯的院子中。因爲光明路拓寬，不但侵奪了北投溪的河道，也侵奪了瀧乃湯的建築。除北投溪的河道被填土變窄了之外，瀧乃湯臨光明路的屋角因此也被切斷，再整修成一面牆，變成一個很奇怪的禿面屋角。

北投最古老的純浴場

一九二九年，昭和四年七月二十九日，由「七星郡北投庄役場」（北投庄公所）出版的文獻，即有「瀧の湯」、「搖光庵」、「名庵」由「台灣婦人慈善會」經營的記載；「有鄰庵」則是由「帝國

1. 1996年攝　瀧乃湯三個字殘跡的地方，正是房子因光明路拓寬而被切角，再加小圍牆，變成很奇怪的部位。
2. 2023年攝　瀧乃湯被光明路拓寬而切角的房屋再度整修。

婦人會」經營。

一九三〇年，昭和五年六月二十一日發行出版的文獻《台北近郊北投草山溫泉案內》中，也有提及浴場「瀧の湯」：「經過北投公園裡面走一町左右（約一一〇公尺），有三、四棟房子是休憩的地方，左邊有北投溪，只經營純浴場，是北投最初所開的浴場，設備非常簡單，沒有住宿的設備但有出租房間，及一般的泡浴兩種。房間也有大小之分，一般房間的租金是四十錢到六十錢，入浴的費用大人一次三錢，特別室一次二十錢。男浴場約六坪，女用浴室則為四坪，也適合小孩入浴游泳。」

二戰結束後，一九四六年台灣省行政長官公署開始對草山地區進行接收工作。「瀧乃湯」一九四六年二月由徐灯梱與許進財兩人進行接收，但不知原因，卻欲將瀧乃湯轉為私有用地，因而接收並沒有成功，六月再由台灣省行政長官公署民政處，正式接收成為招待所。根據後來產權所有者林添漢之子林明的說法，瀧乃湯原是陸軍總部接收管理的招待所，產權屬國有。後來國有財產局於民國五十年間開放承租，由他的父親林添漢先租後買，之後再由他們兩兄弟林旭、林明兩人繼承。當年我們推動古蹟保存之時，在「瀧乃湯」服務與經營的李正賢先生則是林添漢的外孫，其母親林初惠女士是林添漢之女。

「瀧乃湯」雖然是一個國寶級的庶民浴場，陳林頌曾在一九九七年測繪完成瀧乃湯的平面、立面及屋頂圖，所以我們對當時瀧乃湯的建築有做一番完整的觀察與紀錄。但我們在一九九八年一月將瀧乃湯陳請古蹟之時，當時其建築內、外部的整體狀況並不理想。營業部分原有一間男大浴池，還有另一間大池以隔板中隔分成兩間中型的浴池，一邊供女性浴客公共使用，另一邊則由店家自用。男女大池雖保存大致良好，不過大浴池上方的大木頭樑柱已經蛀腐，被鋸斷一半後，以新搭的水泥柱支撐。

此外還有十七間家庭小浴池，全部是石造的小浴室。不過這些小浴池，雖在那時候有對外營業，但不久即因爲破漏而停止使用，且當時瀧乃湯後半部屋頂的瓦式屋頂，也因漏雨全部改爲覆蓋鐵皮屋頂。西側五間業主自用的空間，物品四處堆積，也影響了浴場的整潔觀感。原來浴場門口的階梯走道爲方便機車進出院子，也已被改爲斜坡道。而掛於正門正面的「瀧乃湯」門匾是塑膠板做的，是戰後才加的並不搭調。

因此筆者在向台北市政府提出「瀧乃湯」列入市定古蹟的陳請書中，曾書寫有幾點其經營保存上的建議：

一、大部分浴池破損的家庭小浴池，並非日人原來習慣的浴場形式，應是調適台灣人習慣的「文化適應」產物，應該修復，保留特色。

二、業主的住家遷離浴場，原居住處重新規畫作爲浴客休息與喝茶的地方，讓「瀧乃湯」成爲管理良善的公共浴場。房間重新規畫作爲浴客休息的地方後，可增加浴場經營的收入，整體改善經營體質。

三、屋頂鐵皮應拆除，修復爲瓦式屋頂，以維護原來的風貌，並維護由「北投溫泉公共浴場」，或中山路四號二樓向四周俯瞰的優美景觀。

四、「瀧乃湯」房子已經老舊，部分塌陷應修復；在屋後的磚造房子應該研究如何規畫、修建，以提供更好的服務，並作爲提報古蹟的獎勵。

五、「瀧乃湯」的入口石階應該恢復，門匾應改爲木造，入口處應有古蹟與浴場歷史的說明。庭院應重新整修，恢復庭園特色。

六、「瀧乃湯」的經營識別系統、商標、入浴服裝、工作人員服裝與宣傳，應與古蹟緊密結合，以成爲具有強烈文化風貌的浴場，促進北投溫泉鄉的整體經營。

1. 2023年 瀧乃湯正門，門前斜坡已復原為石階。
2. 1996年攝 瀧乃湯原入口石階，為因應方便機車上下進出而被改為斜坡道。
3. 1996年攝 瀧乃湯業者居家與浴場之經營空間混同一起，影響浴場整體觀感。
4. 1996年攝 瀧乃湯內部情形。
5. 1996年攝 瀧乃湯令許多浴客流連的古樸男大浴池。

9. 1940年　新薈芳女中群芳攝於北投溪第一瀧。新薈芳的老闆李築碑，為每位女員工取一個藝術名字，並可以串成一首詩歌：「昭來新薈芳，玫瑰玉堂春……」。左起：春桂（左一）、雪花（左二）、秋子（左三）、茉子（左四前）、錦蓮之妹（左四後）、新玉（左五）、梅蘭（左六）、富子（左七）、百合子（左八）、小孩是李築碑的小兒子李文祥、月香（右二）、錦蓮（右一）。（日本時代原版照片由王雅芬老師贈送）

10. 北投溪瀧之影。

11. 四九結婚週年北投留影攝於瀑布。

12. 異鄉之友陳海攝於北投。

13. 1933年　昭和8年1月1日瀧之湯之前紀念。站立者：江瑞潭（右）、王榮榮（中）、曾金龍（左）。

14. 錦玲於北投溪瀧。

1. 北投溪第一瀧，由北投開攝影社的羅阿漢老先生在早年所拍攝的「泉煙溪瀧」。（其公子羅重崑先生贈送）
2. 日本時代明信片：北投溪第一瀧。
3. 1931年　北投溪瀧。
4. 二戰後，從重慶輾轉到北投的不知名一家族，在北投溪瀧留影。（跳蚤市場買的整本家族相簿中的一張）
5. 不知名人士於北投溪瀧之紀念照。
6. 1973-8-14　錦玲六歲生日與爸爸合影。
7. 北投溪台灣工作隊。
8. 新哖莊簡老師。

國寶級庶民浴場「三仙間」

「瀧乃湯」的風格自然簡樸，浴場與建築瀰漫強烈的庶民風格，提供了一般平民最自在消磨時光的溫泉沐浴場所。更難能可貴的是，「瀧乃湯」的庶民風格一直保存良好，到一九九〇年代，入浴一次也僅收新台幣七十元。所以，日本時代由於入浴便宜：大人入浴一回僅收三錢，因此而得到「三仙（cents）間」的外號。雖然日本時代單純入浴一回收費三錢的，並非只有瀧乃湯，例如北投公共浴場「小孩」入浴一回就是三錢，但瀧乃湯因浴場古典而最負盛名，且其風格可說還留傳至今。而且，歲月在它簡樸的石砌浴池所刻畫的古典氛圍，使眾多的沐客，不論是早期戲謔自稱每天清晨報到的「脫褲會」會友，或許多喜愛其氣質的現代遊客們，都喜愛而流連不已。

「瀧乃湯」是從自然溪流泡溫泉的天然「湯瀧浴場」，歷經演變改革後留下來的第一代溫泉浴場，更是北投溫泉，甚至全台所有溫泉事業歷史中，目前碩果僅存最古老的日式浴場，也是長期維持純浴場風格的最古老日式浴場。因此稱「瀧乃湯」是為一座國寶級的浴場，實當之無愧。所以應該將之列為古蹟永久保存，為台灣的溫泉事業留下歷史的見證。

一九九八年一月，本來經「瀧乃湯」當時的經營者同意之後，筆者立即附上：一、瀧乃湯的歷史與在溫泉文化上之重要性的說明；二、瀧乃湯每一場所的詳細照片；三、陳林頌所測繪的平面圖，及光明路正面立面圖與屋頂鳥瞰圖；四、瀧乃湯復舊與經營上的建議書，向市政府提出古蹟申請。在一九九八年三月十一日市政府古蹟審查會中，審查委員會已原則上通過「瀧乃湯」為市定古蹟，但由於出席審查會的業主代表，提出全部公費修復該浴場的要求，所以審查會決定，此案需要協商出一份業主書面的同意書，送到市政府後才可進行公告事宜。

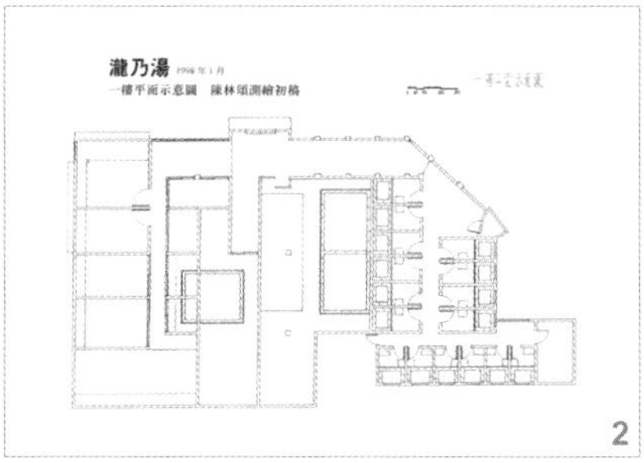

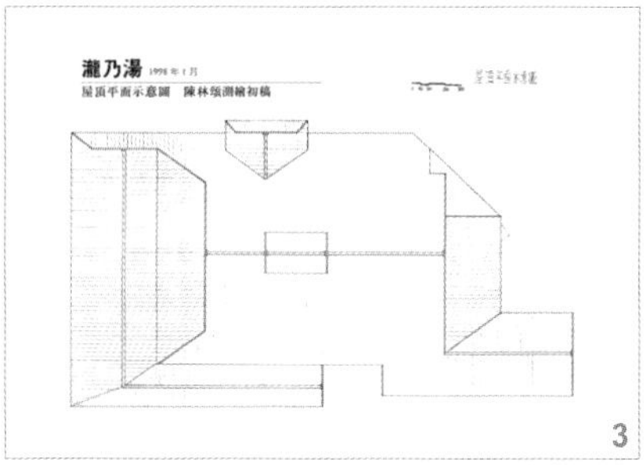

1. 1998-1 古蹟陳請時「瀧乃湯北向立面示意圖」。（陳林頌 測繪）
2. 1998-1 古蹟陳請時「瀧乃湯平面示意圖」。（陳林頌 測繪）
3. 1998-1 古蹟陳請時「瀧乃湯屋頂鳥瞰示意圖」。（陳林頌 測繪）

這件事需要協商的地方相當多，除了修復、整修費用外，由於舊的文資法規定中，浴場不是文資法第三十六條之一，所規定享有容積率轉移所列舉的民宅、宗廟、宗祠，因此無法享有容積率轉移的獎勵。另外業主家族內部對古蹟指定後，是否會產生麻煩，困擾其使用與經營，意見出現分歧。所以，並沒有協商出一張令大家都能滿意的古蹟同意書，所以北投最有資格成爲法定古蹟的瀧乃湯，只有由古蹟審查委員會通過古蹟鑑定的審查，但並沒有由市政府公告，故沒有完成指定古蹟的法定程序。

瀧乃湯修復可喜可賀

依法論法，文化資產的指定或登錄，本無強制必須取得業主同意。但要求政府負起保護文化資產的責任，及保護人民的財產，都是憲法的規定要求，爲求兩者兼顧，我們總是盡力求能兩者平衡。但這近三十年來，我們搶救指定或登錄已逾百件的文化資產中並不乏私人產業，遇到管理機關或業主不同意或反對的所在多有。但只有在這些文化資產被擺爛棄之不顧，或明顯有即刻被破壞之虞的危機，我們不得已必須出手搶救，才會強力出手要求將之指定或登錄爲文化資產來加以保護。當時瀧乃湯的業主，並沒有計畫破壞或改建瀧乃湯的計劃。所以指定登錄文化資產應是美事一樁，如果沒有被破壞的危機，還是應該盡力協調取得業主共識而爲之，才有助於古蹟的維護。

其實指定古蹟對瀧乃湯的維護，會具有非常多的正面功能，除了古蹟之名對思古之幽情的旅客，具有強烈的吸引力之外，榮登古蹟之榮銜的古老浴場，也必然會成爲北投溫泉觀光的指標；而且該建築如果指定爲古蹟，政府可以實質補助協助維修。以北投地方爲例，除了北投台銀舊宿舍、前日軍衛戌病院北投分院、普濟寺……等等公有古蹟，公家出資修復可說理所當然，但私有古蹟也能依法得到政府的強力支援，如近幾年「北投文物館」之修復，政府挹注良多，又由專家專業主持修復，業主也不需費惱傷神，實益處多多。但相互信任是關鍵，政府與業主多多溝通至關重要。筆者衷心期望這棟北投歷史最悠久的溫泉建築，有朝一日還是可以指定公告爲古蹟，以確保能將之流傳後世，讓它靜靜地立在北投溪畔訴說北投溫泉的歷史，那將會是一件非常美好的故事！

這些年來，瀧乃湯雖沒有指定爲古蹟，但建築硬體與經營軟體，已經有了實質大幅的改進，建築已經過整體的專業修復，屋前的斜坡已恢復成石階，鐵皮屋頂也修復爲瓦式屋頂，當年筆者陳請古蹟時，許多筆者所寫且公開發表的建議事項已經多有所具體呈現了，且在新冠肺炎肆虐期間，新一代主持的浴場經營也有節有序，整個歷史氛圍的營造，已經有了很大的進展，可說已經以新的面貌呈現了。

北投現存歷史最悠久之國寶級古典湯屋「瀧乃湯」的重整復建與良善經營，誠屬重新發展北投溫泉事業非常可喜可賀之美事。

吟松閣的成熟美感

在筆者所陳請的北投溫泉古蹟群中，位於北投區幽雅路二十一號，日本時代舊名爲「吟松庵」的「吟松閣」溫泉旅館，其氣質優雅、人文風格強烈，是北投溫泉旅館成熟期的建築，也是碩果僅存繼續經營旅館的日式豪華溫泉古典建築。「吟松閣」的建築年代有兩個線索：權狀上記載的是建於一九三一年，昭和六年六月十日；另一個線索是多年以前，業主整修「吟松閣」時，在屋樑上所發現的上

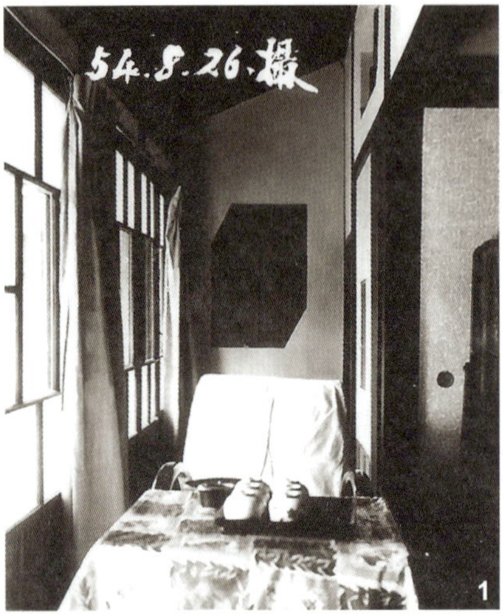

1. 1965-8-26 吟松閣重新裝修前。

2-3. 1965-4-19 民國54年吟松閣重新裝潢前日本時代和式舊觀。

4. 吟松閣樑上的尺篙。

樑紀念物，以形制來看，應該是吟松閣上樑「落篙」的「篙尺」，以一根細木椿上面以毛筆書寫著：「棟上 施主森氏 昭和九年五月吉日建之」。昭和九年即一九三四年，北投普濟寺——鐵眞院重建也是在那一年。

「吟松閣」記錄著北投溫泉旅館發展史上的重要一頁，北投溫泉發展到「吟松閣」的建造，已然是到了成熟時期，「吟松閣」整棟建築處處散發著優雅的氣質，完全不同於過去「瀧乃湯」的庶民風格。日本時代北投溫泉建築發展到「吟松閣」的建造，可說已經發展到了顚峰。

「吟松閣」的建築結構是日式建築，採木造結構及歇山式屋頂，一樓大小共十五間房，二樓有五間房。主要建材屋頂是日本瓦，一、二樓以木板爲走道，房間則爲日式塌塌米房間。「吟松閣」的建築面積，一樓共有六一六平方公尺，二樓共有一七九平方公尺。除了房間的小浴池外，共有男、女各一大池，男池裝修嚴謹典雅且豪華，女池則爲戰後加建於中段房南側的室外，但建造風格還算相當一致。

「吟松庵」戰後收歸公有，使用情形不詳，後再轉賣私人，再由信大水泥公司楊塘海先生取得。民國五十八年，楊塘海先生再將之賣給吳江錦女士的先生，前陽明山旅館公會總幹事吳順城先生，其全名爲「朝記吟松閣旅社」。

「吟松閣」的庭園設計十分幽雅，從入口的石階到魚池、庭院、日式燈籠皆保存良好。一九九七年底，來北投研究日式建築庭園的日本庭園史家小口基實先生鑑定，在入口庭園門亭旁，頂爲六角型，有四隻腳的「六角四足雪見形」石燈籠，是日本明治末年至昭和初年所流行的庭園造景飾物。

「吟松閣」的「六角四足雪見形」石燈籠的比例嚴謹，造型優美是難得一見的傑作。這是來自當時最出名的石燈籠產地日本岡崎市，以該市著名的花崗石所打造的產品。同一時期尚有另一種三隻腳

8. 1996年　拍攝吟松閣外觀。
9. 1998-2-19　筆者向民政局長李逸洋與古蹟審查委員，介紹吟松閣的男浴室。（朱有平 攝）
10. 1996年　吟松閣一景。
11. 吟松閣蘭溪形石燈籠。

1. 1996年 吟松閣外觀。
2. 1996年 吟松閣宴席房。
3. 1996年 吟松閣宴席房。
4. 1996年 吟松閣吟松閣宴席房。
5. 吟松閣的一般房型。
6. 1996年 拍攝吟松閣女浴室。
7. 1996年 吟松閣小套房。

的「六角三足雪見形」石燈籠，則是東京附近流行之物。在「吟松閣」玄關前魚池邊另一件斜柱石燈籠則爲「蘭溪形」石燈籠，亦爲日本著名的池邊飾景物，其打造之比例優美，也是台灣難得一見的傑作。「吟松閣」有兩處庭院，第一處在入口處，第二處由玄關廳與二〇一、二〇二、二〇三號房，以ㄇ字型圍繞著，兩處都是日式的小庭院也皆有魚池。

北投溫泉建築三寶

「吟松閣」大門雖然上漆，但保存日式門景原狀，不但保存了溫泉建築的幽雅與寧靜氣氛，也是北投碩果僅存的日式門景，可說彌足珍貴。「吟松閣」在筆者陳請爲古蹟之時，雖歷經了近七十年的歲月，雖然內部裝潢也經全面改裝整修，但由於經營者對於「吟松閣」建築的喜愛與珍惜，一九六九年吳順城先生購得吟松閣後，請張明仁先生重新整修內部裝潢，筆者認爲吟松閣雖然改變了純日式的內裝，基本上已經是西式的裝潢與整修，但木構用料精純，融合日式與現代室內裝潢的一流空間設計，並沒有讓這棟建築的珍貴特質失色，反而因業主與設計施工者的精心營造，在日式古典中顯現細膩的現代感，而讓其優雅氣質更加濃郁。

「吟松閣」在一九九八年陳請成功爲台北市定古蹟之時，筆者曾將北投「吟松閣」、「瀧乃湯」、「星乃湯」讚譽爲「北投溫泉建築三寶」，並發表在《北投社雜誌》第八期，之後這「北投溫泉建築三寶」之名，就廣爲外界與媒體所引用。北投的「瀧乃湯」與「吟松閣」剛好是北投發展兩個時期的強烈對照，一個簡單樸素庶民風格強烈，另一則顯現日式庭園建築與現代日式室內設計融合的細膩與優雅；這是北投溫泉開發初期建築，與開發成熟階段的建築之對照。

1. 1996年　吟松閣大門入口石階與庭園景。（筆者攝）
2. 吟松閣的六角四足雪見形石燈籠。
3. 1997年　筆者接待外賓德國學者參觀吟松閣，在日式門亭前合影。

北投溫泉鄉作爲一個生態環境博物園區，應該完整展現北投各種型式，與各時代具有代表性的溫泉建築，以展現北投豐富的文化面貌。「吟松閣」日式溫泉建築所佈局的石階、門亭景、石燈籠、魚池等，都是可以維護整個溫泉區歷史意象的優雅精美建構。

榮獲第一家古蹟旅館的桂冠

那幾年「吟松閣」與北投多家營業中的日式建築一樣，純木構建築都遭到消防避難方面有關法令的嚴重困擾，原因是依據法律規定，「吟松閣」典雅美麗漂亮的內部木構裝修部分，大部分都必須改爲防火防煙的建材，甚至避難的措施也需依照市內旅館的規定處理。問題是「吟松閣」的狀況完全不同於市內鋼筋水泥的旅館，「吟松閣」一樓的空間，除了櫃台、玄關、門廳之外，右側是廚房、準備室，再進去則是業主的居家空間，這一部分就建築而言，四處都可通室外，可說是相當開放的空間，並無防災避難的困難問題。

而一樓的客房部分，長廊右側有三間用餐室，及一個應該是後來才增建在加蓋天井的女性浴室；長廊左側則是六間筵席廳與六間套房，還另有一座日式庭園，及一座內部設計現代感十足，但典雅豪華寬敞的男浴室。一樓除了六間筵席廳爲了空調變成密閉落地窗，但空間基本上都可直接到戶外庭院避難。二樓的房間有四間套房及一間筵席廳，要疏散脫離也都非常方便，完全不同於市區的鋼筋密閉式的建築。

如果「吟松閣」照現有法令修改，則「吟松閣」的特色會盡失，而且會變得更不安全。「吟松閣」業主受到消防避難規定的困擾，經常面臨斷水斷電的官方威脅。在保存古蹟與全面現代化整修的

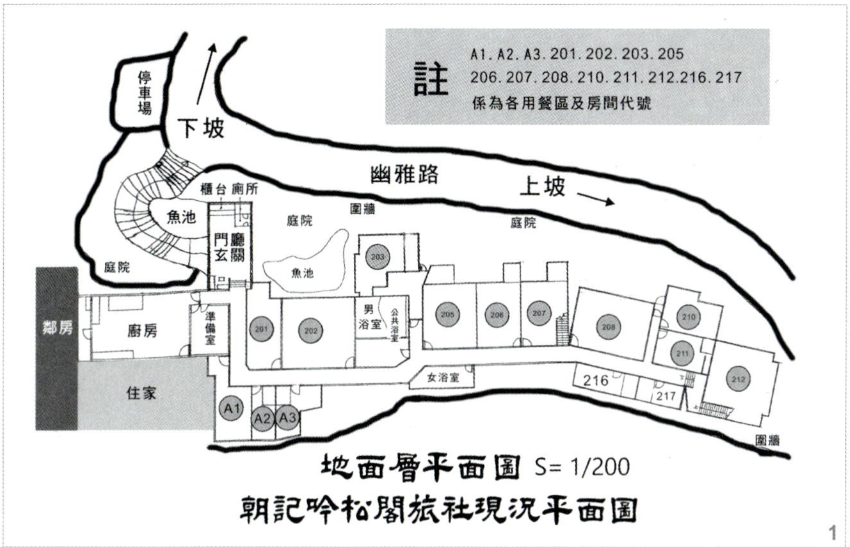

1

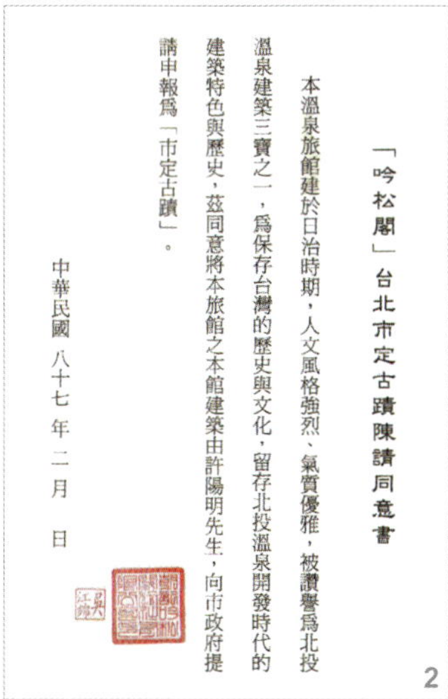
「吟松閣」台北市定古蹟陳請同意書

本溫泉旅館建於日治時期，人文風格強烈、氣質優雅，被讚譽爲北投溫泉建築三寶之一，爲保存台灣的歷史與文化，留存北投溫泉開發時代的建築特色與歷史，茲同意將本旅館之本館建築由許陽明先生，向市政府提請申報爲「市定古蹟」。

中華民國 八十七年 二月 日

2

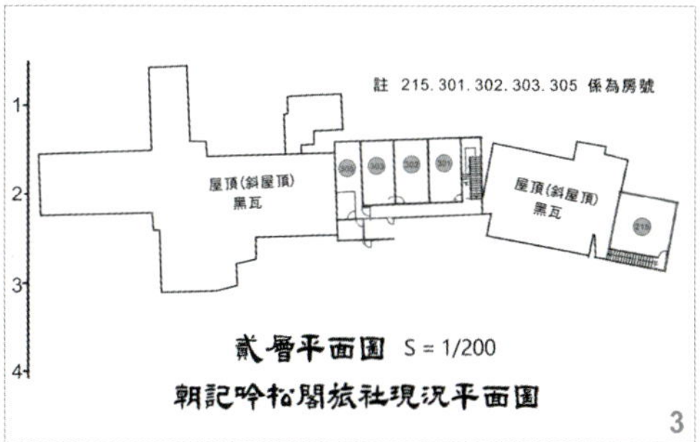

3

1. 1998年 為吟松閣古蹟陳請時所繪製之吟松閣第一層平面圖。
2. 1998-2 北投吟松閣古蹟指定同意書。
3. 1998年 為吟松閣古蹟陳請時所繪製之吟松閣第二層平面圖。

兩難抉擇中，基於業主對於文化資產的認識與用心，而接受筆者的看法，最後採取了古蹟保存的決定，於一九九八年二月七日由業主吳江錦女士，在負責實際經營吟松閣的公子吳春福先生的見證下簽署了同意書，同意由筆者向台北市政府，提出直轄市定古蹟的陳請。

二月十九日台北市民政局長李逸洋偕同學者專家來現地會勘，並於三月十一日，在民政局召開審查會議通過「吟松閣」本館的古蹟審查。四月二十一日的市政會議中通過確定為台北市直轄市定古蹟。這是北投第一家通過市定古蹟審查的溫泉旅館，也是全台灣第一家指定爲古蹟的旅館。以溫泉鄉聞名的北投終於有了一棟古蹟溫泉旅館了。這是一項榮譽的桂冠，不但是業主個人的光榮，也是整個北投溫泉鄉的驕傲。

主管機關應積極介入協助吟松閣

「吟松閣」在相關的公共安全設施方面，政府亦應積極協助業主，在維護與不改變建築、庭院原貌的情況下，加強與建設整體溫泉區的公共消防設施，例如以類似日本世界文化遺產白川鄉合掌屋，必要時全村可以集體戶外噴水撲滅火災的方法，以解決業者之困擾，這才是獎勵「吟松閣」業主保存文化資產的最確實步驟。

當時文資法中有關古蹟容積率轉移部分仍不周延，當時雖然文資法第三十六條之一第一項規定有古蹟之容積率的轉移，但祇限定指定爲「古蹟」的「民宅、宗廟與宗祠」，其他則沒有容積轉移的補償與獎勵。像台北市「北投文物館」、「北投吟松閣」，這些博物館與旅館的「其他類」直轄市定古蹟，這些具有公共性質的私有文化資產，由於不屬於上述的三類古蹟，得不到制度的肯定與補償。

此外，被指定爲古蹟之後的私有文化資產，常因私人無足夠經費依照文資法的規定，去嚴謹的修理與維護，致任其頹壞，而政府有時亦不聞不問，而令人扼腕不已。其實私有文化資產一旦被指定完成，可說就已經變成是全民共享的珍寶文化資產，對私有文化資產的協助與補助，大家實在是要超越斤斤計較於「私有」的概念，才能產生一些進步的保存制度。如果法令能就此周延規範，當有助於私有古蹟指定的意願。

幸好這些問題，在二〇〇五年，民國九十四年二月五日總統令公告修正文化資產保存法全文一〇四條，在新的文資法修正中，無論是私有古蹟、歷史建築及聚落之管理維護、修復及再利用所需經費，主管機關得酌予補助，實務上也幾乎都有相當高比例是由政府幫忙出資與處理；第三十五條亦規定：「古蹟除以政府機關爲管理機關者外，其所定著之土地、古蹟保存用地、保存區、其他使用用地或分區內土地，因古蹟之指定、古蹟保存用地、保存區、其他使用用地或分區之編定、劃定或變更，致其原依法可建築之基準容積受到限制部分，得等值移轉至其他地區建築使用或享有其他獎勵措施……。」文資法新修正後得容積轉移的古蹟，除以政府機關爲管理機關者外，也不再只限定於「民宅、宗廟與宗祠」。

文資法在二〇一六年時，再度一次全面修正，七月二十七日總統公布。此次修正由管碧玲委員主導全面翻修且擴充全文至一一三條，此次修正揭櫫全新的觀念「爲保存及活用文化資產，保障文化資產保存普遍平等之參與權，充實國民精神生活，發揚多元文化，特制定本法。」首度揭櫫「文化資產保存普遍平等之參與權」，而上述之容積轉移的規定，除了移至第四十一條第一項外，並在此條增列第四項「經土地所有人依第一項提出古蹟容積移轉申請時，主管機關應協調相關單位完成其容積移轉之計算，並以書面通知所有權人或管理人。」換句話說，對牽涉廣泛複雜的容積移轉問題，主管機

1. 1998-2-19 筆者向民政局長李逸洋與古蹟審查委員，介紹吟松閣的庭園與蘭溪型石燈籠。（朱有平 攝）
2. 2012-5-31 管碧玲委員邀請相關部門舉辦吟松閣會勘，右一為管碧玲委員。

關應採積極服務的態度，將一般人不易了解如何計算的容積移轉，在土地所有權人提出申請時，就必須協調相關單位完成其計算，並以書面通知。這些都是文資法進一步爲古蹟所有者提供服務的強制規定。

雖然文化資產的保護、保存與維護的內容極爲龐雜，修正條文是否能完全適用於現實，還需實際運作的驗證，不過我們多年來呼籲的文資法修正，最後管碧玲委員依我們在全國各地，保存文化資產所面對的課題，主導立法已有結果，也算不負許多信任的鄉親多年來的厚愛與期待。

吟松閣至今已經歷了九十多年的歷史了，純木構的建築在台灣當然免不了需要照顧與維修。二〇一二年五月，吟松閣因爲部分屋頂漏水，向我們告知後，由管碧玲委員出面，約了文化部與台北市文化局及兩位市議員到場會勘處理，經過專家調查後，二〇一三年吟松閣歇業委託市政府進行整修，但這一修竟然至今尚未修復，且有長期停工的現象，這等於吟松閣已經停業，幾乎長達十年了。

吟松閣長久以來，一直也是政商名流、文人雅士喜愛流連的高級溫泉旅館，當然也發生過幾件轟動社會的新聞事件。在筆者推動北投重建的那些年，承吳先生的抬愛，也不吝讓筆者帶領貴賓與外賓，參觀這棟非常具有代表性的優雅溫泉建築。吟松閣跟星乃湯一樣，一直是筆者接待外賓介紹北投，兩個必訪參觀的私有溫泉建築之寶。筆者雖知吟松閣這種老式溫泉旅館，因爲新一代的消費模式，而使吟松閣遭遇現代消費異於以往的需求，以致吟松閣產生了與星乃湯類似的問題與困境。吟松閣吳家究竟需要什麼樣的協助，筆者向吳家所提的建議方案是：

一、由政府文化單位或公益基金會或適當的機構承租吟松閣的房地，將吟松閣改爲與溫泉、溫泉產業、溫泉文物，或低價收費的相關小型博物館或文物館，類似北投文物館的經營模式。

二、檢視古蹟幽雅與規模的環境限制，不再經營過去擅長的福州菜宴席（外界所說的酒家菜餚），而規劃適當的區域，改為經營適合現代背包客與青年人較適合的輕食與軟性的餐飲。或將擅長的福州宴席菜餚簡化成套餐式的餐點，以適應時代的需求。

三、為適應典雅的男、女大浴場的規模限制，改為每日限時、限量、純預約的收費古典溫泉傳統體驗浴場。

筆者衷心祈望吳家能集思廣益的溝通，期待能整合出共同的需求與出路，讓吟松閣能獲得實質的協助，讓吟松閣能再度出發來號召觀光，讓政府、社會與業主三方皆贏，讓這棟古蹟旅館，在北投溫泉谷地繼續散發迷人，讓人歡欣流連的幽雅光芒。

〈第六章〉北投教堂與凱達格蘭北投社遺珠

儘管在一九八〇年代初，筆者就認識北投教堂以前的康知禮牧師，也知道北投教堂是一棟相當古老的教堂，但那時還沒有深究過它的歷史，直到展開北投重建工作初始的那兩年，認識了幾位北投社原住民前輩，接著看了馬偕醫師的《台灣六記》才逐漸瞭解長老教會北投教堂的歷史。

馬偕創設的北投教會

原來，北投長老教會是偕叡理（George Leslie Mackay, D. D.）博士，親手爲北投社平埔族凱達格蘭人所設的教會。是偕叡理成立六十個教會中的第四十八個教會。偕叡理也就是對北台灣傳教與教育貢獻非常大的醫生，大家通稱爲「馬偕博士」的傳教士。根據北投教會的資料，這座教堂創立於一八七六年三月二十一日，距今已經有一百四十八年了。

馬偕醫師於一八七二年到淡水傳教，到二〇二二年，剛好是一百五十週年。最初十年，馬偕醫師學習像耶穌基督一樣，一面巡迴布道，一面教導學生，以路邊、樹下、溪旁、客棧、民家或地方的禮拜堂作爲教室四處傳教，稱爲「逍遙學院」（Peripatetic College）或「巡迴學院」（Itinerant College）。北投教會就是馬偕醫師在那時期創設的，當時是他從淡水登陸後的第五年。

一八八一年末，馬偕在淡水籌設台灣北部最早的神學院，一八八二年六月現在眞理大學內的牛津學院（Oxford College）竣工。一九〇一年，馬偕蒙主恩召，學院由加拿大籍的傳教士吳威廉（Rev. William Gauld）繼任。

吳威廉牧師一八六一年二月二十五，出生於加拿大安大略省的西敏鎭（Westminster），清光緒十八年，一八九二年來台灣協助馬偕從事宣教的工作，他一生致力於神學教育的提升，並創立長老教會的中會制度健全教會的行政，對台灣的教會與教育可說貢獻也非常大。他的夫人吳瑪利（Margaret Mellis Gauld）是第一位將西洋音樂介紹給台灣教會者，她不僅影響了台灣的教會音樂，更影響到西洋音樂在台灣的奠基與傳播，吳牧師娘不但被尊稱爲台灣教會音樂之母，甚至也有人尊稱她爲日本時代台灣第一女鋼琴家。吳威廉的長女吳阿玉護士（Gretta Gauld）、次女吳花蜜醫師（Flora Gauld），與父親一樣，一家人都無私地奉獻台灣。吳花蜜醫師的先生李約翰，一九三〇年代曾任台南新樓醫院、彰化基督教醫院及台北馬偕醫院院長，並組織了基督教徒醫學會，此一醫學會公認是台灣各醫學會的濫觴。

吳牧師當時也是台灣著名的教堂建築師，設計建造了許多教會建築，現在的北投教堂，就是由吳威廉牧師在一九一二年所設計與建造的。

馬偕曾在《台灣六記》提及，原本想在十五年前，即一八七六年，在北投建立教堂。不過那時已經設有教會並租用民房聚會，直到一八九一年才購地興建禮拜堂。在《馬偕博士日記》也曾提到，「在北投禮拜，三、四十名平埔族人來參加。」一八九三年二月五日的日記中也曾記載：「北投禮拜堂建竣落成，今後不用再租屋了。蕭田、李恭、八寶、慕善、柯玖、嚴清華、吳威廉等，在典禮中都曾致詞。」

英國鄉村風的小教堂

北投教會最初建設的禮拜堂，位於現在北投的「番仔厝」，僅是一間簡單的禮拜堂。最後才在一九一二年六月，在今址興建教堂，教堂用地由也是北投教會長老的陳近先生（一八四八～一九三一年）所奉獻。當時居住於北投庄五〇七番地的陳近先生，於明治二十一年，一八八八年，四十歲時由陳榮輝牧師施洗成為基督徒，一九〇七年升為長老，一九三〇年十一月三十日任滿退職，一九三一年十二月別世。陳近長老的夫人，高氏斷，明治二十三年，一八九〇年，三十四歲之時由偕叡理（馬偕）牧師施洗，一九三二年別世。

吳威廉牧師在台灣所設計的教堂大都已經改建，當筆者開始進行保存北投的文化資產時，北投教堂實為吳威廉所建教堂中僅存的孤例。筆者認為從該教堂可以看出當時的一些建築思考與風格，在文化、宗教與教育上的價值更加珍貴，是值得永久保存的重要文化資產。

這座原以紅磚與木頭屋架建構的小教堂，風格接近英國鄉村的小教堂。教堂正門入口雨庇疑是後來所加建，教堂正面山牆上方則有水泥框額題著「禮拜堂」三個字，正面山牆左側有一長一短的磚柱，右側亦有相同的裝飾。這共有二長二短的磚柱作為教堂正面山牆的支撐及裝飾，而各磚柱頂上也都有裝置小球狀的裝飾。

這小教堂最大的特色則是兩旁牆面設計有為因應地震的扶壁柱，教堂左右兩邊牆面各有四柱扶壁柱。上窄下寬垂直狀的扶壁柱，其中寬窄轉換之部位做斜面設計，扶壁柱上有裸露的紅磚，上窄部位以二層帶狀紅磚裝飾，下寬部位則以四層帶狀紅磚排列，其餘敷水泥的牆面則漆白色，形成紅磚色的

1. 1996年　鳥瞰北投番仔厝。（筆者 攝）
2. 2022年　北投教堂外觀，以扶壁柱因應地震。（筆者 攝）
3. 2022年　北投教堂外觀。（筆者 攝）

磚帶與白色的牆面相間。教堂外牆基部與頂部，正面入口上的弧形與窗戶之上三角形的圖案，也皆以紅色的磚排列成條狀作爲裝飾，這三角形圖案的底緣邊形似建築上的「鳥踏」，所以這既是裝飾亦是可供小鳥休息的地方。整體而言，教堂外觀設計可說簡單大方。

教堂的聖壇部分曾經延長擴建。屋頂曾經破損漏水，屋頂木架也曾腐塌，所以約在一九八〇年代中期，教會已將屋頂木架抽掉改建，並加上鐵皮屋頂。禮拜堂造型嬌小簡單樸素，頗能反映當時的社會風氣與情況。吳威廉牧師則於一九二三年六月十三日逝世於北投，安葬在淡水外僑墓園。北投教堂在太平洋戰爭中，一度被日本政府徵用做爲倉庫。二次大戰結束時，北投教會也常用做台北神學院教授兼牧的教會。

一九四六年，教會聘請林再添牧師爲北投教會第一任獨立堂會牧師，因信徒人數逐漸增多，教會建築前方聖壇部分才稍加擴建，以因應空間不足的問題。一九六三年附設中央幼稚園成立，一九六八年七月林再添牧師逝世，同年九月，教會再聘康知禮牧師爲接任的牧師。

北投教會歷代傳教師爲：李俊德、石安慎、陳春邦、陳榮宗、郭珠記、吳永華、蕭樂善、吳天命、吳廷芳、章王由、石安美、胡摩西、潘水土、吳清鎰、林再添。歷代長老是：林烏凸、潘水木、李德財、李陳仁愛、王逑先、雷黃溫柔。歷代執事則爲潘水木、翁古烈、陳尊貴、雷貽棠、陳敬孟、王冊、張作樹、徐世雄、邱贊生、郭顯明等。

平埔頭目林烏凸家族在北投教會受洗

名單中的教會歷代領導人中不乏知名之士，例如林烏凸是原住民「北投社」平埔族的頭目。根據筆者查看一百多年前林烏凸一家受洗簿上的記載，林烏凸生於清道光七年，一八二七年；在明治二十三年，一八九〇年六十四歲時受洗入教，由馬偕醫師親自擔任施洗牧師。林烏凸於一九〇七年，明治四十年，十二月二十七日辭世。林烏凸一家人都受洗成爲基督徒，筆者在此特別依原始受洗簿的資料，將其家族信奉基督教受洗的情形表列於下：

《北投社　平埔族頭目林烏凸家族受洗年表》

許陽明　製表

姓名	關係	受洗年	受洗年齡	施洗牧師	辭世	地址
林烏凸	本人	明治二十三年一八九〇年	六十四	偕叡理（馬偕）	一九〇七年十二月二十七日	北投庄六〇六番地
潘氏劉	烏凸妻	仝上	五十三	仝上	一九一七年八月三十日	仝上
林佛梨	烏凸長男	明治二十五年一八九二年	十二	仝上		仝上
張氏金	佛梨妻 烏凸長媳	明治三十三年 一九〇〇年	十五	仝上		仝上
張樹三	佛梨岳父	明治四十一年一九〇八年	五十八	嚴清華		
林萬邦	烏凸次男	明治二十五年一八九二年	二	偕叡理（馬偕）		仝上

林氏萬修	烏凸女	明治三十二年一八九九年	十九	仝上		
潘火生	萬修夫 烏凸女婿	明治四十五年一九一二年五月二十六日	三十	劉志堅	一九一九年八月二十九日	
陳氏葉	媳婦母 佛梨岳母	明治四十一年一九〇八年	十六	嚴清華		
王氏治	萬邦妻 烏凸次媳	大正五年一九一六年六月二十五日	十九	柯安樂		仝上

日本學者伊能嘉矩在一八九六年至一八九八年左右，曾對「北投社」進行訪問，書寫記錄中也多次提起林烏凸及描述他的生活。伊能嘉矩提到：「二百多年前被視爲嗜殺難治的蕃黎地方，忽然搖身一變，成爲歡樂的溫泉鄉，筆者曾經十多次到北投社實地調查，發現過去被認爲淡北蕃中最兇猛的北投蕃，今日幾乎已成爲最善良樸實的活標本，可見蕃人的性格，是經歷了多麼大的變化。」，這裡伊能嘉矩說到一八九六年之前兩百年的情形，可能只是他的臆測想像吧。

不過當他到「北投社」巡察的時候，卻有生動的描述，頭目林烏凸雖然在田間忙於收割稻米，卻親自爲他負起嚮導工作，我們所到之處，每一戶蕃家的人都出來迎接，端出茶水與糕餅請客，款待客人的做法無微不至。第二次去拜訪，林烏凸的妻子也到牛棚去擠奶請伊能嘉矩喝，並送他「往日仍是生蕃時所用的一個藤籃」，及他妻子用管玉串連的珠片胸飾。

李德財是彰化人，北投鎮第四屆與第五屆的民選鎮長，是台灣民主導師彭明敏教授，與前財政部長郭婉容女士的姨丈，也曾是前內政部次長楊寶發先生的丈人。潘水木與潘水土也是平埔原住民，潘

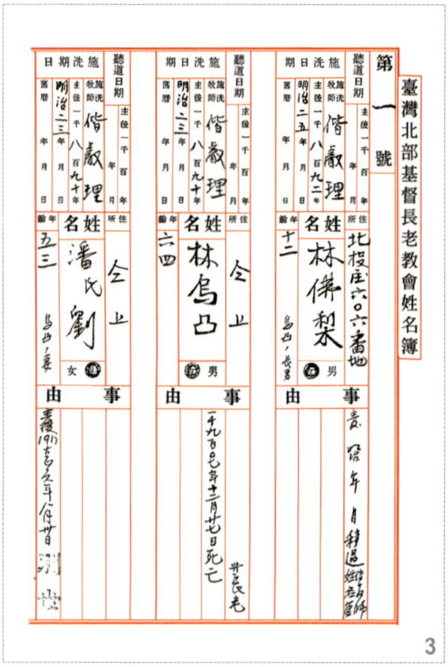
臺灣北部基督長老教會姓名簿

第一號

	第一	第二	第三
聽道日期	主後一千　百　年　月	主後一千　百　年　月	主後一千　百　年　月
施洗日期	主後一千八百九十二年　牧師 偕叡理　明治二五年　月　日	主後一千八百九十年　牧師 偕叡理　明治二三年　月　日	主後一千八百九十年　牧師 偕叡理　明治二三年　月　日
所住	北投庄六〇六番地	仝上	仝上
姓名	林偕梨	林烏凸	潘氏劉
性別	男	男	女
年齡	十二	六四	五三
事由	昭　年　月 移退	一千九百○年十二月廿七日死亡	1917

1. 2023年攝　淡水外僑公墓的吳威廉墓。
2. 1996-5-24攝　筆者與時年96歲，戰後北投鎮民選鎮長李德財（彭明敏教授及郭婉容部長之姨丈）攝於其北投中山路六巷家宅。
3. 北投平埔原住民北投社頭目林烏凸受洗簿。（筆者Photoshop修復並上彩）
4. 1968年　台北市議長張祥傳拜訪北投鎮，與北投各界在鎮公所（日本時代庄役所）前留影。民選鎮長李德財（前排右五）、台北市議會張祥傳議長（前排右六），張議長旁女士為石牌國小賴張珠玉校長。（本照片為李德財鎮長所贈）

水土這一脈的後代分支獨立在新北投自立教會服務。知名歌手李宗盛的母親潘雪華即此一潘氏家族的直系女兒，所以潘水土牧師是李宗盛先生的外祖父，這個潘氏家族的故事，容本文後面再詳加敘述。

教會糾紛與古蹟爭議

由於最初筆者與康知禮牧師認識，是由民主運動前輩康寧祥先生引介，他們雖非親戚，但因由他們素所敬重的康寧祥先生所介紹，所以教會內人士，對筆者也相當友善。後來筆者逐漸了解北投教會的歷史後，就建議康牧師讓筆者出面陳請，將北投教堂指定爲古蹟，康牧師就建議筆者，找一次教會禮拜聚會後，向執長老們直接說明。一九九七年中，筆者就參加了一次北投教會的禮拜活動，會後並與執長老一起聊天談了永久保存這棟教堂的意義，並說明古蹟指定的陳請事宜。那一次談得非常愉快，因爲他們都贊同筆者的看法，希望這棟教堂能永久保存下來紀念，就同意由筆者向民政局提出古蹟指定的陳請。

一九九七年十月二十三日，台北市政府民政局邀請審查會的專家學者，由陳請人的筆者陪同到現場做審查會勘。會勘時康牧師表示，教堂執長老會相當希望教堂能列爲古蹟。十一月，北投基督長老教會全體牧師、長老、執事一起簽名，再度以正式會議紀錄「爲保留本會珍貴之歷史，也爲北投教會發展之歷史留下見證，本教會牧師、長老、執事全體決議同意許陽明先生出面向市政府陳請列爲市定古蹟……。」並由筆者在市府的古蹟審查會中提出古蹟指定同意書。當然，北投教堂的古蹟價值明確，古蹟鑑定審查會就無異議通過審查，並薦請古蹟定名爲「長老教會北投教堂」。

不過，古蹟通過審查第二天見報後，民政局緊急通知筆者：有人以北投教會代表的身分稱，教堂列爲古蹟一事未經教會同意，而嚴詞表達抗議。因爲民政局長也親自主持審查會，教會幹部大家都很歡迎也高興同意指定啊，民政局長問筆者怎麼一回事？但筆者也一頭霧水。經過一番緊急溝通，筆者才知道原來北投教會自一九八七年十二月，開始公開爆發內部糾紛而分裂，且已有十年時間。因此同時有兩個「長老教會北投教會」分別在運作，一個是在古蹟本體所在的北投中央南路一段七十七號，另一個則在北投清江路八十三號，雙方關係很差，相互控訴宛如寇仇。但直屬中會登記在案的北投教會，卻不是「北投教堂」所在的北投教會，而是在清江路的北投教會。中央南路「北投教堂」的北投教會，非屬中會登記之下的教會，因此被另一方指控爲非法教會，所以「北投教堂」現址的教會，同意「北投教堂」指定爲古蹟這件事，也是非法的。

經過這些筆者意想不到的波折，筆者決心弄清楚兩邊教會糾紛的來龍去脈。由於北投教會兩派會友過去有一段相處相當不睦的時期。一九八七年，民國七十六年康牧師任滿傳出「擬不續聘」，康牧師及擁護康牧師的會友拒絕接受此議，於是兩派各擁會友公開分裂。一九九二年二月二十七日由中會周英一議長之名義，公告（四一）北中委字第〇一四號將康牧師免職。但康牧師這邊的會友拒絕接受，仍擁立康牧師在中央南路的老教堂持續禮拜聚會。反而對立一方的教友遷出，在老教堂之外，另立了名稱相同的北投教會及聚會教堂，且直屬於長老教會台北中會之下，於是指控在老教堂內聚會的教會是非法的教會。

筆者經過打聽後，才知道筆者過去在國際特赦組織小組的舊識，長老會北門教會的陳宇全牧師，就是北投教會教堂的產權登記所有權者「財團法人北部台灣基督長老教會」董事會的董事長。經陳牧師的安排，邀請筆者到該會的董事會列席報告。筆者在會中說明，希望董事會的諸長前輩，能以文化古蹟論文化古蹟，如同過去二十年來長老教會堅持台灣主權、支持本土意識、打開言論自由風氣的偉大貢獻一樣，支持保存這個長老教會珍貴的老教堂，以作爲台灣文化教育的珍貴資產，不要讓教會的糾紛影響到古蹟的指定。筆者舉經書上的例子，「上帝的殿堂不可毀棄」、「讓凱撒的歸凱撒，上帝的歸上帝」，無論教友們的糾紛是非是什麼，都與這教堂建築的歷史與文化價值無關，希望教友們不要將教堂的古蹟處理與教會分裂的糾紛混爲一談。

筆者也以一百多年前北投教會前輩解決糾紛的事蹟來說服他們：百年前北投地方的平埔族人潘朱山（音樂人李宗盛的外高祖父），當年與林烏凸競爭「北投社」的頭目，結果林烏凸武藝較高強，潘朱山落敗，因此受傷而過世。可是，潘朱山的兒子潘水生與林烏凸的兒子林佛梨同在北投教會。因爲兩人父親的恩怨，關係不共載天。最後教會會友出面做公親勸說他們，主內皆兄弟，兩人都是上帝的子民，應對待如兄弟，才符信教之本旨。這樣，最後才化解了彼此的恩怨。而筆者認爲：北投教堂若指定爲古蹟，對後代也有同樣的見證作用。

歷經風雨名列古蹟

董事會後，陳董事長以教會正式函件通知筆者說：董事會原則同意北投教堂定爲古蹟，但這封一九九七年十二月十五日的同意書上則寫明，請筆者再去清江路北投教會說明。因爲那時筆者已經看過雙方衝突的整冊報告與互控的一些文件，完全知道分裂的兩個教會，關係極爲惡劣，要去向糾紛的另一方，也是持異議的另一方說明，實在是一項相當棘手，令人頭皮發麻的任務。

所以筆者去清江路北投教會說明之前，曾經試圖緩和氣氛，先到清江路教會的姚昭雄牧師府上拜訪，也曾參加其執長老幹部的家庭禮拜，向他們說明筆者推動指定北投教堂爲古蹟的初衷。可是姚牧師那邊很多教友相當仇視康牧師，這些教友很多以重回老教堂，並將之改建爲大樓，以光大興隆教會爲職志；而且，他們多認爲，古蹟的指定不能根本解決他們之間的糾紛，所以筆者也被指責爲沒有尊重他們。

當筆者去參加清江路北投教會的星期禮拜例會，向參加的全體教友說明時，那天教友出席相當踴躍，所以場面氣氛相當的火爆緊繃。會中不少教友熱烈發言對筆者高聲強烈指責，但最後筆者還是依中會董事會所託，在激烈吵鬧中完整地將筆者那套說法，平順地再說一次。

這次會後筆者又與姚牧師那邊教會的領導幹部，經過數回合的折衝，但還是沒有進展，清江路北投教會最後仍以決議書致民政局，強烈反對北投教堂列爲古蹟。一九九八年一月十一日清江路的北投教會以小會議長姚昭雄牧師之名，舉證致函民政局，其副本給「台灣基督長老教會北部大會」、「台灣基督長老教會台北中會」，及古蹟陳請人的筆者。主旨是「台灣基督長老教會北投教會反對將教堂提列古蹟案，呈請貴局審慎評估暫緩進行作業」。此函並附證據說明北投教會「民國七十六年他們因爲向台北市政府申請重建教堂，方暫遷離原基地另覓他址聚會，期間爲不法傳道人康知禮先生率部分會友擅行侵佔該危樓迄今。」

最後，民政局再度致函「財團法人北部台灣基督長老教會」，請董事會裁斷，也給了筆者一份副本。於是一九九八年一月二十二日，筆者寫了一份意見函給民政局與北部台灣長老教會董事會表明立場，全文如下：

一、前由本人所陳請之「長老教會北投教堂」市定古蹟一事，在會勘時與會勘後，在教堂接待的康知禮牧師都欣然同意，本人前往北投教堂星期禮拜時，眾教友也都樂觀其成爲古蹟。

二、但審查通過後，另外有人提出異議，才赫然發現北投教會已分裂並鬧雙包達十年之久，這

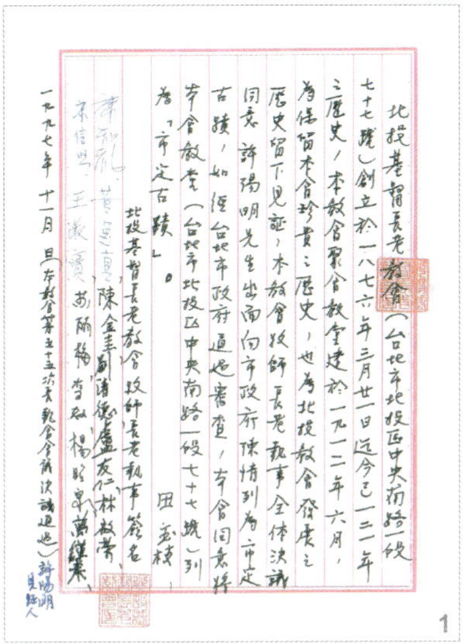

北投基督長老教會（台北市北投區中央南路一段七十七號）創立於一八七六年三月廿一日迄今已一二一年之歷史，本教會聚會教堂建於一九一二年六月，為保留本會珍貴之歷史，也為北投教會發展之歷史留下見証，本教會牧師長老執事全体決議同意許陽明先生出面向市政府陳情列為市定古蹟，如經台北市政府通過審查，本會同意將本會教堂（台北市北投區中央南路一段七十七號）列為「市定古蹟」。

北投基督長老教會牧師長老執事簽名

一九九七年十一月 日（本教會第五十五次長執會會議決議通過）

許陽明 見証人

1

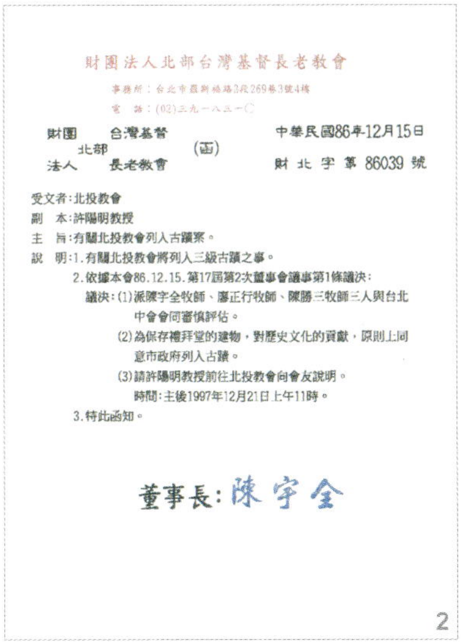

財團法人北部台灣基督長老教會

事務所：台北市羅斯福路3段269巷3號4樓

電話：(02)三九一八三一〇

財團法人北部台灣基督長老教會（函）

中華民國86年12月15日

財北字第86039號

受文者：北投教會

副　本：許陽明教授

主　旨：有關北投教會列入古蹟案。

說　明：1.有關北投教會將列入三級古蹟之事。

2.依據本會86.12.15.第17屆第2次董事會議事第1條議決：

議決：(1)派陳宇全牧師、廖正行牧師、陳勝三牧師三人與台北中會會同審慎評估。

(2)為保存禮拜堂的建物，對歷史文化的貢獻，原則上同意市政府列入古蹟。

(3)請許陽明教授前往北投教會向會友說明。

時間：主後1997年12月21日上午11時。

3.特此函知。

董事長：陳宇全

2

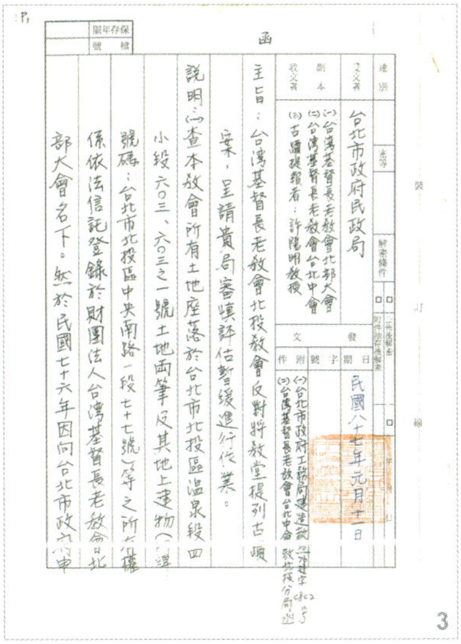

函

受文者：台北市政府民政局

副本：(一)台灣基督長老教會北部大會 (二)台灣基督長老教會台北中會 (三)古蹟提報者：許陽明教授

發文日期：民國八十七年元月十一日

附件：(一)台北市政府工務局建造執照 (二)台灣基督長老教會台北中會

主旨：台灣基督長老教會北投教會反對將教堂提列古蹟案，呈請貴局審慎評估暫緩進行作業。

說明：(一)查本教會所有土地座落於台北市北投區溫泉段四小段六〇三、六〇三之一號土地兩筆及其地上建物（門牌號碼：台北市北投區中央南路一段七十七號）等之所有權係依法信託登錄於財團法人台灣基督長老教會北部大會名下。然於民國七十六年因向台北市政府申

3

1. 1997-11 北投教會長執會會議同意教堂指定為古蹟同意書。

2. 1997-12-15 財團法人北部基督長老教會同意指定北投教會列為古蹟函。

3. 1998-1-11 北投教會（清江路）反對教堂指定古蹟函之一部分。

兩個教會各自對外的名稱都完全相同爲：「北投基督長老教會」。一個是在台北市北投區中央南路一段七十七號（此爲古蹟所在之地與地址；現約有百餘位教友）。另一則位於台北市北投區清江路八十三號（現約有六、七十位教友）。現在提出異議的則是位於清江路教會的會友。比較難理解的事是：他們相互指責，清江路教會指責對方爲非法不被承認，事實上中會也是以這教會爲直屬對象；而中央南路教會則說：我們是一百二十一年一脈相傳下來的，如果我們是非法的，爲什麼我們可以在這裡傳教、信教這麼久？我們向上帝做禮拜，是虔誠的，別人承不承認無關我們信仰的眞誠。承認與不承認的爭端，歷史悠久且複雜，外人甚難理解，故本案宜只就古蹟論古蹟才好做出正確的判斷。

三、本人早已與在古蹟所在的教會（北投中央南路一段七十七號）多方溝通多時，故其教友與執、長老會都同意並出具由所有執、長老簽名列爲古蹟的同意函，這一方面並無任何問題。本來教會成長後，有些會向外擴展，再分立教會，相當自然。北投教會戰後歷史上已有分枝四次的記錄（含清江路的這次），但幾十年來該教會外表甚爲平靜，所以外人無從知道該教會竟然鬧雙包且已有十年之久，所以就無從知道與在清江路的教會溝通，而非故意不溝通。

四、至於財產登記所有權人則爲：「財團法人北部台灣基督長老教會」，本人亦受邀列席該會八六年十二月十五日第十七屆第二次董事會會議，該會決議「爲保存禮拜堂的建物，對歷史文化的貢獻，原則上同意市政府列入古蹟。」並請本人前往北投教會向會友說明。

五、本人在一九九七年十二月二十一日上午十一時到清江路教會向眾會友說明之前，已先與該教會牧師姚昭雄牧師或見面或後來的多次電話溝通，並於一九九七年十二月十八日晚上，參加該教會以執、長老爲主的家庭禮拜說明溝通。而此間反對該教堂列爲古蹟者，多認爲康牧師不爲中會所承認，列爲古蹟並不能處理康牧師的問題，並抱怨中會對其不夠尊重，換句話說，多把古蹟與教會的爭端混在一起談，氣氛並不好。最後他們則認為應暫緩處理古蹟指定。

碩果僅存尚有記錄的平埔族史蹟教堂

六、本人認為信教本無所謂的被承認或不承認，而與此事件相關的三方，已有該古蹟登記所有權人「財團法人北部台灣基督長老教會」的董事會原則同意，古蹟現在使用人（中央南路教會的執、長老會與會眾）與管理人（康知禮牧師）也完全同意，只有在清江路的教會認為應暫緩。所以此件古蹟實在應以三方的多數與法理來審酌認定，事實上清江路的教會反對的理由並無關古蹟的價值。況且該建築與土地為八十幾年前陳近先生所捐，其用心與用途也在傳教，從這一角度來看，北投教堂應列為古蹟才合乎原捐獻人之本意。而該建築也有「準公共建築」與「準公共財產」的特色，而少私人建築與財產的特性。故應以公共利益與文化歷史的角度為考量，而不是由部分教會的人，就可決定該建築的命運應改建。

七、長老教會北投教堂建於一九一二年六月，比已列為古蹟的濟南教會，或淡水教會、長安教會、大龍峒教會的教堂歷史都久遠，是北部現存最久與最老式的教堂，甚至也可列為全台最老的基督教堂或之一。事實上該教堂是為平埔族北投社凱達格蘭人所建的教堂，為碩果僅存唯一尚有記錄的平埔族活動的史蹟教堂，列為古蹟保護與保存實刻不容緩。所以綜合以上，本人認為應照審查委員會的決議，公告列為古蹟永久保存。

八、以上報告，懇請 貴局當機立斷，照該案審查委員會已做之決議，公告該建物為古蹟，以保護此一重要的文化歷史古蹟是所至禱。

經過這些風雨，結局總算令人欣慰。經中會董事會確認同意，北投教堂終於確定成爲古蹟了。也因爲這番波折，古蹟審查過後很久，拖延到一九九八年三月十日，併同筆者同時陳請的古蹟普濟寺、草山教師研習中心、北投台灣銀行舊宿舍與紀念性建築北投公園石造拱橋，一起由台北市政會議正式通過，於三月二十五日公告。

回顧此一段經歷，當年筆者一直向爭執的各方表明，不會介入你們的爭執，但曾坦言勸說爭執是一時的，我們所有人不管立場如何都會過去，大家應該將最珍貴的歷史教堂留下。時移勢轉，兩個北投教會已經在二〇一二年圓滿地合而爲一了。筆者相信那必是經過一番有效的協調，年邁的康牧師已經離開了，當年的一些人事，正如筆者當年所說的，爭執的雙方都逐漸退出舞台了。二〇一二年許慧聆牧師就任北投教會的牧師，二〇二〇年三月二十二日，在設教一四四年之際，來自嘉義海邊新塭教會的楊善雄牧師，舉行就任禮拜成爲北投教會的牧師，筆者相信北投教會已經回歸平順的坦途了。現在古蹟北投教會教堂，也已經暫停使用進入整修期了。平安喜樂，筆者對北投教會與北投教堂，寄予深深的祝禱。

北投社人的聚落「番仔厝」

再回溯北投教會教堂還沒興建之前，其前身是位在「番仔厝」的「北投禮拜堂」。「番仔厝」是北投當地平埔北投社的凱達格蘭人最後的據點。原本「北投社」人並非是群聚於一個大部落之中，而是散居在一些聚落中。北投大概同時就存在有頂社、中社與下社三個較多北投社人的聚落。筆者曾經在一九九七年訪問新北投中和街自立教會潘慧耀長老，潘長老回憶在其祖父潘水生的年代，頂社是在

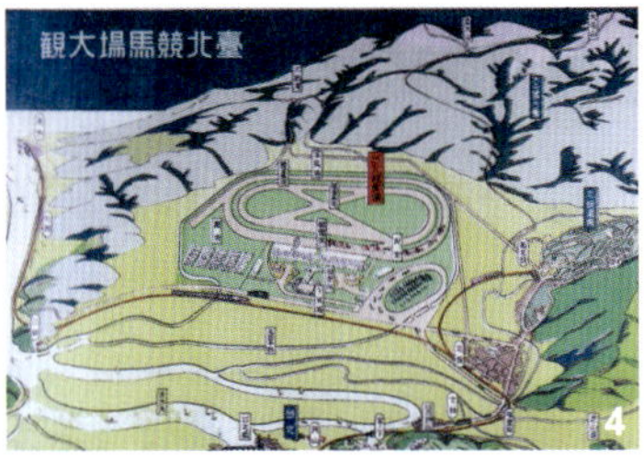

1. 1989年　三層崎。左邊山壁即開採白土——北投土之遺跡。當年因日人發現此地有可以燒製瓷器的白土，北投社原住民因而「懷璧其罪」，開始被迫遷徙。故此開採白土遺蹟也應列入北投社的文化景觀之中，以見證北投社原住民被壓迫的歷史及北投成為陶瓷之鄉的發源。（筆者 攝）
2. 2022年攝　北投教堂外觀。
3. 2022年攝　北投教堂內部。
4. 日本時代台北（北投）競馬場配置圖。
5. 日本時代台北競馬場——北投跑馬場，戰後跑馬場廢棄，1951年在該地設立政工幹部學校，名為復興崗。圖中央的遠山為紗帽山。

三層崎，也就是今貴子坑的淺山區域一帶，還住有多達五十口灶的規模，而潘慧耀長老生於一八九五年的父親潘水土牧師，就是出生於該地。筆者特地查看原始資料，潘牧師四歲受洗時，家族居住地確實是在三層崎，地址是「嗄嘮別庄土名三層崎六番地」。

後來因日本政府調查出三層崎一帶有白土可供陶瓷工業使用，那種白土就是後來陶瓷業界通稱的「北投土」瓷土，就以極不合理的低價，強制由工礦公司收購土地，所以原本住在三層崎的平埔原住民只好離開，移居到番仔厝或移居到中社，有些就移出北投。中社後來又被徵收成爲北投跑馬場，族人又被迫遷移，從此北投社人的村落意識消失，如同浮萍一般，各自飄零。北投跑馬場在二次大戰後我政府又接收，一九五一年七月改設政工幹部學校，後來再改爲政治作戰學校稱爲北投「復興崗」。

三層崎的白土主要用於燒製瓷器與瓷磚，日本時代北投出產的瓷器「大屯燒」與「北投燒」即是使用此地的白瓷土燒製而聞名。民國五十年代後半，因貴子坑的水土保持問題逐漸嚴重，政府才禁止開採北投土，北投磁磚瓷器業者才改採用金門土及其他來源的瓷土。昔日開採北投磁土的貴子坑三層崎光禿禿白土山壁，雖已日漸增生植被，但往日開採瓷土的遺跡，至今仍然清晰可辨。**當年因日人發現此地有可以燒製瓷器的白土，北投社原住民因而「懷璧其罪」，開始被迫遷徙。故此開採白土遺蹟也應列入三層崎在北投社文化景觀之中，以見證北投社原住民被壓迫的歷史及北投成爲陶瓷之鄉的發**源。日本時代初期，人類學者伊能嘉矩在其寫給「東京人類學會雜誌」的「台灣通訊」中，即有多篇走訪「北投社」的生動敘述。其在一八九六年九月二十八日刊出的第十回「台灣通訊」中，即有提到「北投社」分布在大屯山彙磺溪所出的溫泉溪北岸綿延約一日里的地方，共有三十戶，男六十四人，女五十三人，人口一一七人。伊能嘉矩說「這人數包括混居於社內的漢人」。

「外北投社」像巨樹下弱草消失了

一百多年前，在伊能嘉矩調查北投社原住民的母語時，北投社的母語已消失至只剩下極少數的食物、衣飾、器物名詞而已，失去母語也失去認同與識別基礎，再加遷移、漢化生活與通婚的結果，維持原服飾與生活方式的北投社人越來越少，再加上受歧視，也有不願表明甚至否認族群身分者，因此可辨識之北投社平埔原民的人口數當然就很少了。

一九〇九年，明治四十二年八月，平田源吾出版的《北投溫泉誌》中，有敘述當時北投庄的戶數共有五三四戶，人口數則有二九八四人，其中內地人（日本人）戶數三十一戶，旅館十一戶，共有二一八人。這些人口數的統計，雖然距離伊能嘉矩的統計時間已有十四年，但仍可做爲平埔北投社人，在北投庄總人口的占比之參考。北投社人在日本時代，佔北投庄的人口比例應該是已經不高。「北投社」分「內北投社」與「外北投社」。一八九八年七月二十八日「台灣通訊」第二十四回中，伊能嘉矩寫下了「北投社」的「內北投社」已被漢人的北投庄奪去了一大半的土地，蕃社只剩下山邊的大社。而「外北投社」則受制於漢人滬尾（淡水）市街的繁榮……好像是巨樹下的弱草一般，消失了。

一九二〇年，大正九年，台灣總督府官房國勢調查部《第一回台灣國勢調查表》顯示北投庄平埔族人口：北投十六人、唭哩岸一人，下嗄嘮別六十五人，頂北投二人，總共八十四人。北投社人，此時佔北投庄的人口之比例已經很低很低了。

民國五十四年北投鎭公所出版的《北投鎭六年鎭政》中記載，一九六五年時北投鎭的總人口數才五八四四九人，筆者推測北投社人也大比例融入漢人社會，已無法計算其人口數了。由於這些變遷，北投社人的聚落就逐漸散失。北投社人口的「下社」即漢人所稱的「番仔厝」。現今的「番仔厝」就成爲平埔北投社人，所通稱的最後之聚落。

其實在我們推動北投溫泉區重建之時的一九九〇年代後期，番仔厝人口數其實已經很少了，且大部分是以陳姓的漢人爲主。而捷運的興建，更是將已經式微，散居於北淡線鐵路旁的聚落再次重重地打散，僅存的很少數之北投社人再度散去，幾乎就完全融入漢人的社會與市街了。因此現在的番仔厝，實際上只要是沿著馬路邊的土地，很多都已變成修車廠與物料的倉庫，也有變成有線電視維修車隊的休息停車場。至於民家就更少了，只零散居住於捷運線邊緣，已可屈指計算了。

「番仔王爺廟」保德宮

番仔厝內有座北投人多稱爲「番仔王爺廟」的「保德宮」。其實此廟奉祀的是「池府王爺」，是漢人信仰的神祉。廟的現址，其實是蓋在一條大水溝加蓋上面的鐵皮屋，廟前的小停車場也是在這條水溝上面加蓋的。現在鐵皮屋廟坐落的地方，也非原來建廟之所在。原來捷運徵地時保德宮已被迫遷移，遷移到十信學校在番仔厝的土地上，原本十信蔡家的蔡辰洲，當初同意保德宮使用其所屬的土地，但後來十信出事，土地因而易手，新地主要求拆遷，遂再與新地主打官司，最後二〇一〇年被判拆廟還地，動用警察請出神明拆掉廟屋，此廟被迫再度遷移。結果番仔厝的土地都有所屬，此廟無處可去，只好在權屬農田水利會公有的水溝上加蓋，經一番協商暫厝於此。這條水溝俗稱「番仔溝」，其實是水磨坑溪的一條分支。現在此廟的管理人是潘國良先生，他說他自己是原住三層崎之北投社人的後裔，他現在住在與保德宮同一屋頂鐵皮屋的隔壁，他的哥哥潘坪城是原來的管理人。自他哥哥在二〇一三年過世後，就由他接續管理。他說曾在市政府開過幾次協調會，他們想讓保德宮遷到番仔厝

1. 2022-2-14 在番仔溝加蓋之處的番仔厝保德宮，與主持人住家共構在同一個鐵皮屋之下。
2. 2022年攝 北投番仔厝。
3. 2022攝 昔日北投鐵路，今捷運沿線人口較多的北投番仔厝，現人口已經稀微。
4. 1997年 在十信所有之土地時期的保德宮。（筆者 攝）
5. 2022-2-14 鐵皮屋型的文化資產——北投番仔厝保德宮。

靠近大業路旁的公有綠地，但因爲在公園上建廟有適法的問題，故協調都無結果。

台灣的公園中建有廟宇的其實不在少數，那些狀況幾乎都有一些「建廟先於建公園」的「歷史解釋」，但其實公園建立後，廟再改建、擴建的也不乏其例，而且也有在公園中設置文物類展覽室的例子。所以筆者認爲，既然保德宮已依法登錄爲「文化景觀」類的文化資產，應可採文物展覽室的名義解套，依他們原來的志願，遷至大業路旁番仔厝公有綠地上去。

現在保德宮設有委員會，約有二十多人，二〇二一年的主委是鄭國華先生，主委並非北投社原住民後裔。其實保德宮已經與其他的宮廟沒什麼大差異了，近年農曆正月也都舉辦南巡參香活動，參訪諸如麻豆太子宮、麻豆代天府及北港武德宮等等友廟。

漢人信仰的廟宇，怎會變成「番仔王爺廟」呢？流傳的故事是，廟內的池府王爺老祖是距今一百多年前，一位平埔族人在港墘（河邊）所拾獲的神佛。原先此尊神佛只有番仔厝的平埔族人可崇拜，每年農曆六月十八日是祂的神誕。王爺本供祭於每年輪流當爐主的潘姓人家中，這個潘姓家族即潘國良先生的家族，據他們說原本不許異族祭拜。後因番仔厝內並無其他祠廟，且池府王爺相當靈驗，才在大家的協議下，建廟供全庄人祭祀。不過以那些年筆者的訪談與觀察，原民與漢人的界線與識別性已經模糊融化，且人口日漸搬離。如照他們的說法，其先人開放祭拜應該也是勢所當然。

不過這些潘姓家族的親故，多人都承認他們祖先原本都是信仰基督教，這一支族人到尊拜王爺時，才脫離基督教信仰圈，改爲尊拜這個台灣民間信仰的神祉，至今傳承已有五、六代。所以筆者嘗試推斷，這些情事應該都是馬偕一八七二年三月在淡水登岸，一八九一年在北投購地興建禮拜堂之後，才發生的情事，因此並不是遠古史，而是應該發生在這一百多年之內的故事。

這些傳說的歷史，發生的時間並無信史記載，敘述者也是模糊而不知其年代，也不清楚這支北投社人，是否原本就在番仔厝居住的原住民？如果是被日人從三層崎強迫遷徙下來的，那可能就是發生於一九一一年，松本龜太郎設立北投第一家陶瓷工廠之後，日本政府開始強徵三層崎土地的時代，所以那更是屬於更近的日本時代。

「番仔厝」明珠樓

一九九〇年代，番仔厝在大業路入口處，有幾間斜頂紅瓦房老厝，其中第一家的牆上，用腥紅油漆寫著瞭草的「明珠樓」三個大字。「明珠樓」三個字太顯眼，後來再被用紅漆整個塗掉。當時關注此地的北投人，都知道「明珠樓」這間老厝在做什麼行業，「明珠樓」就像是暗暗地在訴說著北投社原民的命運一般。所以當時筆者開始訪問北投社裔的北投鄉親，由於筆者住家斜對面路口，就有一家北投社裔人，也是自立北投教會潘姓的兄弟之一，因此筆者就開始拜訪「自立長老會新北投教會」，因而與幾位潘氏家族的長老認識，才逐漸了解他們所述的搬遷流離之歷史。

所以筆者就曾以番仔厝的「明珠樓」爲題，以筆者在民國五十年代，小學時看過的漫畫書「仇斷大別山」的故事，女主角被男主角所負，因此在男主角與他女結婚之日，闖入拜堂將昔日山盟海誓定情的明珠，用寫著「還君明珠雙淚垂」的手巾包著，丟還給男主角的故事，而書寫提出「還君明珠雙淚垂」的看法，其故事本質雖與原民遭遇故事不同，但筆者借來呼籲政府對極少數的族裔與歷史要加以保護與尊重。番仔厝的名字就像一顆明珠，這棵明珠還給北投社人的歷史了，但北投社人在哪呢？

面對保德宮被擠來擠去，趕來趕去這樣的弱勢，在很多人的努力之下，二〇〇八年七月八日，台北市文化局終於將「凱達格蘭北投社（保德宮、番子厝、番仔溝及長老教會北投教堂）」，依文化資

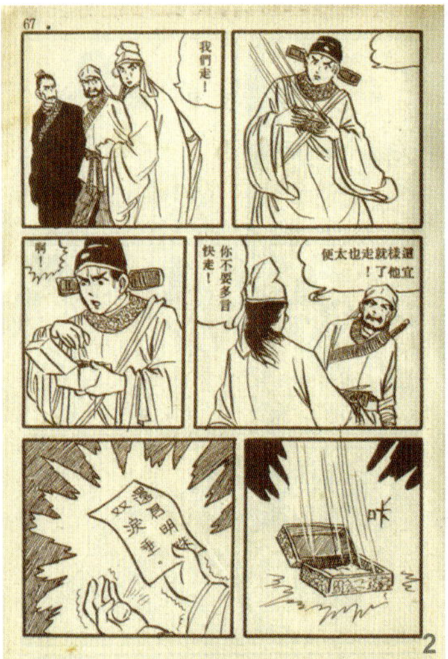

1. 1996年　北投番仔厝。有紅漆的房子即當年的「明珠樓」。（筆者攝）
2. 1963年　《仇斷大別山》連載漫畫名著──還君明珠雙淚垂（漫畫大師游龍輝先生授權筆者使用，特此致謝）。
3. 自立長老會新北投教會的潘水土牧師與教友在禮拜堂前合影。潘水土牧師（前排右四）、牧師娘謝春蓮（第二排右四）、音樂人李宗盛（第二排左四）。
4. 2024年　筆者與潘慧安長老、賴淑華傳教師伉儷合影於自立長老會新北投教會禮拜堂內。

產保存法，與北投教堂共同登錄爲台北市「文化景觀」保存起來。登錄理由是：

一、具台北盆地凱達格蘭平埔族人之歷史重要見證。

二、代表凱達格蘭平埔族人的信仰生活與清代漢人移民後之影響，透過保存之神像、祭具文物、祭典儀式，見證漢、原互動融合史之意義。

三、保德宮係土地公廟與王爺廟的複合廟，其址雖非原址，惟所在位置從未偏離過平埔族人生活範圍，整個地理環境仍保有原住民傳說、包括地名番仔厝、番仔溝、宗教信仰及漢、原間之互動關係，甚爲少見。是台北市極少保有部落痕跡、集中居住、地名完整、文化與歷史脈絡清楚之處，見證平埔族居住活動之範圍，反應地區漢、原定居之地景特色。

北投社人自立的「自立長老會新北投教會」

如果要勉強以北投社人的聚落來論，筆者認爲聚集在新北投中和街的另一北投社族裔，因認爲備受歧視而自立的「自立長老會新北投教會」，他們另外有成立一個宣道協會，名稱爲「台北市凱達格蘭長老教會宣道協會」，是另一個也是活生生的北投社人的據點與象徵。這個教會的小教堂，位於新北投中和街三九一巷口，那是潘水土牧師，在一九四七年所創立的教會。

潘水土牧師的家族也是從「上社」，被強制遷移後，四散而居，歷盡滄桑，其前輩先人原本都是北投教會的教會人士。據潘慧耀長老的敘述，當年陳近捐地要蓋北投教堂時，他的祖父，也就是潘水土牧師的父親潘水生公，還當了女兒的嫁妝得到九十元奉獻給建築教堂之用。但筆者查看潘水生公一家的受洗簿上之記載，潘水生公家只有記載一女兒潘美德，一九一二年北投教會蓋教堂之時，潘美德

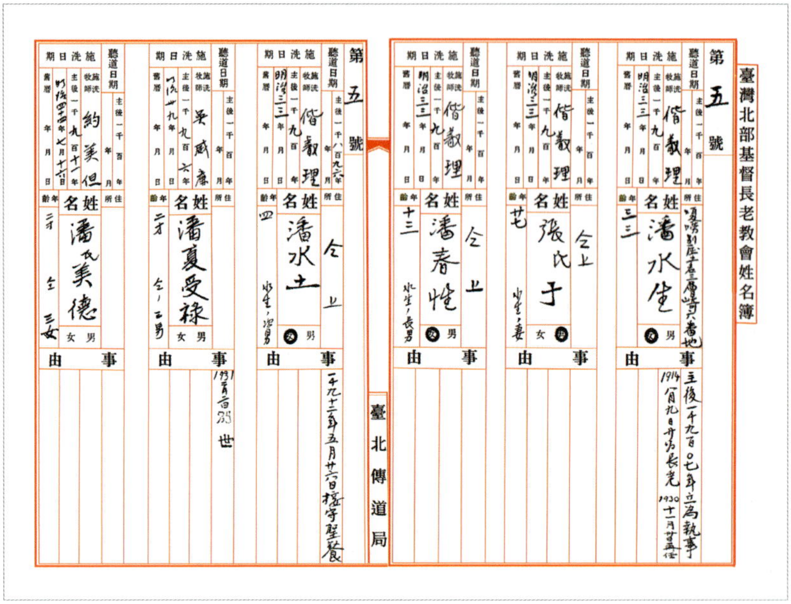

臺灣北部基督長老教會姓名簿

第五號

潘水生

張氏于

潘春性

潘水土

潘夏受祿

潘氏美德

臺北傳道局

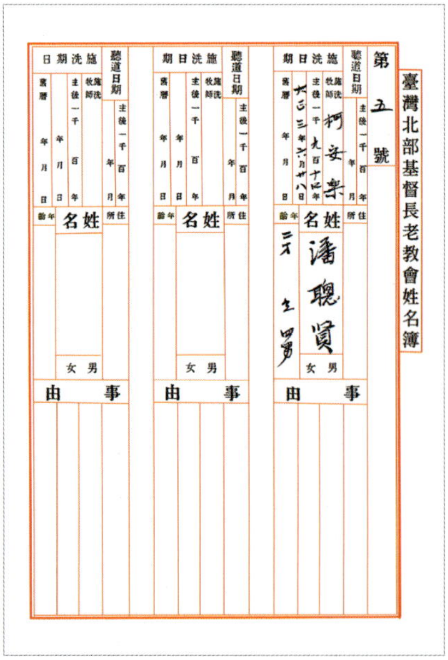

臺灣北部基督長老教會姓名簿

第五號

潘聰賢

1900-1914 台灣北部基督長老教會姓名簿，紀錄著潘水土牧師及父母兄弟妹的受洗資料。（筆者Photoshop修復原圖並上彩）

只有三歲，應尚未有婚嫁之事，但潘美德是三女，沒有長女與次女的名字，應是都不在了，所以潘慧耀長老所說的，已無法確認了。潘水生長老在三十三歲時，一九〇〇年，明治三十三年，由馬偕醫師施洗成爲基督徒。他一九〇七年立爲教會執事，一九一四年八月九日升爲長老，一九三〇年十一月三十日再任長老。

潘水生長老一家都在北投教會受洗，受洗當時也全都住在「嗄嘮別庄土名三層崎六番地」。其夫人張氏于（二十七歲時受洗）、長子潘春性（十三歲時受洗）、次子潘水土（四歲時受洗），與父母同時受馬偕施洗成爲基督徒。其三男潘夏受祿，明治三十九年，一九〇六年，二歲時受吳威廉牧師施洗。三女潘氏美德，明治四十四年，一九一一年，二歲時受約美但牧師施洗。四男潘聰賢在大正三年，一九一四年六月二十八日，也是二歲時受柯安樂牧師施洗。潘水土牧師，育有四子三女。長男潘慧耀、二男潘慧澈、三男潘惠安（今八十六歲）、四男潘慧雅（今八十四歲），長女潘雪華於二〇二二年辭世時享嵩壽九十九歲，潘雪華老師即音樂人李宗盛的高堂母親，次女潘雪瑜今九十一歲在美，三女潘雪麗今七十五歲也在美國。在此自立教堂斜對面即是筆者小舅許坤山先生創辦的王冠牌建興窯業工廠舊址所在，故潘氏兄弟多人都與許坤山先生及廠長許兩傳認識。

潘水土牧師一九一二年五月二十六日領受聖餐。一九二三年從「台灣神學院」的前身「台北神學校」畢業，是一九〇七年至一九一六年主持校務的約美旦牧師（Rev. Milton Jack）確立學年制後的第一屆畢業生，該屆畢業生共有五人。潘水土實習時就被派到離家很遠的苗栗，畢業後被派去苗栗鯉魚潭的客庄牧會，接著又去許多教會，包括艋舺、蘆洲、金包里、南澳、士林三角埔、八里坌和樹林。戰後，潘牧師從樹林回到北投，原打算回到自己所屬的母會北投教會服事，但據潘水土牧師之兒子與媳婦的說法，是受到北投教會一些漢人的排擠、反對而無法回到母會服務。

《「自立長老會新北投教會」北投社潘水土牧師之父母及兄弟妹受洗年表》

許陽明　製表

姓名	關係	受洗年	受洗年齡	施洗牧師	辭世	地址
潘水生	父親	明治三十三年一九〇〇年受洗。一九〇七年執事。一九一四年八月九日升長老，一九三〇年十一月三十再任。	三十三	偕叡理（馬偕）		嗄嘮別庄土名三層崎六番地
張氏于	母親。水生妻	明治三十三年一九〇〇年受洗。	二十七	仝上		仝上
潘春性	水生長男	明治三十三年與父母同時受洗。	十三	仝上		仝上
潘水土	本人。水生次男	仝上	四	仝上		仝上
潘夏受祿	水生三男	明治三十九年一九〇六年	二	吳威廉	一九三〇年二月二日別世	
潘氏美德	水生三女	明治四十四年。一九一一年七月十六日	二	約美但		
潘聰賢	水生四男	大正三年。一九一四年六月二十八日	二	柯安樂		

但潘水土牧師究竟遭遇了什麼委屈，這是歷史公案，也是私人感受，且因年代久遠，北投教會無人可以口述訪談，而潘牧師的兒媳們也無法指明是爲何事，僅能籠統地說受到歧視與委屈，所以已無從探究詳情細節了。不過根據筆者查看過去北投教會的出版物，潘水土牧師也曾列名在北投教會的傳教師之列。自立教會他們所指涉的，筆者判斷可能是指受到正統優良神學校教育，且具有豐富教會服務資歷的潘牧師，一直因平埔族出身而被歧視排斥，因而無望接任受洗母會北投教會的主持牧師，致使潘水土牧師感受到被歧視？筆者的猜測不知是否正確？

不過一九九〇年代初，由於筆者曾在陽明山嶺頭的「台灣神學院」兼過幾年「宗教與社會」的課程，曾指導一組學生訪談研究過這個家族及其獨立的教會作爲學期報告。現就勾勒其大致面貌如下：

從客廳家庭禮拜開始的教會

潘水土牧師由於尋求回到其父親時代，全家就全心奉獻的北投教會未果，於是就以其長女，曾任北投國小，後任北投逸仙國小教師的潘雪華，在泉源路二巷二號的教職員宿舍之客廳自行禮拜。約有七、八戶原在北投教會之會友，跟著潘牧師到此參加禮拜，自立教會就是從這樣的家庭禮拜與禱告會開始的。

一九四七年傾，潘水土牧師設立「自立長老會新北投教會」，歷任的傳教師有毛天成、張正吉、賴淑華等人，賴淑華是潘水土牧師的媳婦，潘慧安長老的夫人。當初教會成立的時候，建堂時的一磚一瓦，多是自已人出力，特別是潘牧師通曉「土水」工作的二兒子潘慧澈先生，徒手砌磚建築而成。而土地則是潘牧師用五個家族的人集力出錢，各派代表合資購買的。因此教會土地屬於五個人。這是

1

2

1. 1958-7-15 筆者母舅許坤山先生創辦的北投建興（王冠牌磁磚）窯業林國華廠長（二排右六）離廠去創辦大裕窯廠，與新廠長許兩傳（二排右七，筆者畢業於台北工專的表哥）交接留念。自立長老會新北投教會禮拜堂即位於王冠窯業斜對面。
2. 2023年攝 從1970年代末，舊禮拜堂改建加長（白色外牆部分），並因屋頂漏雨加蓋鐵皮屋後的自立長老會新北投教會外觀。

當初以集合眾人之力來完成的夢想，但日後有關土地的事物，都需要五個家族全部同意，後來有家族離開信仰，也因而造成日後此教會許多事務的發展，不免遭遇到俗世的現實困難。

這個教會成立後，潘水土牧師終其一生，諸事親力親爲，都在該教會服事。也師法馬偕精神，巡迴各地傳達福音，在其帶領下的自立教會，人數最多時曾至七、八十人，新春禮拜曾多至一百多人。潘水土牧師一生堅守崗位，克以律己，寬以待人，全心全力協助會友及其子弟，誠信「施比受更有福」、「無退休」、「盡忠到死」，其無私的精神，實令人佩服。

觀察自立教會這個筆者所認識的「文化景觀」，當然可以有主觀與客觀的角度。另據教友陳述，潘牧師因本身曾被排擠的歷史傷痕，及種族情結，造成對體制的不信任，所以脫離原本教會系統體制的束縛，而獨立自立。不過這樣的堅持與承擔，相對的也使得自立教會失去和其他教會系統的聯繫，同時也失去系統性的教會資源。這樣使得自立教會，得獨自承擔辛苦的歷程，當然也不免使教會的成長受到相對的限制。而且得面對已經模糊的原、漢界線，與已分不清之漢原的識別基礎，這也牽涉到教會發展的認同與論述。

這個中和街旁簡樸的紅磚小教堂，後來加建的前面部分則是水泥磚造物。民國五十年代，當時筆者就讀初高中時，所看到的此一迷你教堂周邊，除了王冠窯廠及一些宿舍之外，都還是以農田爲主，筆者的印象非常深刻，其中還有一陳姓人家，由於他家的老四與筆者家姊一群朋友感情非常好而曾結拜至今，他家的農田即是專業在種植花卉。聚會於這個小教堂的人數雖然也不算多，但確實是北投社人眞正的據點，也是北投社族裔聚會與精神寄託非常重要的所在。

北投社三層崎公園

北投秀山路一帶，三層崎過去原本就是歷代北投社人生活、生育與長眠之聚落。根據潘慧安長老對筆者敘述，在其曾祖潘朱山時代，他家族在三層崎曾擁有廣達十三甲的土地。筆者綜合其家族人員的說法，他們祖先被迫接受低價強制徵收，也有一說是自願捐獻，共有四甲土地作爲公墓，後來又被工礦公司再一次強制低價徵收其家族土地，所以其在三層崎的家族人及其他北投社族人，因而被迫集體打散遷移。但潘水土（一八九五～一九九〇）牧師及牧師娘謝春蓮（一九〇四～一九八一），及其家族很多人，都依依戀戀，身後仍然長眠於其眷戀的三層崎故里，那原本是他們家族世代相傳的原鄉土地，戰後被稱爲「北投第三公墓」所在的地方。而人們也習慣將三層崎那些地方，甚爲不敬地稱呼爲「鬼子坑」，後來才被改爲台語音近似，而文字爲較文雅的「貴子坑」。

但這個北投第三公墓「自民國一〇二年四月一日起至一〇二年八月三十一日止」，又被台北市政府殯葬管理處公告強制遷葬，市政府公告遷葬的理由竟然是「妨礙都市發展及其他公共利益」。北投社人從日本時代開始備受壓迫、強制遷徙，現在連長眠之後，都要被我們政府再強迫挖出遷徙一次。

這個公告的無知實令人感嘆非常！實令知道其歷史者無法接受！北投社人與世無爭，連魂歸歷代長眠不知幾千百年之偏僻山區的傳統領域與故里，都還被後來才成立的政府妄稱爲「妨礙都市發展及其他公共利益」！這個市政府殯葬管理處的這個公告與理由，實在是非常的粗暴無禮與無知，這樣的公告也著實令知其歷史者感嘆不已。而潘水土牧師及牧師娘謝春蓮也從安眠之地被迫遷葬，其身前曾自認備受歧視與委屈，如地下有知，應會感嘆命運怎會如此。

所以筆者認爲台北市政府實欠這些北投社人一個公道的道歉。但市政府的這個計劃，實際到民國一〇四年中才遷葬完成，這個地方現在也已經變成了公園。雖然也應要求命名為「北投社三層崎公園」，以紀念此地原為北投社人的聚落。

「平埔社」土地公石像

因此「自立長老會新北投教會」與「北投社三層崎公園」其實是凱達格蘭北投社人，被日本人及漢人社群，驅逐、擠壓、排斥，很重要的歷史傷痕之見證地，也是重返北投社歷史之故里，更可說是凱達格蘭北投社人所遺留的另外兩顆明珠，但這麼值得留下紀念給後世反省的緬懷之地，卻沒有列入在「凱達格蘭北投社（保德宮、番子厝、番仔溝及長老教會北投教堂）」台北市登錄之文化景觀的內容之中，筆者認為眞是重大的遺珠之憾，文化局應該開會審查補遺以充實這個文化景觀的實質內容。

筆者也認為市政府應該協助保德宮的鐵皮屋依文資法的上位概念給予改善與協助，或以法定文化資產的展覽館名義，遷移到大業路旁的「番仔厝綠地」，讓這些孤殘的文化遺產有一個最終的永久歸宿，以作為尊重與善待北投社人歷史的象徵。作為北投地方在地原住民凱達格蘭北投社人的最後聚落，我們確實應該採取行動來保護這些僅存的文化景觀。

追念這一塊土地上，如此弱勢的北投社人的遭遇及其歷史的滄桑，政府也應該大力協助保德宮及其文物的保存，將幾尊有價值的神像依法定程序登錄為古物，尤其是背部刻有「平埔社」三個字的那尊極有文化價值的土地公石像，這樣這個簡陋孤殘的文化景觀，才有可能流傳下去。不然人、事更迭，就眞的會像一百多年前伊能嘉矩所形容的「外北投社」——「好像是巨樹下的弱草一般，消失了。」

1. 2021年　北投社三層崎公園。
2. 北投番仔厝保德宮內平埔社土地公神正面。（筆者 攝）
3. 北投番仔厝保德宮內平埔社土地公神背面。（筆者 攝）

〈附錄一〉

我的祖父陳近捐地建教堂之經過

陳旭日

祖父大部分時間都住北投，也是北投教會的長老。一生獻身奉主，是一位虔誠的基督徒。

聽父母說，祖父原來住在淡水，靠駕小渡船爲生，載運附近的人和貨物。當時進出的外國船祇停靠在淡水河口的外海，貨物和旅客、船員（外國人、紅毛人）由小木舟載運上岸。所以，他和外國人接觸的機會很多。

有一次，祖父的背上生一個大粒的腫瘤（癰腫？），馬上去馬偕博士的診所就醫。沒多久就治好，所以很看得起他們的醫術。祖父漸漸感覺，和他接觸過的紅毛人都敬拜上帝、「信耶穌」，比我們信佛教的台灣人聰明；又發明大汽船。所以，他一直很關心信耶穌的事。

後來，祖父搬家到北投務農，當時他有三、四分田地，就是現在北投教會的土地和附近的田地。因爲已經認識教會人士，特別是認識神學校的校長吳威廉宣教士。吳牧師後來特別到北投來探訪祖父，傳道給祖父母。

吳牧師提起，希望在北投設一所布道所。與祖父交談後，祖父很樂意奉獻田地。祖父當時告訴吳牧師：「需要多少面積的土地、地點，都由牧師自己選擇決定就好。」於是吳牧師就向加拿大母會募款，提供建築教會的一切費用。後來，吳牧師勉勵祖父將阿本（我的父親是日本接收台灣後上陸第三日出生，父親因此被喚作「阿本」，日本之意。）送去神學院就讀，將來做一個傳道者。另外，有一位本地傳道者卓開日牧師也常常探訪祖父談道，鼓勵我的父親（阿本）就讀神學校。祖父毫不猶豫，答應送父親就讀神學院。（筆者註：陳阿本爲陳近的次男，明治四十年，一九〇七年十三歲時由吳威廉牧師施洗，一九一〇年七月十七日接守聖餐。）

（本文作者爲苑裡執業醫師）

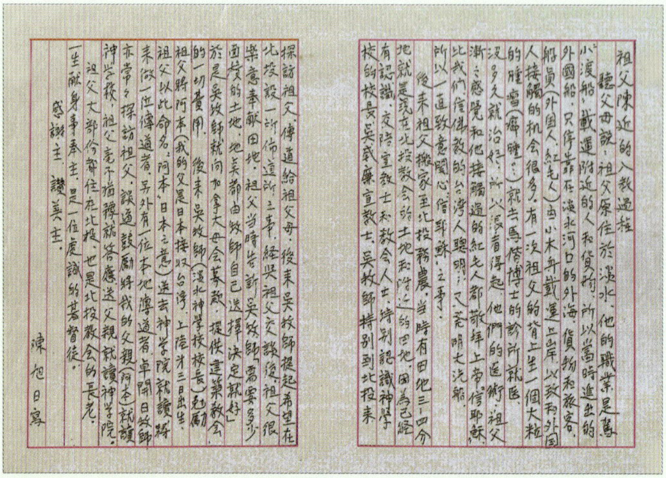

祖父陳近的入教過程
聽父母說，祖父原住於淡水，他的職業是駕小渡船，載運附近的人和貨物，所以當時進出的外國船，只停靠在淡水河口的外海，貨物和旅客，船員（外国人，紅毛人）由小木舟載運上岸，以致和外国人接觸的机会很多。有一次祖父的背上生一個大粒的腫瘤（[illegible]）就去馬偕博士的診所就医，沒多久就治好，所以深省得起他們的医術，祖父漸漸感覺和他接觸過的紅毛人都敬拜上帝，信耶穌，比我們信佛教的台湾人聰明，又[illegible]，所以一直致意關心信耶穌之事。
後來祖父搬家至北投務農，当時有田地三、四分地就是現在北投教会的土地和附近的田地，因為已經有認識，交陪宣教士和教会人士，特别認識神学校的校長吳威廉宣教士，吳牧師特别到北投來探訪祖父，傳道給祖父母，後來吳牧師提起希望在北投設一所佈道所之事，經吳祖父交談後，祖父很樂意奉献田地，祖父当時告訴吳牧師需要多少面積的土地，地点都由牧師自己選擇決定就好」於是吳牧師就向加拿大母会募款，提供建築教会的一切費用。後來吳牧師（淡水神學校校長）勉勵祖父將阿本（我的父是日本接收台湾，上陸才三日出生，祖父以此命名，「阿本」日本之意）送去神学院就讀，將來做一位傳道者，另外有一位本地傳道者卓開日牧師亦常常探訪祖父，談道鼓勵將我的父親（阿本）就讀神学校，祖父毫不猶豫就答應送父親就讀神学院。
祖父大部份都住在北投，也是北投教会的長老，一生獻身事奉主，是一位虔誠的基督徒。
感謝主，讚美主。
陳旭日寫

我的祖父陳近信教入教的過程。（筆者Photoshop修復之檔案）

〈附錄二〉

感念與追思：緬懷先人對這塊土地的貢獻

潘慧耀

潘姓原本不是平埔族的名號，據說潘姓的由來，是有位潘大老從唐山來台灣平番，但他的軍夫都是招募來的平埔族人，後來相處久了，大家產生了感情。潘大老就說：你們也沒有姓，不如就來跟我姓潘。大家同意了。據說，目前台北縣石門鄉老梅、苗栗、屏東、埔里，以及北投的潘姓平埔族人，都是同一因緣而姓潘的。

我的曾祖父潘朱山當年與林烏凸爭著當「北投社」的頭目，結果林烏凸武藝較高強，我的曾祖落敗，因此受傷而過世。北投教會的前輩長老潘水木是我的二舅公。我的祖父潘水生與林烏凸的兒子林佛梨一同在北投教會，兩人因爲父親的恩怨，關係並不好。最後是在教會會友做公親，勸說都是上帝的子民，應該如兄弟對待，才化解了彼此的恩怨。林烏凸的兒子林佛梨有一個兒子名叫林義德，也是教會人士，他的兒子、也就是林烏凸的曾孫林正雄，目前住在苗栗養蜂爲業。

北投教會最早在一八七六年三月二十一日，在「番仔厝」成立的，是一個很小的禮拜堂，一九一二年才搬到現在這個地址。當年，我的祖父曾當了一個女兒的嫁妝得到九十圓，奉獻給教會建教堂。那塊地是阿本的父親陳近所奉獻的。在番仔厝的北投禮拜堂，原址當年在建捷運時被徵收，但是因爲教會現在不叫「北投禮拜堂」，名稱不符，我們到今天都沒辦法領取徵收補償費。「自立長老會新北投教會」是我的父親在民國三十六年創立的。因爲平埔族被歧視，才自立出來。原先祇是家庭聚會而已，後來才正式成立教會。

我的父親潘水土在一八九五年出世，淡江中學畢業，台灣神學院第一期的畢業生（筆者查證資料註：潘水土牧師是一九二三年畢業，是「台灣神學院」之前身「台北神學校」確立「學年制」後的第一屆畢業生，距離一八八一年開始招生入學，已有四十多年。）。前些年才過世，享年九十六歲。由於水生公受到馬偕博士的影響，說要將一個兒子獻給教會，我的父親就在北投教會受洗了。雖然受到良好教育，但因爲是平埔族出身的緣故，受到歧視和委屈；幸好他虔誠信奉耶穌，並沒有因此而失志。他一生奉獻給教會，教誨眾生無數，貢獻地方良多。緬懷先人對這塊土地的貢獻，有無限的感念與追思，也爲我的祖先們篳路藍縷，教育後學，開啓了北投這塊美好的土地，而感到無上的光榮與驕傲。（潘慧耀長老口述　一九九七年三月　許陽明訪記。另註：潘慧耀長老是名音樂人李宗盛的親大舅）

（本文口述者爲凱達格蘭北投社人「自立長老會新北投教會」長老）

〈第七章〉北投台灣銀行舊宿舍與性別空間「女湯」

筆者在一九九六年底，第一次從溫泉路的圍牆外仔細看「北投台灣銀行舊宿舍」時，在濃密叢生的雜樹間，隱約還可看到一棟紅磚建築，但不知那裡面隱藏著什麼，只感覺那一大片莊園是已經被廢棄了。看到那狀況，實在是令筆者非常好奇，所以就翻牆進去仔細察看一番。結果令筆者非常驚奇，北投竟然還存有如此大型的長型建築，雖然已成廢墟了，但從建築的設計與環境的整體布局看，筆者就直覺這地方過去一定是個有名有號的地方。而筆者翻牆出來時，襯衫上卻佈滿黑點，仔細一看才發現跳蚤已經佈滿筆者全身。

於是我們開始訪問周邊的鄰居探詢那棟建築的身世。打聽的結果，原來那些建築是日本時代的日產，戰後由台灣省政府接收，再轉成省屬台灣銀行所屬的財產。接著我們找到民國三十九年六月二十二日台灣銀行繪製的平面圖，圖上記載該建築所有權屬「台灣省政府」，管理機關爲「台灣銀行」，而建物情形則記載爲「俱樂部」。但該建築後來使用的情形，地方人士眾說紛紜，有說是繼續充作台銀俱樂部、招待所，也有說是台灣銀行高級人員的豪華宅邸，甚至有人說，那是蔣宋美齡的秘密私邸。不過許多鄰居都很確定該建築在廢棄之前，李梓良先生在那裏住了十幾年，他原是台銀的人員，所以附近的人，都認爲那棟建築是作爲台銀人員的宿舍，所以我們就初步將那建築取名爲「北投台灣銀行舊宿舍」。

1. 1996年初　調查廢墟時的北投台銀舊宿舍B棟外觀。（筆者 攝）
2. 1996年初　調查廢墟時期之北投台銀舊宿舍，亭台樓閣曲徑幽深。圖為C棟之檐廊與庭園。（筆者 攝）
3. 1996年初　調查廢墟時期的北投台銀舊宿舍B棟。（筆者 攝）

最後居住者台銀人員李梓良

當時筆者直覺那些建築應該要保存，所以立刻告知郭中端老師，並很快地敦請郭中端老師與堀込憲二教授，一起到現場給我們工作室的夥伴指導與解說，並由陳林頌與蔡慈鴻兩人初步丈量，結果，單從第一棟建築起算，從溫泉路門口到建築的盡頭，房子橫跨一條無名小溪，包括一段挑高天橋式的渡廊，該建築群依地勢迤邐而行，亭台樓閣蜿蜒長達五十公尺多。接著筆者請蔡慈鴻，測繪此一建築的平、立面圖，陳林頌也對那棟建築做了一番檢視，紀錄此一建築上上下下、裡裡外外的構件，並探討此一建築的保存與將來可能的出路。我們並開始探詢周邊的鄰居，做該建築的口述歷史。

我們向台灣銀行相關人員探詢時，才知道台灣銀行在多年前，就有意拆除改建這整棟巨宅，但不知何故，在普濟寺下方，「北投台灣銀行舊宿舍」臨溫泉路正大門入口的地方，成為一塊十五坪的畸零地，且產權變成屬於最後一位居住者，在民國六十年入住的李梓良先生所有。那等於「北投台灣銀行舊宿舍」溫泉路一〇三號的舊大門口，就被李梓良先生的一塊畸零地堵住。當年台銀相關人士說，與那位李梓良先生一直沒有磋商成功，因此沒有達成拆除合建的共識，而且此棟建築廢棄後，對資產龐大的台灣銀行而言，也沒有需要急著處理這塊對台銀來說算是很微小的地方，不處理也沒有任何影響。所以才能倖免早被拆除改建的命運。

由筆者陳請成為台北市定古蹟的「北投台灣銀行舊宿舍」，在二〇〇一四年六月修復後，台銀索性將原紅色鐵門改為清水模的高圍牆，再將原溫泉路一〇三號大門重新製作移到更右側，完全避開了那臨路的十五坪空間。而那十五坪的空間，現在已變成臨路的停車空間。

李梓良先生一九一八年出生，曾任職台灣銀行北投分行擔任警衛。一九九七年夏天我們親訪在

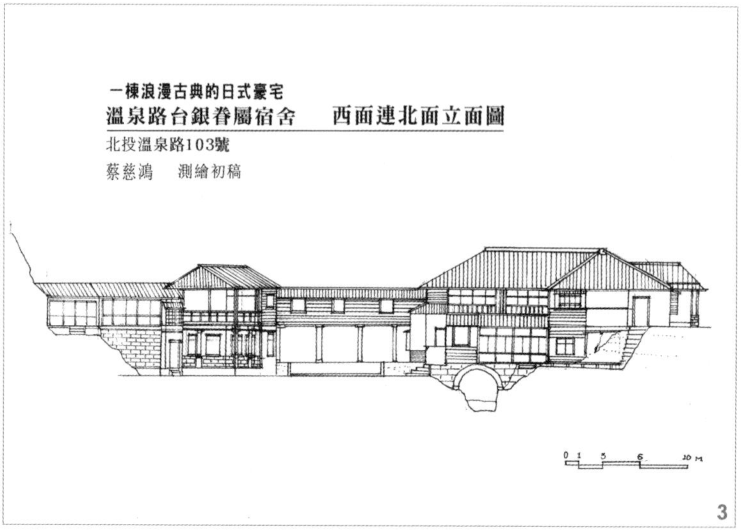

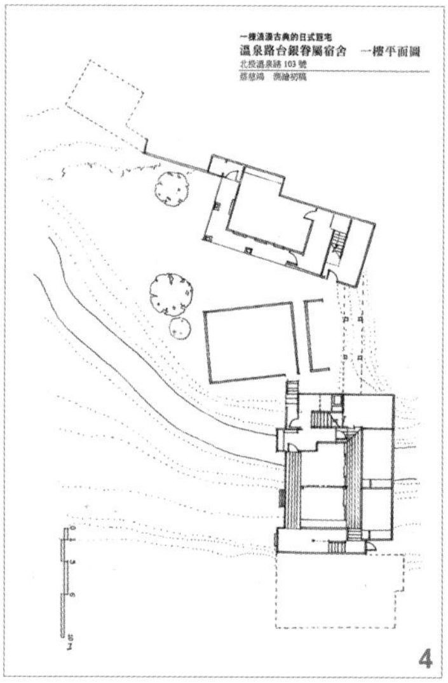

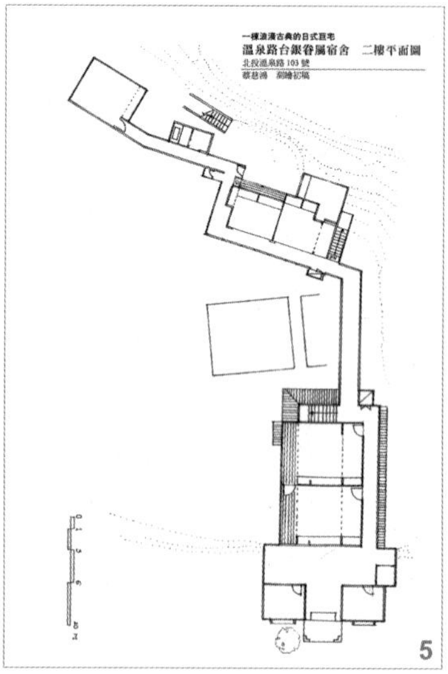

3. 1997-1 北投台銀舊宿舍西面連北面立面圖。（蔡慈鴻 測繪）

4. 1997-1 北投台銀舊宿舍一樓平面圖。（蔡慈鴻 測繪）

5. 1997-1 北投台銀舊宿舍二樓平面圖。（蔡慈鴻 測繪）

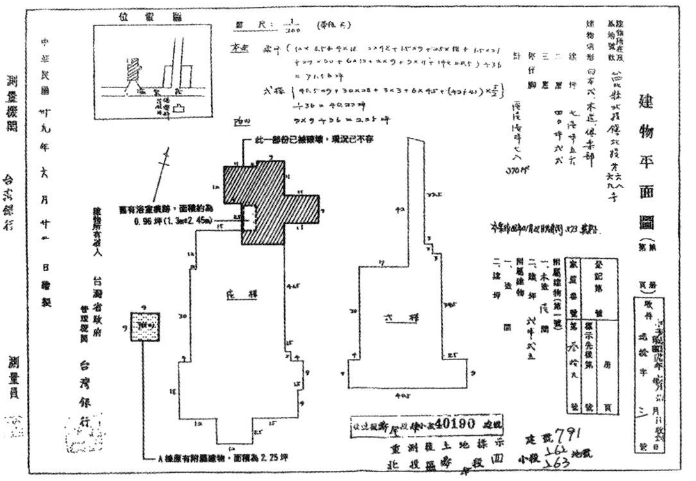

1

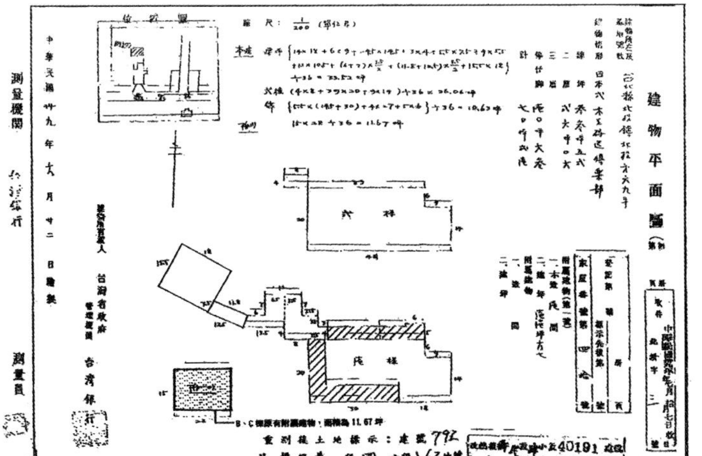

2

1. 1950-6-22 台銀舊宿舍A棟建物平面圖。

2. 1950-6-22 台銀舊宿舍BC棟建物平面圖。

1. 1996年初 發現台銀舊宿時AB棟之間的空橋渡廊，修復時卻沒有邏輯地被拆除。（筆者 攝）
2. 1930年代末 日本時代北投溫泉區。圖前右一之建築為鐵真院，其左邊即為今北投台銀舊宿舍之建築群，AB棟之間的渡廊似已存在。
3. 1996年攝 北投台銀舊宿舍之小塚商店別宅的屋瓦，印有小塚商店的商標。（筆者攝）
4. 2022年攝 北投台銀舊宿舍B棟之緣廊欄杆上疑似刻著小塚兼吉的家徽。（筆者攝）

石牌路上開筆墨莊的李梓良先生，並請他到溫泉路現場為我們解說當年他居住時的狀況。他說在他之前，民國四十七年台銀俱樂部停止後，是情報局借為單身宿舍使用，他從一九七一年情報局返還台銀後開始入住，都住在北投台灣銀行舊宿舍臨溫泉路的第一棟，到一九八五年他才搬遷到石牌去住。所以李梓良及先前情報局作為單身宿舍時，只有使用「北投台灣銀行舊宿舍」的第一棟，也就是原新松島旅館的建築，並沒有使用到後面的建築，後面的建築其實是開始任其荒廢。

「新松島旅館」與「小塚商店別宅」合成「北投台銀舊宿舍」

我們追溯「北投台灣銀行舊宿舍」的歷史，分別從我們調查時建築材料的印記，與建築屋頂的棟札，還有地政資料與日本時代的地圖，及新聞報導的內容研究，該建築其實是日本時代的「新松島旅館」與「合名會社小塚兼吉商店」的北投「小塚商店別宅」，這兩組不同時期興建，不同用途的建築併合而成的，但並沒有找到各建築興建或落成的確切歷史資訊。

北投「小塚商店別宅」原是一棟另有獨立出入門戶的美麗建築，是日本時代台北印刷文具商小塚兼吉所經營的「合名會社小塚兼吉商店」所擁有的北投別宅。一九三〇年十二月十九日，新聞報導都山流台灣慷琳會，那應該是一個日本傳統樂器尺八的研究演奏團體，主催「佐伯賴山、川井大檢校兩師一門」，在此別宅舉辦聯合納會，當時新聞報導稱此宅為北投「小塚商店別宅」。從該報導判斷，此一別宅應有在對外營業，供外界其他團體舉辦納會或活動。

所以筆者判斷該棟建築應非單純封閉性的，單純屬於小塚兼吉私人的別墅，而是「合名會社小塚兼吉商店」在北投具有溫泉休憩功能的招待所與俱樂部，用來招待協力廠商或經銷商與客戶的地方，

1. 1996年　筆者調查廢墟時北投台灣銀行舊宿舍時A棟西側面的情況。
2. 1996年　筆者調查廢墟北投台灣銀行舊宿舍時AB棟之間的天橋渡廊內部狀況。
3. 1996年　從廢墟時的北投台銀舊宿舍空橋渡廊看A棟的後面尾端。
4. 1996年　調查北投台銀舊宿舍B棟屋頂之屋瓦文。（筆者以Photoshop繪製）

也兼有開放租借提供外界舉辦活動的場所。以現在的話來說，北投「小塚商店別宅」是公司的招待所，是公司的財產，而不是個人的別墅。

B棟與C棟屋瓦有小塚商店的商標

傳統上日本「家印」，是爲了辨別同聚落中相同姓氏的各家各戶，因此會在門窗、外牆或日式店舖門面的各種「暖簾」，也就是日式商店入口的布簾上印上家印，商家則會拿來當招牌與商標。日本有些商家習慣，也會在家屋的屋簷筒瓦頂末端，在燒製時灌塑上家印或商標。而北投小塚商店別宅原使用的屋瓦，則印有(蔡)商標、(興)商標、(合)商標、(己‖攵)商標與◇夫商標等幾個瓦製造商的商標。

在我們初發現此建築之時，我們尚可在B棟與C棟的屋瓦上看到一些殘存的特殊印模。當時我們看到B棟與C棟的屋頂瓦簷之頂末端處，也還存一些燒製有小塚商店「丸小」，圓圈內有一個圖案化的「小」字之印模，這與「小塚兼吉商店」的商標店徽是相同的，所以這也可佐證，此一宅邸是屬於小塚商店作爲招待所性質的別宅。而且B棟建築看起來，一樓是大宴會廳，二樓是兩間可以合併爲大廣間，具有幽雅迴廊的高級和式座敷，也確實是具有招待所或俱樂部建築的氣質與格局。

所以這些屋瓦應該是家主特別注文訂製的。我們雖不知小塚家是否有家紋，但B棟二樓臨庭園的「緣廊」，有精細的木製扶手欄杆，扶手欄杆中所刻的紋樣，或有可能就是家主的「家紋」圖樣，當太陽斜射時，這些紋樣會映在廣緣迴廊的走道上。至於修復後B棟建築屋頂的屋瓦，已經全部重新鋪設了新屋瓦，已看不到有小塚商店印模的屋瓦了，修復古蹟卻抹掉古蹟中的重要歷史痕跡，這種修復的思維實在是有問題。

但「新松島旅館」與北投「小塚商店別宅」兩者併合的時間，有一說是日本時代後期，小塚商店別宅被新松島旅館收購合併，之後再由台灣銀行全部收購成爲俱樂部，但情形眾說紛紜。其實一九三〇年代晚期的照片渡廊已經存在了，如果那張照片一般所說的拍照時間無誤，那一九三〇年代至少是晚期，兩者應該就是已經併和在一起了，不過詳細時間無人能確定。目前唯一可以確認的，是從一九五〇年，民國三十九年六月二十二日繪製的平面圖看，那時由台灣銀行經管，作爲俱樂部的前後二棟建築，已經是以日本尺寸標示的「天橋渡廊」相連成一體，這張圖全部以日本尺寸標示，很可能是抄錄從日本時代留傳下來的測繪圖。在此一圖中有一部分有註記：「此一部分已被破壞，現況已不存」。似乎更證明這張圖是抄錄自日本時代的測繪圖，才會有如此的註記。而且「天橋渡廊」具有明顯的日式建築的元素，呈現著日式風格，因此或許是在日本時代的後期，這三棟建築就併合在一起了？且在那時就已經建築了「天橋渡廊」？

一九九七年，就筆者將「北投台灣銀行舊宿舍」陳請爲古蹟之當時，該建築還是民國三十九年之平面圖所顯示的三者連成一體的狀況。爲求簡單明瞭，本文以下就簡稱原溫泉路一〇三號舊大門進入的第一棟爲A棟，這一棟在日本時代是「新松島」旅館；第二棟簡稱爲B棟，第三棟簡稱爲C棟。B、C兩棟是日本時代的北投「小塚商店別宅」。

無名小溪穿過地基

該棟建築昔日荒廢時期，從溫泉路原漆紅色的大鐵門口進入，看到的第一棟即是「北投台灣銀行舊宿舍」的A棟。從二樓的平面圖來看，A棟因爲建築基地前後有約一樓高度的高低差，所以我們可將A棟建築分成前、後兩段來看：

前段所佔的位置，約為A棟的入口「玄關及玄關廳」之一半的空間，即從玄關進入的前半部只有一層建築，其底部是以唭哩岸石所砌的駁坎及其包護的土地，駁坎內土地之上再用磚泥「床束」（磚束，一種方形短水泥磚柱）墊高建築，讓前後段建築維持在同一水平線上。此駁坎段與建築後段，在一樓有一空隙並在此空隙建有紅磚砌成之扶壁撐持駁坎。此駁坎往外的部分為一層樓的建構，此駁坎往內的部分則為兩層樓的建構。

後段為A棟兩層樓建構的部分。從A棟的玄關與玄關廳之一半的位置往內算起，也就是玄關右側通往一樓之樓梯間算起。從這一部分開始到此屋的最後，全部是兩層樓的建構，在此稱為A棟的二樓。

A棟二樓的房間，也就是居室的布局相當多樣。玄關右邊有兩個空間，第一間為通往一樓的樓梯間。而靠大門口方向的空間則為一間六帖的居室。玄關左邊則有一間八帖的和室。

玄關廳再往內則為一廊道，此一廊道在建築的右側，而廊道左邊有二間房間，第一間是十帖的和室，第二間是八帖的和室。「座敷」（ざしき zashiki）是日式住宅最重要的地方，通常是主人專屬的空間。這兩間和室都具有「床之間」、「床脇」及「押入」等「座敷」的組成及裝修，而兩間和室也都有三帖的前室及靠庭院的檐廊，所以這兩間房間應該是新松島旅館時代最高等級的房間。

從二樓的玄關右邊的樓梯往下，即一樓的房間部。樓梯間旁為廁所，下樓梯後，前方為一間具有四帖前室與四帖居室的房間。下樓梯後右轉則為一中央走道，這部分為「中廊下型」（中央走道型）的室內布局，右邊有三間簡單的居室，第一間為三帖，第二間為七帖，第三間為四帖半的居室。走道左邊有兩間和式，第一間為八帖和室，具備「床之間」及「床脇」，也是新松島旅館的高等房間。第

1. 2022年　北投台銀舊宿舍A棟西側面，可以看出其建築一二樓之間的結構。
2. 2022年　北投台銀舊宿舍A棟一樓右側房間。
3. 2022年　北投台銀舊宿舍A棟一樓左側房間及緣側。
4. 2022年　北投台銀舊宿舍A棟一樓「中廊下型」中央走道及兩側房間。
5. 2022年　北投台銀舊宿舍A棟前後段之間的基礎部分：駁坎與扶壁。

二間則只有六帖，這兩間房間有一共通的緣側，打開緣側障子拉門即可從「沓脫石」下去庭院。

一樓房間區域的最後面位置，是樓梯間與一通庭院的小玄關廳，樓梯間旁有一浴室。此一部分的地基，原有一條無名小溪通過，因此在這一部分建築的底部，埋有一道涵管，利用此一涵管引導小溪流橫穿過A棟的後端部位。

「松島屋」旅館與「新松島」旅館

由於我們找不到該建築的建築資料，郭中端老師就從日本時代北投各時期的地圖查看，從地圖上檢視各建築出現的年代，推斷A棟應是一九三二年至一九三五年，也就是昭和七年至昭和十年之間所建造，興建後是做爲旅館使用，日本時代的地圖都標示著「新松島」旅館，是原在新北投驛附近面對北投公園的「松島屋」御旅館之新館，故名爲「新松島」。我們在觀察「新松島」的各細部時，在其屋架上發現有書寫「北投松島屋」的字樣，故我們推斷兩者是新舊館關係。

至於「松島屋」在一九一〇年平田源吾出版的《北投溫泉誌》中已刊有「北投溫泉場松島屋御旅館」的廣告，松島屋的經營者是日本人池田イク（Ikeda Iku）。根據一九三〇年六月出版的「台北近郊北投草山溫泉案內」所描述的松島屋：「新北投驛東邊約一町（約一一〇公尺），緊鄰一片翠綠北投公園的兩層樓雄偉建築便是松島屋。從客房望出，山丘上的綠色茂密樹林盡收眼底，遠眺大屯山群，更可遙望品味觀音山之靈姿。擁有適合宴客的大宴會廳一間及各種大小房型共十六間。近來更致力於提升客房及館內設備，打造日本庭園，盼客人能感到身心療癒與放鬆。北投知名軍妓松助柏子於此率藝妓及十多位風韻女子盡心服務客人。館內亦有室內澡堂，泉質爲硫磺泉。另備有汽車，以服務

1. 2015-5-12 拍攝《台灣亮起來》陳雅琳主播與管碧玲委員在北投台銀舊宿舍A棟一樓通庭院的緣側。她們腳踏的地方即可下去庭院的沓脫石。
2. 1996年 廢墟時的北投台銀舊宿舍A棟後面樓梯。
3. 2022年 從北投台銀舊宿舍B棟二樓看A棟。
4. 1996年 廢墟時期北投台銀舊宿舍的A棟後面小浴室。

客人接送或包場之需求。」

新松島的A棟建築地址是溫泉路一〇三號，其建築的樣式是屬於日式「書院造」，這種樣式是日本德川幕府以後，武士階級住宅的標準樣式，後逐漸發展成爲現代和風住宅的源流。A棟面寬十公尺，長約二十公尺，此棟建築佔地一二九三點六一平方公尺，約三百九十一坪多；而建築本體總面積則爲三百七十八平方公尺，約一百一十四坪多。

而緊貼新松島玄關大門口靠庭院的左邊，在一九九六年我們初發現此宅第時有一棵大樹，此宅修復時，二〇一五年五月拍攝電視節目「台灣亮起來」時，那棵大樹還活生生的存在，但二〇二二年十二月時，我們發現那棵好端端的大樹已經完全不見了。

A、B棟間「天橋渡廊」非違建不應拆除

旅館的玄關是迎接客人的空間，A棟的歇山式玄關是在屋外先有建造一半戶外的空間，上覆以雨庇。而雨庇之下左右的門柱是各以三根立柱呈現，這與另一處筆者當年所陳請的古蹟「草山御貴賓館」車寄間的三根立柱樣式，可說是相同的。當年「草山御貴賓館」在接待日本裕仁皇太子之後，立刻成爲大草山地區最尊貴的貴賓館，其風格也成爲眾多新建築所仿效的對象，以新松島的這一部分看，很可能就是仿效當時最尊貴時髦流行的「草山御貴賓館」之樣式而設計的。

A棟通往B棟的天橋式渡廊，爲杉木所建造，與A棟的多數建材相同。這個「天橋渡廊」臨庭院的這一邊，也就是左邊有兩扇橫式拉窗，而右邊則開有兩處六角形窗。這座「天橋渡廊」讓整個「北投台灣銀行舊宿舍」連成一體。在我們陳請古蹟當時，綠色蔓藤攀爬其上，讓整個氛圍相當浪漫，行

1. 2015-5-12　北投台銀舊宿舍A棟玄關大門，左側有一棵樹木。
2. 1996年　調查新松島時，發現屋架上書寫的北投松島屋字樣。
3. 1996年　廢墟時期的北投台銀舊宿舍A棟玄關門柱。
4. 2022-12-26　北投台銀舊宿舍A棟玄關大門，左側樹木不見了。

走「天橋渡廊」也增添不少建築的神祕驚奇趣味。可惜這個挑空的「天橋渡廊」在修復工程中，施工設計單位並沒有廣爲徵詢意見，就莫名逕自地拆除了。

一九九七年筆者以「北投台灣銀行舊宿舍」替這整個建築命名，並陳請成爲古蹟名稱，公告時也以「北投台灣銀行舊宿舍」定名，正是以三棟建築相連的「台灣銀行舊宿舍」之時代爲定位。而不是以「新松島」與「小塚商店別宅」兩座各自獨立分開的古蹟爲定位。此一古蹟的定位既然是如此，當然就必須包括A、B兩棟之間的「天橋渡廊」。

根據民國三十九年六月二十二日繪製的「建物平面圖」，這座「天橋渡廊」已經在圖中，日本尺寸大小都有記載。所以「天橋渡廊」並非違建，把「天橋渡廊」當違建拆除，那是極大的繆誤。筆者認爲將浪漫的渡廊拆除，不但使A、B棟的相連斷線，也讓該建築頓失非常特殊的風情與趣味。

根據此圖，在北投台灣銀行舊宿舍還另有兩個附屬建築：

一、在A棟西側的庭院中，有一個長寬各爲九日尺（約爲二七三公分）的正方形，面積是二點二五坪的涼亭。

二、在B、C棟的南側也有一個長寬爲十五日尺與二十八日尺（約四五五公分x八四八公分），面積約十一點六七坪的建物，那可能是昔日的一個露天浴池。但在我們展開古蹟陳請調查時，實地查看這兩處，並無建造物只剩下遺跡了。不過台銀舊宿舍在修復時，有在原地重新建造一個全新式的黑色石磚露天浴池。

不依古蹟定位修復後產生的幾個問題

但是「渡廊」拆除後，以修復的現狀看，也產生了另外幾個新的問題。原來小塚商店別宅與新松島旅館，各有各的獨立台所（廚房）。但曾做爲旅館的A棟，現在卻沒有台所。現在看到在A棟後段之樓梯間的室外，有一個鋪設磁磚的露天小浴池，長二點四五公尺、寬一點三公尺，面積爲〇點九六坪。那種磁磚應該是用在室內浴池的磁磚，我們查看民國三十九年六月二十二日的「建物平面圖」，在一樓還可看到原來新松島旅館「應該是廚房」（筆者判斷應該就是廚房，故以下就稱爲「廚房」）的所在，與其相鄰小浴室的平面圖。但該圖此一部分有註記：「此一部分已被破壞，現況已不存」。因爲「天橋渡廊」的位置剛好在新松島旅館廚房的上空，所以筆者判斷，應該是在興建天橋渡廊的時候，施工時將A棟的廚房與小浴室所在的那個空間同時拆除，以便在該空間的上面建造渡廊。所以我們確定在民國三十九年六月之前「天橋渡廊」即已存在，位於廚房上方的二樓，且有以日尺註記「天橋渡廊」的平面尺寸。從二樓進入天橋廊道，入口的寬度爲十七日尺，進入廊道再分兩個縮角，第一個縮角，此廊道寬度變爲十四日尺，在進入第二個縮角時，廊道寬度再縮爲十一日尺一直連到B棟，所以這個「天橋渡廊」的主體寬度是十一日尺，約三點三公尺。該天橋渡廊在日本時代應已存在，可說歷史已悠久，根本不應該拆除。

在我們重新發現此建築時，B棟還有個與「天橋渡廊」相連的樓梯間，這個樓梯間除了是B棟相接渡廊的地方，也是B棟上下一、二樓所使用的樓梯間。但在修復工程拆掉「天橋渡廊」時，原與渡廊相接的B棟樓梯間也被拆除。因此修復後的B棟，只恢復了原二樓玄關，卻沒有復建樓梯間。所以原樓梯間與其樓梯都不見了，以致於B棟的一、二樓變成沒有室內樓梯可以相通。

這樣看不出邏輯的修復工程後，造成現在B棟室內沒有樓梯，也就是B棟的樓上樓下無法在室內相通。修復後的現狀，從B棟的二樓要到B棟的一樓，竟必須走到戶外繞一圈，從二樓的玄關走到戶外，再從戶外的別宅主通道及露天階梯走下來後，等於繞室外一圈才能右轉再進入一樓的室內（詳見二八八頁圖一）。以這麼考究的美麗建築來看，修復時竟弄成沒有一、二樓室內相通的樓梯，這是完全不合常理的情事。

以修復後的現況看，假如遇到下雨天，要從B棟二樓到一樓宴會廳用餐，或一樓送食物到二樓；或從A棟要到B棟用餐，或從B棟送餐到A棟客房，就變成全部要露天打傘或遮蔽運送食物，這完全違背建築設計的常理。這問題會在此建築再利用的時候凸顯出來。如果這些建築再利用作爲茶室或餐廳，下雨天時A、B棟之間，只有一個不相連的廚房，應該是會造成很多露天運送與衛生的風險問題，如果原天橋渡廊與B棟的樓梯間還存在，就沒有這些問題了。筆者期待在將來可以找機會用專案來解決此一問題。

而拆除與天橋渡廊相連的原B棟樓梯間後，除了只將一樓原樓梯間的位置改成一個通道，也在此做了一個簡易的空間充當小廚間，但原樓梯間所拆改建的這部分，新建成爲一個磚造水泥建築，其高度只有一樓半。因此新建物，就從二樓日式的木構外牆壁中間，橫空而突出一個磚造的瓦式斜屋頂。從外部看此一新小廚間的突出瓦式斜屋頂，與原來B棟磚木共構的外觀並不協調。從外觀看這新建的部分，就像是一個違建。

這些問題產生的原因，就是不以兩棟建築合併後的「台灣銀行舊宿舍」來定位，卻也沒有復建兩棟建築各自獨立時的原來設計，以致修復後的A、B棟各自殘缺不全。這就是因爲定位不清，就進行沒有邏輯的修復所產生的新問題。因此筆者感覺修復之後，B棟的這一部位，外型有點怪異，實缺乏

1. 2022年　北投台銀舊宿舍修復後，B棟上下樓必需要繞道室外之問題的示意圖。圖中橫空而出新建的斜屋頂空間，與原建築的美感不搭調，怪異宛如違章建築。
2. 2022年　筆者在北投台銀舊宿舍A棟一樓緣側可從「沓脫石」下庭院。
3. 2022年　北投台銀舊宿舍修理後B棟正面。
4. 小塚兼吉商店別宅B棟之棟札。（筆者製作正反面並立圖）

應有的美感與協調感。

七神會聚的棟札

至於B棟與C棟，也是根據日本時代地圖上出現此棟建築的年代判斷，應是建於一九一九年至一九二二年之間，比新松島更早興建約十至十六年，建號是40191。B棟二樓的屋架上發現有棟札，這個棟札長六二點三公分，上頂部爲山形狀，上端最寬一二點八公分，平底寬九點八公分。但棟札沒有記載日期，正面記載七個日本神祉的名稱。根據憲二教授與郭中端老師的解說：上中央的「八意思兼神」是日本的木匠之神；上右部爲「彥狹知命」，上左部爲「手置機負神」，這兩尊神都是日本木匠的守護神。下中央爲「大地主神」、「植（正確應爲埴）山姬神」，兩者是日本的土地之神及泥土之神。此棟札右下方爲一九〇一年鎭座於台北市劍潭山的「台灣神社大神」；下左爲一九一一年鎭座於台北西門町的「台北稻荷神社神」（位於原日本時代新起街市場，今西門紅樓所在的西門市場），這尊是保護商業促進買賣之神。此棟札釘在支撐主棟樑的小杜「眞束」之上。

而此棟札背面僅簡單記載「家主小塚兼吉拜」。家主，即業主。根據那時代一些公關性質的廣告名錄，如大正十一年出版的《南國之人士》，與昭和年間歷年出版的《台灣工商名錄》、《台北市商工人名錄》、《實業家名鑑》，還有《台灣日日新報》新聞的報導，筆者綜合如下：

小塚兼吉（Kozuka Kanekichi）是明治七年，一八七四年出生於日本愛知縣名古屋市，一九〇三年，明治三十六年二月三日，在台北城中「西門街四番號」，開設「小塚兼吉商店」，專門經營紙張、文具、測量器材等商品之買賣，不過根據一九二二年，大正十一年十月十日由「台灣人物社」發行之《南國之人士》敘述，小塚兼吉是一九〇四年，「明治三十七年」來台；一九一二年，明治四十五年六月二十五日出版的《實業家名鑑》上敘述是「明治三十七年一月渡台，迄明治三十八年三月視察土地的狀況，明治三十八年四月在現住所開業」。但此處筆者寫「明治三十六年」的依據，是以台灣日日新報在一九一三年，大正二年二月四日，有「西門街小塚商店主人小塚兼吉昨招待賓客七十餘人慶祝開業十週年」的廣告新聞回溯推算。大正年間，小塚兼吉也有投資其他的企業，例如「株式會社台灣譯傳社」，他有投資一百株（股）。

小塚兼吉的台北商跡

開發北投的日本人，從日本到北投的軌跡，大概都是從基隆上岸，到台北城後再往北投發展。要瞭解日本人到北投來發展的軌跡，我們先在此說明清代的「台北府城」，及日治初期的府城內街道的名稱。台北府城牆的位置大概是今天的忠孝西路（北城牆）、中華路（西城牆）、中山南路（東城牆）、愛國西路（南城牆）。這四條道路都是台北府城牆拆除後闢建的大條通，所以這四條道路圍起來的區域就稱爲「城中」或「城內」。台北府城共有三大主要區塊，第一個區塊是「城中」，第二個區塊是大稻埕，第三個區塊是艋舺。例如平田源吾，先在基隆想採礦，後來受傷就來台北，住在大稻埕建昌街的辰馬商店，再往北投尋找溫泉。而佐野庄太郎先在「城中」當店員，後來自己開店，之後再往北投發展，而小塚兼吉也是在城中開店，後來再往北投建商店的別宅。

清代的「台北府城」，在一九〇〇年即開拆，日治初期的台北城內的街道名稱，如西門街、北門街、東門街、南門街、小南門街、府前街、府後街、石坊街、文武街……等等，都是清代台北府城內的主要幹道之街名。

但日治初期台北府城的基本道路架構，還是沿續清代的架構來進行改造，所以有的街道雖仍以清代的街道名稱爲名，但實際上已是逐步被拓寬與合併或改造，已不等同於清代的道路狀況。經過一九〇〇年公布「台北城內市區計畫」開始，及幾次的擴大計畫，台北城內街道歷經拓寬延長改建，街道名稱雖沿用清代街道名稱，但已有部分改爲日式丁目編地號。最後一九二二年四月一日台北市開始「町名改正」，開始新的都市計畫，將清代「街道」全盤改爲日式區塊狀的「町」。也將台式以街道「線性式」沿街道依序排列的地址，改爲依日式「塊狀式」的「町」及「丁目」排列編地址。台北城內市區計畫逐步公布實施，最後改造變成較筆直的歐式建築與街道。

台北府城中的小塚兼吉商店

清代及日治初期，台北府城的「城中」有「南北向」與「東西向」兩條交通大動脈：一、「南北向」：約爲今天的重慶南路一段，由「府前街」與「文武街」相連，是「南北向」的主幹道。二、「東西向」：約爲今天的衡陽路，由「西門街」與「石坊街」相連，是「東西向」的主幹道。

這兩條大動脈大約在今之重慶南路與衡陽路口呈十字交叉。從這十字型「交叉口」放射出去的「城中」四大街道，往東是「石坊街」，往西是「西門街」，往南是「文武街」，往北是「府前街」。這四大街道的範圍大致如下：

一、「石坊街」：從「交叉口」往東的衡陽路，通往在今天二二八和平公園內的「天后宮」，天后宮的位置在今二二八公園內台灣博物館的後面，這條幹道由於經過「急公好義」坊，因此稱爲「石坊街」，後來闢建新公園將天后宮拆除，町名改正後成爲今天的衡陽路之一小段，也就是從重慶南路與衡陽路交叉口，到新公園西側門懷寧街的那一小段。町名改正後就屬於俗稱「榮町通」之一部分。

二、「西門街」：今之衡陽路從交叉口往西到西門城門（今西門圓環）的這段就稱爲「西門街」，爲通往艋舺的幹道，町名改正後就俗稱爲「榮町通」的主要部分。

三、「文武街」：從交叉口往南的今之重慶南路一段，稱爲「文武街」，因爲清代的台北「武廟」在今司法院大廈前端的位置，而「文廟」在今「北一女」的所在。因爲通往文廟與武廟，所以稱爲「文武街」。

四、「府前街」：從交叉口往北的今之重慶南路一段稱爲「府前街」，因爲今之重慶南路一段頭是「台北府衙」的前門所在，故稱爲「府前街」，而「台北府衙」後門的「府後街」，大約即今天台北車站前繁榮的館前路。

「小塚兼吉商店」原本在「西門街四番號」的本店，一九一一年左右因風災淹水連連，所以第一次「西門街」改正時與「文武街」合併改採「丁目」編號。所以那時「小塚兼吉商店」本店的地址，從「西門街四番號」改爲「文武街一丁目十八番地」，在一九二二年的町名改正時，又改爲「榮町二丁目十二番地」，該地址的位置在今台北市衡陽路五十號，這也是小塚兼吉在市內的住所，那是位於台北當年最繁華，有「台北銀座」之稱的榮町街道上，其右鄰四連棟衡陽路五十四號、五十六號、五十八號、六十號店屋，因仍是當年店屋外觀，已在二〇二三年十月指定爲台北市定古蹟，但小塚兼吉商店本店已改建爲高樓。根據其本店舊照片上的招牌顯示，其商號的全名應該是「小塚兼吉商店」，通常簡稱爲「小塚商店」。再根據昭和十五年版的「台北市商工人名錄」我們知道「小塚兼吉商店」

1. 日本時代小塚本店，位置在今衡陽路50號。（筆者考證修復日本時代之照片）
2. 日本時代小塚第一支店，牆上英文字母KOZUKADAIICHISHITEN，小塚第一支店日文發音的英語書寫。（此圖與外牆文字為筆者考證以Photoshop示意修復）
3. 2023年攝　原小塚第一支店，今台北市中正區博愛路102號（右起第三間），其建築外觀原貌是圖2，故日本時代的建築外型框架大致仍存在。

是一家「合名會社」。「小塚兼吉商店」另有「小塚第一支店」在「北門街四番地」，町名改正後地址改爲「京町一丁目三十五番地」，其位置於今博愛路一〇二號，位於博愛路與武昌街交叉口南向西側的第三間，其建築舊觀雖有改變，且原類似鐘樓書寫廣告的樓頂雖有局部改變，但基本上仍可看出其整棟的大致原貌，不過原二樓外牆上的KOZUKADAIICHISHITEN（KOZUKA DAIICHI SHITEN）「小塚第一支店」日語店名的英文標音之部位已被改建。而小塚兼吉商店還有一間「小塚印刷所」，位於第一支店的對面，也就是今博愛路與武昌街交叉口南向東側第一間，地址原是北門街三番地，町名改正後改爲「京町一丁目四十三番地」，但已全部拆除改建。

印刷與文具商「小塚兼吉商店」的美麗別莊

日本時代在台北市最繁華的街道設立連鎖印刷與文具商店的小塚兼吉，應該是頗具財力。或許就如《南國之人士》所描述的「在本島印刷企業中排名第一的小塚兼吉君，明治七年出生於名古屋，三十七年來到本島奮力開發各種事業。熱心追求拓展擴張業務，一方面積極從事活版及石版的各種印刷業務的同時，另一方面從事提供各政府機構紙品文具等的銷售，商號取爲「丸小」並在市內各地設立分公司，家運興隆之勢如旭日沖天，業界中鋒芒畢露位居首位極爲威猛。年年財源滾滾累積巨大財富，富比陶朱，可說其勤勉戮力遠遠超乎常人之能。」

當然名人錄《南國之人士》其實是公關性質的商業廣告出版物，像上面的描述用詞自然較爲誇張。從昭和年間台北市役所（台北市政府）發行的《台北市商工人名錄》上逐年檢視，發現一九一九年，大正八年「合名會社小塚兼吉商店」出現了文武街的第二支店，而加藤豐吉榮膺「十年金牌店員」；五年銀牌店員則有前田文藏、岩田賢次、山田小一、廣岡喜一等人。

一九二七年，昭和二年，小塚本店店主改爲小塚之夫人「小塚セイ」（SEI），第一支店店主改爲加藤豐吉，而小塚兼吉之名從此消失，判斷是離世而去了。隔年一九二八年，加藤豐吉曾暫任本店的代理人，小塚印刷廠也由加藤豐吉負責。之後恢復本店店主由小塚セイ擔任，第一支店由加藤豐吉負責。一九三五年，昭和十年時，小塚商店的地址從榮町二丁目十二番地，改至隔鄰原金物商「銀屋慶之助」的榮町二丁目十五番地，第一支店仍由加藤負責，但本店與印刷廠由小塚セイ負責。一九三九年時，小塚本店就由加藤豐吉擔任店主了。

一九四三年，昭和十八年，距離太平洋戰爭結束前一年多，「小塚兼吉商店」之名消失，小塚商店原址的店改名爲「株式會社台灣三省堂」，而其代表取締役爲加藤豐吉，此人應爲原來「合名會社小塚商店」的合名人，應該也是原小塚商店的經理。

「合名會社」是起源於明治時期，由兩個以上成員組成，成員的權益義務都相同，每個成員對公司負債，都負有無限責任的無限公司，而不是依照株式（股份）組成的「株式會社」。所以我們判斷小塚商店在小塚兼吉（一八七四～一九二七），與其夫人小塚セイ相繼離世後，就由合名的成員加藤豐吉接手改名繼續經營了。但那已是太平洋戰爭，日軍節節敗退，美軍開始轟炸台灣，也有謠傳美軍會攻打台灣，許多城市居民都紛紛往外疏開，躲到山區或鄉下去的頹敗時期，那個時期位於台北受轟炸的城中區內「株式會社台灣三省堂」的生意不知還好不好？而這時「北投小塚商店別宅」，其歸屬與使用的情形已經不清楚了。是否如一些北投鄉親所說的，戰爭末期，包括新松島都已全歸爲日本時代之台灣銀行所接管？

原北投「小塚商店別宅」中的B棟二樓，建材幾乎都是檜木，連外牆壁的雨淋板也是檜木製

1. 1996年　廢墟時期的北投台銀舊宿舍之B棟一樓宴會廳。
2. 1996年　北投台銀舊宿舍B棟一樓宴會廳廢墟時期的狀況，牆上還掛著國旗。
3. 1996年　北投台銀舊宿舍B棟一樓宴會廳廢墟時期的狀況。
4. 2022年　北投台銀舊宿舍B棟一樓宴會廳修復狀況。
5. 2022年　北投台銀舊宿舍B棟一樓宴會廳修復狀況。

作的，這樣的考究也襯托出當年小塚兼吉商店的財力。B棟與C棟之間也以日式廊下的走道相通，此通道旁依山之側也建有一間浴廁，裡面所使用的磁磚，看其背後的商標，是戰前日本本國生產的「不二見燒」磁磚，由此也可見此一浴廁，日本時代即已存在。兩棟共有二七一平方公尺，約八十二坪；至於占地面積，B棟佔地一五四平方公尺，約四十六坪多；C棟佔地五五六點三九平方公尺，約一百六十八坪多。

B棟是一棟二層樓磚木共構，和式與洋式上下併置的美麗建築。其一樓外走廊有五根具有近似希臘愛奧尼克蝸旋式雕刻柱頭（IONIC ORDER）的柱子，地面層一樓是紅磚洋樓型之大宴會廳，第二層則有兩間木構和式房間，一間爲八帖的和室，另一爲十帖的和室，這兩間都有座敷的床之間、床脇、押入等的配置。打開兩室之間隔離的拉門「襖」，兩間即可併成一大廣間，非常適合宴席、茶會與納會之用。而二樓的木構以鐵件錨釘（Anchor Bolt）固定於一樓的鋼筋混泥土樑上。

B棟原有屬於自己獨立的出入門戶，有氣派完整的出入石階與玄關，這個玄關的大門，走上石階出去，大門位於靠近溫泉路與幽雅路口，門口的對面即星乃湯的最末端。但應該是在三棟房全屬一個業主且相連後，「北投台灣銀行舊宿舍」的大門就改在A棟的大門，B棟原玄關則被改爲全棟使用的廚房。因此原B棟的大門就變成用來運送貨物等的後門或側門，形同舊時代日式建築所稱，專由女性或傭人或送貨出入的「勝手口」。

日式「離」布局之幽雅空間

過了B棟繼續向裡面走，可以順沿著庭園的曲折走廊，即到北投台灣銀行舊宿舍最安靜的最末

1. 2022年　北投台銀舊宿舍C棟房間室內全景，此處曾是蔣宋美齡獨鍾的空間。此圖以全景拍攝，故景有扭曲。
2. 2022年　北投台銀舊宿舍B棟二樓房間。
3. 2022年　北投台銀舊宿舍B棟檐廊與庭院。
4. 2022年　北投台銀舊宿舍B棟修復小塚商店別宅之舊玄關門。
5. 2022年　北投台銀舊宿舍小塚商店別宅之舊大門。
6. 2022年　北投台銀舊宿舍B棟舊玄關全景。

端C棟。就日式的建築風情而言，郭中端與憲二老師說這種布局稱爲「離」（Hanare），也常是日式「雁行型」配置的最末端建築。如果是旅館建築，「離」的部分通常也是最高貴的區域。C棟建築跟B棟一樣，建材多是檜木，連雨淋板也是檜木。

不過我們初始探勘台銀舊宿舍之時，發現C棟建築的屋瓦用的是小口尺寸的屋瓦。這種小口尺寸的屋瓦與C棟建築相配，其比例整體看起來，有一種雅緻的協調感與細膩的幽美感。

C棟建築的底部基礎，用磚束墊高建築，以防潮濕與蟲蟻。此棟緣側障子拉門一拉開，即可看到以一景石當階梯，踏下景石即可下去庭院中。C棟下庭院的「景石階」，就是日式住宅所稱的「沓脫石」，「沓」是日語的木屐或鞋子之意，日本人會在「沓脫石」上擺木屐，以方便出入庭院。「沓脫石」有取自然石，也有人工覆沙漿磚造的。講究品味者，當然是以自然石當「沓脫石」爲優。C棟的「沓脫石」是自然石景，當初我們探勘時，此一「沓脫石」布滿青苔，風情氛圍都極佳。

蔣宋美齡情有獨鍾

雖然我們最初探勘C棟時，此一空間已經破爛不堪。但C棟是由三帖塌塌米的前室，與六帖塌塌米的主房間所組成，雖然並不大，但日式掛畫擺飾的「床之間」、「床脇」及「押入」等等都俱全，房間之前的緣側迴廊可從三個角度眺望庭院，也有書院樣式的窗櫺，整個房舍與環境的氛圍，處處顯露著該建築曾經有過的雅緻與幽美。筆者試著揣測，如果B棟是小塚商店的俱樂部，那C棟應該就是當年小塚商店家主的「座敷」，是用於接待重要客人的地方，也是小塚與友好談天、品茶、閱讀或寢居的空間。

由於C棟建築的氣質隱密優雅安逸，也難怪該棟建築附近當年耆老鄉親言之鑿鑿，蔣宋美齡對此一空間情有所鍾，曾專屬使用過C棟的空間。民國六十年離開台銀，曾任職台銀營繕課，專管北投台灣銀行舊宿舍保固維修工作的黃仲樺先生，當年受訪時更明確地說，民國四十年至民國四十五年，C棟曾爲蔣宋美齡所使用，作爲其個人休閒聚友的絕對私密空間。因爲黃仲樺先生是專責管理人員，而且訪問他時已離開台銀二十多年，榮辱得失俱遠矣，所以他的證言應該有一定的眞實性，所以北投鄉親流傳蔣宋美齡曾使用北投台銀舊宿舍的傳言，也並非是空穴來風。

另根據民國三十五年來住對面普濟寺住持宅的徐鴦鴦女士說，日本時代的後期，新松島等已全歸爲日本時代之台灣銀行所有，作爲台灣銀行的俱樂部。但時間是從何開始，沒人說得清楚，也找不到資料可以確認時間。李梓良先生則說在日本時代的最後階段，此棟建築是當時台灣銀行總經理的宿舍。他們倆位雖都是戰後才到北投，日治末期該建築的使用情形，雖然她們都是聽別人說的，但因時間距離戰爭結束較近，當時人口不多，人事物也相對單純，所以他們的說法仍可供參考。如果那時台灣銀行舊宿舍已經全部屬於台灣銀行，所以沒有聽說過該建築有被日本軍方徵用也算合理。其實一九四一年至一九四五年，尤其太平洋戰爭最後那幾年，其實還查不到文書資料說明那時的使用情形，只能說戰亂之末，這一切都忽略模糊了吧？不過以民國三十九年六月二十二日的平面圖，可以確定兩者已經併合一起，並以渡廊相連作爲台灣銀行的俱樂部。

黃仲樺先生則更詳細地說明「北投台灣銀行舊宿舍」戰後全部歸屬台灣省政府所有，因爲對面溫泉路一二四號，日本時代即是台銀俱樂部，所以戰後我政府將之收歸國有時將兩者併在一起，管理機關就是完全不同於日本時代的台灣銀行，而是戰後改制，隸屬於台灣省政府之下的台灣銀行。根據當年訪談幾位鄉親的口述，附近雜貨店老闆陳武雄說，戰後那年他八歲時，他父親來此開雜貨店，那時溫泉路一〇三號「台灣銀行舊宿舍」稱爲台灣銀行的「第一俱樂部」，而對面日本時代即「台銀俱樂部」的溫泉路一二四號，則稱爲「第二俱樂部」。民國三十八年後，一些不必改選的來台老中央民意代表，如監察委員侯天民、馬慶瑞、熊在渭，及劉行之與國大代表王泰安夫婦等也都被安置住於此，他們都等到新店中央新村等建好後才遷離。他們說得出這些有名有姓的人名，其證辭當然有其一定的眞實性。

象徵日本茶室文化的宅邸

一九九七年筆者陳請「北投台灣銀行舊宿舍」爲古蹟當時，該建築的庭院林木森森，無名小溪流經其間，簡直就像置身於一座原始森林之中。由於該建築位於北投溫泉區的核心地帶環境深幽，且是一棟浪漫古典罕見的巨宅，根據王惠君教授分析，那棟建築其實是詮釋日本茶室文化非常好的一棟建築，再因爲我們所介紹的北投溫泉建築，多爲旅館或浴場，但「北投台灣銀行舊宿舍」的中後段，卻是較罕見而沒有被大幅改建的俱樂部型豪邸別莊，因此也是見證北投溫泉鄉發展的重要建築，也是北投溫泉鄉作爲一個「生態環境博物園區」不可缺席的重要文化資產。

一九九七年九月，筆者向台北市政府同步提出第一波九處古蹟陳請。十月二十三日，台北市政府民政局邀請學者專家，到筆者所提出陳請的九處古蹟舉行現場逐一會勘。十一月二十七日民政局召開審查會通過古蹟審查。審查會上，台銀總行總務處出席的代表表明，那棟房子台銀已決定另有他用，不能認同古蹟的指定。審查會時筆者以陳請人的身分列席，表明的是社區文化的立場，也是保存北投溫泉鄉歷史的立場。筆者認爲該舊宿舍是屬於北投歷史的一部分，台銀權屬公有，房子當然屬於公共

1. 1996年 台銀尚未取得拆除執照時，就先行拆除北投台銀舊宿舍B棟二樓檐廊的木板條。（筆者 攝）

2. 小塚兼吉（1874-1927）。（筆者考證以Photoshop修補之照片）

3. 1997-10-23 台北市古蹟審查委員會勘北投台銀舊宿舍，圖為當時筆者引導委員們進出宛如原始森林的庭院之狀況。

建築，所以不容少數不知北投歷史的人，草率決定拆除此一棟美麗的文化資產。

不過由於審查會當天我們從台銀總行總務處人員口中知道，台銀已經將該建築報廢，並向台北市政府申請拆除執照，而且已經進駐器材準備拆除了。事實上，台銀在尚未取得拆除執照時，就已經開拆，B棟二樓檐廊上的檜木地板，大部分都已經被工人拆掉了。幸好，審查會開會後，審查委員一致認同筆者的看法，通過審查建議市政會議列爲市定古蹟。但審查會的結果，到市政會議通過正式公告，通常還需要一段時間，我們生怕有人還是會繼續進行拆除作業。因爲這屬於事態緊急，筆者立刻採取行動，審查會的隔天即以公文向台北市政府提出說明，阻止了發放拆除執照。隔年三月，台北市政會議通過指定爲台北直轄市定古蹟，並以筆者所建議的名稱「北投台灣銀行舊宿舍」作爲古蹟的名稱，一九九八年三月二十五日正式公告，於是「北投台灣銀行舊宿舍」到此就確定爲台北市定古蹟。

公共建設以女性母職思考之反思

北投台銀舊宿舍指定爲古蹟之後，我們一直都在思索，如果北投公共浴場規劃作爲北投溫泉博物館，那這棟美麗的北投台灣銀行舊宿舍，在北投溫泉區可以扮演什麼樣的角色，而這個角色可以使這一棟建築的公共利益極大化。

我們同時也在反省那三年多，我們在推動的那些工作，就以北投溫泉親水公園的規劃設計來說，雖然是由我們針對自然環境的搶救，以及健康的溫泉使用原則構思而成的。不過，後來我們也思考到，這些設計雖然沒有大問題，但是卻也不免發現，在有關性別使用的公共設施而言，尤其是從女性的角度來看，這些設計其實還是用母職（Mothering）在思考女性的休閒，而未能以獨立女性的觀點來看這些建設。換句話說，重建規畫中還是將親子區域或場合視爲是相當重要的一環。這樣的思考，在溫泉的休閒活動中，雖然體貼到母職仍有要擔負照顧與陪伴小孩的重責。但這樣在北投溫泉鄉的重建工程中，獨立「爲女性思考的空間」其實是被疏忽了。

更何況女性過去在北投溫泉區扮演的角色，是一個「被消費者」甚至是「被壓迫者」。而過去的老銀行界也曾是一個歧視結婚與懷孕女性員工，惡名在外的壓迫者。因此在北投溫泉重建的過程中，我們應該思索如何爲女性營造一個獨立而自主的空間。在這些思考中，陳林頌以弱勢關懷的批判性角度，提出了一個全新的概念與運動性的思考。

戰火摧殘女性形象

北投公園的歷史，確實是日本時代由「台灣婦人慈善會」所奔走爭取而來的。有錢有閒的「台灣婦人慈善會」，多是由社會領導階層的夫人幫所組成，但該會有許多有錢有勢的男性顧問與「商議員」。這樣的女性群體，不管她們的自主性有多少，她們確實是那個時代令人欽羨的上層社會的代表。可是因爲溫泉休閒業逐漸發達，另一個以「特種服務」爲生的女性階層也逐漸形成，這個階層最後卻成爲北投溫泉休閒事業歷史中最突出的角色。

根據我們田野調查，太平洋戰爭期間，北投女性青年要參加「北投青年總動員查閱」，更必須參加「北投青年男女挺進隊」，在戰爭時期下田種植以補男性人力的不足。戰爭後期日本的頹敗，應該已經大大影響到北投的溫泉事業。以旅館女中爲主的女性團體「北投溫友女子奉公團」則必須參加防空演習，參加戰爭捷報、鼓舞大眾的遊行，甚至要準備戰爭來臨時的滅火消防與傷患救助。

以「特種服務」爲生的女性階層，在戰爭時期的負擔更重，遭遇也更悽慘。最著名的當然是戰爭末期，神風特攻隊使用當時被權充爲陸軍軍士官招待所的佳山旅館，及已經拆除改建的八勝園，作爲最後一夜接受女性「性服務」，並讓女性權充「一夜新娘」的地方。戰爭使北投的女性意象徹底傾斜。北投溫泉鄉不是女性的休閒場所，而是女性提供服務，提供休閒以撫慰男性的地方。

二次大戰後，隨著東南亞國際政治的動亂，強勢經濟體對弱勢經濟體的影響，尤其是前往東南亞及台灣的觀光或溫泉消費，都形成一種迎合男人情色需求與掠奪的結構。幾乎有關於溫泉的經濟活動，都轉爲對男體歡愉的直接服務。北投的「限時專送」、「那卡西」等消費行爲的主客關係，都說明了女性在溫泉地，淪爲被消費的標的物。

建構女性空間

根據陳林頌的研究發現，一百多年來北投的溫泉休閒活動，在溫泉建設上可說處處顯露男性性格。更直接的說，無論是就使用或風格而言，都充滿了貶抑女性的意味。

以建築的外型而言，大都表露了雄姓的氣質。尤其是北投溫泉公共浴場，也就是今天的北投溫泉博物館，更是此類建築的代表：雄偉的外觀，加上宏偉的男性浴場。而大部分的女性浴室，絕大部分是幽閉狹小，甚至是看到後來女性的消費力，才在原來根本沒有女性浴室的旅館或公共浴室，加建次級、簡陋的女性浴室。讓我們不禁要問：今天我們從事北投溫泉鄉的重建，女性到底有沒有位置與空間呢？重建的北投溫泉鄉難道沒有性別省思的空間？北投溫泉鄉有機會進行「空間的性別重構」嗎？

陳林頌認爲，今天在重建溫泉鄉的行動中，已經將北投溫泉公共浴場保存下來，再利用爲「北投

3. 1941-3-18 昭和16年北投男女青年挺身隊田植。

4. 1942年　二戰時期「北投溫友女子奉公團」於北投公園中今之溜冰場的位置所舉行的消防演習。圖中右側可以看到北投公園的石拱橋。

1. 1937-11-13 北投青年總動員第三部查閱紀念照。
2. 1940-5-15 以新薈芳、新樂園、沂水園等台灣人經營的旅館之女中為主，所組成的「北投溫友女子奉公團」成立大會紀念。

溫泉博物館」；並且將與「北投溫泉親水公園」，加上密集的溫泉古蹟群，企圖以「北投生活環境博物園區」的概念來建構二十一世紀的新北投。但是，在特殊的歷史情境下，北投溫泉鄉的空間重構仍不可缺少性別、權力與文化的省思。我們深知，若不深入溫泉鄉百年來性別與文化的歷史陰暗幽谷，空間的建構仍將會被潛藏的男性價值所支配。如果是這樣，那麼北投的重建仍然會重複過去一百年來所暴露的意識型態，並無進步可言。

到了一九九八年時，我們陳請的北投古蹟案，已有十餘件被列為台北直轄市定古蹟與紀念性建築等法定文化資產，而這些文化資產絕大部分與北投溫泉的開發有關。在檢視這些建築的時候，對北投溫泉谷地有深入研究瞭解的陳林頌，發現了依山傍水、庭台樓閣、曲徑森幽，具有溫柔婉約性格的台北市定古蹟「北投台灣銀行舊宿舍」，如果加以適當的定位與規劃，將會是一個反思女性位置的空間。

陳林頌研究了「北投台銀舊宿舍」的建築性格後，特別為我們提出這樣一個社會運動性的省思。而且他認為，「北投台銀舊宿舍」與「北投溫泉博物館」正好在北投溫泉谷地的兩端，遙遙相對，頗具象徵意義。過去我們搶救「北投溫泉公共浴場」使之成為「北投溫泉博物館」，進而帶動了北投溫泉文化再興的契機，讓北投當時的第一隻醜小鴨變成第一隻天鵝。

現在，我們希望能再搶救「北投台銀舊宿舍」，將它建構成一處屬於女性的空間，希望讓她變成北投的第二隻天鵝，也希望讓那棟建築的搶救結果，使北投溫泉鄉的重建活動能擺脫性別歧視，重新以兩性平等為基礎來建構北投新的公共空間。但如果修復後不當地築起高牆，將市民隔離在外的「北投台銀舊宿舍」能有什麼貢獻？

女湯休閒館的思考

一九九九年一月二十五日，由我們在籌備「北投溫泉博物館」時的團隊與義工，所組成的「北投生態文史工作室」與「生活環境博物園雜誌社」主辦，由任教中興大學的管碧玲主持，黃桂冠老師與陳林頌擔任引言人，我們共同邀請台灣科技大學建築系教授王惠君、文化大學景觀系主任郭瓊瑩教授、「北投溫泉親水公園」規畫單位代表郭中端老師，《大自然季刊》總編輯蔡惠卿，北投鄉親名音樂家陳明章，當時政治大學新聞系教授的林芳玫，名作家《千江有水千江月》的作者蕭麗紅，及名作家李昂等人，還有工作室的工作伙伴一共三十餘人，在「北投溫泉博物館」舉行「搶救一棟溫幽秀麗屬於女性的古蹟——北投台灣銀行舊宿舍」座談會。

大家熱烈討論女性與北投的歷史，也熱烈討論北投重建與對女性空間的期待，這些概念獲得參與學者、專家的認同，都認爲這種重建的省思非常有意義。而大眾媒體看我們提出這麼一個革命性的思考，好幾家平面或電子媒體都加以報導，女性團體看到這新聞，也聲援我們所提出的這個思考。

四月三十日，「戶外遊憩學會」在台大思亮館舉行「婦女與休閒研討會」，他們邀請陳林頌、蔡孟珊與我共同發表論文「北投溫泉女性空間與休閒規劃——一個運動性的思考，以搶救『北投台灣銀行舊宿舍』爲『北投女湯休閒館』」。

五月二日，女學會由理事長政大法律系教授陳惠馨教授與台大外文系沈曉茵、劉毓秀，國防醫學院劉仲冬、黃淑玲等九位女教授，在北投舉辦搶救「北投台銀舊宿舍」爲「北投女湯休閒館」的活動。「女學會」並於母親節當天發表聲明，支持這個構想。

1

2

1. 1999-1-25 我們舉辦北投台銀舊宿舍的女湯座談會。前右一坐長條椅發言者為王惠君教授、前左為主持人管碧玲。
2. 1999-1-25 女湯座談會上，北投鄉親陳明章老師發言幽默使大家哄堂大笑。

台銀「員工潛能推展中心」

我們的提案因為定位特別，反思北投性別與歷史的互動，相當獲得肯定與媒體的青睞。可是，經過多年，一直未能有突破性的進展。北投許多鄉親，如江蕙小姐童年時曾駐唱過的東皇旅館的吳相羅先生，善光寺的善空寶照住持……等，幾年來都有向筆者表達，希望儘速催促修復「北投台灣銀行舊宿舍」的心願。管碧玲當選立法委員之後，也曾多次催促台灣銀行高層，盡速修復此棟建築且應早日開放參觀。二〇一三年一月二十三日，管碧玲國會辦公室特地舉辦了一場「北投台灣銀行舊宿舍」修復考察活動，邀請關心此一建築的四十多位北投鄉親，到現場聽取簡報並參觀修復工程。只可惜當時工程圍籬緊閉，工程安全為由無法讓我們進入工地實際觀察。

修復工程於二〇一四年六月二十九日竣工。修復完成後尚未啓用時，二〇一五年五月十二日，三立電視台的節目「台灣亮起來」專訪管碧玲委員，談我們團隊二十年來搶救古蹟的情形，管碧玲委員再度邀請主持人陳雅琳小姐，蒞臨已經修復但尚未啓用的台銀舊宿舍，來拍攝此一棟建築的美麗身影並在節目播出。當時我們看到A、B棟之間的天橋渡廊，已被修復工程拆除時，實在是非常的震驚。

北投台銀舊宿舍現在已經修復多年，多年來台銀低調使用，僅有古蹟本體第一棟，也就是鄰近溫泉路舊大門的A棟，讓民眾免費預約參觀，但門禁森嚴，其實知道可以參觀預約的民眾並不多。古蹟本體B棟與C棟，因為台銀保留暫不開放。修復時，台灣銀行在西側臨溫泉路非古蹟定著的空地上，加建了三棟新建築，第一棟是女湯屋，第二棟是男湯屋，第三棟是會議室，修復時加建的這三棟新建築，全部是台灣銀行自用，供員工訓練休憩使用，與古蹟的範圍做簡單的區隔而已。二〇一四年五月二十一日台銀不動產管理委員會決議，交由台灣銀行職工福利委員會管理，二〇一六年五月二十七日

1. 2013-1-23 管碧玲國會辦公室舉辦北投台銀舊宿舍修復考察活動。

2. 2022年 台灣銀行舊宿舍新建員工使用之D棟浴室。

由台銀常務董事會決議通過。現在「北投台銀舊宿舍」旁增建的三棟，對外的名義是台銀的「員工潛能推展中心」。

走向開放

二〇二一年四月十二日，立法院財政委員會，由郭召集委員國文領隊，有多位立法委員參加，並邀請關務署長集各銀行董事長，其中包括台灣銀行董事長呂桔誠，到北投「考察財政部關務署及各公股行庫管有之訓練所、溫泉會館及招待所，是否具有文資身分及開放使用評估」。實地考察地點有：溫泉路「彰化銀行招待所」、「關務署基隆關北投育成中心」，及「北投台灣銀行舊宿舍」，考察後並在「北投台灣銀行舊宿舍」內舉行座談。針對具文資身分之訓練所、招待所等活化、妥適運用、社區創生及共享議題，提出詢問及建議。

最後郭召集委員做出結論：除請台灣銀行在不影響員工既有使用空間及權益下，研議北投舊宿舍之開放參觀天數及社區參與空間外，亦請財政部國有財產署針對經營文化資產之活化評估及可行性，進行全面盤點及檢討。

經過一年多，二〇二二年五月二十日，台灣銀行終於開始貼出標租行有房地公告，主旨是「標租市定古蹟『北投台灣銀行舊宿舍』房地」。經過這麼多年，我們所關心的「北投台灣銀行舊宿舍」，終於決定開放了。我們當然期待此一美麗古典的古蹟建築，能朝我們過去以運動性的女湯專用議題訴求爲目標。**我們期待該建築能受到良善的對待與經營，也期待「北投台灣銀行舊宿舍」的全面開放，更期待不缺營利空間，也不缺將此美麗溫幽的建築委外營利之需要的台灣銀行，能展現國有歷史性大**

企業的恢宏視野，將此建築奉獻出來公益使用，特別是我們所提出的「建構女性空間」的公益思維之開放性使用。我們期待此一建築的「再發現」，能爲北投的社區營造與溫泉創生及觀光，再度帶來新的願景與高峰。

〈第八章〉
普濟寺——鐵眞院與湯守觀音再發現

其實從一九八〇年代起，筆者從溫泉路走過普濟寺下方不知有多少次，但一直都不曾上去看個究竟，因爲普濟寺之名並不特別。一九九六年冬天某日，下著細雨，筆者走在溫泉路上，因爲石階的古樸，讓筆者突然對這座被筆者忽視許久的寺院一時感到好奇。沿著充滿青苔、謐靜古樸的石階，慢慢走上普濟寺。

原來普濟寺是日本時代的鐵真院

第一眼看到普濟寺，祇有一句話可以形容：「驚豔」。這一座純日式的寺院建築是如此美麗，保存情況看起來十分良好，筆者直覺認爲，這寺院一定大有來頭。不過筆者卻很迷惑，明明是座日式寺院的建築，爲什麼從來沒有在日本時代的書籍或地圖上，看到介紹此一寺院的文字？

一九九七年春，有一天筆者和老溫泉旅館沂水園的陳敬哲老先生，再從普濟寺下方的溫泉路經過時，順便問起陳老先生：「普濟寺有多久歷史了？」

陳老先生的答案讓筆者恍然大悟。原來，普濟寺在日本時代叫作「鐵眞院」。鐵眞院的大名早就出現在日本時代的地圖與書籍裡，只是沒有聽人再提起，也沒有看到以鐵眞院爲名的寺院，筆者以爲鐵眞院早已拆毀無存了。

也沒想到日本時代的《新北投基點要覽》地圖所呈現的示意圖，與實際方位有些差距，更沒想到，與湯守觀音並列的鐵眞院，會是現在的普濟寺。經陳老先生提示，筆者才驚覺自己的疏忽。普濟寺院子中的石碑是村上彰一翁碑，裡面提到湯守觀音與鐵眞院。如果早詳加探究，或許可以更早明白普濟寺的歷史淵源。村上彰一曾任當時鐵道部的「運輸課長心得」，對北投的貢獻相當大，北投的溫泉管路與新北投線鐵道，都是由村上彰一等人推動建設完成的。

知道普濟寺就是鐵眞院之後，筆者立刻請蔡慈鴻先生著手研究普濟寺的歷史與建築，很快地他就寫了一篇「鐵眞院與普濟寺 一棟典型日式寺院的過去與現在」，並與謝百毅測繪平、立面圖；而筆者也根據平田源吾的「北投溫泉誌」，寫了一篇「走尋北投溫泉守護神 湯守觀音」。這兩篇一起刊登在一九九七年三月二十八日，筆者所創辦的《北投社雜誌》第五期。當時《北投社雜誌》每期發行一萬本，全部免費廣泛地傳送北投各機關學校、社區團體與媒體。雖然匆促之間，並沒有去尋找爬梳更多的資料，只用手頭上平田源吾所出版的《北投溫泉誌》等幾份有限的資料書寫，所以該兩篇文章相當簡單，也有一些模糊不精確的違誤之處，但這兩篇文章，應該是戰後，第一次有文章清楚地介紹這棟建築的過去與現在，所以就引起當時許多人與媒體的興趣，特別是湯守觀音的故事，因而廣泛地被取材去報導與介紹。

在一些北投耆老口中，鐵眞院是日本時代的「日本廟」，信眾參拜者多爲北投的日本人，主要後援也由北投的日本人組合所支持，戰後改名爲普濟寺，默默隱藏在北投小山坡的鐵眞院，與供奉其中的湯守觀音，隨著時間流逝，逐漸爲人所遺忘。所以這兩篇文章可說吹動了這二十多年來，參觀、旅遊與研究北投，對鐵眞院與湯守觀音的「再發現之旅」。

普濟寺的房產問題

我們初步研究後，筆者對普濟寺多了一分敬意，也開始與院中人士接觸。可是筆者發現，當時寺中人士對普濟寺的歷史也不甚清楚，反而對筆者所提的普濟寺之歷史，有點畏縮且帶著疑懼與防衛的態度。當年普濟寺的房地，寺方無法順利向政府承租，主事者顧忌恐會引起風波，態度十分低調。但二十多年後的今天可說問題已獲解決，所以現在應該已經可以敞開內容來說明了。

日本時代北投的日本人資產，例如北投跑馬場、北投公共浴場、北投（神）社、天狗庵、瀧乃湯……等等許多日本機關團體或私人所擁有的浴場、旅店、寺院，或公司行號、私人房舍別墅之產權，戰後幾乎全部為來台之政軍黨特各單位無償接收，鐵眞院之土地與房舍都屬於日產，自不例外。戰後普濟寺在甘珠活佛進駐之時代，由於是政府以公文撥借給甘珠，普濟寺與座落土地的使用權，自然不會有問題。但甘珠之後，普濟寺土地與房舍的問題都沒有處理，於是演變成占用「國有房屋」與「縣有土地」的潛在問題。

一九九〇年七月吳滿師姊向財政部申請普濟寺「房屋」的承租，但「土地」佔用問題沒有解決，因而未獲同意。而一九九一年三月，吳滿師姊轉向台北縣政府申請承租普濟寺座落之「土地」，卻又因地上建物「房屋」屬於國有，如沒有承租，就不符省有財產管理規則之規定，所以台北縣府也無法同意該土地的承租。「國有房屋」卡住「縣有土地」的承租；無法承租「縣有土地」也卡住「國有房屋」的承租。「縣有土地」與「國有房屋」互相卡住，使得普濟寺的管理人無法承租土地與房屋，因此普濟寺的寺廟重新更新登記，也一直因而卡住沒有解決。

普濟寺的古蹟陳請

因爲普濟寺的房地承租與更新登記沒有解決，故寺中主事者希望一切事務都低調。所以當時是他們眼中一個奇怪陌生人的筆者，突然出現並認眞論述他們當時並不清楚的普濟寺之歷史，實有疑懼筆者提這些歷史的背後動機，特別是對普濟寺充滿感情，出錢出力達三十年的吳滿師姊，因此當時寺方並未向筆者透露困難的實情，所以筆者也無從下手協助寺方。其實這二十多年來，我們引用「82721」條款，也就是在民國八十二年七月二十一日前，佔有公有非公用財產的處理條款，協助極多鄉親處理這種案例，協調後繳交五年土地使用補償金之後，如使用地目與現況使用沒有違法，要合法辦理承租並不困難。

其實當年筆者對於像普濟寺這樣權屬公有的文化歷史資產，提請古蹟保存是毫不猶豫的。不過筆者多少也認知到產權屬公有的普濟寺，裡面的主事者，那樣態度的背後一定有故事與隱情，如建築未有立即被破壞危機，爲求圓滿還是先與寺方做了許多溝通的情事。因此筆者不斷拜訪普濟寺，並與吳滿師姐他們溝通，陳述指定古蹟的「應該與必要」，特別是筆者對一心想保護普濟寺的師姐，說了關鍵的觀念「指定古蹟才是保護普濟寺最好的方法」。而且筆者既不是宗教人士，也不是商界人士，更不是覬覦寺產的人士，除了想保存這棟具有歷史的美麗文化資產之外，並沒有其他的企圖，何況當時筆者也同時在處理，總共十多件北投的文化資產指定爲古蹟的問題，例如長老教會北投教堂古蹟陳請的複雜問題，甚至還有更複雜的北投溫泉區都市計畫在新時代的改造問題，其問題之棘手更甚於普濟寺當時的問題，所以筆者並非只有對指定普濟寺爲古蹟有興趣而已。

最後吳滿師姐明白了筆者所說的這棟建築的可貴之處，而且也終於明白筆者說的「法定古蹟」是什麼，了解法定古蹟陳請如果成功，是保護普濟寺建築最有效的方法，因此大家也逐漸變成了可以溝通的朋友，最後吳滿師姐也同意筆者向市政府提出古蹟陳請。當年台北市古蹟審查委員到現場審查會勘時，吳師姐也大方出面接待，頗受出席委員們一致好評。從一開始以爲是不明人士「覬覦」寺產，一直到後來支持筆者提出古蹟陳請，是經過一段近兩年溝通的過程。

普濟寺的住持宅

從初識普濟寺即是日本時代的鐵眞院開始，筆者就請當時尙就讀淡江大學建築研究所，因研究北投溫泉建築而與我們熟識，已經英年離世的蔡慈鴻建築師義務幫忙測繪立面圖，書寫建築特色與該建築的簡略歷史。

北投公共浴場陳請古蹟成功後，在籌備溫泉博物館的同時，筆者開始全面展開調查北投的文化資產，尋覓應該保護指定的文化資產，冀望能以群聚的文化資產，豐富北投的溫泉歷史內涵，也藉以改造日益劣化的環境，以建構形成「北投生活環境博物園區」並充實其內涵，以推動文化經濟並帶動文化創生。筆者分批調查後開始向台北市政府提出三波，以及後來幾個個別古蹟的陳請。

一九九七年九月，由筆者具名附上建築特色、部分測繪圖、照片與理由書，向市政府提出北投古蹟陳請案的第一波，這一波共陳請九處古蹟，普濟寺就是其中之一。十月二十三日，民政局邀請學者審查會勘，並由古蹟陳請人的筆者，在現場向審查委員說明普濟寺的約略歷史，並逐項介紹建築的特色，普濟寺的管理人吳滿師姐也在場接待會勘的學者專家。十一月二十七日委員會通過鑑定審查，次年三月十日，台北市政會議通過爲台北市定古蹟，正式定名爲「北投普濟寺」，並於三月二十五日公

2

3

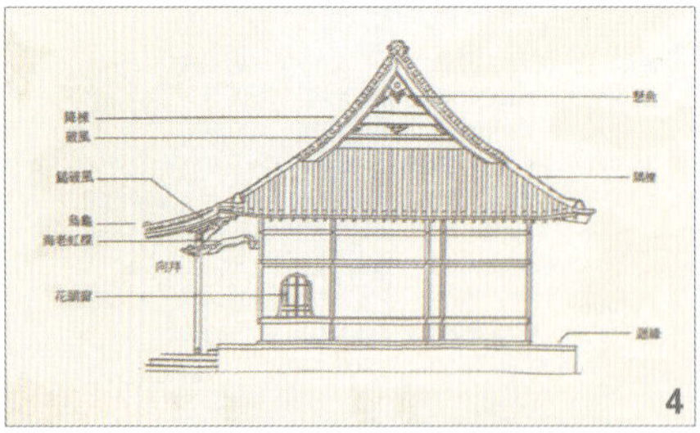
4

台北市
市定古蹟陳請案
日治時期原名
鐵眞院
北投普濟寺

陳請單位
許陽明辦公室
台北市北投區中和街239號2樓
TEL 02-8917982 \ 02-8914737 FAX 02-8914494
（1997年9月）

5

2. 1997-1-30 普濟寺。（筆者 攝）

3. 1997-3 陳請古蹟之北投普濟寺正面立面圖。（蔡慈鴻、謝百毅 測繪）

4. 1997-3 陳請古蹟之北投普濟寺西面立面圖。（蔡慈鴻、謝百毅 測繪）

5. 1997年 筆者陳請北投第一波古蹟案九件中之「北投普濟寺」陳請案封面。

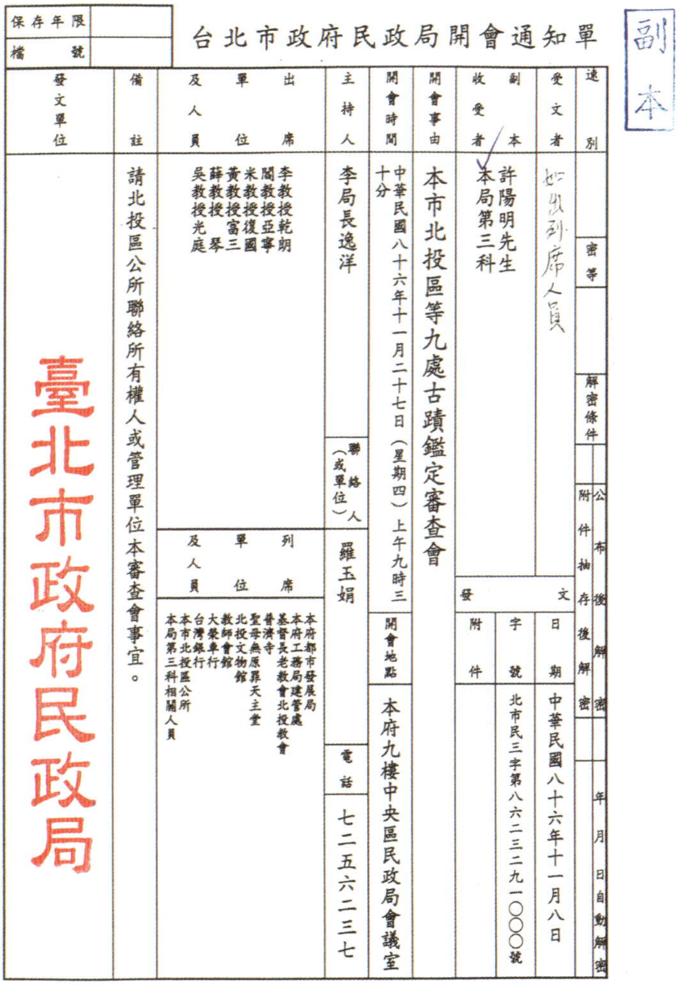

副本

台北市政府民政局開會通知單

保存年限	
檔號	
速別	
密等	
解密條件	附件抽存後解密 / 公布後解密 / 年 月 日自動解密
受文者	如出列席人員
副本收受者	許陽明先生、本局第三科
開會事由	本市北投區等九處古蹟鑑定審查會
開會時間	中華民國八十六年十一月二十七日（星期四）上午九時三十分
開會地點	本府九樓中央區民政局會議室
主持人	李局長逸洋
聯絡人（或單位）	羅玉娟
電話	七二五六二三七
出席單位及人員	李教授乾朗、閻教授亞寧、米教授復國、黃教授富三、薛教授琴、吳教授光庭
列席單位及人員	本府都市發展局、本府工務局建管處、基督長老教會北投教會、普濟寺、聖母無原罪天主堂、北投文物館、教師會館、大榮車行、台灣銀行、本市北投區公所、本局第三科相關人員
備註	請北投區公所聯絡所有權人或管理單位本審查會事宜。
發文日期	中華民國八十六年十一月八日
發文字號	北市民三字第八六二三三九一〇〇〇號
附件	
發文單位	臺北市政府民政局

1

1. 1997-11-27 台北市北投區九處古蹟鑑定審查會，通知陳請人（筆者）之公函。

告。古蹟所定著之土地範圍：台北市北投區崇仰段一小段二三六地號建築本體所在位置，北投普濟寺古蹟建築本體包括：寺院、住持宅、石佛像（指院中子安地藏）、村上彰一翁碑等。

普濟寺的「住持宅」或稱「住持寮」，建築包括「寮房」及「庫裡」兩部分，建築面積約一二七點八七平方公尺；而占地共約一五七點一六平方公尺。「庫裡」是佛教用語，指寺院的台所（廚房）、儲藏與僧房的所在。而寮房以筆者當年的觀察，是書院造的房屋，具有完整的日式座敷，且有兩間浴室，也就是日式佛寺常有的澡堂，在不同位置共有兩間。

當時住持宅的土地雖然還是屬於公有；但建物產權已屬私人合法持有。筆者雖然進去過住持宅參觀，住持宅當時屋況其實相當糟，住持宅建物的所有權人徐鴛鴦女士，是由其父親開始占用進而承購，當徐女士知道筆者想要將住持宅指定為古蹟，對筆者就相當冷淡排斥。但古蹟鑑定審查會時筆者力陳住持宅與寺院是一體的，兩者定著的土地也全部屬於公有，如果住持宅沒有列入古蹟，萬一將來被破壞改建，對普濟寺的文化資產之格局與景觀，是一個難堪而無法挽回的傷害與損失。審查會的委員們一致同意筆者的主張，所以最後也將住持宅指定為古蹟本體之一。

普濟寺的建築之美感動了筆者，使筆者視野大開，普濟寺的再發現過程，引導了筆者繼續探索其他更多日本時代的各種建築。

鐵眞院的淵源

在開始介紹普濟寺及後來古蹟陳請時，我們曾根據訪談而敘述鐵眞院是「鐵道部員工寄附興建的眞言教寺院」。一九一五年，大正四年十二月開工，大正五年一月完工，短短的兩個月即完成建造工程。在寺院成立之初，由圓山的臨濟護國禪寺派了師父來此主持。當時我們即有兩個疑問：一、爲何眞言宗的寺院會請臨濟宗的師父來主持？二、短短兩個月即可建造完成此一工程，時間記載是否有所誤差？

第一個問題，由於那時還沒有找到更多的文獻，也因歷史久遠了，找不到人開釋，也因爲希望很快寫出初步的說明，向各界介紹這棟美麗的建築，以便指定古蹟之說明，而沒有潛心花時間去研究與尋找資料以致有所違誤。但現在關鍵的歷史文獻已經出現，所以我們已經很清楚了，鐵眞院最初是「臨濟宗妙心派」的佈道所，由「北投內地人組合」援助，在興建完成之際，爲紀念那時剛逝世的村上彰一，便以其謚號命名而來，並不是眞言宗的寺院。

第二個問題，我們也曾經爲此請教東京大學工學博士堀込憲二教授，二個月時間建造完成普濟寺那樣規模的日式木構寺院是否可能？因爲日本傳統的木構寺院建築都有一定的尺規，憲二教授認爲如果此事爲眞，那可能是指組裝的時間，而木構等材料則在其他地方都已有所裁切準備妥當，所以才可能在短時間內組裝完成。

雖然沒有看到過初建當時寺院整體外觀的照片，但現在我們也已知道，當時所說以兩個月時間建造的，是約二十多坪原爲臨濟宗妙心派的北投布教所，而不是現在看到的普濟寺。該布教所如果是一棟簡單的建築，那二個月完成就不是問題了。其實一九二三年爲了接待日本裕仁皇太子，所建造的草山御休憩所，現在的草山御賓館之洋館，面積達五十八坪多，再加上廣大的庭園，建造日期官方紀載詳實，總共才花了六十五天而已。所以當時建造二十多坪的布教所就更不是問題了。

但當時我們爲了將北投諸多的文化資產，加以法定保存以防止破壞，並進行環境的改造，且因爲我們同時處理十幾件文化資產，時間上可說相當緊迫。所以我們就以當時看到的有限資料與理解，以及請蔡慈鴻、謝百穀兩位於短時間內測繪完成的正面及西面立面圖，書寫由憲二教授現場指導的普濟寺建築特色之簡介，並由筆者具名陳請，向台北市政府提出「普濟寺台北市定古蹟陳請書」。

筆者在推動北投溫泉鄉重建，倡議保存北投的歷史文化資產之時，尤其對具有文化歷史價值的公有建築更是立場堅定，但是卻也從不隨便說說就要求政府指定，一定是提出研究與測繪圖說，所以當時筆者就常說，筆者的立場只是從保存文化資產的立場出發，言語或書寫若有違誤，或人情世故有所不周之處也請海涵。也應是這樣的態度，才能全面推動，才能在短時間內成功說服，並完成指定與登錄了北投接近二十件公、私都有的法定文化資產，也讓這些文化資產成爲現在北投文化與歷史探索，或觀光旅遊不可或缺的指標地點。

從一九九八年指定古蹟到二十多年後的今天普濟寺，由於傳承的問題已運轉承接，寺院土地與建物的承租，再加上寺廟更新登記，在新世代的住持積極處理之下，都已逐一獲得解決，因此寺方的步調也呈現迴異於一九九〇年代。筆者初接觸普濟寺時，感覺寺方畏縮諱言的景象已完全改觀，許多珍貴的歷史資料也已重新呈光於世。筆者在千禧年，趕在就任忙碌的新職之前，出版較簡單敘述的《女巫之湯——北投溫泉鄉重建筆記》，因此當時有一些重要的故事，書中沒來得及敘述的，或有所違誤的，現在都有必要充實與詳加補正了。

在日本領台初期，即有一些眞言宗的信徒與團體活躍於北投，也在北投留下一些宗教古蹟，如大師山的弘法大師石窟，因此過去也有誤認鐵眞院，也是眞言宗活耀的信徒團體所創建的看法。然而這些年普濟寺與日本臨濟宗妙心派本山方面，已有接觸並往來，所以歷史事實已有呈現。日本臨濟宗本是一分布極廣，極爲龐大的佛教宗派，京都妙心寺是日本臨濟宗派下，也是一建制相當龐大的寺院系統。早在十六世紀，一五二六年妙心寺即形成龍泉派、東海派、靈雲派、聖澤派四大派，及龍泉庵、東海庵、靈雲庵、聖澤庵四本庵。四大派與四本庵之下，各自的系統都相當龐大，各系統所屬的寺院數量都相當多。二〇一七年十二月二十一日「日本臨濟宗妙心寺靈雲院」，與「台灣百丈山力行禪寺普濟寺」更締結為兄弟寺，這可說是戰後普濟寺與日本時代的淵源關係「斷切離」之後的前緣再聯繫。

更有瞭解鐵眞院與其日本時代之歷史與人情世故的熱心日方人士，也提供了鐵眞院在日本時代的關鍵資料，所以鐵眞院在日本時代的歷史，及戰後轉變的諸多原始資料陸續呈光被披露出來。因此普濟寺前身的歷史到目前的流傳，從臨濟宗妙心派北投布教所到鐵眞院鈴木雪應法師、東海宗達法師、安田文秀法師，到戰後葉智性法師的鐵眞寺，再到藏傳格魯派黃教甘珠活佛的普濟寺，到淨土宗性如法師、蓮航法師，到臨濟宗如來藏慧明法師，再到臨濟宗力行禪宗如目法師及如廣法師，不論是建寺源流或文物來源，到戰後教派宗源的演化與更迭，都有了更清晰的面貌。

而筆者此時受近年曾總編《普濟寺簡介》的黃明貴總編輯提供資料與指引，讓筆者得以從原始文獻重新深識普濟寺，這也是筆者對普濟寺提出古蹟陳請，二十多年之後，筆者個人的另一段對普濟寺的「再發現」之旅，所以在此也要特別對黃明貴先生致上萬分的感謝之意，筆者也從中明瞭與理解更多關於鐵眞院的故事。這些再發現實遠超出筆者在將普濟寺陳請為古蹟之時，只單純地對普濟寺的傳承與保存之問題，能順利發展的想望。

臨濟宗妙心派北投布教所

普濟寺陳請成為古蹟成功二十多年後的今天，要特別紀念當時還是研究生，畢業後考上建築師執照，擔任建築師，卻在二〇一三年英年早逝的蔡慈鴻先生。一九九七年時他還是淡江大學的研究生，他為了準備寫碩士論文，普查研究過北投的溫泉旅館建築，他只是跟我們一樣，因研究而了解，想留住北投美好的歷史文化景觀。他從未推辭，也都認眞誠摯地執行我們請他義務幫忙測繪的古蹟陳請建築圖。普濟寺與北投台銀舊宿舍、吟松閣的古蹟陳請，都是因為他快速地畫出精確，專業呈現美麗建築體的建築圖，而讓我們能有足夠的說服力，將這些美麗的歷史建築成功陳請為古蹟。現在繪圖電腦軟體發達極為方便，但當年蔡慈鴻與陳林頌他們日夜趕工，以純手工方式測繪更顯得珍貴。當然當年堀込憲二教授與郭中端老師，對於北投的日式建築，不怨其煩地對我們做學術性與義務性的現場解說與指導，更是讓我們受益良多，當時我們陳請的北投古蹟能那麼順利成功，他們賢伉儷對我們的解說與教導功不可沒。當然還有李乾朗教授、王惠君教授……，及當時多位建築景觀方面的教授，對我們的請教，也一樣有教無類，完全熱心義務指導，在此筆者也要向他們致上最高的敬意與感謝。

根據普濟寺近年出版的介紹，當時的則竹玄敬法師回憶，一九一五年，大正四年，花蓮港方面的蕃界傳教師，日本岐阜人鈴木雪應法師，因年事已高（當時花甲之年已屬年事已高），決定離台返日而北上來臨濟禪寺，當時臨濟寺住持長谷慈圓法師，委託則竹玄敬法師，借用北投海軍用地建造一處二十餘坪的布教所小堂，一九一六年一月布教所竣工，該所即邀請雪應法師主持。寺方近年與日方交流而披露的資料顯示，上面所述一九一五年，大正四年十二月開工的建寺之事，就是在建築臨濟宗「妙心派北投布教所」。一九三四年後改建的鐵眞院現在的普濟寺，其建築總共面積三二二點二二平方公尺，大殿面積一六三點一三平方公尺，住持宅面積一二七點八七平方公尺，自然已經不是未改建前面積狹小的原布教所。

「妙心派北投布教所」所在地點是否即為現在普濟寺座落的地點？如果鐵眞院一九三四年的惆

修，就是將原來的布教所，就地加以拆除重建擴大，那新建的鐵眞院與布教所就應該有地理上的絕對關聯。由當時上棟式的棟札記載，鐵眞院悃修的建築委員長桐村純一，是信徒總代，也是當時的北投庄長。而「悃修上棟式主任比丘雪應」即爲上述的鈴木雪應法師。

「北投湯守觀世音鐵眞院」

一九三四年鐵眞院改建竣工時，立於院子中做爲紀念的「村上彰一翁碑」，內容刻有該寺院是以彰一翁諡號而命名爲「鐵眞院」。村上彰一，一九一六年，大正五年一月五日逝世於東京本鄉湯島宅邸。妙心派北投布教所也是竣工於一九一六年一月，與村上逝世的時間是同一時候。根據碑上的敘述，村上彰一「任職台灣時致力北投開發並建立湯守觀音堂，其逝世後有志一同之士，持續營造並供奉其靈位，後以其諡號名爲鐵眞院」。所以中島春甫所寫一九一六年元月竣工的鐵眞院，就是用村上彰一的「諡號」所命名之原臨濟宗「妙心派北投布教所」。筆者逐年檢視，這個院所自一九一六年落成後，在日本時代的官民會社團體名錄上所登載的名號，其寺院的全稱一直就是「北投湯守觀世音鐵眞院」，一般簡稱「鐵眞院」，當時一般北投的台灣人更簡稱之爲「日本廟」，住職就是岐阜人鈴木雪應。

「村上彰一翁碑」上所稱的「諡號」，是日本佛教對逝者的法名、戒名之上所加「院號」的尊稱用語，而非政府官方對王公相將或功臣身後追贈的封號。「院號」係於信佛而取之「法名」或「戒名」之上，在逝世時所加贈的尊號（尊稱）。村上彰一的諡號「鐵眞院釋淨彰居士」，「院號」常與身分或信願有關，因此村上的諡號中有「鐵」字，咸認與其終身奉獻於鐵道有關。而日本第一位被印在紙鈔上紀念的女性，明治初年女小說家「樋口一葉」，逝世後的諡號是「智相院釋妙葉信女」。

安田文秀的「社會新聞」

一九三四年鐵眞院於今址重建後，鈴木雪應於一九三五年春，七十九歲時過世。鈴木雪應逝世後，「北投湯守觀世音鐵眞院」的住職空缺了約五年。東海宗達於一九四〇年，昭和十五年十二月十日才就任兼務住持。直到一九四二年，昭和十七年四月八日，安田文秀法師才就任鐵眞院住持。鐵眞院的住持，在雪應過世後，爲什麼會空缺五年？而原本雪應屬意的繼承住持安田文秀，爲何到八年後才能接任住持？我們在探索鐵眞院的更深入歷史時，了解鐵眞院的北投耆老，曾對我們透露過一段驚聳、轟動地方的往事。

一八六四年出生於今日本四國高知縣，原日本土佐國安藝郡田野村的松本龜太郎，一八九六年辭公職之際，投身創立北投第二家溫泉旅館松濤園，他與平田源吾幾乎是同一時期，先後投入開發溫泉的北投開拓者。他在一九一一年，又設立「北投陶器所」，也是北投燒陶瓷業的開山者，因而被尊爲「北投燒元祖」。他從京都招聘陶藝技師來台，生產日式製品，如花瓶、茶杯、酒杯等；也曾與他的好友村上彰一倡建淡水鐵道，曾被譽爲一代奇人，及「台灣第一樂園北投」開拓的功勞者。

一九一八年，大正七年十一月十九日，法名爲「松本無住」的松本龜太郎逝世，葬於北投山塋，京都妙心寺諡「破庵無住禪師」，與其逝世三年多的夫人，牌位都供奉於鐵眞院內。身爲開拓北投的先驅者，松本龜太郎逝世後，台灣日日新報連續十日，每日一篇報導連載敘述介紹其生平事蹟。一九一九年他的眾多友人，眾議建碑「無住松本君碑」紀念他，此碑高六尺五寸、寬五尺四寸，正面碑名

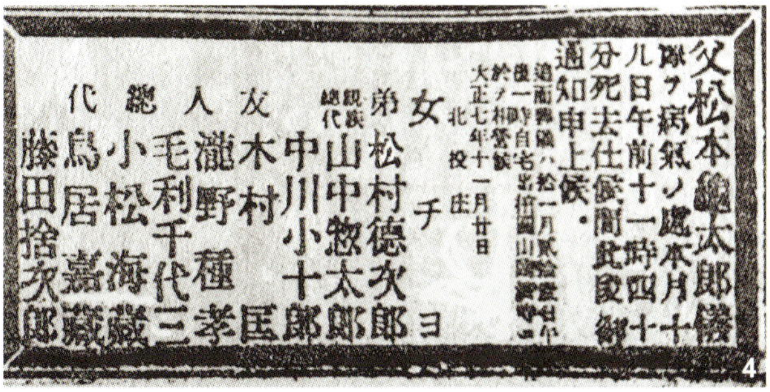

父松本龜太郎儀
豫テ病氣ノ處本月十
八日午前十一時四十
分死去仕候間此段御
通知申上候・
追而葬儀ハ十一月貳拾[illegible]
後一時自宅出棺圓山[illegible]
於テ相營候
大正七年十一月廿日
北投庄

女 チヨ
弟 松村德次郎
親族總代 山中惣太郎
中川小十郎
友人總代 木村匡
瀧野種孝
毛利千代三
小松海藏
鳥居嘉藏
藤田捨次郎

1. 1997-10-23 台北市古蹟審查委員至普濟寺現場審查會勘，陳請人許陽明在現場解說。
2. 村上彰一（1857-1916）。
3. 松本龜太郎（1864-1919）。
4. 松本龜太郎訃聞。
5. 後宮信太郎（1873-1960）。
6. 1935-10-18 松本千代子與安田文秀結婚寫真（刊登於台灣日日新報1935-10-26第十一版）。
7. 日日新報社記者時期的木村泰治。

（後宮信太郎、木村泰治的影像皆是筆者在舊照片的基礎上以Photoshop繪製）

六個大字是由總督明石元二郎，在離台前親書的篆字。當年十月十七日，明石元二郎在回日本途中發病，到日本上陸後在福岡療養，卻於二十四日逝世，據說松本這個紀念碑的碑名，是唯一葬於台灣的台灣總督明石元二郎最後的墨寶。

該紀念碑的紀念文詳敘松本生平事蹟，是由松本的好友「台灣銀行頭取」，住在台北市南門町二丁目七番地台灣銀行官舍的中川小十郎撰文，中川是京都府士族，一八六六年，慶應二年生。一八九三年，明治二十六年畢業於東京帝國大學法科，曾任文部大臣秘書官，京都帝國大學秘書官、內閣總理大臣秘書官，也曾是京都立命館大學的前身京都法政學校一九〇〇年創校的創辦人。

中川小十郎在撰文中頌讚松本生平事蹟與志業，曰：「……蓋君固以國士自在，熱血滿腔，憂時嫉俗，則效命於君國，處則致力於民生，當其暢談時事，論理明晰，滔滔不竭，人莫能抗，嗚呼豈非奇傑之士也哉。……君夙脩禪學……證得六祖眞印，固不淫於富貴，不囿於毀譽，不泥於生死，湛然寂然，超乎象外，而能往來自在者良有以也。……予自渡台以來，與君締交，時以道義相切劘，故知之特深，及君之終，家計蕭然，乃與友侶，合設北投窯業會社，以竟遺志，又為其女，謀教養之道，而理其產……。」

這個紀念碑的碑文內容，也交代了松本老友們處理其身後事的原則。這塊石碑原定在松本逝世週年時舉行建碑式，但當年台灣霍亂大流行，因霍亂流行的阻礙，延至大正八年十一月二十四日才在北投公園舉行建碑式，建碑式的前一日，台灣日日新報第七版即登出「北投開拓の恩人故松本無住翁，北投公園の建碑式」，親友們並在鐵眞院舉行追悼佛式。不過這個儀式當時新聞報導的是「建碑式」，而非一般竣工所稱的「除幕式」。查看其紀念碑的設計圖與計畫位置圖，這個應該立在北投公園內北投溪第一瀧右岸，今加賀屋前面的北投溪岸邊的紀念碑，最後不知所終，不知在什麼時候就消失無蹤了。

孤女松本千代子

松本龜太郎雖然是北投的聞人兼富豪，但他長期患病，五十五歲去世時，擔任喪主的孤女チヨ，松本千代子才四歲，故松本之後事託由其好友中川小十郎、後宮信太郎與小松海藏三人處理。

後宮信太郎（一八七三～一九六〇），一八七三年，明治六年六月十七日生，京都府下北桑田郡人。一八九五年，明治二十八年，二十三歲時赤手空拳渡海來台，歷經艱苦奮鬥，當時他是已具財閥型態的在台日人企業家，所創辦與涉足的事業相當廣泛，曾任台灣總督府評議員、台灣商工會議所會頭、台北商工會議所會頭，還是眾多知名企業台灣金瓜石礦山、後宮炭礦株式會社、台灣煉瓦、高砂麥酒、台灣瓦斯……等等的取締役社長或社長。也涉足投資台灣製紙會社、台灣電力株式會社、日本芳釀株式會社、南洋倉庫株式會社、台灣自動車株式會社等等相當多的企業。

後宮信太郎的宅邸設於台北駅對面，當時台灣最豪華之旅館「台灣鐵道旅館」隔街的「明石町二丁目二番地」，那地點在今之南陽街與許昌街口的三角窗，凱薩大飯店後面那棟台灣人壽大樓的現址。而他的企業總部設在「表町二丁目十四番地」，離他的宅邸很近，位於今館前路與忠孝西路路口的西側三角窗，也是「台灣鐵道旅館」隔今館前路對面的三角窗，也是在台北駅的對面，全都是非常繁榮的地點。當年台灣煉瓦、後宮合名會社、台灣製紙株式會社、後宮炭礦株式會社、北投窯業株式會社等等，許多他旗下的會社總部都設在該址。

松本龜太郎創辦的松濤園館主由宮村宗忠接續。但其開創的北投窯業，在松本過世後因沒有適當的繼承人，而使經營頓挫，於是好友們在中川小十郎的斡旋下，召集小松楠彌、赤司初太郎、坂本素魯哉、木村泰治發起增資十萬圓，成立「北投窯業株式會社」承繼松本所遺之窯業，一九一九年，大正八年二月五日在創立總會，在上述的台灣煉瓦會社樓上開會，選出後宮信太郎、葛野庄治郎、寺西仙次郎為取締役，木村泰治、齋藤豐次為監察役，再互推後宮信太郎為社長，寺西仙次郎為專務取締役。

小松海藏是福岡小倉人，文久三年一八六三年生，則是土木建築業者，一八九五年最早來台時，以澤井組台北支店員身分來台，從事縱貫鐵道的鋪設工程，公司也是設於「台灣鐵道旅館」所在之旁的區塊「表町二丁目五十六番地」。一八九八年曾參與設置現代化的社交團體台北俱樂部；一九一一年後，獨立從事土木建築營造業，一九一四年鋪設台北大橋至新莊支廳山腳莊線輕便鐵道；一九一八年十二月獲礦業許可，從事文山堡青潭庄的石炭販賣業。

木村泰治是一八七二年四月八日生於日本秋田縣大館町，自幼聰敏好學，一八九二年東京外語學校畢業，曾擔任內閣官報局翻譯，一八九七年渡海來台擔任記者，最後擔任了臺灣日日新報總編輯。後投資土地、投資水產及眾多的企業。曾擔任台北市協議會員、台北州協議會員、台灣總督府評議員。

這樣富貴知交眾多的松本龜太郎，身後卻是只留一個四歲的孤女，努力一生之事業家中無人以為繼。父母皆別世才四歲的千代子幼弱無依，遂由松本生前的好友，後來曾任位於兒玉町三丁目台北工業學校（戰後的台北工專、現在的國立台北科技大學）校長的瀧波惣之進（擔任校長時間一九二九年十二月至一九四〇年一月），收為義女接續照顧。千代子在瀧波惣之進家受到良好的教育，在台北樺山小學校就讀時，成績都名列前茅，五年級時到母親的故鄉東京就讀，最後在東京麻布第三高女畢業。畢業後因懷念父母埋身的故鄉，想經常到鐵眞院祭拜父母牌位，所以又回到台灣。

結婚八日即萌短見的悲劇

千代子歸來台灣後仍回到瀧波惣之進家，因經常到鐵眞院參拜父母靈位，進而與寺中人士熟識，並得到住持雪應的喜愛。雪應因病臨終之前，與一些信徒都希望能撮合千代子，與雪應的愛徒安田文秀結婚。具有良好教養，善良的千代子，對安田本無意，但最後還是答應了雪應與安田交往，經過一段時間，千代子逐漸接受並信賴安田，兩人遂在一九三五年十月十八日舉行了一個盛大隆重的婚禮。

兩人結婚八天後，十月二十六日《台灣日日新報》第十一版新聞報導，二十四日一群從南部來北投遊覽的公學校學生，在「地獄谷」現在稱爲「地熱谷」的地方，發現在強酸高溫的湧泉中躺著一具女體。在溫泉鄉的觀光名勝上竟發生了這狀極悽慘的事情，事態非同小可，於是警方馬上展開調查。

警方很快就查出亡者竟然是剛結婚幾天，鐵眞院的僧妻，二十一歲的新娘，花嫁松本千代子。北投發展的功勞者，鼎鼎大名之松本龜太郎的孤女，且是當任的台北工業學校校長瀧波惣之進扶養長大的義女，與北投也是大名鼎鼎鐵眞院住持的愛徒，可望接任住持的安田結爲連理，才剛在北投舉行了一樁盛大豪華轟動的婚禮，結果「舉結婚式僅經八日間即萌短見」，結婚才八天之後竟然發生新娘自殺的悲劇，新聞報導之慘狀尤其令人驚悚。

接著新聞爭相調查報導，因爲新娘婚前即曾聽聞到，安田曾與北投公共浴場看守長谷川的妻子，素來風評不佳的文美，有不倫關係的傳聞。因此千代子曾經興問安田此事，結果安田並沒有否認，但保證會斷切此段關係，所以兩人還是結婚了。原本認爲安田應該是一位品德高尚的人，所以受有良好教養的千代子知道此事之後，可能實在無法接受，而對這個婚姻的美好想像破滅。不過既然如此究竟爲何還要選擇結婚，或還有發生什麼重大無解的爭端？不過這些都是當時新聞的報導，我們已經無法眞正瞭解事實眞相了。

只知案發當日清晨新婚夫婦曾有過口角，千代子在清晨與夫婿爭吵後，安田繼續誦經不以爲意。據新聞報導，目擊者說千代子就獨自走到鐵眞院附近的地獄谷徘徊良久，最後還是縱身跳入青磺泉源地，玉殞於高溫強酸青磺湧泉口的地獄谷中。檢測酸鹼值的pH值從0～14之間。酸鹼值7是中性，數值越小酸度越強，地熱谷的青磺pH值，目前大約都維持在1～2之間，屬強酸，出水口溫度也經常至少維持在攝氏九十多度甚至超過沸點，我們在重建北投的過程中，曾經以一段建築鋼筋插入其中測試，不到一個月鋼筋即大部分融化。在這樣高溫強酸的溫泉湧泉口，肉身躍入其中，後果當然不堪設想。

新聞雜誌接續報導「安田僧因品行不修，有種種風評，故今春鈴木師去世應昇爲住職，被信徒反對不果，女之嫁他非出其本心，於婚嫁之際，嘗云欲以死爭之」。在雪應離世後，他的愛徒安田文秀原本順理成章應該接任鐵眞院住持，千代子自殺事件爆發後，鐵眞院的信眾譁然，安田就更受到信眾的抵制，而無法接任住持。因而鐵眞院的住持，就空缺了五年，一九四〇年，昭和十五年十二月十日才由東海宗達擔任兼務住持。

安田文秀法師在發生這樁悲慘的憾事之後，也深爲懺悔而潛心向佛修練，才慢慢取得信眾的接納，最後才在一九四二年，昭和十七年四月八日，歷經八年後才就任鐵眞院住持，本籍是日本岐阜縣稻葉郡更木村小佐野的安田文秀，開始戰亂之時接住持四年之後，引揚回到日本，一九五七年十二月三十日離世，得年五十八歲（一九〇〇～一九五七），他離開台灣後也終身未再娶。

戰後巨變從「鐵真院」到「鐵真寺」的因應

二戰日本敗後，一九四六年四月安田文秀返回日本前，與「信徒總代」桐村純一與鳥居嘉藏聯名簽署委任狀，桐村純一曾任北投庄長；鳥居嘉藏則是長期支持鐵眞院的「北投內地人組合」組合長，在一九四六年三月十日，共同「因接收上必要一切權限行使」，將「臨濟宗妙心寺末三等鐵眞院」，委任給「台北縣七星區北投鎭關渡二一四番地慈航寺」住職台灣人葉智性爲代理人，簽署委任狀之時間，已是終戰後隔年，因此葉智性法師就成爲鐵眞院戰後第一個台灣人住持，他接了住持之後，也順應時局將鐵眞院改了一個中式的名稱爲「鐵眞寺」。

臨濟宗妙心寺除了派別之外，寺院位階的建制還分有「本、末寺院」，除了日本之「本山」或「總本山」之外，分支末院又分三等。所以鐵眞院在日本時代的身分位階，是臨濟宗妙心寺之下所屬的末三等寺院。關渡慈航寺在日本時代，原本也是京都妙心寺派之禪寺，屬台北圓山臨濟寺的末等寺，是鐵眞院系出同門的寺院，遂委任葉智性法師兼管。

二戰後台灣處理有關日人產業之相關規定：「在日人遣返之前，部分日人將財產贈與或廉價出售民眾，或者抵充債務，也有少數民眾塗改契約日期，蒙混取得財產，相關隱匿財產必須予以追回」。因此安田文秀諸人與葉智性委託書上所寫的是「因接收上必要」，我們雖不知那代表的明確意圖，但戰後國府來台接收的過程中，確實有許多日人的民間小型產業或房產，以種種方法希望能逃過被政府沒收充公。但鐵眞院與坐落的土地皆是日本時代明確的日產，所以戰後就直接無償收歸爲我政府財產。一九四五年十一月由「台灣省行政長官公署」與「台灣省警備總司令部」，聯合組成的「台灣省接收委員會」，開始逐步進行接收日產。因此安田文秀與葉智性所簽這個私下傳承的委任狀，委任之時已是日本投降後，我政府開始接收日產後的隔年，這與當時的接收規定完全不符，因此這在當時政府的眼中，當然是無效的委任。所以寺方必須隨時配合政府的處置，也當然不得有異議。

甘珠入住與鐵真院的斷切離

一九四九年，藏傳佛教格魯派（黃教），依轉世制度被國民政府認定的第十七世甘珠活佛，隨政府來台灣，他是蒙藏地區，隨國民政府來台的僧侶中，原地位僅次於嘉章活佛，在佛教界地位甚爲崇高，政府要收攬他，對其安置自不能怠慢。所以他來台灣後，財政部國有財產局就配合政策，將接收的原日產北投鐵眞寺的房舍，撥借甘珠活佛住錫。

筆者從原始文獻上檢視，一九四九年七月二十五日葉智性住持，以「前中國佛教會台灣省分會理事長」的身分，函覆省政府秘書處對「甘珠活佛入住鐵眞寺」一事之要求，敬表「遵辦」，而且說明甘珠活佛已經入住；但葉智性住持的這一函件，有一個很特別的請求「以後活佛移駐他方望還本人保管是祈」。所以同年十月二十七日台灣省政府秘書處簽，行禮如儀地以便函回覆葉智性住持，並在同一便函中告知甘珠活佛：

「一、七月二十五日函悉。二、函請通知甘珠活佛在離台時將北投鐵眞寺房屋交還接管並請除甘珠活佛及隨員外，任何人不能住入一節　准予照辦。三、除去函甘珠活佛外　轉覆查照。此致　北投鐵眞寺葉主持智性」。而此便函中通知甘珠活佛的部分則爲：「一、原北投鐵眞寺房屋業經本府電令草山管理局轉知撥借貴活佛並已遷入居住在案。二、茲轉該寺主持葉智性函，該屋除甘珠活佛及隨員外，其餘任何人請勿入住，並請在將來離台時房屋交還主持接管以免糾紛……。三、除函復外轉函查照爲荷。此致 甘珠活佛」。一九五一年六月省政府也是由省主席吳國楨，以「肆巳文府管二字第六八四〇號」代電，一紙公文就由官方逕自核准甘珠活佛爲鐵眞寺的住管。

一九六三年六月，甘珠活佛正式聘任性如法師爲普濟寺監院。實際上甘珠活佛極爲活耀，其雖由藏傳轉世制度而來，但法號法印也本爲國民政府所頒，來台後政府交辦及弘法任務也屬繁多，一九五七年在章嘉活佛捨世圓寂後，甘珠活佛續接任第三屆中國佛教會理事長。甘珠活佛也曾多次離台去東南亞與北美各地，參與各地佛教界盛事與弘法，確實需要助手處理普濟寺的事務。

其實當時台灣人口也開始暴增，中南部北上就業的人口極多，居住問題相當緊迫。當時普濟寺的住持宅，自民國三十五年即由一位從苗栗北上到北投的水果商販徐文發佔住，他也出租他人共三戶人家擠身於住持宅中，並在院子飼養雞鴨。就清淨佛門而言，環境可謂極差，以身分極爲尊崇的甘珠活佛而言，與其緊緊相鄰而居，雞犬相聞，其實應該算相當委屈。一九六一年甘珠活佛在新店成立「甘珠精舍」，一九六三年十一月十五日曾實際由性如法師，陳請省政府處理住持宅被占住的問題，省主席黃杰曾以「府建四字第80606號」令陽明山管理局迅予處理但無結果。後來雖由性如法師興建一鏤空花式水泥磚矮圍牆以爲阻隔，但雞飛狗跳，其吵雜情形並無多大改善。一九六五年之後甘珠就常駐甘珠精舍，這時擔任普濟寺監院的性如法師，應該就是長駐於普濟寺的實質住持法師。

戰後鐵真院的改名與寺廟登記

興建於一九二四年的北投嗄嘮別庄關渡慈航寺，與鐵眞院系出同門。一九六四年，民國五十三年時，因防治洪患淹水之理由，而將關渡隘口的象鼻頭，炸開以拓寬河道，慈航寺當時也被水利局拆除。一九六九年慈航寺擇於現址北投中和街四五六號重建，一九七五年十一月重新落成。葉智性住持俗家本名葉港，早年在今高雄柴山下的鼓山湧泉寺出家，他本是慈航寺的開山住持，不兼管鐵眞寺十五年後，一九六四年也圓寂於關渡慈航寺，慈航寺住持則由智正法師繼承，其與鐵眞寺已無關聯了。

而普濟寺向陽明山管理局辦理寺廟登記，一九六四年四月三十日獲發「政民字第十七號寺廟登記表」，登記名稱也改爲「普濟寺（原名鐵眞院）」，管理人與住持爲「甘珠爾瓦呼圖克圖」，「呼圖克圖」意即活佛，甘珠當時年齡五十二歲，普濟寺的登記建別爲「募建」。但以「普濟寺」之名號而言，至此已非昔日的「鐵眞院」，故筆者認爲當時正確陳述應該是「接收日產、政府撥借」；「管理人繼承慣例」欄位則寫明「係臨時代管借住」。但一九六九年四月二十五日普濟寺加入中國佛教會台北分會（即現在的台北市佛教會之前身），登記的住持卻爲「僧性如」法師。性如法師江蘇如皋人，生於一九二八年。

所以那時性如法師應該就是普濟寺實際的代表與住持。但法定名義住持是由何人擔任？如官方寺廟登記沒有變更，住持名義應還是甘珠。甘珠活佛一九七八年六月十三日在新店甘珠精舍圓寂，甘珠圓寂後，其身後一切法事，由其灌頂弟子廣定法師全權包辦，諸般法事都不以普濟寺之名爲之，其肉身全身舍利也供奉於新店甘珠精舍。甘珠圓寂後，精舍產權由其胞弟貢楚格策登繼承。其弟係陸軍中尉退伍，具榮民身份，民國七十一年亡故後，無人繼承財產。依兩岸人民關係條例，由退輔會榮民榮眷基金會接收管理，甘珠諸多後事，其實與普濟寺完全無關聯了。但普濟寺則依中央蒙藏委員會主政之甘珠治喪委員會之建議，由甘珠任命的監院性如法師繼任普濟寺之住持，在甘珠入駐及掛名住持普濟寺約三十年之後，性如法師才成爲名實相符的普濟寺住持。

從這些歷史的流轉觀察，一九四九年省政府的便函「除甘珠活佛及隨員外，任何人不能住入」，實際上是一紙「有禮貌的強制接收函」，函中回應葉智性法師，交代甘珠日後「離台時房屋交還接管」云云，只是客套而已，事實是再也不會有機會交還給葉智性住持接管了。於是淵源於日式宗教的鐵眞院，在向陽明山管理局辦理寺廟登記時，正式改名爲「普濟寺」。甘珠入駐後，從此「鐵眞寺」改名並轉變爲中土藏傳宗教的「普濟寺」，我們可以推斷日本時代日式宗教的典型擺設與裝置，就在甘珠入駐之時，也被改換成藏傳黃教的布置，至此鐵眞院與日本的宗教淵源就斷切離了。

國府來台後，日本時代日本人創建之事業的承繼，都是每個事業的歷史轉折點。舉例說明：台灣大學的前身是創立於一九二八年的台北帝國大學，一九四五年政府接收後改名爲國立台灣大學，台灣大學雖可說創校九十五年，但校長還是只能分開分別計算任別。台北帝國大學時代有四位總長，但這四位並沒有計算入國立台灣大學校長的任別。日本時代的台北二中，今雖可說創校一百年，但校長還是日本時代與現在的成功中學分開計算任別。

日本在一八七三年，明治六年廢除了一切身分和階層的婚姻限制，也允許和尚可以自由通婚娶妻生子，這與華人世界的出家人之戒律是大異其趣的。因此從主客觀分別觀察，在甘珠活佛斷切離鐵眞院（寺）的信仰與名稱之後，普濟寺的歷史當然還是要從其前身鐵眞院時代開始溯源，但筆者認爲應該定位「甘珠活佛就是普濟寺的第一位住持」，因爲鐵眞寺從甘珠以藏傳黃教的活佛住錫，並將之改名爲普濟寺之後，其實就像台灣大學、成功中學一樣，與台北帝國大學、台北二中的體制與系統斷切離了。

而且甘珠也絕不可能，認同他是鐵眞院的第五代住持，否則就不需將鐵眞院（寺）改名換宗。一九六五年之後就常駐新店以他爲名的甘珠精舍，看來應該是不願長久寄居於普濟寺的屋簷下，這樣的甘珠是否會認同他是普濟寺的第一代住持？筆者認為應該是未必。外界稱呼他都是以活佛尊稱，不會稱呼他「普濟寺住持」。向陽明山管理局寺廟登記時，雖然管理人與住持都塡寫甘珠活佛，因這是法規登記上的必要，但「管理人繼承慣例」欄位則塡寫「係臨時代管借住」的甘珠，在普濟寺只是「借住」而已，自我認同的身分應該還是中土藏傳轉世，備受國民政府尊崇禮遇的活佛，而不是可能算委屈於當時環境也算差，雞犬相聞的北投普濟寺之住持吧。

湯守觀音之蒙蔽

至於村上彰一所送的「湯守觀音」在鐵眞院的地位應是如何？一九二五年五月十六日台灣日日新報第五版已有報導，標題是「北投湯守觀音祭」報導北投鐵眞院內觀音祭訂於十七日舉行，活動內容有藝妓舞蹈、相撲與煙火大會，北投的旅館也都對外開放，甚至當天行駛台北至北投的「巴」汽車也「割引」打折以配合招攬遊客，那時的鐵眞院還是未改建的小寺院，但由此看起來與湯守觀音的連結已經是很緊密了，因為該寺院落成後，鐵眞院在當時每年出版的工商會社組織名錄上，長期登載的正式全名稱一直都是「北投湯守觀世音鐵眞院」。因此湯守觀世音應是鐵眞院的祭祀主神，才會如此登載寺院的名稱。

「湯守觀音」鑲龕於現在鐵眞院的大殿牆上主位是什麼時候？筆者判斷應該是在日本時代，而且是一九三四年鐵眞院重建之時即供奉於主殿大位。因為鐵眞院之名，係紀念村上彰一而來，而湯守觀音則是村上彰一所奉納。而且戰後只是受委託兼管的住持，在時局變亂之中，將「鐵眞院」改名為「鐵眞寺」的葉智性法師，斷不會也不需去做將沒有寫名號與國籍的湯守觀音，鑲龕於大殿牆上這種需要大興土木的費工之事。之後，藏傳黃教入駐自稱「係臨時代管借住」的甘珠，更絕不可能去做這種除非打破牆壁，否則無法移入鑲龕的事。

所以筆者認爲村上彰一所送的湯守觀音，應該就是在重建那時爲紀念村上彰一，而鑲龕於重建之大殿主尊之位置，否則不須再立碑於庭院中以爲記，也不會再以「北投湯守觀世音鐵眞院」，以突顯祭祀主神的名號在公開發行的會社名錄上長期登載。

湯守觀音雖非佛教世界原本既有的佛尊，而是一尊由北投日本人的溫泉業者發起而新創命名於北投的佛尊，也是因祈求北投溫泉事業興隆而立的佛尊，更是一尊具有獨一無二歷史的特立佛尊。從日本時代即爲北投溫泉業、料理業的日本人所尊拜，而擴及至北投的一些民眾，並曾多次舉辦藝妓舞蹈、相撲及放煙火的熱鬧慶典「湯守觀音祭」。雖然北投耆老述說，那些祭典實際上的參與者多是以日本人爲主，但位居大殿主尊之位的湯守觀音，才能擁有如此盛大獨特的祭典吧。

筆者的看法是如果鐵眞院能持續尊奉歷史長遠的湯守觀音，並光大其名位，必能成爲北投溫泉守護神的象徵，也必然會使寺院成爲極有特色而獨樹一格的寺院，也會讓鐵眞院與湯守觀音因此成爲北投甚至台灣的名勝。

但應該可以讓鐵眞院遠近馳名，奉於鐵眞院大殿主尊之位，獨樹一格的湯守觀音，也是日本時代「北投湯守觀世音鐵眞院」的招牌主神，爲什麼會被緊貼排奉在現在普濟寺的主神千手觀音之後，以致遮蔽而看不到，而形同被排擠貶抑？湯守觀音被隱藏於千手觀音之後，隨時光流逝，連後來長期的管理者都不知其名號與歷史，只剩在每年農曆十二月二十四日，送神回歸天庭，可以移動其他佛尊的清塵打掃之日，才得以讓這尊寺方已不知其所以的石佛，在這一日默默地重光一次。

雖說觀音菩薩，千手千面，哪裡有需要都可化身救苦救難，在這種意境之下，湯守觀音與千手

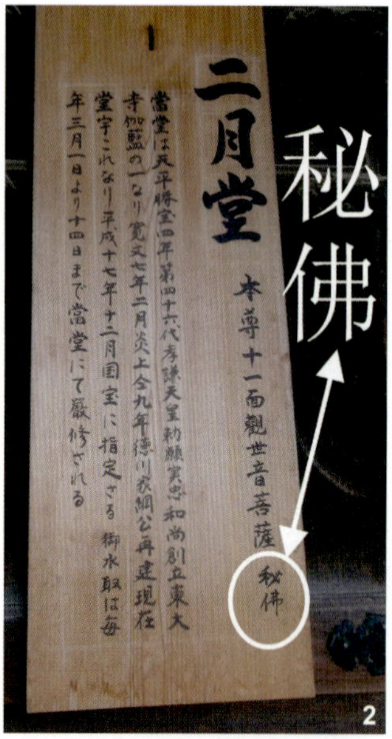

1. 1999-2-9 湯守觀音像，2000年5月出版於「女巫之湯」一書中，是戰後湯守觀音的影像首度出現於書本介紹。（筆者 攝）
2. 2012-4-4 奈良世界文化遺產東大寺二月堂之「十一面觀世音菩薩」秘佛說明牌。
3. 2012-4-4 奈良世界文化遺產東大寺二月堂之「十一面觀世音菩薩」秘佛拜堂。

觀音，都是觀音菩薩的化身無分彼此，所以排前排後都是同尊，並無尊卑之分。但聖俗有別，教有所宗，形意相連，另命名開光一尊湯守觀音，或用千手觀音遮擋於湯守觀音之前，都是俗世的想像與作爲，人間歷史即是俗世，因此筆者在此都是以俗世觀點觀察歷史與此現象，所以這應可稱之爲「湯守觀音之蒙蔽」。

性如法師之後的普濟寺

日本有一種「秘佛」，也有一種絕對完全不公開的「絕對秘佛」，因特殊歷史緣由，以隱藏方式供奉佛尊，但秘佛的供奉雖不公開，但其制度卻是一套嚴謹尊崇的公開形制，絕非是一種隱晦蒙掩蔽。以筆者參觀過世界文化遺產，日本奈良東大寺的「二月堂」日本國寶「十一面觀世音菩薩」，也是一尊秘佛，而且對外明白書寫該尊的秘佛身分。其尊奉之處緊密無縫，一般信眾完全不能看到本尊，但該堂另設立了一座小型的莊嚴佛堂，供奉一幅金屬銘版的十一面觀世音菩薩像，讓信眾參拜。日本長野山善光寺是北投善光寺之總本山，尊奉於日本長野善光寺，同樣被指定爲日本國寶的秘佛「阿彌陀三尊」，其尊奉方式與制度也是非常地嚴謹與尊貴而聞名於世。

我們以日本時代寺院的正式全名稱「北投湯守觀世音鐵眞院」，及湯守觀音在日本時代的名聲，與北投日人爲其熱鬧慶祝的活動型式來看，應該不會是「秘佛」。以「秘佛」的形制來說，應該是更尊貴的形制。但以現在被隱身的湯守觀音之待遇，其實應該是被「貶抑」，秘佛尊奉的佛理與邏輯不會是如此。所以筆者認爲湯守觀音被蒙掩蔽於千手觀音之後，與村上彰一翁碑被破壞，應都是政權轉換，甘珠入駐時代，因完全不同之教派進駐，信奉不同，對宗教寺院影響的歷史演變之情事。就自稱「係臨時代管借住」的甘珠而言，也不需要特別將湯守觀音從大殿最尊位挖出來棄置，因為那是需要大動干戈、大興土木的情事，只要把這尊不知何方神聖的石像遮蔽起來，就是最簡單方便的處置方式。

甘珠之後，從一九七八到一九八五普濟寺由性如法師擔任住持。根據寺方原始文件顯示，一九八五年十一月二十五日，性如法師因病，五十八歲離世，離世之前一九八三年元月十五日曾預留遺書表明：其暫時管理的泉源路上的大廈之房屋為楊吳滿居士所有，倘若在管理期間，性如發生任何不測意外事件，一切所有產權仍得過戶給還楊吳滿居士。普濟寺事務則委由楊吳滿全權負責處理。這部分的遺書內容如下「普濟寺雖為公產，但寺中一切事物，楊吳滿居士勞心最大，幫忙最多；因此會議普濟寺由何人主持負責，均請楊吳滿居士全權處理。」

日本時代的鐵眞院是有以「北投內地人組合」之日本人為主的信徒組織，所以也有「信徒總代」的職稱，一九三四年鐵眞院改建之時的建築委員長桐村純一是北投庄長，但也是信徒總代，戰後形勢丕變，日本時代的日人信眾引揚回日後組織就已不存繼了。從甘珠開始，到本是政府單位直接介入授受，而任普濟寺住持的性如法師，也沒有將普濟寺組織化，雖說普濟寺的空間有限，可能也受整體政治氛圍拘束，但另一方面，他也宛如客卿而沒有栽培後續接任的子弟，或尋覓接任的住持人選，也因他繼續這樣的一紙授受給吳滿居士，形成往後普濟寺單線且單一管理人或再加一兼任住持的局面，性如法師也沒有處理普濟寺與政府所有之房地產的權利義務關係，因此就造成日後房地產承租與寺廟登記的一些困難問題。性如法師當年是由官方蒙藏委員會直接欽點接任住持，如有處理房產的問題，日後就一定可以免除那些承租不順的困擾。

楊吳滿女士，大家過去口中尊稱的楊師姐，生於一九三七年九月二十七日，新竹縣人。後來恢復本家姓名吳滿，她本是民間企業的董娘，因參拜而結緣日深，成爲性如法師之在家弟子，法號慧圓，並且逐漸全心全意，出錢出力，遂成普濟寺之鼎柱。一九九一年由吳滿女士禮聘的住持蓮航法師，是中和南山放生寺開山住持，來兼任普濟寺住持。筆者初識普濟寺之時，蓮航法師雖是住持但並不常見，寺中事務幾乎均由日常都在寺中的吳滿師姐定奪。

單線且單一管理人或再加一兼任住持的局面，對於寺院的長久發展風險極大。所以當年筆者在《女巫之湯》書上，因此曾直白地書寫，長遠來看普濟寺還有「體制與傳承」與「產權」的問題，建築物本身也需要定期維護與保養。不過普濟寺古蹟陳請當時，台北市古蹟審查委員們，在現場審查會勘普濟寺時，一致推崇吳滿女士的用心保存。他們認爲，如果每個古蹟管理人都像普濟寺的守護者一樣，古蹟一定都能被妥善保存。近三十年來吳滿女士視普濟寺爲瑰寶，一磚一瓦一木妥善照料；如果說普濟寺當時是全台保存最好的日式寺院，而且是在沒有系統性寺院體系的支持下還能如此，吳滿女士實功不可沒。

搶修普濟寺的屋頂

然而，普濟寺畢竟是木構建築，而且歷史也算悠久。在潮濕多雨夏季悶熱的台北，維護上自是有許多問題，過去如有問題發生，多是吳滿師姐雇工自行修繕，尤其屋頂漏雨，多是自請民間「土水師」修補，甚至是自己拿水泥爬上屋頂去補漏，能做到這樣，常是吳滿師姐相當自豪之情事。但由於屋頂漏雨沒有徹底專業修理，反因不斷加料、改料鋪蓋，日積月累，致使外觀還不錯的普濟寺，其屋頂的承受力早已失衡，隨時有斷裂崩塌的危機而不知。

1. 北投普濟寺屋頂熨斗瓦與棟瓦的排列方式。
2. 2000-2-23 普濟寺屋頂塌陷破洞。
3. 2000-2-23 陳林頌與黃桂冠老師，在普濟寺與吳滿師姐討論處理修復屋頂破洞事宜。（黃桂冠老師 攝）
4. 2000-2-23 黃桂冠老師在普濟寺現場協助屋頂破洞處理。

普濟寺屋頂是屬於單層的入母造建築，最頂端的中脊所用之「熨斗瓦」，其鋪設的方式甚爲高聳莊嚴。依筆者在二〇〇〇年之際屋頂重整修之時的觀察紀錄，其鋪設方式是在屋頂中脊兩側向下的斜邊之最上部，各以五層「熨斗瓦」，以間距不大的階梯式，逐層往上至中脊頂排列。中間的三層階梯，每一階都各有三疊「熨斗瓦」交錯相疊。屋脊兩邊階梯式排列之「熨斗瓦」的最上層，也就是第五層，兩邊的階梯在此層併合在一起成頂部。在這個頂部，再覆蓋上「棟瓦」，也就是屋頂最頂端屋中脊的屋瓦。

「棟瓦」通常有兩種，一種稱爲「冠瓦」，一種稱爲「伏間瓦」，兩者的區別在於曲度，「冠瓦」是半圓筒狀，像個半圓筒；而「伏間瓦」曲度較緩，也就是較平，外觀明顯不是半圓筒狀的。普濟寺所使用的棟瓦則是較平緩的「伏間瓦」。普濟寺屋頂上每一疊都錯開排列的「熨斗瓦」，與每一層都以微距階梯式往上排列的熨斗瓦，除了美觀之外，應該就是爲了屋頂順利排水與洩水的需要。可能前一年的九二一地震已有影響，二〇〇〇年二月二十二日傍晚，由於連日下雨，普濟寺大樑突然斷裂，屋頂「中脊」貼著東邊「垂脊」的地方，在屋頂的南側，熨斗瓦的部位，整個塌陷下去成了一個大洞，塌陷長約二七五公分，超過整個中脊長度的五分之一。次日清晨吳滿師姐來到寺院，看到情況嚴重即展開搶救工作，但因爲這次的情況太嚴重了，不是過去只是漏雨，自行雇工處理就可以了。

所以吳滿師姐立即打電話給筆者，要筆者趕快過去幫忙處理，但那時總統大選投票日逼近，大選正熾熱，筆者在辦公室無法前往，所以筆者馬上通知陳林頌趕往普濟寺查看，也通知鄰近的張聿文里長一起去幫忙。他們兩位及黃桂冠老師等眾人趕到看了現場後，就趕緊去張羅大型的塑膠布，先將普濟寺的中脊塌陷部位，以大型塑膠布覆蓋起來，以免雨水不斷往建築內部灌注。隨後，陳林頌通知市政府文化局到場會勘，並開始幫忙寺方瞭解市定古蹟申請補助的法定程序，去爭取文化局經費補助徹底修理普濟寺的屋頂。

這次修理拆開屋瓦，全面打開屋頂，才發現當時普濟寺屋頂的幾個問題：

一、東面屋瓦及南面屋瓦已由文化瓦取代原有黑瓦。東南垂脊和戧脊、西南垂脊和戧脊之上的小鬼瓦都由水泥塊取代，許多屋瓦之間塡滿水泥以補漏。

二、用來固定屋瓦的銅線，有不同的粗細，也有用鐵線，甚至也有用不銹鋼線；屋頂上掛瓦的木條稱爲「瓦棧」，也就是「掛瓦條」，各排的間隙不均，造成屋瓦的間隙不一，也造成屋瓦的密合出問題會漏水。這些都證明屋頂在過去有經過多次的非專業修繕。

三、屋瓦全部拆開才發現，屋瓦之下的整個「屋面」，也就是日本所稱的「野地板」，已經嚴重塌陷，以往修繕時，曾以夾板代替原杉木版，屋面板破損極多，而且椽條嚴重損壞，拆解時幾乎全斷了。

四、屋瓦與屋面板之間塡了許多泥土須清除。

五、屋頂五座屋架，均爲上等檜木，材質非常良好，僅有少許因雨淋潮濕有點腐壞，需刨除鑲入補充木料，全不需更換。方桁斷裂腐朽共三十四支需抽換，立柱均腐朽需抽換……。

總之，屋頂內部問題極多，早已失去平衡，已經算嚴重到需要全面檢修了，否則屋頂早晚會全面崩塌。

普濟寺豪華的幣串與棟札

利用這次普濟寺本堂大殿屋頂的整修，過程中筆者曾在二〇〇〇年五月二十七日與其後的幾個星

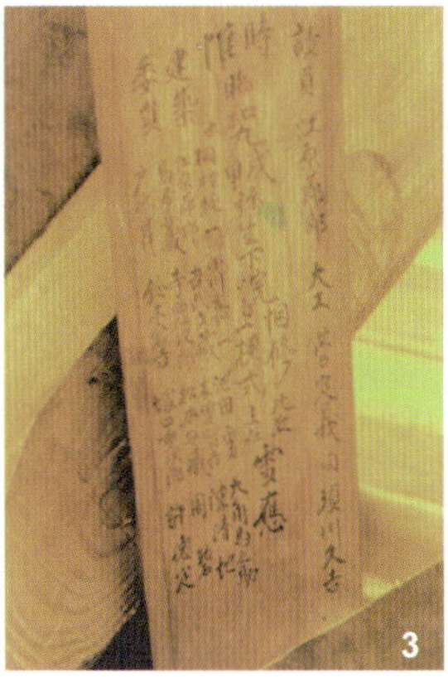

1. 2000-5-27 筆者訪查普濟寺屋頂塌陷，攝於普濟寺屋頂內。

2-3. 2000-5-27 鐵真院於1934-3-26舉行上棟式的棟札。（筆者 攝）

4. 2000-5-27 鐵真院於1934-3-26舉行上棟式的棟札與幣串之全貌，棟札的位置在最下方。而幣串最上方的扇圓則已腐蝕不全。（筆者 攝）

期日，抽空與陳林頌，登上大殿屋頂進入內部，詳細拍照記錄時，發現了立於「昭和九年參月貳拾六日」，甲戌年悃（至誠之心意）修上樑時祈福與紀念的「幣串」與「棟札」。

一般而言「棟札」是紀念物並無法力，故常有記載業主、整修承責人名與時間記事等等。而上棟的「幣串」則是必須施過法的，所以上棟時所用的幣串都是日本民俗認為具有法力的神物，用來祝禱工事順利，祈求鎮宅除厄或幸福平安等等。「幣串」的結構、長短雖各有差異，但基本上都是立一支檜木柱，其上書寫「祝上棟」或「上棟式」，且檜木柱通常畫有代表各種意思的橫線。而其上端則會釘有一圓扇，其下再加裝飾有基本上為紅白兩色的和紙所串聯成的「紙垂」與其他裝飾而成。

普濟寺大殿屋頂內的「幣串」，在檜木柱的頂部正中切了一細縫，並在細縫中，很神奇地塞進一張整整齊齊，折疊成與檜木柱同寬的純白色日本和紙，在塞入和紙頂部的稍下方，檜木柱上則釘黏著三把單獨的日本宣紙扇，三把扇展開釘在一起正好圍成一個圓形。但是因為年代久遠，那時我們看到的那三支扇子，雖然還是可以看出原始的型態，但扇面與扇骨竹支已經腐蛀而殘破了。至於「幣串」應有的配件「紙垂」，也應該是腐爛已經不存了。

在圍成圓之三面扇子的再稍下一點，檜木柱上則以毛筆字寫著「上棟式」。「上棟式」三個字的上面是以墨劃著三條粗條，字下面則以墨劃著五條粗條，筆者揣測這可能是代表佛教的「三界五行」運行之理。再下面則有一根橫樑與檜木柱垂直交叉著，交叉下面即該檜木柱的下方部，此一段檜木柱的背面以毛筆寫著「昭和九年參月貳拾六日」，即一九三四年三月二十六日，為鐵眞院重建時的上樑日，距離我們發現這個幣串與棟札的時間，已超過六十六年之久。普濟寺的幣串檜木柱仍完好無缺，惟扇圓已殘破腐壞，但由殘留的部分仍可以看出其原本是相當齊全豪華。而普濟寺住持宅上棟的幣串，所記載的時間也是「昭和九年參月貳拾六日」，所以鐵眞院重建當時，本堂與住持宅應該是同時在施工。

日本建築對西洋式三角形桁架上，中央垂直的短柱稱爲「眞束」。普濟寺大殿在昭和九年所立的幣串與棟札，就是釘立在屋頂中央的「眞束」之上。

幣串之檜木柱的底部則是釘掛著一塊檜木板所做的棟札。棟札正中上部位以大字書寫「奉眞讀大般若理趣分經」，右邊以小字寫著「佛運延洪 皇基鞏固 萬民和樂」，左邊寫著「法輪常轉 仁澤普霑 國土昭平」。我們這次的發現，除紀錄拍照以外，我們工作室並將之公開出來，這應是普濟寺大殿的棟札與幣串，在戰後的首次呈現。但筆者所寫的《女巫之湯——北投溫泉鄉重建筆記》已在二〇〇〇年五月十日出版，時間早了一點，所以當時無緣將此棟札與幣串同時記載在該書上出版。

鐵眞院建築委員是庄長人脈大匯集

棟札正中央的下半部寫著「寶牘 惟時 昭和九年甲戌彌生下院 上棟式 悃修主任比丘雪應」，比丘雪應就是當時的住持鈴木雪應法師。右邊列著「請責 江原萮郎」爲工程承包商、「大工 菅定義同 須川久吉」菅定義與須川久吉這兩個人爲主要的工頭，左邊列著建築委員的名單，在「建築委員」四字下面，第一排的名單右起是「桐村純一、江原萮郎、鳥居嘉藏、戶水昇」，這四個人分別代表信眾總代、承包者、長期支援者「北投內地人組合」的組合長及鐵道部的代表。

在桐村純一的名字右上方，還有一小字「長」。桐村純一，京都府天田郡下川口村上天津二〇〇四番地人，曾於一九二七年至一九三五年擔任北投庄長，曾努力推動大屯國定公園，鐵眞院這次悃修時（一九三四年）他正擔任北投庄長，他是這次改建建築委員會的委員長。

第二排名單右起是「小川嘉一、吉武才藏、寺西仙次郎、鈴木倉吉」；第三排右起名單是「池田勇、木曾留吉、松本安藏、塚口重次郎」；第四排右起名單是「大川馬之助、陳清地、周碧、許德定」。

名單中人都是當時北投地方的知名人士，吉武才藏、寺西仙次郎、鳥居嘉藏、鈴木倉吉、木曾留吉、周碧與許德定，都曾先後擔任過北投庄協議會員。台灣人陳清地又名為「陳清池」，則曾在桐村純一擔任北投庄長時的副手「助役」。台灣總督府於一九一三年，大正二年制定公布「台灣產業組合規則」，讓各地方依此設立產業組合，北投於大正九年九月開始設立「有限責任北投信用購買組合」，組合長由庄長擔任，除了理、監事各一名為日人外，其餘皆由台灣人擔任。桐村純一擔任北投庄長時，也同時擔任「有限責任北投信用購買組合」的組合長。當時鳥居嘉藏、陳清地擔任該利用組合的理事，吉武才藏擔任監事；池田勇則擔任該組合的「信用評定委員」。

一九三三年，昭和八年時，三卷俊夫擔任組合長時，寺西仙次郎、周碧擔任過理事，吉武才藏、許德定擔任過監事。日本滋賀人藥師出身的鳥居嘉藏，除了經營自家販賣藥品、文具等的「鳥居商店」，也擔任長期支援鐵眞院之「北投內地人組合」的組合長，等於是北投日本人同鄉會的會長。

前面說過，松本龜太郎去世時，孤女松本千代子才四歲，所以一九一九年，窯場由松本生前好友大企業家後宮信太郎接手經營，增資易名為「北投窯業株式會社」，後再改組為「台灣窯業株式會社」。委員名單中的寺西仙次郎，當時是北投窯業株式會社的專務取締役。昭和十一年時，寺西仙次郎曾在一次座談會中，曾說他們一個月可以賣出三十萬塊磁磚，也可以賣出碗盤三十萬個。以那時代的人口看，北投庄總人口數才一萬四千多人，如果沒有誇大，這些數量算是相當龐大。目前普濟寺中遮擋湯守觀音的千手觀音也是由其所奉納。兵庫人鈴木倉吉則為「北投內地人組合」的評議員。

木曾留吉，一八六六年六月二十七日，出生於江戶，日後的東京日本橋松島町。一八九五年與礦業界木村久太郎來到台灣。在木村扶持下，一九一一年到基隆經營炭礦業後致富。一九一九年任「蓬萊自動車株式會社」監察人，不久後木曾留吉買下該會社成立「北投自動車株式會社」，經營台北至北投的交通，並致力於北投的開發，一九二〇年被官方遴選爲北投庄協議會員。

江原節郎，家住在原台北後菜園街，町名改正後的西門町三丁目二十二與二十四番地，開業於大正十二年六月六日的「合名會社太田組」之第二代負責人，太田組曾參與日本時代台灣許多大型公共建設的工程，是當時著名的土木建築業者，也是這次鐵眞院悃修工程的承擔業者。江原節郎平時也熱心捐輸公益，曾在昭和六年十二月一日獲頒「紺綬褒章」。褒章是日本明治維新後，所建立以獎勵民間熱心公益人士或團體的一種榮譽制度，褒章制度設立後逐漸增加種類，紺綬褒章爲其中之一種，是用於表揚捐輸私財給政府或公益團體用於公益的榮譽佩章，以今日之標準看，能獲得紺綬褒章表揚，至少是捐輸五百萬（日幣）的個人，或捐輸一千萬的團體。

戶水昇是本籍石川縣的日本鹿兒島人，東京大學畢業後一年，一九一六年高等文官考試合格，一九一七年來台擔任鐵道部書記，一九二二年轉任遞信局監理課，歷經各種職務後，一九三一年五月八日局長、知事大更迭，任交通局鐵道部庶務課長兼總務課長，一九三三年至一九三四年鐵眞院重建時，擔任鐵道部庶務課長兼監督課長，一九三五年專任鐵道部庶務課長，一九三六年轉任遞信部長，一九三九年一月至十二月曾短暫任台北州知事。小川嘉一則曾任總督府內務局土木課長，昭和九年時任鐵道部運輸課長。鐵眞院重建時，戶水昇與小川嘉一應該都是代表村上彰一系統淵源的鐵道部而列名。

橫跨兩時代的北投台籍首富周碧

第四排有三個是台灣人，名單中的周碧需要特別介紹一下。周碧出生於一八八二年，明治十五年七月七日，原為舊名「和尚洲」的台北州新莊郡鷺洲庄，後來改名為蘆洲，即戰後的台北縣蘆洲鄉、蘆洲市，現在的新北市蘆洲區的人。周碧的次子周琨庭的長子周宗文，是李遠哲院長大姊李惠美的先生，是李院長的大姊夫，所以周碧算是李遠哲院長的親家公。一九〇四年，明治三十七年，周碧從總督府國語學校師範科畢業，畢業後派任瑞芳公學校訓導，在赴任前先拜訪基隆廳長山名金明（明治三十五年至三十八年任基隆廳長）時，認識了當時基隆的礦業鉅子，同時也擔任瑞芳庄學務委員的顏雲年。擔任教員後的周碧曾獲模範教師榮銜，並獲選為早稻田大學的校外生。

周碧在一九〇八年，二十六歲之時，教學義務年限期滿，本想離開瑞芳山城前往華南發展。但地方人士不捨周碧離開，就由校長近藤郁郎與呂九庄長，一起設法想留住周碧。最後想出的辦法就是兩人一起做媒，向顏雲年提出建議，請顏雲年代向沒有兒子，只有兩個女兒的大哥顏東年提親，作媒撮合周碧與顏東年長女顏扁的婚事。因為顏雲年也相當欣賞周碧，所以大家一拍即合，於是就順利談妥婚事，周碧就在當年十月，二十六歲之時與顏東年的長女顏扁結婚，成為礦業大王基隆鉅戶顏家的女婿。

周碧婚後改變初衷，想要從事學校用品之販賣事業，並向學校提出辭呈。當時顏雲年正與蘇源泉共同合資成立雲泉商會，但蘇源泉卻突然病逝，顏雲年因此要周碧進入雲泉商會幫忙。一九〇九年八月，周碧進入雲泉商會工作。一九一八年，大正七年十月一日，掌握調控採礦之物資與人力功能的雲泉商會改組為株式會社，十一月十八日，日治之初即擁有採礦特權的男爵藤田傳三郎所主持的「藤田合名會社」，將其特權所取有的九份山「礦一號」的採礦權，賣給雲泉商會。顏家的事業頓時更如猛虎添翼，此時顏雲年擔任雲泉商會取締役社長，周碧則擔任常務取締役。

基隆顏家的家業分爲三大股，分別以仁和、禮和、義和三個商行爲代表。周碧並非入贅基隆顏家，所以也沒有如日本的「婿養子」制度改宗岳家姓，但周碧確實如日本的「婿養子」一般，繼承了顏東年這一房仁和系統的家宗，因此周碧也陸續代表顏東年這一房家業仁和系統的「株」（股份）主，擔任顏家兄弟主掌的基隆炭礦株式會社取締役（董事）、興業信託株式會社的常務取締役。周碧從此被台灣第一礦業鉅子的顏家倚爲肱骨，成爲基隆顏家台陽集團各企業的要角，在顏家兄弟陸續逝世後，周碧仍然大力輔佐接班顏家產業的其妻堂弟顏欽賢。戰後顏家曾遭遇一段與國民黨政府不對盤的時期，顏家能度過那段艱辛之政權轉換過渡時的日子，一直大方捐輸，黨政關係還算良好的周碧盡力協助，實有一定的功勞。

在那個時代大台北地區的富商巨賈，交際宴酬總喜歡選擇到輕鬆自在的北投舉行。尤其是溫泉煙影嬝繞的北投，大大不同於當時多雨的基隆。筆者猜測，可能是因此周碧就喜愛上北投，於是在北投興建豪華別墅，並逐漸從基隆田寮港遷居到北投。不過周碧雖然在北投陸續購置有不少的房地產，周碧雖曾從第一屆北投庄協議會開始擔任協議員，但他在北投並沒有明顯的事業主體，所以他仍然是基隆台陽事業集團的要人，在台陽各事業體、公司擔任如常務取締役（常務董事）、取締役（董事）、監察役（監事）等等要職。

二戰後民國三十四年，一九四五年日本戰敗後，周碧曾受命擔任北投鎭短暫的首任官派鎭長，一九四六年六月至一九四七年七月，周碧又被派任原爲北投尋常小學校改制爲北投初中的首任校長，也從一九四六年四月十五日至一九五〇年十二月三十一日，出任未改制爲縣議會之前，由鎭代表選出的台北縣參議會參議員。

周碧是當年北投人公認的北投台灣人首富，但富有的周碧在北投樂善好施，是陸尤進《北投導遊指南》筆下的「好好先生」，又是知識分子出身，遂也成爲日治後半期及戰後初期北投的台籍要人。連太平洋戰爭末期，那些即將要遠赴戰場的神風特攻隊來到北投，周碧就需要花大錢趕緊去張羅配給管制的豬隻，宰殺以犒慰那些即將壯烈赴戰場的神風特攻隊員；民國三十八年蔣中正與國民黨來台，大舉進駐草山並設立總裁辦公室，因恐有「落草爲寇」之譏，那時周碧也要被抓去領銜推動將「草山」改名爲「陽明山」。總之，富有的北投「好好先生」周碧，算是能者多勞了。

周碧的「果園別墅」被戲稱「北投白宮」

興建於日本時代的北投周碧宅邸在這裡也要特別說明一下。周碧宅邸原隱藏於北投光明路上，今陽信銀行北投分行的後面，庭院的大門在今陽信分行的隔壁，地址是光明路一五〇號。當年尚未建築其宅前的陽明山信用合作社北投分社，也就是陽信銀行北投分行的前身時，周碧宅邸是位於新、舊北投火車站之間的要通上，原是一棟具有相當廣大的前庭與車寄樓台的美麗歐式豪宅，外號稱「果園別墅」。附近北投耆老都說，北投光明路上今陽信銀行北投分行一帶的土地，原都是周碧家所有，但後來周碧家族陸續賣掉或處分，陸續興建成光明路上的街屋，周碧宅邸才變成隱藏在街屋之後。周碧宅邸雖因北投街區發展的變化而變得不顯眼，但當年可是一棟矗立北投街上的華麗豪宅。

當年周碧宅邸被北投老一輩鄉親戲稱爲「北投白宮」，當然並不是指跟白宮一樣廣大，而是其在北投街上的地位顯要。一九三五年，昭和十年九月發行的《台灣風景紹介誌》中，介紹到北投時，北

1. 1999-5-5 往昔被北投鄉親戲稱為北投白宮的「周碧宅邸 果園別墅」。（陳林頌 攝）

2. 1997-9-12 從光明路街屋樓頂側面拍攝周碧宅邸之屋頂，也可以看出該豪宅屋側有一寬大的院子（筆者 攝）

3. 1934年 鐵真院重建，桐村純一時任北投庄長。

4. 1928年 「有限責任北投信用購買組合」出資證券金貳拾圓的壹口券正面。

5.「北投同風會」與「有限責任北投信用購買組合」都具有官辦性質，因此組織都設置在北投庄役所內。

投名勝相當多，但該書唯一使用的北投照片竟是「北投周碧氏果園別墅」。據周碧宅邸附近的北投耆老說，戰後蔣經國第一次到北投參訪，即在周碧宅邸接受款待，而轟動北投鎮。一九九八年底之時，我們還去察看已經準備蓋大樓而荒廢了的周碧宅邸，不過知情的陽信人員告訴筆者這棟建築的拆除手續已經完備，隨時可拆，要搶救已經來不及了。一九九九年五月五日，陳林頌還特地去拍攝周碧宅邸的最後身影，不久後周碧宅邸就拆除改建，現在其舊址之上已經改建成爲一棟緊貼在陽信銀行北投分行後面，沒什麼特色的大樓了。

鐵眞院棟札上之名單中的許德定，出生於一八八二年十月五日，精通日語。一九〇四年五月八日開始從事鴉片買賣，一九〇五年八月七日開始米穀買賣，鴉片被禁止民間買賣之後，一九一二年，三十歲之時開始，利用北投生產的三角藺草，從事塌塌米、草鞋等的製造致富。有一個數字可供參考：一九二八年之時，北投的三角藺草產業，一年產值有六萬三千日圓，一九三四年鐵眞院大修時，北投的藺草產業規模一定更大。上面提到的桐村純一，與藥劑師出身經營「鳥居商店」的鳥居嘉藏，也都曾任從事藺草產業的「台灣製莚株式會社」的要角，桐村純一是「主事」，製莚也是其在民間的主要事業；鳥居嘉藏則爲取締役。許德定除了振興北投的民生工業，提供婦女就業機會外，也熱心於從事慈善救濟失業。他比較著名的行誼，是在一九二二年組織「和漢文研習會」，讓工廠的女工可以在工作之餘學習進修，也積極參與「同風會」的活動。

「同風會」是日本時代最早的地域性教化組織，最早成立於一九一四年，成立的目的在於矯正傳統風俗、打破迷信和推展普及國語（日語）。除了各政府層級的聯合會外，又以性別年齡分成戶主會（戶長與二十五歲以上男性）、主婦會（二十歲以上女性）、青年會（二十五歲以下修畢初等教育的男性）、處女會（二十歲以下修畢初等教育女性）。許德定在一九二六年擔任「北投庄同風會北投戶主會」副會長，致力於推動普及國語（日語）。一九二八年擔任北投庄協議會員，一九三一年曾受表彰推動國語普及有功。

由於發現該棟札，我們頓時豁然開朗了解，原來鐵眞院在一九三四年承包大修的讀負，就是寄附普濟寺院子中之「村上彰一翁碑」的包商江原節郎，所以立於昭和九年七月的「村上彰一翁碑」，就是昭和九年鐵眞院悃修完成而立的紀念碑。一九三四年之時，開拓北投溫泉事業，與村上彰一熟識的開山先輩們，陸續故去而由後人接手。看那年鐵眞院擴大重建的寄付者，應該就是棟札上所列之人，只有看到一個北投溫泉業者鈴木蒼吉參與其中，鈴木蒼吉是日本兵庫縣人，當時是「神泉閣」溫泉旅館兼料理店的業主，一九二〇年之前後曾擔任「北投宿屋業組合」組合長，也可說就是如同北投溫泉旅館公會的會長。

「有限責任北投信用購買組合」、「北投同風會」這些組織也都設於「北投庄役場」（公所）內，都是具有官方色彩的組織。歸納棟札上的人名，應該是以信徒總代表、悃修委員長，時任北投庄長的桐村純一爲主的事業人脈，及村上彰一脈絡關聯的鐵道部人員。這也可具體地看出北投耆老口中之日本廟的鐵眞院，那時之信徒與奉納支持者的屬性。

紀錄社區搶救記事的「另類上棟式」

經過眾人的努力，普濟寺的修復工程於二〇〇〇年十一月五日順利開工，之後我們工作室不但邀請負責修復的黃天浩建築師，到「北投生態文史工作室」來爲北投鄉親開說明會。幾位參與我們工作室，在北投復興高中，北投各國中小學任教的幾位老師，除了工作室召集人黃桂冠老師外，還有如

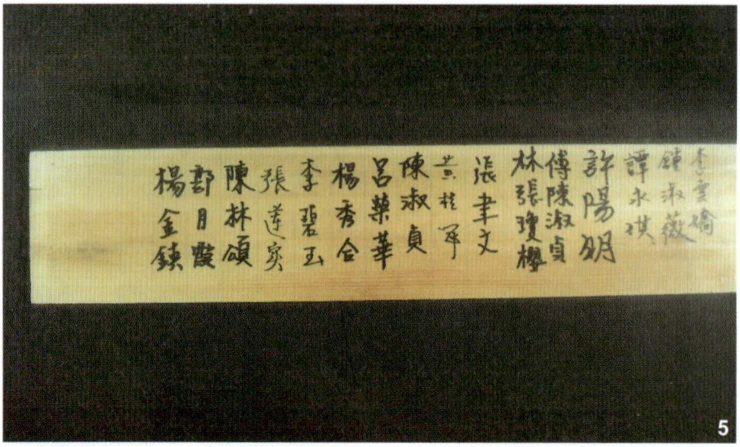

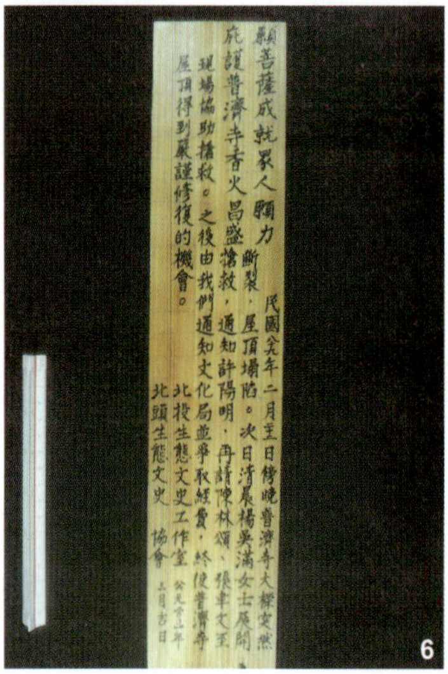

5. 2001-3-18 普濟寺屋頂修復社區上棟式之社區新棟札。（背面）

6. 2001-3-18 普濟寺屋頂修復社區上棟式之社區新棟札。（正面）

7. 2001-3-18 北投普濟寺社區自辦搶修屋頂之上樑式，由陳林頌將社區製作的棟札上樑固定。

8. 2001年 北投生態文史協會與北投生態文史工作室，舉辦北投普濟寺屋頂導覽。

1. 2001-3-18 普濟寺屋頂修復，舉辦社區上棟式之前與吳滿師姐合影。北投國中陳琦君老師（右一）、北投國中洪斐菲老師（右二）、北投溫泉博物館志工李碧玉（右三）、復興高中李雲嬌老師（右四）、新民國中黃文菊老師（左一）、北投國中陳瑋鈴老師（左二）、張聿文里長（左三）、吳滿師姐（左四）、陳林頌（後排）。李雲嬌老師所拿的，即是社區搶救上棟式的棟札。（北投國小黃桂冠老師 攝）
2. 2001年 黃天浩建築師到北投生態文史協會，說明北投普濟寺修復事宜。
3. 2001-4-30 北投普濟寺，陳林頌做屋瓦紀錄。
4. 2001-4-30 北投普濟寺，陳瑋鈴老師記錄屋瓦。

北投國中陳琦君老師、洪斐菲老師、陳瑋鈴老師，復興高中李雲嬌老師，新民國中黃文菊老師，該地里長張聿文，志工李碧玉……等等，除了參與活動，其中也有利用課餘時間，參與普濟寺精彩多樣屋瓦、大小鬼瓦的照相與紀錄工作。陳林頌也爲屋頂做了全盤的檢視紀錄，也把握難得方便上屋頂內部的機會，舉辦了好幾次普濟寺屋頂內部的導覽說明會。

普濟寺精彩多樣的屋瓦中，有比較特殊的巨型大鬼瓦、小鬼瓦，也有一對像烏龜的玄武形黑瓦。大家要求維持使用黑瓦，不要使用現代常用的上釉黑灰色瓦，以維護普濟寺那種莊嚴宓靜的氣氛。但是那時台灣無法找到同樣的黑瓦，特別是大小的鬼瓦。最後，承包商找到中國蘇州已有幾個世紀歷史的御窯，去複製普濟寺損壞的大小鬼瓦。

二〇〇一年春天，普濟寺的上樑工作終於可以進行了。市政府文化局在二〇〇一年三月十三日，舉行了一個並不特別的上樑儀式，也沒有通知協助搶修的北投鄉親到場參加。一些參與搶救的鄉親是看到報紙，才知道市政府已經舉行了一次靜悄悄，完全沒通知當年積極關懷這棟寺院的社區居民，甚至也沒通知參與搶救的在地里長的上樑儀式。出錢的政府最大，而普濟寺方與工程單位只是配合而已，無法隨意出主意，這雖很正常，但這對參與搶救普濟寺的鄉親來說，都覺得這樣的模式，與社區參與的精神實顯疏離，所以，就由陳林頌通知「北頭生態文史協會」與「北投生態文史工作室」，當初參與搶修的兄弟姊妹們一起開會，大家就決定自己來辦一次紀錄搶救記事，屬於社區自己的上棟式。

大家就約好時間，由復興高中的李雲嬌老師請朋友，在陳林頌準備的檜木板正面上寫著：「願菩薩成就眾人願力庇護普濟寺香火昌盛」，「民國八十九年二月二十二日傍晚普濟寺大樑突然斷裂，屋頂塌陷。次日清晨楊吳滿女士展開搶救，通知許陽明，再請陳林頌、張聿文至現場協助搶救。之後由我們通知文化局並爭取經費，終使普濟寺屋頂得到嚴謹修復的機會。北投生態文史工作室、北頭生態文史協會 公元二〇〇一年三月吉日」，而背面則請此次參與搶救的鄉親，逐一將名字簽於其上：「李雲嬌、鍾淑薇、譚永琪、許陽明、傅陳淑貞、林張瓊櫻、張聿文、黃桂冠、陳淑貞、呂榮華、楊秀合、李碧玉、張蓮實、陳林頌、郭月霞、楊金鎮」共十六人。

一個屬於社區參與搶救記事的上樑儀式，三月十八日星期日，就在眾人將自己做的棟札，奉到普濟寺眾佛之前，並邀請吳滿師姊一起虔誠祭拜後，大家就上到屋頂，看陳林頌將我們做的棟札奉上普濟寺的中脊樑下，以黃色絲線固定。沒有喧嘩的慶祝音樂，也沒有熱鬧的賀客盈門，不過，看著林頌掛上大家親筆簽名的棟札，每個站在普濟寺屋頂內的北投鄉親，看到這棟大家衷心喜愛的佛寺，即將恢復厚重莊嚴美麗的外觀，都覺得自己做了一次非常有意義，且莊嚴神聖的事工。

從我們積極參與搶救普濟寺的屋頂開始，參與我們工作室的諸多義工中，有許多位都是北投中、小學校的老師與在校的研究生，大家自發性地舉辦了討論會、說明會，也將普濟寺的屋頂內部、屋瓦逐一拍照、測量、測繪與紀錄，還鄭重地舉辦了社區搶救紀錄的上樑儀式。在這過程中，我們的這些活動，也都有邀請吳師姐參與，而一直謹守在普濟寺之內部事務的吳滿師姐，那時除了筆者之外，她看到一群由我們工作室號召而來，本是陌生人的老師、研究生與社區民眾，都不是閒雜人等，卻都來關心參與無償之搶救普濟寺的屋頂，大家熱情、活潑、無私，專業又異類。看我們與市政府各搞各的，她保持不言，都配合我們與市政府各自舉辦的活動，相信她一定開了眼界覺得很新鮮。

二〇〇一年九月十五日，由文化局長龍應台主持普濟寺修復完工典禮。普濟寺經此次整修，整棟建築更健康了，又一次恢復了莊嚴美麗的外觀。

村上彰一翁碑

普濟寺正殿右前方院子中有一塊石碑，因立於砌石堆上，略高於二六〇公分，最寬處約一三八公分，碑厚約二十六公分。碑文的部分則高一二一公分，寬七十八公分。此碑上抬頭僅露出「一翁碑」三個字的碑名。碑名之下其實鐫刻著碑文「村上鐵道翁略傳」，描述村上翁的背景與奉獻，而「村上鐵道翁」即是對「村上彰一」的尊稱。該碑文字「村上彰」三個字被水泥所覆而看不清楚，碑文內容也多為水泥所覆蓋。所以這座碑確切的名稱應該是「村上彰一翁碑」才是。

其實戰後，日人在北投留有一些人物的紀念石碑，各個石碑戰後的遭遇並不同。位於大屯山麓面天坪一帶登山步道上，還有一碑高一丈一尺三寸、面寬四尺六寸，由北投民眾立於一九二五年十一月十五日，碑文為「皇太子殿下行啓紀念碑」的石碑。其實裕仁並沒有到該地，石碑今天尚在，但戰後碑文全被鑿毀，已完全無法辨識碑文內容，僅能在舊照片中看到未被破壞前的碑文。還有另一座「東宮駐駕紀念碑」落成於一九二四年，大正十三年四月二十五日，立於草山御貴賓館入口道前左側，交叉路口的圓環邊，這座紀念碑也曾是很多北投人或遊客到此一遊留影的熱門地點。但草山御貴賓館是戰後蔣中正來台的第一個住所，自不可能讓蔣中正每天一出門轉彎就看到此一紀念碑，所以此碑在戰後很快地就不知所終了。

立於一九三四年，昭和九年三月，由台北州知事野口敏治所立，位於陽明山苗圃旁七星山登山步道口附近的「行啓並御成婚紀念造林地」，立碑當年應該算在很醒目的地點，但是周邊樹木長起來後，應該就較不張揚了，且長條形碑體從地面算，總高一四〇公分，面寬三九點七公分，深十八點五公分，如算到碑背面最突出的地方深約二十三點五公分。整體說起來碑體亦不大，所以也沒有被破壞

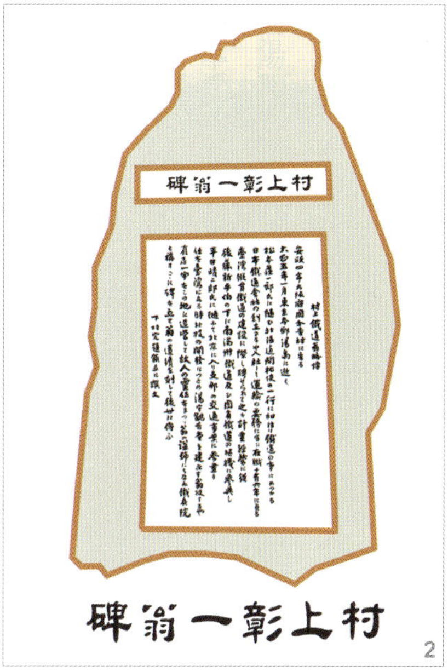

1. 2022年 普濟寺院子中的村上彰一翁碑。

2. 村上彰一翁碑，輪廓圖及模擬碑文之文字。(筆者 繪製)

3. 1996年 我們一群北投鄉親一起搶救北投畜魂碑，管碧玲與許陽明合影。

至今尚在。紀念發現北投石的岡本要八郎之紀念碑「岡本翁頌德碑」，則因戰爭期間輾轉移動而失蹤，戰後重新尋獲，最後被岡本先生的門生故舊，於一九六三年三月二十九日除幕，安座於較隱密的北投善光寺參拜階梯道旁，亦沒被破壞。而紀念日本時代對草山的開發與交通頗有貢獻，創辦台北至草山的「巴自動車」與「巴旅館」的「館野弘六紀念碑」，位於原小山崙之上，其上有不少高大的樹木，環境也不算張揚，所以也沒被破壞還存在。

當然日本時代北投還有建立其他性質的石碑，例如日本紀元二千六百年，即一九四〇年，昭和十五年由北投市場攤商吳虹芋、楊慶瑞、陳珠樹、陳水元、許甲申、陳蔭等六人建立，台北市衛生課長安達敬智書寫碑文，設在北投市場外磺港溪邊的「畜魂碑」，是屬於市場內歷年犧牲之牲畜的慰靈碑。此碑在一九九六年十一月磺港溪旁整建「北投第一一九號公園」，現在的「大豐公園」及地下停車場時，經筆者協調後暫遷移至北投市場內安置，在公園與地下停車場完工後，才由工程單位再安置回去，但重新安置的狀況，有稍微偏離原來的位置與方向。

日本時代北投草山之「人物紀念碑」的現況

	碑名	建碑年代	現況
一	松本無住紀念碑	一九一九年	在北投公園紀念松本龜太郎的紀念碑，不知所終。
二	皇太子殿下御渡涉紀念碑	一九二三年	非在原址。現立於瀧乃湯院子中但未破壞。

三	東宮駐駕紀念碑	一九二四年	位於草山御貴賓館入口前左側圓環邊。不知所終。
四	皇太子殿下行啓紀念碑	一九二五年	仍在面天山原址，但碑文全毀。
五	館野弘六紀念碑	一九三〇年	於原址未破壞。
六	井村大吉胸像紀念碑	一九三四年	北投公園原址基座未破壞，但井村銅像在戰後被移除改爲光復紀念碑，孫中山百年誕辰，光復紀念碑又被移除改爲孫中山銅像。
七	行啓並御成婚紀念造林地	一九三四年	七星山苗圃登山道旁原址，未破壞。
八	村上彰一翁碑	一九三四年	鐵眞院原址，水泥敷蓋局部破壞。
九	岡本翁頌德碑	一九六三年	尚未立碑，即進入太平洋戰爭。戰後重光，最後立於北投善光寺階梯旁。

台灣在戰後許多日人之遺跡被破壞，筆者認爲應有主動與被動的情形。一九五二年四月三日，台灣省政府建設廳代電，「電希飭所屬主辦度政人員切實注意消滅日據時代遺留台秤日文鑄字」，要求各縣市政府及陽明山管理局，說本省現正積極消滅日據時期遺跡，如橋樑上之「昭和某年造」均已改爲「中華民國某年造」，希飭所屬主辦度政人員切實辦理日本時代製造的商用台秤，鑄刻有「大日本帝國台灣總督府製」字樣，在檢定衡器時如有類似鑄刻字樣，應著修理商削去後，始予檢定。

但矛盾的是同一年，一九五二年中華民國與日本國建交，政府還曾經特別將陽明山後山公園，此地原名「羽衣園」，依日本時代原園主「山本義信」的姓氏重新命名爲「山本公園」，以示兩國友好關係。一九七二年九月二十九日，日本與台灣斷交後，一九七四年內政部再公布「台內民字第五七三九零一號函」：其主旨是「清除日據時代表現日本帝國主義優越感之殖民統治紀念遺跡要點」，該公文內容的第一項即爲「日本神社遺跡應即澈底清除」。在二戰結束幾乎過了三十年之後，政府才又因台、日斷交，才又有此破壞已經是自己擁有的財產，重申澈底清除日本統治紀念遺跡的宣告。所以一切日人之遺跡，並非在戰後就被清除一空。

下村宏題額並撰文

由上表所述日本時代北投之日人紀念碑的那些林林總總的不同狀況，筆者判斷這村上彰一翁石碑，大有可能是甘珠活佛住錫之時代被破壞的。但甘珠在當時是何等之人物，一般人應該不會，也不敢在甘珠住錫的時候，從溫泉路特別拿水泥，上去寺廟且自由自在地破壞石碑。筆者認爲戰後隨國府來台的人士，由於中日戰爭的緣故，或因此遺恨，或不齒日本時代遺留頌揚日人之石碑，或台人有人疑懼留著頌揚日人之文物恐遭致麻煩惹禍，故而將之破壞，這其實是很合實情的。甘珠活佛受政府諸多禮遇，如指示他下面的人，對此碑稍加破壞藉以表態，應也屬正常合情。至於會不會是住持葉智性破壞的？我們雖不知住持葉智性的個人膽識是如何，但他將鐵眞院改名爲中式的鐵眞寺，至少說明他也是懂得順時應變及適度表態，但以日人委託給他的寺院，自己同門同宗的寺院，不知他會不會去破壞？

不過持平而論，村上彰一翁碑，僅以水泥做局部淺淺地敷蓋，還能讓我們辨識其內容，且要復原並非難事。這種破壞不是以硬器完全敲砸鑿毀，沒有讓我們無法辨識與復原，所以說不定只是敷延性或表態性的破壞，而有手下留情吧?!

村上彰一生於一八五七年，安政四年七月十四日，爲大阪府國分寺村人，大正五年一月五日歿於東京本鄉湯島。碑文述說他參與日本鐵道會社，對滿州、中國大陸與台灣縱貫鐵道，以及對北投開發的貢獻。碑上文字有特別提到湯守觀音與鐵眞院。碑文是日文，筆者曾模擬描繪復原其碑文之文字，內容翻譯如下：

「村上鐵道翁略傳　安政四年出生於大阪府國分寺村　大正五年一月逝於東京本鄉湯島　跟隨松本莊一郎氏成爲北海道開拓使團隊之一員參與鐵道建設　日本鐵道會社創立之初入社負責運輸之要務在職十六年　台灣縱貫鐵路建設之際被聘任加入經營規劃　在後滕新平領導下參與南滿州鐵道及國有鐵道的重要職務　並跟隨平井晴二郎氏前往北京，參與規劃中國的交通事業　任職台灣時致力北投開發並建立湯守觀音堂　其逝世後有志一同之士持續營造並供奉其靈位　後以其謚號名爲「鐵眞院」並立碑追弔其事蹟盼能流傳後世。下村宏題額並撰文」

這座石碑文是由下村宏先生題字，在昭和九年七月，鐵眞院改建完成之時，由承包業者江原萉郎寄附所建。參照在普濟寺屋頂內，所發現的棟札之記載，此碑應該就是配合昭和九年鐵眞院悃修完成而立的紀念碑。只不過此碑並非紀錄鐵眞院重新改建的記事與緣由，而是單純地紀念村上彰一與說明鐵眞院命名的由來。

下村宏（一八七五～一九五七年）是日本和歌山人，東京帝大法科畢業。本來擔任替儲局局長，在一九一五年，大正四年十月二十日新任台灣總督府民政長官，兼任鐵道部部長，大正六年再兼任戶口調查部部長，大正八年改兼任臨時國勢調查部部長，大正九年改制，原總督幕僚長「民政長官」職改爲「總務長官」，擔任總務長官兼臨時國勢調查部部長。他曾在大正十年三月八日，從滿州視察歸來。任內多次到東京述職，也經常到台灣各地視察。大正十年七月十一日去職，總務長官職由原專賣局局長的賀來佐賀太郎接任。下村宏擔任民政長官時，廢除鞭刑和小學教員帶劍制度，設專收台灣人就讀的高等專門學校。返日後曾任「日本放送協會」會長、國務大臣兼情報總裁。二戰原爆後，曾設法將昭和天皇無條件投降的錄音放送出去，讓終戰的訊息順利播送。

北投溫泉守護神

至於普濟寺中湯守觀音的由來，根據平田源吾在《北投溫泉誌》中敘述，一八九六年日人開始在北投開發溫泉，經過幾年後，北投溫泉因口語相傳而愈來愈有名。當時住在北投的日本人心想，來北投泡溫泉若是祇有「衛生保養」，而沒有宗教心靈上的休養，終究是一個缺憾。為了在繁榮之餘，讓心靈也能有所寄託，有日人就提議要安置一座守護北投的神佛。

一九〇五年，平田源吾等人為此四處奔走，他們最先找上台北鐵道部長谷川謹介技術長，但長谷川建議應該找台北的大家長台北廳長佐藤友熊幫忙。但由於他們與台北廳長的連繫一直沒有結果，他們回頭來找與北投開發有關的鐵道部。最後，經鐵道部工務課事務官赤松壽春介紹，平田源吾說，他們見到了當時台灣總督府鐵道部「運輸課長」村上彰一先生。筆者查當時的官職名錄，當時村上彰一的官職，從一九〇五年到一九一〇年九月，總督府各局長大更迭卸任時，一直是鐵道部的「運輸課長心得」。日語「心得」是一種職稱，是下屬代理長官的工作時用的職稱。「運輸課長心得」就是運輸課長的下屬代理課長職缺。所以村上彰一一直是代理運輸課長。

村上先生就很好奇，問他們要立什麼神佛？當時平田源吾等人也沒有確切的想法。村上說，觀音樣有淺草、清水或那智山的觀音樣，不曉得他們要哪一尊佛樣？眾人答說都可以。村上課長最後表示，台北新起街大悲閣有一尊西國三十三番觀世音，可以用祂的圖樣要來翻造。

經過一番波折，最後借到了大悲閣的佛像圖。圖中，觀世音菩薩立於龜甲之上，手執一瓶靈水，下方有一昂首飲水狀的神龜。由於烏龜是長壽的象徵，圖片也有溫泉源源不絕之意。

明治三十八年，一九〇五年，也就是岡本要八郎發現北投石的同一年，九月二十日，突然有人通報，村上課長明天將送一尊石佛來送給大家。第二天一早八點多，五、六位苦力將一尊石雕佛送到平田源吾家，安置在院子中。那天，村上彰一、佐藤義雄、小口美彌太郎、橫田米太郎、平田源吾等六人慶祝了一番。當時眾人慶祝酒酣之際，有人說應取名為瀧瀨觀音，也有人說應取名作溫泉觀音或礦谷觀音，村上看眾人議論不已，且因他們取的名字發音有近似小壁虎觀音，所以就開玩笑說，乾脆取名為小壁虎觀音好了，眾人大笑不已。

最後，還是村上提議取名為「湯守觀音」。「湯」日語是溫泉之意，「守」是守護，也是管理人之意，湯守觀音就是「溫泉守護觀音」。大家都相當喜歡這個名字。

一九〇五年十月十日漢文台灣日日新報第五版報導：「北投溫泉場，其始有佛堂建立之議，後因鐵道部村上彰一氏發起，勸誘同部內之有志者，欲用石造，建立觀音菩薩像，在士林街九十一番地諸岡政吉家中雕造竣工。經于九月二十四日秋季皇靈祭之日，送致北投。其像約有二百貫，石長而方，菩薩正面乘魚，琢浮立像。置在天狗庵前溫泉共同浴場之右岸岩上，定本月十七日舉行開眼式云。」這篇報導與北投溫泉誌的說法不盡相同。日本重量單位一貫約為三點七五公斤，所以二百貫約為七百五十公斤，但湯守觀音目前鑲龕於普濟寺的正殿中央牆上，我們無法丈量包括其厚度的全尺寸以估算重量。

一九〇五年十月，台北堀內商會會長，廣島人，也是高砂興業製糖株式會社的取締役堀內桂光風先生奉獻了一座「觀音堂」爲湯守觀音安座，其外觀經一番裝飾後，在十月十七日爲湯守觀音舉行了盛大的開眼儀式。因爲現在湯守觀音在普濟寺內，所以這個湯守觀音開光的日子，常被一些旅遊書寫，混淆誤以爲普濟寺也建於一九〇五年。湯守觀音開光十年後，一九一五年才有臨濟宗北投佈教所的建築，到一九三四年才有今之普濟寺的建築，觀音堂的建築早建於鐵眞院，兩者興建的年代相差至少十年，原是不相干的建築。

但原觀音堂原本安置在今天溫泉路一帶，但那是佔了海軍的地，據說海軍並不很高興，限期五十日內解決，文獻中只能知道海軍很不高興，但不知其位置。觀音堂似乎有過二、三次的遷移，但每次遷移傳說的地點，應都是很難確證。不過，後來書上記載觀音石像確實遷到鐵眞院上方的一片樹林裡。現在普濟寺後方坡地，有一處石塊推砌疑似建物的基礎，因此如果認爲那就是湯守觀音堂最後的座落處，應該也算是合於情理的推測。

湯守觀音再發現

開光於一九〇五年的北投湯守觀音，原是北投溫泉開發先賢的想望所設立，而成爲台灣唯一的一尊溫泉守護神，開光已超過一百年，可說是歷史悠久。但是在戰後日人離開，中土藏傳黃教進駐後，逐漸地就沒有人再提起湯守觀音的故事。

再因爲那時我們都沒看過，不知湯守觀音的樣態與容貌，也因普濟寺院子中有一尊石佛，該石佛也立於一座石造蓮花座上，再立於一塊疑是龜甲狀的石座之上，與一九〇九年出版的《北投溫泉誌》中，所描述的大悲閣佛像圖有點近似，不過我們並不清楚最後村上彰一所送的佛像，是否就是依照大悲閣的佛像圖打造的。

所以我們有多次討論院子中的石佛是否就是湯守觀音？當時普濟寺的住持蓮航法師表示，他從未聽說那尊石佛就是湯守觀音，而且那尊石佛是地藏王菩薩而非觀音菩薩。

該尊石佛，右手呈執物狀，拿了一支不鏽鋼金剛杖，左手則托著一位可愛的小孩，我們對照日式的地藏王菩薩的型制，那尊抱小孩的石佛，確實是日本專司保護小孩的「子安地藏」。日式的地藏菩薩以露天供奉爲主，原本此尊菩薩也是露天尊奉，並沒有建築現在的佛亭，現在的佛亭上有一塊由前外交部長葉公超先生所題的「慈航普渡」匾額，此亭是由信女張愛琴在民國六十五年十月四日，因感謝求子得子後，還願敬獻的。張愛琴是住在北投大屯路附近的北投鄉親，她是民國五十年代紅歌星張琪的妹妹。該佛像前還奉有一對日式「橋親柱」。該「橋親柱」上裝飾有用於橋或寺院、神社之樓梯、欄杆的「擬寶珠」柱頭。

再因石佛旁邊是一棵巨大的台灣樟樹，側看時樹幹中圍部位有點突出，好像懷孕的樣子，因爲張愛琴女士求子得子奉建佛亭的故事，口耳相傳之後，過去就有不少北投鄉親與信眾都尊稱石佛爲「送子觀音」，以至於本名過去反而比較少人知道。

而且該石佛的大小也不合史籍描述的湯守觀音尺寸。現在鑲龕於大殿正位的湯守觀音，看得到的部分高約六十一公分，最寬約三十九公分。不過，眾佛中原本就沒有專職守護溫泉的觀音，而且，湯守觀音的名字也是討論後所定的，或許可以說，不能從一般定論的觀音慈容來看待。依北投善光寺善空寶照住持的說法，觀音本來就是千眼千手，可以觀宇宙之相，聽宇宙之音，那裡有苦難，那裡有需要，觀音都可以化身守護。所以，觀音化身成湯守觀音再身兼送子觀音，沒有什麼不可以。

其實現在普濟寺院子中的「子安地藏」並非湯守觀音。一九三一年，昭和六年四月二十五日的台灣日日新報，已有報導四月二十四日北投鐵眞院的子安地藏舉行除（揭）幕式。該子安地藏背後刻有文字「願主 正心妙覺」一行大字，另有一行被水泥覆蓋，較不清楚的「昭和五年×秋勸請」。照刻字意思，勸請此佛尊的主事者是「正心妙覺」，但據台灣日日新報報導，該子安地藏是時年已七十五歲的鈴木雪應師父，自費從日本勸請來的。

湯守觀音百年重光

既然普濟寺院子中的那尊子安地藏石佛並不是湯守觀音，那麼湯守觀音在那裏呢？其實，湯守觀音一直都在普濟寺中，只是那時我們並不知道湯守觀音鑲龕於正殿中央牆上。戰後鐵眞院被政府接收，在藏傳黃教的甘珠活佛住錫時代，筆者判斷寺廟也一樣被改朝換代「改教換宗」了，於是湯守觀音就被遮蔽隱藏起來了。但沒有寫「國籍」的「湯守觀音」爲什麼會被隱蔽起來？

筆者判斷政治的因素應該不重。筆者試著揣測其原因，原鑲崁於大殿正中央牆壁上，居於主位的湯守觀音，由於戰後中土入駐者所信奉的教派，與日本時代鐵眞院所宗的信仰不同；再加上可能也不了解或不理會日本時代該寺的歷史與背景，也不知大殿主尊之位的石像，是何方神聖；即使知道那尊石像稱爲湯守觀音，但藏傳黃教應不會去尊崇膜拜「湯守觀音」這種日人所留非正規，或不知名號，且放在大殿主尊之位的佛尊；但因爲要從牆上挖出移除或移開，必須打破主殿的牆壁，就甘珠這樣自稱爲「借用入住者」而言，應該算工程浩大而沒有必要，所以就用最簡單的方法，將藏傳佛教中，從沒聽過尊號，也不知來歷的石佛，遮蔽起來隱藏在千手觀音菩薩之後。

於是隨著漫長的歲月流逝，人事更迭，也沒有人交代，歷史就斷層了，於是就不再有人瞭解在該

1. 2000-1-30 湯守觀音。（黃桂冠老師 恭繪）
2. 北投善光寺，原在本殿的日式佛堂裝置。
3. 普濟寺現在大殿，已非日式佛堂的佈置與裝飾。
4. 普濟寺庭院中的子安地藏，旁邊有一棵大樟樹，前面有一對日式裝飾有擬寶珠的橋親柱。

隱密處的石像有何特殊之處，或爲何會有此尊石像鑲崁在牆壁之中？那幾年經筆者爲文介紹湯守觀音的故事後，媒體也多所報導，社會也日益開放，慢慢地寺中的主事者，心中開始有了疑問，尤其是吳滿師姊，懷疑主尊之位不知隱藏多少年，她也不知其來歷與名號的古拙觀音石像，是否就是筆者所說的湯守觀音？

最後，筆者有幸取得吳滿師姐的信任，普濟寺的台北市定古蹟指定公告之後，一九九九年二月九日，那是一個臘月冬陽普照的黃道吉日，農曆十二月二十四日，習俗上的送神日，諸神回天庭度假去了，也是吳師姐每年擦拭神桌清除塵埃，可以移動神尊的日子。她特別向筆者說了她的疑問與秘密，並邀請筆者該日去鑑定，並讓筆者得以根據古籍敘述，仔細觀看鑲崁於大殿正中央牆壁，奉於主尊之位的佛尊並拍照留念。當時筆者就跟吳滿師姊說，「終於看到了，這尊就是湯守觀音」。

隔年，二〇〇〇年一月三十日，也同樣是農曆臘月的二十四日，同樣的送神日子，筆者邀請幾位「北投生態文史工作室」與「北頭生態文史協會」的兄弟姊妹們，一起參訪普濟寺，獲得再一次參拜湯守觀音，並做拍照紀錄的機會，協會的幾位兄弟姊妹能夠一解多年疑惑，滿足多年的想望，首次參拜湯守觀音，意義應該非常特別。黃桂冠老師更是恭敬地畫了一張湯守觀音石像的工筆素描。

二〇〇〇年五月之時，筆者出版《女巫之湯——北投溫泉鄉重建筆記》，雖然已經將湯守觀音的照片在書中發表，但筆者尊重當時吳滿師姐，低調不對外明說的要求，並沒有在書中明指湯守觀音與其在寺中尊奉的位置所在。吳滿師姊因爲無法完成寺廟登記，害怕招惹侵占公有房地之議的不必要麻煩，總是希望一切低調，以免橫生枝節。然而這些年寺方主事者積極處理，從歷史文件中爬梳解開問題，而獲圓滿解決，所以已不再困擾需要擔憂此事了，寺方也曾大方地公開舉辦過湯守觀音的見面會，邁開大步走大道，誠屬可喜可賀之好事。

從開光至今已經超過一百多年歷史，正如古籍上所描述的一樣，駕著龍魚，手持一瓶源源不絕靈水，綻放蓮華的湯守觀音，仍然蹕駐守在北投的溫泉谷地。筆者衷心祝願期待湯守觀音，能有重光長現俗世的一日，或許在湯守觀音之前，以多擺另一高台遵奉目前擋住湯守觀音的千手觀音，讓湯守觀音得以適當距離在俗世呈現出來，當然筆者這樣說並不是教條，但如能讓普濟寺的特色佛尊能堂堂地彰顯歷史位置，讓普濟寺能因湯守觀音的故事，顯現而成為宗教名勝，讓民眾可以隨時瞻仰參拜，讓湯守觀音繼續庇護這美麗的土地能夠泉煙永繞源源不絕，也讓湯守觀音庇佑北投溫泉故里的子民能夠永遠健康、快樂與幸福。

重獲登記與住持宅的修復

吳滿師姐實際主持寺務時的那些漫長歲月，雖然盡心盡力在照顧普濟寺，但由於並不住在寺中，是屬於白天來晚上回家的型態。當時名義上的住持蓮航師父，因屬兼持性質，其實也不長住在寺內，常常是屬於由吳滿師姐有事才請來商量的型態，幾位經常出入普濟寺的重要義工，也並非全職在寺內幫忙。回顧這些事件，到現在已經又過了二十多年。這些年來，由於過去普濟寺的管理人士吳滿師姊、蓮航師父等人年事已高，逐漸都退休退出普濟寺。筆者相信這應該有經過一些圓滿的協調處理，二〇〇八年吳滿師姐開始退出管理，於是由廣慈老師父之推介，二〇〇八年三月十四日起，出身佛光山，學經歷俱優的慧明法師正式交接進駐普濟寺，擔任普濟寺住持。

普濟寺旁的住持宅，戰後早年不知是什麼歷史淵源，被非普濟寺人員，也非佛門之徐鴛鴦女士的父親徐文發佔住其中。出生於一九三二年的徐女士，自述是民國三十五年，一九四六年她父親從苗栗搬來此居住，做水果買賣的生意。甘珠時期因爲住持宅的佔住戶在庭院養雞鴨，環境弄得極爲雜亂，政府想加以驅趕也未果，結果一九九二年二月八日，國有財產局完全不了解寺院的歷史，也不了解寺院與住持宅的關係，竟將普濟寺的住持宅之建物產權售予佔用人徐鴛鴦女士，成爲合法私有建物。

不過因爲住持宅是古蹟，土地也仍屬公有，徐家也無從改建。所以慧明師父擔任管理人後，也許是佛緣重返，因緣俱足了，二〇〇九年三月，該戶人家願意談論買賣的問題，經過黃明貴先生與慧明師父一番努力，最後由慧明師父集資四百五十萬元將住持宅買下，於四月二十八日完成所有權登記並完成交屋，之後交給普濟寺使用，讓普濟寺應有的歷史景觀，可以重新合而爲一體，於是接續就完成了本殿的承租手續。

二〇〇九年，民國九十八年五月十三日，慧明法師在黃明貴先生協力下，利用「82721」條款，再向台北縣政府提出土地承租，及分期繳納所積欠之土地補償金，依規定繳納五年的使用土地補償金，又不違反原使用目的，即可依法辦理承租，也獲得古蹟優惠租金減半，六月十一日完成鈐印後，普濟寺完成與台北縣政府的租約。完成了困擾寺方幾十年的土地承租問題終告解決。因爲普濟寺登記的問題，在甘珠活佛時代是政府以特權用權宜方式辦理，根本不需什麼條件或證件，現在要補辦登記自然有些問題須解決。

慧明法師與黃明貴先生撰寫解決說帖積極處理，後經台北市議會吳碧珠議長邀集相關單位研商，獲得共識就以普濟寺於陽明山管理局管轄時，所核發的寺廟登記表續辦異動變更登記，經寺方提供資料佐證，轉內政部釋辦。內政部函釋同意普濟寺以現況辦理寺廟登記，惟仍應以民國五十三年登記之「普濟寺（原名鐵眞院）」爲名登記。至此，慧明法師於二〇〇九年十一月二十三日，向北投區公所遞件申辦，二〇一〇年一月二十九日普濟寺終於獲得台北市政府核發台北市寺廟登記表。普濟寺多年無法解決的登記問題也終告解決，普濟寺終於可以坦然行大路走大道，這實在是普濟寺佛光普照的一個光明時刻。

祈求佛法無邊

當然，住持宅的建築長期缺乏照顧，狀況極爲不理想亟需修復。二〇〇九年，民國九十八年四月十七日，文化局核准普濟寺申請辦理「北投普濟寺住持寮房修復工程規劃設計」，委託案補助新台幣五十萬元整，正式開啓普濟寺住持寮房之修復及再利用之里程碑。另分別於二〇一〇年及二〇一一年，台北市政府文化局核准「住持寮房修復工程（一、二期）」補助計畫，合計新台幣九百八十八萬元整（結算金額），於二〇一一年，民國一〇〇年一月五日申報開工；二〇一三年，民國一〇二年十一月五日完工驗收啓用。這些都是法定古蹟能享有的權利。

住持宅經過這次專業嚴謹的修復，再度成爲正式的住持宅，而寺方也開放多功能使用修復的住持宅。此次住持宅修復時，住持宅的邊庭，也闢爲廣場，並重新布局花木景觀，這使得整個寺院的格局豁然開朗，煥然一新。在修復住持宅的工程之時，也在住持宅的地基中發現，以黑布包裹的一尊莊嚴的「持蓮菩薩」，現在持蓮菩薩也已經隆重地安座於住持宅內，原發現地點的上方廳中。這些年來，這一切美麗的發展，實更勝於筆者當年陳請普濟寺爲古蹟時，希望其能保存與傳承之初衷，眞是令人欣慰。

其實不只如此，筆者衷心希望普濟寺能更發展，希望充滿故事的普濟寺，能分擔更大的「北投生活環境博物園區」博物館的功能與任務。普濟寺如果要更發展，更展現寺院的格局，則需要有更多的

1. 2022年 筆者與慧明師父攝於普濟寺住持宅持蓮觀音座前。

2. 2022年 普濟寺住持宅。環境已經大幅改善，可喜可賀。

空間。依筆者的想像，普濟寺如果能有一「講房」弘法傳教，一「齋房」會聚信眾，一「寮房」安頓子弟，再加一「文化房」作爲資訊空間，展覽文物，販賣紀念品、出版品與開發信符御守的空間，必然有助於普濟寺的傳承、穩定與發展。

筆者再度祈望普濟寺原參道石階左側的土地，也是現山門對面的土地，也就是日本時代的台灣銀行俱樂部所在的土地，有朝一日能夠佛緣足具，能被普濟寺依法辦理購來用以擴充普濟寺的功能空間。更大的空間，有助於營造更優美的環境，更有助於傳教與弘法；更大的空間，有助於栽培弟子，也有助於寺院建立信眾的組織以健全傳承的制度，也有助於信眾的親佛修法，擴大教義的傳佈。所以這不但是筆者祈求佛法無邊，讓這莊嚴優美的寺院能夠依法擴充；筆者更是衷心希望，藉此能讓普濟寺周邊的整體環境能夠更開廣，環境能夠更優美的想望。寺院也因而能穩定發展，香火繚繞，永傳不絕。

中和禪寺的「章嘉活佛舍利塔塔蹟」

在前面提過與甘珠活佛一樣，隨國民政府來台的另一位活佛章嘉活佛，其實也跟北投有些關聯。章嘉活佛係藏傳佛教在內蒙古地位最爲崇高的活佛，係藏傳佛教格魯派重要的活佛轉世系統之一，曾與外蒙古的哲布尊丹巴並稱爲蒙古兩大呼圖克圖（活佛），兩者又與達賴喇嘛、班禪喇嘛並稱爲藏傳佛教四大領袖。

隨國民政府來台的這位章嘉活佛，是第十九世章嘉活佛，生於一八九一年，圓寂於一九五七年三月四日，據說曾爲清朝慈禧太后、北洋政府及蔣中正等人尊爲國師，行憲後被選任擔任國大代表，一九四九年來台後，曾當選中國佛教會理事長，也擔任過總統府資政。這位章嘉活佛的靈龕在北投荼毘

（火化）時，據說燒出舍利子多達六千餘顆，這些舍利子即安奉於北投奇岩路一五一號，中和禪寺後山坡的「章嘉活佛舍利塔」中，這個舍利塔是台灣較罕見的藏式蒙古建築。其塔身部分是一個平面圓形的覆缽體，上面置有塔刹，下面則有須彌座承托，如同寶瓶式塔，具藏式舍利塔之重要特徵，極富特色與稀有性，具歷史建築保存價値。二〇〇六年五月十七日，「章嘉活佛舍利塔塔蹟」由台北市政府登錄為台北市定歷史建築。

「東部北部地區　日本人遺骨安置所」

而「章嘉活佛舍利塔塔蹟」之左下方駁坎邊登山道旁，原還有一座二戰後日本人之「東部北部地區 日本人遺骨安置所」。日本人的墓地，常有與市街房舍共存於街道社區之中，北投光明路與溫泉路之間，第一銀行斜對面的街角，日本時代就是一個小型的墓地。從日本領台開始，到第二次世界大戰結束，日本人因各種原因歿亡後葬於台灣者，其墓地在戰後皆因日產之名而被政府接收，因無人管理很多墓地都受到各種不同程度的破壞與侵占。但這些人很多是生於台灣，住於台灣，歿於台灣，台灣就是他們的故鄉。

有一苗栗縣大湖鄉的客家人張六和先生，戰後回到故鄉務農。因為張六和先生入贅日本新瀉縣出身的太太野沢ムメ，因此改名為野沢六和，他的住家農田在日本時代的大湖舊日軍陸軍病院旁，即日軍衛戍病院大湖分院旁。一九四七年，民國三十六年一月，昭和二十二年，有一天他意外地挖到大批裝入木箱的日本人遺骨。這些是戰時在陸軍病院病、傷亡者，而被草葬於病院附近的日人遺骨。隨後他與日本籍的太太發悲願到台灣全島各地尋找被遺忘或遺棄的日本人墓地，收集這些已經被遺棄或遺

1. 二戰後，在北投中和禪寺集中收容之「東部北部日本人遺骨安置所」之正面照。
2. 二戰後，在北投中和禪寺集中收容之「東部北部日本人遺骨安置所」，現已拆除而遺骨則遷靈於台中寶覺寺。
3. 1996年　中和禪寺之「東部北部日本人遺骨安置所」。（拆遷時筆者所拍攝之影像）
4. 由北投中和禪寺遷移靈至台中寶覺寺的「東部北部日本人遺骨安置所」。

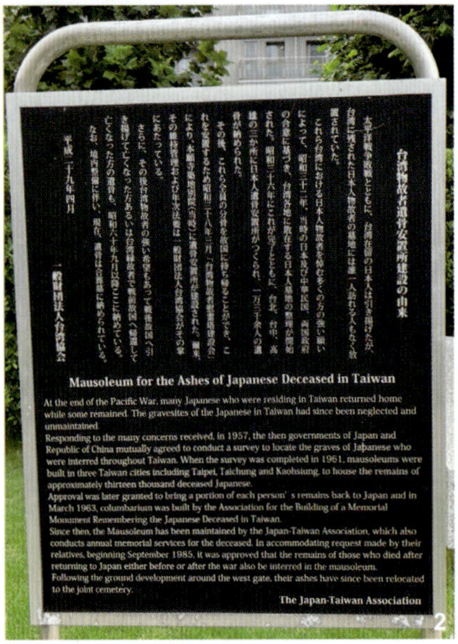

1. 2019年　天竺風格的日本東京築地本願寺。（筆者 攝）

2-3. 東京築地本願寺「台灣物故者遺骨安置所」。

忘的遺骨。

十多年間他一共尋獲二萬多具遺骨，此舉雖曾讓他引起別人很大的誤會，但日久知人心，他的行誼引起日本駐中華民國大使館的注意，於是在一九六〇年，民國四十九年，昭和三十六之際，與中華民國政府合作，在台灣北部北投中和禪寺、中部台中市寶覺寺，及南部高雄市覆鼎金公墓，各設置一處遺骨安置所，將這些日本人遺骨集中收納在這三處遺骨安置所，三座遺骨安置所的形制幾乎都相同。一九六二年，民國五十一年，昭和三十八年三月，經台灣日僑協會主催將這些各個安置所的遺骨之一部分，分靈至東京本願寺築地別院，也就是東京築地本願寺中收納安置。一九八三年，民國七十二年七月十日，這位受人尊敬的野沢六和安眠於日本長子的家中。

而昔日北投中和禪寺內這一座安置所的碑文是「東部北部地區　日本人遺骨安置所」，根據這個安置所側邊的一塊說明碑文，這座安置所就是收納日本時代葬於台北市、台北縣、基隆市、陽明山管理局、桃園縣、新竹縣、苗栗縣、宜蘭縣、花蓮縣與台東縣，共十個縣市，戰後沒有移回或移去日本的日本人遺骨，重新收納集中安置的納骨塔。

這些碑文係由當時日本特命駐中華民國第十任全權大使，也是一九三二年日本五一五事件，被日本年輕軍人闖入首相官邸，被刺殺之日本前首相犬毅養的外孫婿井口貞夫大使所書寫的。而這座在中和禪寺中的「東部北部地區　日本人遺骨安置所」，在筆者推動北投溫泉區重建之時，曾去拍照留下紀錄。後來因寺方有些事故而被拆除，遺骨則由日僑協會遷至台中寶覺寺，於原寶覺寺的「中部地區日本人遺骨安置所」右側的空地安置。當時筆者被通報得知消息，也特地去拍下該安置所被拆除時的最後影像。

〈第九章〉蓬萊米故鄉與籃運搖籃七虎籃球場

北投除了是溫泉之鄉，大家可能不知道北投也是台灣蓬萊米的故鄉。台灣的日常食米大致分爲三大種：第一種爲台灣原來一般人使用的秈米「在來米」。

第二種爲秫米（即糯米），在來秫米又有兩類，一名爲「鵝卵秫」，民間通稱爲「圓秫米」，具有淡淡褐黃色與鵝卵香味；另一名爲「虎頭鵝卵秫」。

第三種米則爲日本時代從日本引進粳米改良的「蓬萊米」，這三種稻米各有適用的主要用途。

台灣當然也有野生稻（Oryza rufipogon Griff.），俗稱鬼稻、紅鬚稻。台灣野生稻在一九二九年九月二十一日，由新竹農試場的島田彌市與小野柳一等人，在新竹州桃園郡八塊厝（今八德區），與竹南街字中大埔發現的，並於一九四一年六月十四日登錄爲「天然紀念物」。但現在台灣野生稻瀕臨滅絕，現在僅有少數單位如台灣大學有留種與進行復育。

日本時代，日本人吃不慣較硬又較不黏的「在來米」，故由日本引進許多品種，然而眾多日本米，適應都不良而無法生長。初始台灣的蓬萊米，即是由日本引進的粳米改良而來。一九二三年日本人擇定竹子湖設置「蓬萊米原種田」，生產種苗供農民種植，蓬萊米在此首度栽種成功，所以此地就成爲台灣蓬萊米的發詳地，因此有人便稱北投竹子湖是台灣蓬萊米的故鄉。你可能也不知道，在北投光明路一三一巷底，有一個已經殘破的籃球場，這個籃球場曾經與台灣籃球運動息息相關，是當年赫赫有名的「七虎籃球場」。

由於二〇〇〇年六月之後，筆者即將赴任忙碌的工作，因此就將李乾朗教授研究測繪的「北投穀倉」，再經李乾朗教授專程親自在穀倉現場，爲我們工作室同仁逐項導覽解說，再加上我們在現場所做的紀錄，一起整理成「北投穀倉市定古蹟陳請書」。除此之外，由黃桂冠老師訪談研究所寫的「七虎籃球隊的研究與調查」，再加上陳林頌做建築研究與測繪的「北投七虎球場」，整理在一起，書寫成「七虎籃球場市定古蹟陳請書」。筆者在就任新職之前，將這兩件古蹟陳請書，一起向台北市政府提出古蹟陳請。

蓬萊米的故事

一九〇七年日人曾經在士林、板橋試種過十二坪的蓬萊米，那是台灣種植蓬萊米的濫觴，但並未成功。當時日本稻在台灣無法突破的困境除了稻熱病危害之外，往往因緯度的關係，植株對台灣的日照長度極爲敏感，因而提早抽穗、出穗不整齊、株高變矮、分蘗分芽少、早熟，嚴重影響品質與產量。

一九二一年，大正十年農業試驗場鈴田巖技手，與台北州農會也是登山愛好者，日本時代登山會的領導者之一，曾著有《台湾の山と私》（台灣的山與我）一書，日本仙台人平澤龜一郎（一八九〇～一九八一）技手在調查大屯山一帶的產業時，另一說是登山活動中，發現竹子湖盆地農戶高延國耕作的優良水田，其水田所在地的氣候條件酷似日本九州，平澤技手極爲重視竹子湖的地理氣候條件，進而調查附近高台地水田，發現竹子湖是由七星山、小觀音山火山熔岩流堰塞而成湖泊，後來乾

1. 2021-3-19攝　台灣大學舊高等農林學校作業室──台灣蓬萊米的誕生地：磯永吉研究室。

2. 台灣大學校園內復育種植的台灣野生稻。

3-4. 台灣大學內種植的台灣蓬萊米之各種種源稻。

固成爲盆地的竹子湖，具有特殊的地形，氣溫低而日照短，且環境較爲隔離封閉，可以免受「在來稻米」花粉的影響，是一個種植日本米的合適地點。因此由平澤龜一郎爲主規劃此地爲原種田，著手進行試種日本種水稻。平澤龜一郎終其在台生涯，運用其專業，利用草山的溫泉，協助竹仔湖的農民催芽種植蓬萊米，成爲當地農民倚重的專家，日後因而被尊爲「竹仔湖蓬萊米的保姆」。

早年由九州的福岡縣、鹿兒島縣引進的日本梗稻品種經純系分離、適應性調查，保留下來以「中村」爲代表的數十個品種，於一九二二年起，開始在竹仔湖地區的大屯山高台地試種，耕作面積約四一四公頃，產量爲七千二百九十五石，結果顯示不但可以大量增產，且輸往日本的價格亦較在來米高。因此一九二三年日本人就擇定竹子湖設置「蓬萊米原種田」，竹子湖的主選稻種以在日本原名爲「中村米」的中村種爲主，逐年擴大試種區域分別如下：以頂湖種植「中村種」，東湖種「台北早六十八號」（原日本近畿地區的早六十八號），下湖種「嘉義晚二號」及「旭」種，並嚴格管理以避免雜交。日本粳米就在此首度栽種成功，並開始生產種苗供農民種植。

由於栽培技術的突破，一九二五年，第十任總督伊澤多喜男（任期一九二四～一九二六）決定大力獎勵種植日本稻，之後日本稻品種改良與試作推廣工作導入正軌，日本稻栽培之基礎從此確立，「中村種」在這一年正式推廣。然而，於此同時，「中村」種亦遭受嚴重的稻熱病危害，一九二六年由「伊豫仙石」純系分離選出的耐病性品種「嘉義晚二號」開始取代「中村」普及全台，日本稻在台灣的栽培關鍵技術已然突破。也在這一年，一九二六年，大正十五年四月二十四日，在台北鐵道飯店召開的日本米穀大會上，伊澤總督由磯永吉教授所建議的「新台米」、「新高米」及「蓬萊米」三個名字中，欽點了「蓬萊米」作爲在台灣栽培改良的日本稻新品種的名稱，由殖產局長片山三郎正式宣布後，就成爲日本品系之台灣稻米的專用名稱，也開啓了台灣蓬萊米的新時代。至於「在來米」，因爲日語「在來」有「既有、原有」的意思，爲了和蓬萊米名稱上有所區別，台灣在地原有的各種「秈稻」，就都改稱爲「在來米」。

事實上，早在一九二二年，大規模的日本稻雜交育種已悄悄展開，雜交工作均在台中州農事試驗場進行。其中最有名的就是末永仁場長，他有兩大事蹟：第一是他在一九二四年所做以日本種「龜治」爲母本，與父本的日本種「神力」的雜交，在一九二九年從中選出「台中六十五號」。台中六十五號具有高產、良質、抗稻熱病、適應性強、對日照鈍感、第一、二期作均適合栽培之優良特性，這一年立即發放一般農民種植，旋即取代「嘉義晚2號」在竹子湖原種田採種並推廣至全台，成爲早期台灣蓬萊稻栽培的主流。一九三五年台中六十五號獲得台灣稻米改良競賽第一名。一九三八年台灣蓬萊米的產量已高達一百四十餘萬公噸，創下日治以來的最高紀錄。而在往後的二十年間，台灣蓬萊稻絕大部分的新育成品種，都帶有台中六十五號的血緣，爲往後台灣的蓬萊稻育種工作揭開序幕。

根據這些歷史可以溯源蓬萊米有下面幾種重要的祖源：

一、「中村米」。日本稻在台灣種植成功，統稱命名爲蓬萊米。「中村」是第一個品種，揭開蓬萊米時代的序幕，自此粳稻（蓬萊稻）取代秈稻（在來稻）成爲栽種主流。一九二六年「中村」因稻熱病受害嚴重，被「嘉義晚二號」取代而逐漸退場消失。二〇一四年經過台大農藝系謝兆樞教授團隊的努力，從日本找到「中村」的原種子回台灣幾經試種終於重現台灣，二〇一六年，竹子湖已有有心人士在復育中村米田。

二、「龜治」。「龜治」是來自日本內地的古典稻種。在一八七五年由農民育種家廣田龜治所選育，具有抗稻熱病的優異特性。其後日本因爲戰爭導致缺糧危機，「龜治」扮演很重要的供糧角色。而「龜治」來台後的最大貢獻，就是由育種家末永仁選用做爲母本，和父本「神力」雜交，育成「台中六十五號」。而日後台灣所有蓬萊米的品種，可說都有「台中六十五號」的基因在內。

三、「台中六十五號」。「台中六十五號」是蓬萊稻劃時代的經典品種，一九二九年問世，一九三六年登記命名，品質優良，抗稻熱病能力強，適應性強，對陽光敏感，具有植於一、二期稻作均適合的優良特性，完全顛覆了過去台灣先民同一稻種無法種於第一期與第二期的認知。「台中六十五號」遂逐漸取代「嘉義2號」在全台推廣，使蓬萊米的生產達到鼎盛。

四、「神力」，是日本明治時期的古典名種。一八七七年由丸尾重次郎發現的矮稈、多穗、耐肥且具高產量的品種。其出色的特性被認爲有神的力量相助，因此被命名爲「神力」，也曾是獨霸西日本的代表品種，種植曾廣達全日本百分之二十的種植面積。引進台灣之後又被選爲「台中六十五號」的父本，品種非常優越。

但是在竹子湖栽培成功的相同品種，移到平地栽培卻告失敗，第二期作更完全無法種植。此時末永仁技師的第二個事蹟是，提出蓬萊米栽培史上很重要的一個發現「幼苗插植法」。末永仁觀察發現：秧齡越老者於插秧後生育更不良，乃進行苗期試驗，試驗結果顯示：將一期作的秧期由六十天改爲三十天，二期作的秧期由三十天改爲十七天，則插秧後生育正常，延後抽穗，產量提高且穩定，此即爲末永仁一九二三年提出的「幼苗插植法」。利用此改良方法於平地栽培「中村」種水稻，終於突破日本粳米在台灣平地耕作的困境，可以正常收穫。從此日本稻不再侷限於特定地區栽培，面積立即擴大爲二千四百零三公頃，增加爲前一年的六倍，產量三萬八千九百六十八石。而後栽培面積逐年迅速增加，並由北往南擴張。

約建於一九二四年，大正十三年間，位於台灣大學農場內的台北市定古蹟「舊高等農林學校作業室」（磯永吉紀念室），爲「台北帝國大學」前身之一部份的「台北高等農林學校實習農場」最早期之建物，是磯永吉博士當初選育蓬萊米，從事農作物改良的原始基地，因此一八八六年十一月二十三日出生於廣島縣福山市的磯永吉博士被尊稱爲「台灣蓬萊米之父」。戰後磯永吉博士繼續留在台灣大學農藝系任教，一九五七年，民國四十六年六月二十八日從台大退休回日本終老，其退休時省主席嚴家淦頒贈景星勳章，台灣省議會也動議決定每年送一千兩百斤蓬萊米至其住所直到其過世爲止。磯永吉返日後繼續研究及教學，一九七二年一月二十一日終老於日本岡山縣，享年八十五歲。

約在同一時期，原在嘉義農事試驗場工作的末永仁因受磯永吉技手賞識，一同到台中州從事稻米的改良試驗。一九二三年末永仁提出「幼苗插植法」，克服了蓬萊米改至平地種植的困境；又在一九二四年，以日本「龜治」與「神力」兩種雜交，培育出「台中六十五號」種植而獲得成功。此後由北到南逐漸擴展種植區域與面積，此後的各種改良稻幾乎都帶有台中六十五號種的血統，因此一八八六年三月十五日，出生於福岡縣筑紫部大野村的末永仁就被後人尊稱爲「台灣蓬萊米之母」。末永仁曾於一九三五年前往婆羅洲指導稻作栽培，期間曾罹患結核病，回台後二年，一九三九年，昭和十四年十二月二十四日，在實驗田中倒下，得年五十三歲。

竹子湖蓬萊米原種田事務所

在竹子湖的出入口處，北投竹子湖路十五之一號，原於一九二八年三月八日舉行落成典禮，由平澤龜一郎作開場致詞的「竹子湖蓬萊米原種田事務所」，即是當年實驗種植蓬萊米的管理所。民國四十六年間工兵部隊拓寬陽金公路，就在此地搭建軍營逐步擴大，也改建接管了「竹子湖蓬萊米原種田事務所」。由於「竹子湖蓬萊米原種田事務所」所在之地處陽金公路上的要衝，後來被轉作爲憲兵

1. 2019-2-10 竹子湖蓬萊米原種田故事館──蓬萊米之父與蓬萊米之母。
2. 2019-2-10 竹子湖蓬萊米原種田故事館。
3. 北投竹子湖今貌，已轉變成休閒農業的觀光區。
4. 日本時代竹子湖派出所庭園之雪。
5. 1923年 北投竹子湖的蓬萊米原種田。（筆者以Photoshop上彩）

二〇一指揮部的竹子湖哨站，是當年衛戍蔣中正草山居所的鑰鎖之地，但因武器的發展，戰略思維改變，軍方任務改變之後，「竹子湖蓬萊米原種田事務所」改為憲兵司令部所屬的「梅荷研習中心」，變成可以泡溫泉度假的地方。在蓬萊米的故鄉之故事重新被挖掘後，此建築雖屢有改建，但因是台灣民生建設之歷史的重要現場，所以也在二〇〇九年六月二十五日，被登錄為台北市歷史建築，建築也由陽明山國家公園管理處接管，改成為「竹子湖蓬萊米原種田故事館」。

二〇二二年七月二十五日，此一歷史建築再度擴大範圍，將隔鄰的竹子湖十五號，原日本時代登大屯山的中繼休憩站，並曾作為原種田事務所工作人員之住所的「竹子山莊」，及建於一九三〇年代，與竹子湖地區稻米種植相關的「氣象觀測台」，都納入「竹子湖蓬萊米原種田事務所」歷史建築的範圍，並改名為「竹子湖蓬萊米原種田事務所、竹子山莊、氣象觀測台等建築」，以作為系統性的文化資產。

其實要廣泛地說明其系統性，還有北投穀倉可以連結。日本人通常也在稻米集散地的鐵路邊，興建穀倉以為稻穀的集散之用。北投街上離舊北投火車站不遠處的今日大同街上，一九三八年就建造了一座宏偉的穀倉，以因應北投的農業發展。目前這座穀倉雖然在古蹟審議期間被惡意破壞，部分遭到以怪手破壞，但整體而言穀倉還算完整，要修復也並不很困難。這座穀倉是蓬萊米在台北地區與北投農業發展的見證，也是大台北地區唯一僅存，且保存完整的日本時代的穀倉，是非常珍貴的文化資產。

因此蓬萊米在台灣從研究培育，到實地種植生產，到收成打穀運送出去，如果北投要留下歷史見證，剛好是從二〇〇九年七月二十八日指定為古蹟的「舊高等農林學校作業室」（磯永吉紀念室），開始，到二〇二二年七年月二十五日增加登錄的歷史建築「竹子湖蓬萊米原種田事務所、竹子山莊、

1. 1998年 北投穀倉外觀。左上的三層樓房為硬山式屋頂，屋檐不伸出山牆，造型簡潔，是北投穀倉的碾米機房。
2. 1999-11-4 北投穀倉內拱廊道與倉門。
3. 1999-11-4 北投農會的北投穀倉倉庫樓梯間。

氣象觀測台等建築」，再到二〇〇〇年十一月三日指定爲古蹟的「北投穀倉」，這三棟見證蓬萊米故事的歷史建築物，以文化資產一起保存，蓬萊米在北投的系統性故事才算較完整。

日本時代穀倉的特色

根據李乾朗教授的研究及文獻，以及李乾朗教授對我們逐一現場的指導解說，我們古蹟陳請書的內容說明，大致就根據李教授的指導書寫。據一九四四年台灣糧食年鑑統計，高雄州有七座穀倉，新竹州有二十四座穀倉，大都在戰後逐漸遭到改建。最多的則是稻米產量最豐的台中州與台南州，台中州共計建造四十五座，台南州有四十二座穀倉。

台北州共有十五座，目前可說完整留下的僅存台北市北投區的北投穀倉。台北市原剩有內湖穀倉與北投穀倉二座穀倉，內湖穀倉建於一九三六年，外觀形式相當嚴謹，但已於民國八十五年時拆毀，其最美觀而有特色的碾米機房部分已拆除，僅剩部分倉體。

檢視當時建造的穀倉，依李乾朗教授的指導，大致有下列幾個特色：

一、一九二〇年代開始，台灣出現穀倉與碾米機械房結合的建築，這種形式爲台灣農業史上首次出現。通常都建在交通便利之處，尤以鐵路車站附近爲多，以方便轉運至各大都會。

二、由於穀倉需要大跨距空間，所以運用木桁架結構做爲屋頂，建材則使用台灣農村可得的木、竹、土、土墼、紅磚、與瓦等。碾米機房使用水利電力，機械房緊鄰倉庫，以縮短輸送距離。穀倉最主要功能爲具備防熱、防潮、防蛀與防鼠，因此這種大型穀倉的設計較爲複雜，其設計多出自當時各廳政府裡的營繕課。日人爲了統治台灣及應付稍後的太平洋戰爭，需要有效控制糧食，而成立了糧食

1. 1999-11-4 筆者在北投穀倉輸送機房觀看碾米輸送系統。
2. 1999-11-4 北投穀倉的輸送系統。
3. 1999-11-4 北投農會北投穀倉的碾米輸送設施。
4. 北投穀倉內的稻米測量儀器。
5. 北投穀倉碾米輸送機房之一部分。

局，這個機構也投下極多的人力來研究貯存稻穀的技術。

三、一九二〇至一九四〇年代的台灣穀倉及其設計都相當細膩，爲達到保存稻穀與加工功能，在桁架類型方面，使用突出屋頂的小樓，俗稱太子樓，以增加通風能力。並爲了容納自動輸送帶的設置，增高了桁架層數。另外爲了排除倉內熱量及水蒸氣，壁體設計爲空心的雙層數，內部以空氣對流來降溫。而且爲了便利稻穀加工，高大的機房緊鄰倉庫，貯存與去殼作業系統化，加上屋頂下的輸送設備，這些都大大地提高了加工效率。具有近代設備的這些穀倉，其建築外觀常凸出於鄉鎮的天際，形成特別的建築景觀。

四、近年台灣稻米需求量減少，爲都市發展提供用地，而實施了農地釋放政策，使得這些位於都市精華地區的精良大型穀倉面臨廢棄的命運。因此如何保存與再利用這些構造精良，爲農會團體所擁有的穀倉，以見證二十世紀農業的發展軌跡，是當前農業文化資產保存的一項課題。

北投穀倉之特色

我們在二〇〇〇年六月向台北市政府提出「北投穀倉」的古蹟陳請書，附上李乾朗教授測繪的「台北市北投穀倉剖透圖」、「北投穀倉一層平面圖」、「北投穀倉剖立面圖」及「北投區農會碾米廠配置圖」，與李乾朗教授爲我們解說時，我們在現場拍攝的許多照片。建議將「北投穀倉」的碾米機房、穀倉、太子樓及穀物倉庫間，指定爲台北直轄市定古蹟。在「北投穀倉」的古蹟陳請書上，除了附上以上的圖文解說外，我們詳列了李乾朗教授爲我們現場逐一說明的北投穀倉之特色：

一、北投穀倉由「北投信用購買組合」建於一九三八年，所以北投穀倉也是日本時代北投庄役所的附屬產業。面積二〇〇〇平方公尺，整體形成L形配置。臨馬路爲檢驗糙米的倉庫，現況當成辦公室使用。側旁硬山式的三層建築，造型簡潔，是碾米機房。

二、北投穀倉牆面開有小通氣口及直條窗，走廊內可獲得通風、採光。屋簷下方約六十公分位置，外凸傳統建築稱爲鳥踏的水平磚體，可遮雨水流入直條窗。

三、北投穀倉仍以傳統磚造拱廊設計，極具特色。走廊內可見三層磚拱構成，上承木造斜屋面的磚造拱廊，這種磚拱通道明顯受到台灣當時沿街店鋪現有形式的影響。圓形樑與大樑重疊位置設有方塊木，可增加兩者結合強度。由拱廊內可見磚牆厚約四十公分，貯存磚牆的上方設有長方形開口部，內置可防鼠、防鳥入侵並達成通風的鐵網。地面上方約十公分的位置也設有可供通風的開口，牆面上方裝有窗戶的磚造直條窗。

四、北投穀倉共有六節，每節左右各一，共十二間穀物倉庫間，內牆面樑上設有可做爲倉內通風的開口部，牆體由紅磚所構成，約四十公分的間距外釘木條，再由竹編網鋪蓋在牆面，以避免稻穀直接接觸磚牆的濕氣。倉中高大獨立的圓柱形的「竹蔑網」，是倉中插入推積的穀物堆中，爲通氣散發熱氣之用，設計與利用此天然物資竹子製作的工具，實頗具巧思。

五、倉庫的木門是由木片所疊成。其最底層木片有可開啓的小槽口，穀物可由此傾入中央輸送帶。位於輸送帶上方的地板有鐵皮做成的槽口，可由此傾入穀物。

六、倉頂由偶柱式桁架所支持。上有高約九十公分的牆空間可供管理者視察、維修倉庫之用。木造的斜屋面，其桁條壓在圓木樑上，再架在偶柱式桁架的上弦樑上，設有槽口、外加木塊再釘馬蝗釘來加強結合。

七、北投穀倉木桁架的跨距共十一公尺，較特殊的是桁架內由長條形螺栓取代了一般短柱的作

1. 1998年　北投穀倉——北投農會倉庫。大同街的大門口，左邊為辦公室。
2. 北投穀倉倉體容量規格告示牌。
3. 1998年　北投農會——北投穀倉太子樓屋頂。
4. 1999-11-4　北投農會——北投穀倉倉庫。
5. 北投穀倉——兩邊倉庫中央的輸送帶。

1. 北投穀倉倉體內部構造。牆壁為磚造加木條再加竹編網。本圖之竹編網因久未使用已殘破。
2. 北投穀倉中高大獨立的圓柱形的「竹蔑網」，是倉中插入推積的穀物堆中，為通氣散發熱氣之用。
3. 牆體由紅磚所構成，約40公分的間距外釘木條，再由竹編網鋪蓋在牆面，以避免稻穀直接接觸磚牆的濕氣。
4. 1998年　北投農會——北投穀倉中央輸送帶及儲存糧食局公糧庫房第壹號。

法。整體結構可概括山型桁架與相互垂直的X型斜撐，形成支撐屋頂的結構系統。

八、北投穀倉除了在防鼠、防鳥、防潮、防熱等都有相當的設計巧思外，尤其該穀倉打穀機房的設計，因米粒較重，米糠很輕，遂利用自然重力，使散裝的稻穀從倉體送到輸送帶，而米糠則自然飄到另一米糠集中處，以讓碾完的米與米糠分離。這種既利用電力，更利用自然重力的設計巧思，尤值得留存作為時代工技與穀倉形式發展的見證。

九、北投穀倉不只是硬體設備或結構相當完整，在未遭破壞前打殼與輸送機具設備尚可運作，尤其難能可貴。連測量稻穀濕度的器材與設備，也都完整無缺。這些都是非常珍貴的農業文化財。

北投穀倉古蹟指定前夕慘遭怪手破壞

我們為了「北投穀倉」的古蹟陳請，除了研讀有關台灣各地穀倉的研究與報告外，也走訪台灣各地的穀倉以做比較，二〇〇〇年二月二十七日，我們工作室特別組了一遊覽車的人，走訪「大二結工作室」，去參觀宜蘭縣定古蹟「二結穀倉」，並且根據台北北投與宜蘭二結有共通的文化資產，二結有宜蘭溪與二結穀倉，北投則有北投溪與北投穀倉，所以「北投生態文史工作室」就與「大二結文教促進會」，由黃桂冠老師與蔡志文理事長共同簽下「姊妹溪，兄弟倉」的「金蘭盟」。

我們也發現「北投穀倉」比二結穀倉還完整，所以我們相當興奮北投還能為台灣保存如此完好的穀倉。我們也希望依我們推動北投溫泉博物館設立、規畫與營造的經驗，對「北投穀倉」的再利用，提供一些實質的協助。「北投穀倉」在審查會勘後，台北市文化局安排了一次「公聽會」，希望能進一步聽聽多方意見，而我們也預備利用此一機會，與北投農會進一步溝通「北投穀倉」的再利用，以

1

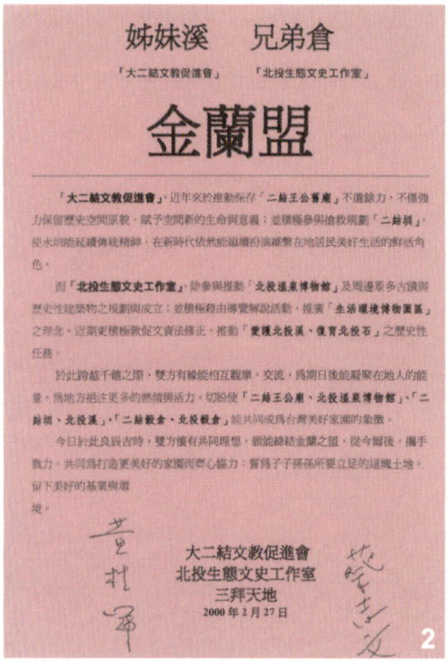
姊妹溪　兄弟倉

「大二結文教促進會」　「北投生態文史工作室」

金蘭盟

「大二結文教促進會」，近年來於推動保存「二結王公舊廟」不遺餘力，不僅致力保留歷史空間原貌，賦予空間新的生命與意義；並積極參與搶救規劃「二結圳」，使水圳能延續傳統精神，在新時代依然能繼續扮演維繫在地居民美好生活的鮮活角色。

而「北投生態文史工作室」，肆參與推動「北投溫泉博物館」及周邊眾多古蹟與歷史性建築物之規劃與成立；並積極藉由導覽解說活動，推廣「生活環境博物園區」之理念，近期更積極敦促文資法修正，推動「愛護北投溪、復育北投石」之歷史性任務。

於此跨越千禧之際，雙方有緣能相互觀摩、交流，爲期日後能凝聚在地人的能量，爲地方挹注更多的熱情與活力，切盼使「二結王公廟、北投溫泉博物館」、「二結圳、北投溪」、「二結穀倉、北投穀倉」能共同成爲台灣美好家園的象徵。

今日於此良辰吉時，雙方懷有共同理想，願能締結金蘭之盟，從今爾後，攜手戮力，共同爲打造更美好的家園而齊心協力；誓爲子子孫孫所要立足的這塊土地，留下美好的基業與環境。

大二結文教促進會
北投生態文史工作室
三拜天地
2000年2月27日

2

3

4

1. 2000-2-27　北投溪＋宜蘭溪＆二結穀倉＋北投穀倉──「大二結文教促進會」、「北投生態文史工作室」在北投溫泉博物館的室外小劇場締結金蘭盟。台上宣讀金蘭盟締結文者為大二結促進會理事長蔡志文（左一）、北投生態文史工作室召集人黃桂冠老師（中）、筆者（右一）。

2. 2000-2-27　北投溪＋宜蘭溪＆二結穀倉＋北投穀倉──「大二結文教促進會」、「北投生態文史工作室」金蘭盟。

3. 2000-6-19　北投穀倉古蹟審查會勘。黃桂冠老師（右一）、文化局黃才郎副局長（右三說話者）、筆者（左二）。

4. 2000-6-19　北投穀倉古蹟審查會勘。

便進一步磋商如何指定，來達到農會、社區與文化三贏的理想境界。

當然，我們也知道北投農會的部分人士，對我們將穀倉提報古蹟一事，一直懷有反感。而我們也深知在「古蹟政治學」中，「怪火」與「怪手」是被利用最多，且最廉價的無知劊子手，筆者參與搶救「蔡瑞月舞蹈社」爲古蹟時，對此實有深刻的體會，該古蹟在審查通過的該天晚上半夜即遭人縱火。

議員在現場當破壞保鑣

北投穀倉的古蹟審查委員，六月十九日到現場審查會勘。當日農會的總幹事王茂松便有問審查委員：「如果沖天炮飛進去造成火災誰要負責？」的暗示。我們聽到他這樣的暗示，怕他們眞的在古蹟指定前動粗，便立刻安排義工，排班每日定時巡視穀倉。未料北投農會竟然還是決定蠻幹，在北投穀倉指定古蹟公聽會舉行的前一日，也就是七月五日，光天化日之下，在當年推動纜車，力主拆除北投公共浴場的陳姓議員在現場充當保鑣的仗勢之下，怪手直接開進穀倉破牆開拆，剛好義工傅陳淑貞巡邏時看到，立刻打電話給離現場很近，在北投國小的黃桂冠老師，黃老師也立刻到處打電話，通知警察局、文化局。黃老師與大批義工先後趕到現場，圍起來阻止他們破壞穀倉，筆者接獲通知後，也馬上從辦公室趕到現場，而龍應台局長也拿著公文，趕到現場要阻止繼續破壞，筆者也痛斥在現場當保鏢的陳議員粗魯無知。

大家雖然立即阻止了他們對古蹟繼續動用暴力私刑，但在第一時間時已有三節，共六間的穀物倉庫間與太子樓受到破壞。雖然其他的部位，尤其珍貴的三層樓碾米機房，珍貴的機具設備大部分在那裡面，並沒有受到破壞，但如此粗暴無知的行徑，實在令人痛心。這件事的發生，也讓我們決定推動文資法增訂「暫定古蹟」條款的決心。

古蹟審查委員會緊接著就在二〇〇〇年七月十日召開審查會議，審查結果決議將北投穀倉指定爲古蹟。審查會上主持會議的龍應台局長，先指責北投農會破壞穀倉的不是，所以北投農會出席人員在審查會上也對此有所辯白。根據該審查會的會議記錄，農會的說詞如下：

一、對於本會先前動作影響文化資產保存，龍局長提出之指責我們虛心接受，近日接獲連續性電話騷擾，本會不堪其擾，爲不致影響本會正常營運作業，已報警處理。

二、有關本會位於大同街之穀倉，依據不動產登記謄本上的記載，其建造的時間是在一九四四年九月份，這類的穀倉在台灣各地皆有並不足爲奇。

三、自從取消公糧的配給之後，這座穀倉幾乎就呈現荒廢的狀態，稻穀輸送的太子樓部分經建設局指示報廢，另外簡易的碾米機、兩部乾燥機也都閒置不用多時。八十一年曾因沖天炮掉入穀倉造成部分損壞，故有部分天花板是用鋼版搭建已非原有建材。建築本身已因年久失修毀損或倒塌形成危樓，恐有危險之虞。而此建物幾經修補已非昔日完整或具昔日日治時期價值，是否仍具有保存價值值得考慮。

四、農會本身是一個事業經營的團體，屬於會員制，就農會未來的營運發展及穀倉建築物安全性的顧慮，農會於六月二十九日召開會員代表大會進行相關討論，根據會議討論結論要拆除穀倉危樓的部分，爲執行拆除事宜農會方面也遵照習俗選擇吉時動工，乃安排於七月五日當天進行拆除。而未申請拆除執照逕行拆除，的確是農會的疏失。

五、農會穀倉現址依照代表大會的決議，在未來發展的構想和利用，將規劃爲生鮮超市並提供部分空間作爲社區使用，另外有人建議開放部分空間給附近零售攤販或者安排假日花市活動等等的想法，都將納入規劃構想之中。

局部雖被蓄意破壞但還是指定為古蹟

儘管農會如此說明，但審查委員會還是全數通過決議指定北投穀倉爲台北市定古蹟。古蹟指定的理由：「一、北投穀倉對台灣北部的稻米文化發展言是極重要的見證，尤其蓬萊米在北部試種向中南部推廣，北投穀倉更是重要的史證。二、穀倉雖有經過幾次修建，但其保存現況仍屬完好，若能完整保存並於未來使用上給予活化利用，讓新舊建築共存，相信對北投區未來的發展會有正面的幫助。三、建築物雖有所改變，但大體上仍維持日治時代特色，建物只有小部分木作構建腐蛀，但不特別嚴重，在後續修復上應不困難。若保存作爲教學見習之陳列館，讓下一代有機會體認農業文化發展的精神所在。四、中央輸送帶的部分必須同時保存並納入未來的規劃設計之中。……」

十一月三日「北投穀倉」公告爲台北市定古蹟。不過「北投穀倉」雖然成功指定爲古蹟，但指定過程也讓我們警覺古蹟在指定的過程中，實應讓其過程有一公平、公正的機制，以便來保護「古蹟指定的標的物」及「古蹟的所有權者」。其次，對私有古蹟的所有者，如何給予更有效與更有利的優惠容積轉移；如何給予古蹟所有者尊榮的名位與免稅的獎勵，是文化資產保存絕不可或缺的機制。

再者，因私有資產一旦指定爲古蹟，其實就已經變成是全民之公共文化資產了，所以更重要的是，根據台灣的民情，政府應大力協助私有古蹟維修與修復的責任。而文化資產審議啓動期間，破壞「暫定」文化資產，除了罰款之外，也應有一定的刑責，以解決一再重演的古蹟指定之困境。也因這

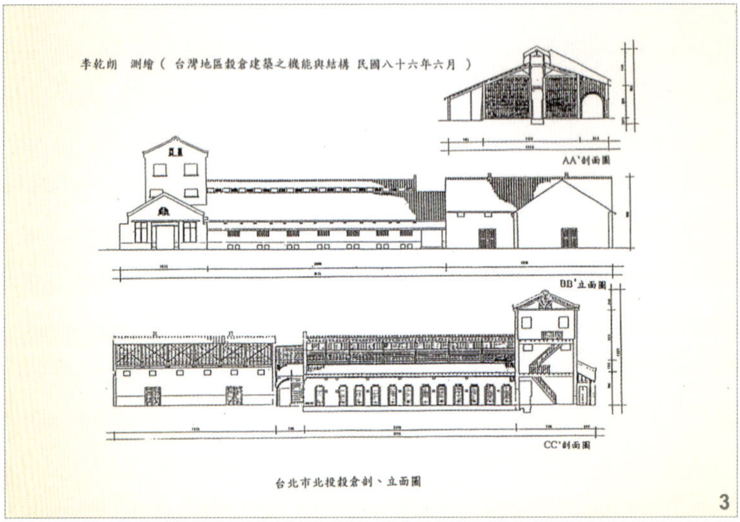

3

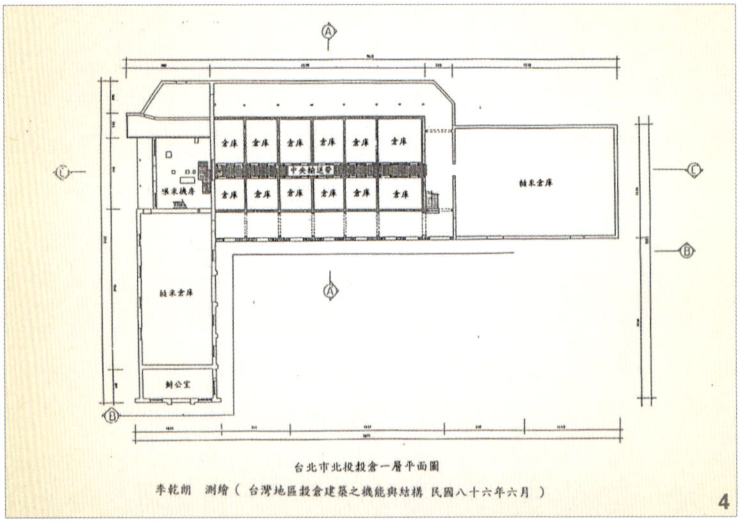

4

3. 2000-6-19 台北市北投區農會穀倉（1938年建）古蹟鑑定會勘——北投穀倉剖、立面圖。（1997-6 李乾朗教授 繪）
4. 2000-6-19 台北市北投區農會穀倉（1938年建）古蹟鑑定會勘——一樓平面圖。（1997-6 李乾朗教授 繪）

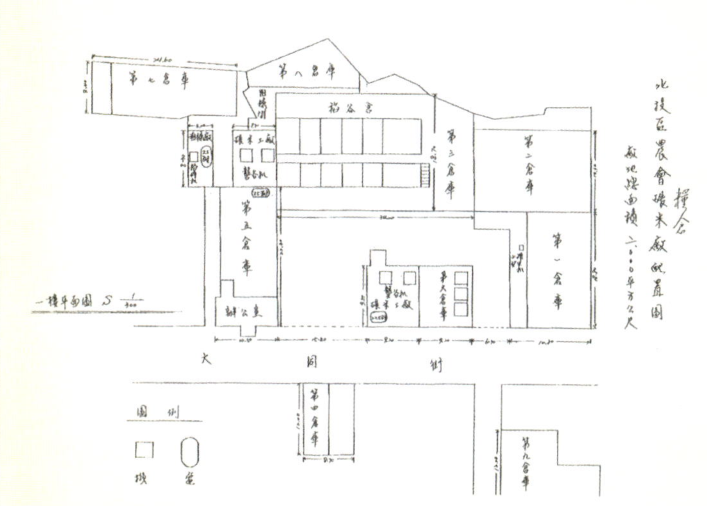

1

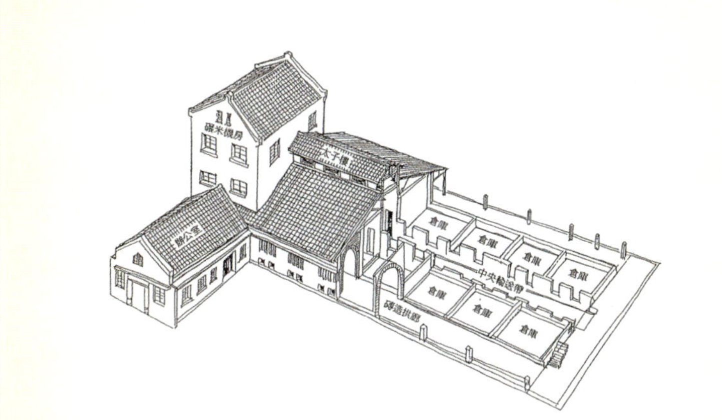

台北市北投穀倉剖透圖

李乾朗　測繪（台灣地區穀倉建築之機能與結構 民國八十六年六月）

2

1. 2000-6-19 台北市北投區農會穀倉（1938年建）古蹟鑑定會勘——全區平面圖。（北投農會 提供）
2. 2000-6-19 台北市北投區農會穀倉（1938年建）古蹟鑑定會勘——北投穀倉剖透圖。（1997-6 李乾朗教授 繪）

次經驗，更讓我們決心找機會朝這幾點方向來修法。二〇一六年由管碧玲委員所提的文資法全盤翻修的修正案，都有將這些加以處理，可說都已經成爲法律了。

農會、社區與文化追求三者皆贏

在北投從事那些古蹟的保存工作時，我們的態度雖堅定，但行動絕不魯莽，一定充分考慮私有文化資產擁有者的各種顧慮，並做出妥適的安排。雖然那時我們知道法令上有諸多缺漏，這樣的處理方式，不外乎是要讓珍貴文化資產的擁有者，完全接受與認知文化資產的珍貴，以及我們能夠處理的各種安排。我們衷心希望北投農會的諸鄉親，能夠以爲國家保存珍貴稀有之文化資產爲榮，也認眞地處理「北投穀倉」的修復及其未來的經營。

當時筆者就在報紙上爲文說，其實「北投穀倉」如果保存妥適，並善加利用與營造，絕對是一個能永續經營，且能帶來發展與利益的寶貝資產，絕對會比拆除它，而在狹小巷道，「土地使用區分」爲「住三」的土地上蓋極有限的樓房，要有長遠的利益。北投穀倉也有足夠可以設置現代化農市的空間，我們是不是給文化，也給自己多一點營造與想像的空間？我們期待農會、社區與文化能三者皆贏，都能因「北投穀倉」的保存而得到最大的利益。

由於「北投穀倉」指定過程的波折，再加上「蔡瑞月舞蹈社」指定過程的經驗，一座被縱火焚燬，一座被怪手打壞，讓我們深感文資法的不足之處亟須修訂。所以筆者也在報章爲文呼籲文資法應修改，處理以上諸多古蹟保護的關鍵問題。後來文資法修訂期間，由於管碧玲已經擔任高雄市文化局長，所以我們都利用各種管道與機會，提出看法與主張。

當然解決以上所提的諸問題，已逐漸成爲文化界與學界的共識，所以二〇〇五年二月五日總統公告的文資法修訂，其中第十七條：「進入古蹟指定之審查程序者，爲暫定古蹟。具古蹟價值之建造物在未進入前項審查程序前，遇有緊急情況時，主管機關得逕列爲暫定古蹟，並通知所有人、使用人或管理人。暫定古蹟於審查期間內視同古蹟，應予以管理維護；其審查期間以六個月爲限。但必要時得延長一次。主管機關應於期限內完成審查，期滿失其暫定古蹟之效力。建造物經列爲暫定古蹟，致權利人之財產受有損失者，主管機關應給與合理補償；其補償金額以協議定之。」古蹟於指定後，所有人、使用人或管理人應擬定管理維護計畫，並報主管機關備查。古蹟所有人、使用人或管理人擬定管理維護計畫有困難時，主管機關應主動協助擬定。」

這些修訂可說已經回應了那些年來我們遭遇的問題與呼籲。**我們也深知過去一般國人，對古蹟指定的疑慮根深蒂固，私人利益如何與公共利益結合，是很重要的課題。徒法不足以自行，將來如何教育、宣揚與推動，讓人人以擁有文化資產爲榮，都是大家還要繼續努力的課題。**

管碧玲委員在提出文資法實施三十年總體檢之後，二〇一六年對文資法提出整體全盤大修，從「文化的平等參與權出發」，在文資分類、公私合作、文資保障與維護補助，以及破壞任一種文化資產，或破壞審查中的暫定文化資產，全部都有處罰與刑責，而不是只有罰款。文資保存是一條永久長遠的道路，目前雖還無法盡善盡美，但二〇一六年的大修，整體而言，都有我們二十多年來，在文化資產保存上，將經驗與心得化爲法律的實踐努力。

北投七虎球場——籃球運動的搖籃

在北投光明路一三一巷底，到磺港溪邊有一個已經殘破的籃球場，不知這個球場的歷史者，恐怕難以想像這座球場，是與台灣籃球運動的開啓息息相關，是當年赫赫有名的七虎籃球場。從我們收集到的幾張照片，依稀可以看出七虎球場當年的風光與比賽時的盛況。

在我們陳請完成北投一系列溫泉與宗教的古蹟等文化資產的指定之後，**如果古蹟的指定，是一種感情與認同的分享，我們看到了已經指定的古蹟之代表性仍有不足之處，這些古蹟仍然不足以完全象徵或代表北投歷史發展的所有軌跡，也不足以完全代表北投在地的所有鄉土感情與認同。**

在這些古蹟中，除民國七十四年指定的三級古蹟「周氏節孝坊」是清代漢人的古蹟，象徵北投開發之後的一種社會價值；至於「長老教會北投教堂」則是馬偕爲北投原住民凱達格蘭北投社人所創立的信仰中心，也是其活動的見證地，這是屬於凱達格蘭人的歷史記憶部分。而從「北投公共浴場」、「北投普濟寺」到「北投文物館」、「北投不動明王石窟」……等等，這些古蹟都是日本時代北投溫泉鄉發展的見證。因此北投的歷史，從「北投社」的原住民社會與清代的漢人社會，到日本時代的溫泉鄉，歷史發展的一些象徵與見證，都有被指定登錄爲文化資產了。但檢視北投開發至第二次世界大戰後的歷史，獨獨缺了戰後來台之新住民在北投發展的歷史見證與文化資產。

古蹟的指定，是尊重人們過往的歷史，肯定過往人們努力的成果，也是尊重人們感情與認同的象徵。所以在北投的古蹟群中，不能只有原住民或老住民，才擁有值得紀念的文化資產，而戰後由中國移居台灣的新住民，其努力奮鬥的象徵，卻沒有受到肯定足以成爲流傳後世的法定文化資產。當時北投還沒有指定一個足以表達新住民過去努力之象徵的見證物爲古蹟，所以我們認爲北投文化資產之指定與登錄尚有不足之處。因此在我們調查與檢視一些北投值得保存的建築物之後，首先我們認為「北投七虎球場」是一處可以象徵戰後新住民遷到北投後，胼手胝足，克儉克難，開創一片天地的最好象徵。這個克難建築，對北投所造成的影響，至今還深深地被記憶與承傳著，是一件重要的文化資產。

一九五一年建造的這個克難露天建築，曾經在台灣掀起籃球的熱潮，當年鼎盛的籃球運動風氣至今還影響著北投國小。北投國小的籃球隊歷年來成績輝煌，至今仍然是全國少年籃球隊頂尖的勁旅，也是培養籃球國手的搖籃。二〇二三年全國國民小學籃球錦標賽，北投國小依然榮獲六年級男生甲組冠軍，這也可以再度說明，與七虎球場帶動起來的籃球運動息息相關的北投國小，其在籃球運動的表現至今仍然維持不墜。

這樣最具有象徵意義的重要建築，雖然已經殘破，但應該指定為古蹟加以修復保存，以紀念戰後來台新住民對籃壇與北投籃球運動輝煌歷史的文化貢獻。

而七虎球場的傳奇歷史，也在黃桂冠老師抽絲剝繭的研究下，完成相關的訪問調查後有了成果。我們將黃老師的研究調查，作為七虎籃球場陳請古蹟的說明。這份黃桂冠老師調查書寫的文字，成了我們陳請書的內容如下：

「虎虎生威話七虎」

「對台灣的籃球運動而言，最早成立的雖然是台電隊，然後鐵路隊，但造成熱潮，全面刺激籃運水準的，無疑是「七虎」與「大鵬」兩支勁旅，兩者的對抗更是當年籃壇的盛事。

民國二十八年春季，在貴州龍里成立的輜校籃球隊，就是七虎隊的前身。隨著部隊換防與不同派駐任務，從輜校到汽四營、汽十六團、再爲聯勤，民國三十七年五月曾代表聯勤總部參加第七屆全國運動會，贏得全國第三名。民國三十八年駐守柳州時，因受邀赴港表演，爲了行程的順利，接受主辦人胡文虎先生的建議，以「七虎隊」之名前往。當時有王士選、廖滌航、鄭大光、賈志軍、王毅軍、霍劍平、梁蘊明參加而創下不敗記錄。同年光復節受東南長官公署調派來台參加勞軍義演造成轟動。民國四十年代由王士選將軍領導的「七虎」與江良規博士組訓的「大鵬」兩隊激情對峙，將台灣的籃球運動從荒蕪推進到普及狂熱的地步。現在的球迷看過七虎隊打球的應該不多，但是七虎過去的表現，卻是當年看過比賽的許多壯年球迷的美好記憶。

七虎與北投蓬勃發展的青少年籃運

民國三十八年以降，國軍陸續播遷來台。七虎籃球隊所屬的部隊曾借用北投國小的校舍作爲暫時的營區，球員們經常使用國小的操場練球。球員們精湛的球技深深的打動了北投國小學童的心靈；自然在練球之餘，球員們也會主動教授學童們一、兩招秘訣；無形之中，埋下了北投學童心中對籃球的熱愛。

後來王士選將軍認爲「七虎隊」應該有自己的練習場地，於是就在民國四十年，於後來移防的營區附近規畫建設了「七虎球場」，地點就在今日的北投光明路一百三十一巷中。據說當時工程浩大，共分成了兩期才完成，第一期做了第一層到第八階，後來因美國歸主隊來訪，大家都踴躍觀看，盛況空前，座位不敷使用；王士選將軍就親自率領七虎隊員加蓋第二層七階，變爲現今的十五階。當時四週都有看台，四角都有出入口，大約可容納六千人左右。

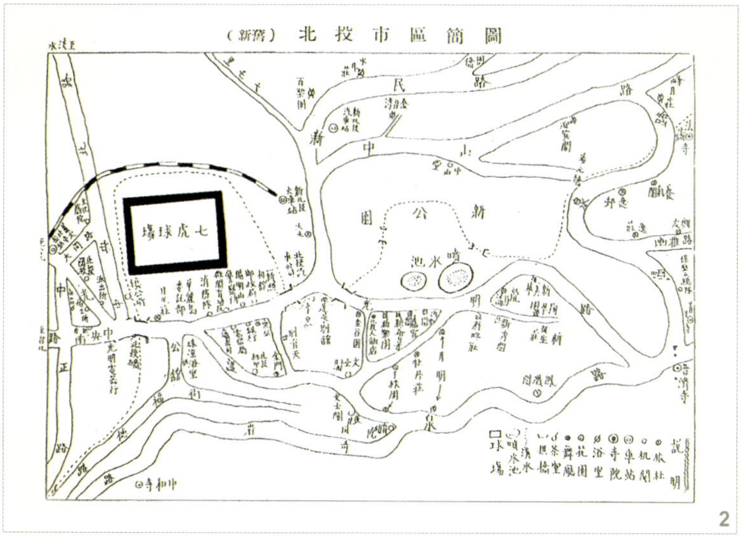

1. 北投七虎籃球場夜間比賽場景。（圖為虎聲籃球隊）
2. 1951年　由於七虎球場的興建，掀起籃球運動熱潮，因此1953年出版的《北投導遊指南》中的北投市區簡圖裡，七虎球場的面積與範圍被不成比例的凸顯出來。

籃球國手的搖籃

七虎隊員除了屢屢出賽，打下許多美好的記錄；他們也常擔任教練，帶動地方上熱愛打球的青少年。例如霍劍平指導過北投國小校友江憲治、張河松兩兄弟；江憲治教練後來還榮任全國女籃總教練，在他剛退伍時，曾經將北投區的青少年組成了「飛鷹隊」（男籃）和「綠蓉隊」（女籃），其中「綠蓉隊」還在民國五十五年國手選拔賽中稱后。另外七虎球員王毅軍也指導了北投校友鄭正男，鄭正男教練在當時也組織了「虎聲隊」（男籃）、「飛燕隊」（女籃），「虎聲隊」後來還衍生出「飛虎隊」（男籃）。北投地區熱愛籃球運動的青少年，莫不被網羅在這許多支充滿活力的隊伍中，而成為國手的搖籃。而他們最常練球，或彼此切磋球藝的地點，就在七虎籃球場。

北投國小少年籃運的濫觴與光輝歷史

少年籃球（Mini Basketball）始於一九五一年，由美國賓夕法尼亞洲斯克倫頓城詹亞吉（Jay Archer）先生所創，一九五七年由美國國務院協助，訪問中華民國，我國少年籃球運動因受創始人詹亞吉先生之介紹，開始萌芽，相繼而起的有虎賁盃、中廣盃、金球獎等少年籃球賽，在國內大約推行了十年。在少年籃球初創期，北投國小由張河松教練默默耕耘，訓練了不少少年籃球菁英，參加了無數的比賽，奪取了無數的獎盃。為北投國小寫下了榮耀的第一頁。

隨著九年國民義務教育實施，第一屆全國少年籃球錦標賽於民國五十八年在台北市舉行，北投國小男女生少年籃球隊即開始全力投入，至今（指一九九九年）三十屆從不間斷，可謂是少年籃壇的長

1-3. 北投七虎籃球場比賽。

青樹。全國比賽中，戰果輝煌，曾得過：冠軍二十三次，亞軍四次，季軍四次，殿軍二次。民國七十年、八十年、八十二年、八十三年、八十四年、八十五年、八十六年，曾七度奪得男女生雙料冠軍；民國七十九年至八十七年更連續九年榮獲女生組九連霸之殊榮。在這三十年中，北投國小球隊也常受邀到國外訪問。六十二年男生隊訪問韓國比賽，獲八戰全勝之佳績；六十六年女生隊訪問菲律賓、香港比賽創下六戰全勝之佳績；七十八年起更獲中華民國籃球協會之推薦，連續十年參加芬蘭海豚盃國際青少年分齡籃球錦標賽，榮獲九次冠軍；最爲特殊的是，女生隊在七十九年至八十二年連續四年奪得冠軍，衛冕成功，在國際比賽中，有此輝煌成績，實屬難能可貴。

對北投的貢獻影響至今

窮究起來，北投國小的少年籃球隊之所以能夠有如此耀眼的表現，其最主要的原因就是校內擁有一群實力雄厚的教練團。而這群教練又大部分與「七虎隊」有著淵源深厚的師承關係。除了前述的張河松教練師承自七虎隊員霍劍平，另外，陳勝稔教練不但出自早期的「飛鷹隊」而且是繼江憲治教練之後的「飛鷹隊」教練，吳雪峰教練出自「飛燕隊」，陳珍生教練出自「飛虎隊」，義務教練黃聰明出自「虎聲隊」，義務教練潘懋官亦出自「飛鷹隊」。即使後來加入的劉德三、黃湘雯教練不是北投長大的子弟，但在學校總教練陳勝稔老師的薰陶下，自然也承續了優良的傳統。而透過媒體敏銳的觀察，江憲治教練雖然沒有掛名教練群，但是只要北投國小面臨重要比賽的前夕，一定可以在練球場見到江教練的身影。

如此無私的奉獻，深情的寄情於籃球運動，莫不是五十年前「七虎隊」隊員立下的深刻典範。如今七虎球場雖已沒落，然而從僅存的老照片裡，浮突出的球員慓悍的身影，在人影雜沓的觀眾席上，隔空依然傳喚得出當日忘情的嘶吼聲。走在今日凋零的球場當中，我們隱約感受得到，經過無數球員汗水淌過的這塊土地，即使掌聲消逝了，球場的全貌模糊了；但是榮耀仍在，記憶長存，屬於那一輩「籃球人」的驕傲，是永遠也替換不掉的原始印記。

七虎球場，所能見證的，又豈止是民國四十年代，那榮耀的瞬間？它圓成了北投多少青少年子弟的籃球夢幻，即使時值今日，依然傳承不斷、依然發光發熱！」

從七虎隊的師承關係，可以看出七虎球隊對台灣籃壇的影響。根據黃桂冠老師上面的訪查，七虎隊兩大將霍劍平與王毅軍，後來都成了名教練。都是當年台灣籃壇風雲人物，閃閃發亮的明星，是多少人籃球情人夢中崇拜的偶像，由這些教練群的傳承，應該可以想見七虎籃球隊當年的風光與其重要性。

北投七虎籃球場的構造與現況

那七虎球場是什麼樣的一個球場呢？我們根據陳林頌的測繪與研究，北投七虎籃球場是磚、土、石造，水泥敷面的四方形簡單建築。長約六十公尺，寬約四十五公尺，高約三點四公尺，是西北、東南向的球場。看台結構分爲兩層十五階，東北邊分三區、西南邊分三區；西北邊分兩區、東南區分兩區。陳林頌測繪得極爲精美，這些測繪資料也附在我們陳請七虎籃球場爲古蹟的陳請書上。

北投七虎球場共分爲東、南、西、北角四個入口。北角、東角之入口的構造爲橋門式。西南邊有一面女兒牆。此外最特殊的莫過於以直立火車鐵軌作爲燈架，共有西北邊兩支燈架，東南邊亦爲兩支

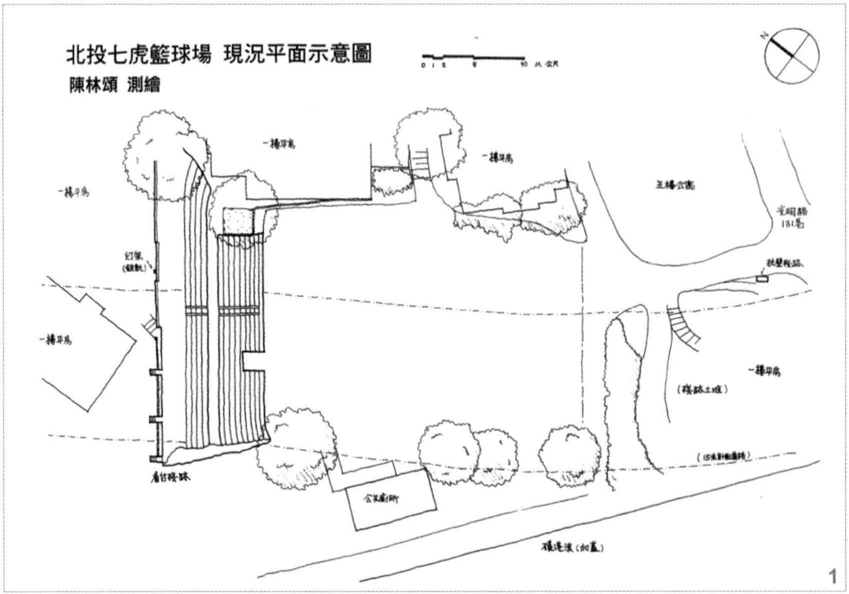

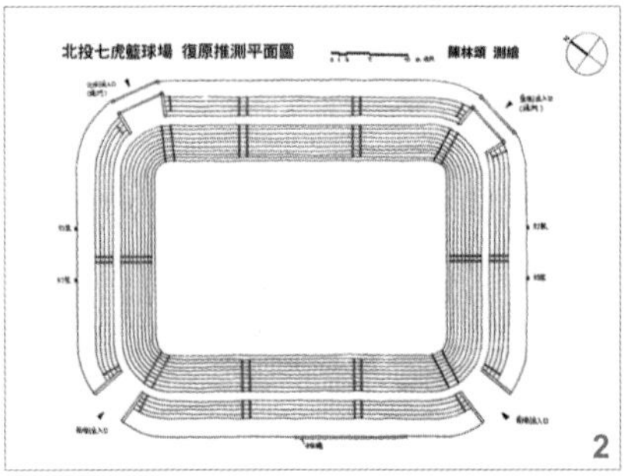

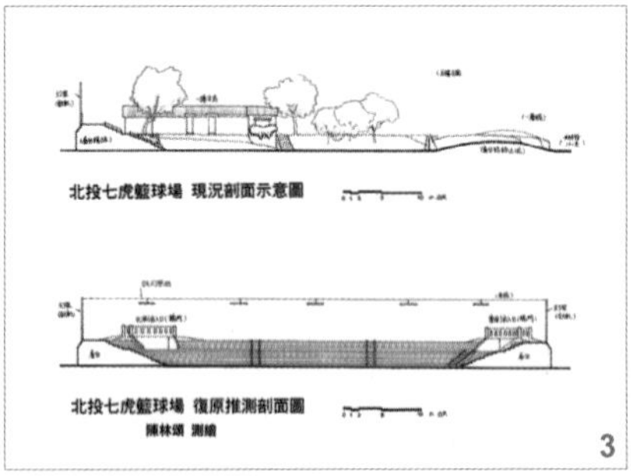

1. 2000年　陳請古蹟文書「北投七虎球場」現況平面示意圖。（陳林頌 繪）
2. 2000年　陳請古蹟文書「北投七虎球場」復原推測平面圖。（陳林頌 繪）
3. 2000年　陳請古蹟文書「北投七虎球場」現況剖面示意圖與復原推測剖面圖。（陳林頌 繪）

燈架，燈架高約五點六公尺。以鐵軌作爲燈架，可以想像當年物資缺乏年代，大家胼手胝足興建球場的狀況。

不過，七虎球場的現況卻是非常的不理想，東北邊看台已經拆除，東南邊也已經拆除，現在一邊蓋了五層樓公寓，另一邊則是七虎球場的殘跡土堆，土堆上現還尚存著當年的鐵軌燈架。而西南側在民國六十九年時，因整治磺港溪被拆除，現建有一公共廁所。而西北側是僅存的一面看台，目前約僅存三十公尺長，這一段看台與尚存的半場球場地坪，就是我們要求保存七虎球場的重點。

呼籲七虎球場應盡速修復保存

由於「北投七虎球場」位於磺港溪預定道路上，照都市計畫應屬於將來必須拆除的建築。目前僅存西北側的一面看台，當年平時還有民眾在打球，但平常多數時間變爲民眾停車場。因爲情況如此，又處於小巷中，所以也無權責單位管理，無人維修，日益殘破，早已淪爲形同荒地的雜亂停車場。

由於七虎球場是戰後來台新住民，對北投與台灣籃球運動貢獻最重要的見證，要解決這樣的困境，我們認爲：

七虎球場應該指定爲台北直轄市定古蹟，在「北投七虎籃球場」取得古蹟優先性的地位後，再以球場爲中心思考通盤檢討該地的都市計畫。由於七虎球場旁邊那段磺港溪已經加蓋，而「北投七虎籃球場」是否修復原狀，可在通盤檢討都市計畫後，再加以處理。如無法恢復原狀，則仍應將目前尚存的半場籃球場，依文化資產保存法加以嚴格保護。

我們在二〇〇〇年六月，提出北投穀倉與北投七虎球場的古蹟陳請，北投穀倉經一番波折後，已

1. 1998年　已經殘破的北投七虎籃球場。
2. 1998年　殘破的北投七虎籃球場淪為社區的雜亂停車場。
3. 2022年　北投七虎籃球場更殘破了。

經在當年就順利指定爲台北直轄市定古蹟。但很奇怪，台北市政府對七虎球場的古蹟指定，在台北市文化局二〇〇〇年五月二十六日「北市文化二字第八九二〇四〇四六〇〇號」書函回覆說「北投七虎籃球場部分，因連繫權屬單位索取相關資料費時，將擇日再辦。」這之後不知爲何原因，就沒有任何動作了。不過換了幾屆的市府，最終，遲了十幾年，到二〇一七年二月二〇日還是通過審查登錄爲台北市歷史建築。只不過登錄過後，現在看起來，台北市政府也沒有什麼保存的作爲，所以現在的七虎球場，比之我們推動北投重建的一九九〇年代後半，提出古蹟陳請時，其實是更加殘破了。

我們衷心希望北投這個克難的球場，這樣具有象徵意義的重要歷史建築，應該盡速修復保存恢復使用，並對周邊環境加以整頓美化，以紀念該段戰後來台新住民對籃壇，與北投籃球運動輝煌歷史的文化貢獻。我們認爲這是感情與認同的分享，所以我們要再次呼籲台北市政府應該正視該球場的歷史意義，應該盡速啓動修復的工程，這樣才是對新住民及當年刻苦犯難推動籃球運動的先驅，最佳的紀念與致敬。

〈第十章〉草山御貴賓館與中山樓

日本領台後，歷任台灣總督與官員，無不希望邀請天皇或皇太子到台灣視察政績。一九二二年，皇室終於首肯裕仁皇太子，當時的攝政來台視察。於是台灣總督府立即展開各種準備的工作，例如興建角板山、打狗山迎賓館、台北三線道等等，其中規劃草山也是視察參觀的重點。

皇家級的「草山御貴賓館」

一九二三年一月，台灣總督府確認了裕仁巡察台灣的行程，一月二十日「草山御休憩所」由台灣救濟團資助，隨即動工興建，花費約二萬八千八百十四圓六十三錢，在當年三月二十五日竣工，只花了六十五天即落成完工，準備接待裕仁皇太子的到來。三月二十四日皇太子殿下「台灣行啓御豫定發表」，四月一日北白川宮成久親王在法國遇刺，皇太子行啓一度要延遲，但最後還是在四月十六日公布了皇太子每日行啓御日程，公布了裕仁台灣行啓的每日行程細部。

裕仁在一九二三年四月二十五日到草山御清遊，早上十點五分從總督府賓館出發，經士林上草山，十一點十分抵達「草山御休憩所」，「草山御休憩所」當時的地址是「台北州七星郡士林街草山字磺溪內八十九番地」。在此用過午餐後，下午一點五分離開，即往北投出發，途中除了在兩個現在還完好的展望台「迎日欄」（第一展望台）及「薰風軒」（第二展望台）稍作停留觀賞風景外，也未在草山其他地方停留，便直驅北投參訪，於下午兩點五分抵達北投公共浴場，所以在草山停留時間並不長。

不過與「草山御休憩所」同時興建，也已逾百年的二個展望台「迎日欄」及「薰風軒」現保存良好，也應登錄爲文化資產永久保留。

本來接待裕仁的計畫中，還有計劃接待裕仁到紗帽山上一遊，因此紗帽山上在當時也建立了一座涼亭與石桌，準備接待裕仁從紗帽山鳥瞰一覽草山溫泉谷地的景觀。但是裕仁因時間有限，並沒有登紗帽山，而當年準備接待裕仁，位於紗帽山頂部觀景台稍下方的涼亭，在今天的紗帽山導覽圖中也被稱爲「太子亭」，但現場只剩下兩座石柱，一個圓石桌面，及幾處石墩與牆基等殘蹟。

根據日本時代的建築資料，「草山御休憩所」，最先只有興建洋館，隔年才再加建日本家。一九二九年時曾增建日本家浴室。一九三三年「草山御休憩所」才改名爲「草山御貴賓館」。「草山御貴賓館」，也曾於一九三三年接待過日本皇族高松宮殿下時，增加一些整修的工事。一九三四年接待皇族伏見宮及梨本宮兩殿下時，再興建了附屬宿舍及道路，並有整地等工程。

根據日本時代的《建築會誌》記載，「草山御貴賓館」總共建坪一百十八坪七五七，分爲洋館與日本家兩棟建築，其中洋館佔五十八坪五合；日本家佔六十坪二合五勺七才，草山御貴賓館擁有廣大的庭院，所以整個敷地面積是二千四百九十坪。洋館與日本家都是木造平家建，施工者爲日本時代著名的營造商池田好治，台北市徐州路舊台大法學院之前身「台灣總督府高等商業學校」，亦爲其所施工。

「草山御貴賓館」在迎賓接待裕仁後，由於得到裕仁行幸的加持，其建築的位階特顯尊貴，隨即

1. 日本時代明信片：草山御貴賓館。
2. 日本時代明信片：草山御貴賓館。此照片已可看到日本家，且已改名稱，所以這張照片是1933年之後的照片。
3. 2023年　紗帽山太子亭殘蹟。
4. 2023年　建於1923年陽明山（草山）已逾百年之第一展望台：迎日欄。
5. 2023年　建於1923年陽明山（草山）已逾百年之第二展望台：薰風軒。

1. 日本時代明信片：草山御貴賓館內部布置的亞熱帶風情。
2. 1934年　昭和9年3月，由台北州知事野口敏治所立的紀念裕仁「行啓並御成婚紀念造林地」碑。此碑見證草山造林之歷史。（2022年筆者攝於陽明山苗圃）
3. 日本時代明信片：草山御貴賓館庭園內的吾妻屋。
4. 1923年　紀念大正12年4月25日，裕仁「草山御休憩所」行啓，立於草山御貴賓館前方路口圓環邊的「東宮駐駕紀念碑」，此碑戰後不知所終。

變成總督府達官貴人喜愛使用的招待所，特別是使用來接待從日本本土來訪之皇親貴族，成爲最尊榮的招待所。筆者認爲該貴賓館的布局，尤其配置洋館與日本家兩棟建築，以室內走廊相連構成，兼有日本與西洋建築的趣味與優點，配以寬廣優雅的庭園，宴友會親皆大方尊貴。而且草山御貴賓館之洋館的內部裝飾家具，包括藤桌藤椅、亞麻圓形地毯、西式窗簾門簾，充滿亞熱帶的西洋豪華風情，這些元素立刻成爲往後草山別墅型建築模仿與參考的典範，「草山御貴賓館」可說就成爲影響草山地區別墅與景觀最深遠的建築之一。

新草山公共浴場——草山衆樂園

台灣總督府在裕仁訪台回程後，立刻於當年，大正十二年，一九二三年五月十八日成立「皇太子殿下台灣行啓紀念事業調查委員會」，開始三大工作項目，其中有一項重要的紀念事業，是以草山北投爲中心的紀念大公園。依這項計畫，一九二九年開始「大屯山造林計畫」；一九三七年，昭和十二年十二月開始「大屯國立公園」的空間計畫。在這之前，已有一些團體如「台灣警察協會」興建「草山警察療養所」、「草山郵便局附屬療養所」，也有一些日本人名流開始在草山興建別莊，草山雖然延續已經相當發展的北投溫泉觀光產業，但整體而言，草山的公共建設尚不如北投的完整。

在草山開始經營的溫泉旅館業者，亟思展現更多樣宏闊的草山地理景觀，來發展更恢弘的草山觀光事業。但到裕仁到訪之前，較具代表性的僅有巴旅館、若草屋、山梅及多喜の湯等少數幾家觀光旅館而已，不過自從裕仁到草山一遊之後，儘管裕仁在草山御貴賓館，停留的時間只有短短的一個小時又五十五分鐘隨即離開，但草山從準備接待皇太子裕仁開始，到裕仁行啓結束後，所從事的建設與紀

5. 日本時代草山衆樂園外觀。左邊建築原為衆樂園浴室，1982年時拆除改造成康樂室，圖中原有通氣塔也被拆除改建。

6. 1996年攝　陽明山教師會館。原草山公共浴場-草山衆樂園。

7. 日本時代草山街道。圖左的山為紗帽山，右後方的建築為草山公共浴場-衆樂園的八角樓浴場。（筆者Photoshop上彩）

1. 1913年所建的舊草山公共浴場（後來的草山衆樂園別館）及療養所全景。
2. 1933年昭和8年1月2日，民衆在大屯山系的面天山「皇太子殿下行啓紀念碑」前留影紀念。此地裕仁並未曾來訪，該碑碑文戰後被砸毀。
3. 草山溫泉警察療養所。
4. 1938-8-27 昭和十三年攝-新會芳支店-草山ホテル（Hotel）周金女士（春桂左二）。

念事業，都讓草山開始急速發展。

一九二七年，昭和二年七月八日，台灣日日新報社報導其主辦的「新台灣八景」票選活動，草山與北投溫泉以自然風景獲入選爲「台灣十二勝」之中。草山具有夏季避暑及溫泉療養的休閒功能，甚至以草山的景觀與日本箱根的景觀相似，因此獲得被譬喻爲「台灣の小箱根」之美譽。從這一年開始，草山北投的介紹，就都會在塑造台灣形象的「台灣鐵道旅行案內」中出現。

早在裕仁皇太子到訪十年之前，一九一二年時，在今天草山教師研習中心下方，地方民眾開始利用附近礦溪內溫泉湯元所湧出的溫泉，設置一個露天的浴場，後來在台北廳、愛國婦人會、士林支廳愛國婦人會分會，及地方人士支持下，一九一三年完成了一個「草山公共浴場」。裕仁於一九二六年十二月二十五日登基爲日本昭和天皇後，台灣總督府爲了紀念新天皇登基，就計畫在草山興建一個新的「草山公共浴場」，這個公共浴場即今已改變功能的市定古蹟「草山教師研習中心」。

這個爲慶祝昭和登基而計畫興建的新草山公共浴場，於一九二九年十月二十五日開始興建，基地面積占三千六百一十四坪，這個新草山公共浴場，造型宏偉新穎、設備完善，位於水道事務所及草山郵局的南側，由台北州土木課營繕係擔任設計監造，光智商會承包施作，一年後的十月三十一日落成，這個新草山公共浴場有一個通俗的名稱「草山眾樂園」。而在隔鄰的「舊草山公共浴場」，就改稱爲「草山眾樂園別館」。

淡水忠寮李家石匠師傅的傑作

「草山眾樂園」公共浴場的總工費依照當時的興建資料，顯示共花費十二萬日圓，另一說是十五萬二千日圓。當時日本大學畢業生起薪才十至十二日圓，由此可想見其規模。外牆是鋼筋混泥土外加砌石的洋式建築，內部則爲洋和裝潢，總面積約五百六十一坪餘的二層建築，其設計大要：本家（一四二坪八七五）、車寄（十三坪五〇〇）、食堂（五坪六四八）、脫衣場（三六坪〇〇〇）、浴室廊下（一〇坪〇〇）、浴室（八五坪八四八）渡廊下（四坪二五）、便所及洗面所（十五坪〇〇〇）、炊夫室（十一坪七五）、廊下（七坪〇〇〇）、個人休憩室及倉庫（七六坪八六五）等等。

浴場也設有賣店、撞球場、食堂、室內電話樓上一具，樓下三具，男女浴室分開，此外還有外湯瀧（溫泉瀑布），庭園中有遊動圓木、兒童遊戲物等設備相當齊全。二樓則設有一有舞台的大廣間、娛樂室、遊戲場及休憩室等。一九三四年，昭和九年又增建後棟，提供做爲家庭休息室或住宿的一層木造建築，有二間八疊的房間，及八間六疊的房間。

「草山眾樂園」公共浴場的建築外牆砌石大量使用「草山」所產的「安山岩」，也首度引用了經由日本傳入，來自西洋的「番仔砥」或俗稱「番仔堵」的砌石法興建外牆體。這種砌石法是以長方形或正方形石塊疊砌而成，所有的灰縫成垂直與水平相交，長短不一，構成不規則的分割。這種在當時具有時尚感的新穎砌石法在新「草山眾樂園」引進後，即在草山地區開始流行。當時承包商聘請的砌石師父即爲本土傑出工匠——淡水忠寮燕樓匠派所施工。主匠爲一代匠師李棗柴，即一般稱爲紅棗師的李棗柴。這也是今日陽明山地區常見的石造建築砌法之源起。淡水忠寮燕樓李家發源於淡水忠寮，其渡台第一代的始祖爲鼎成公，清光緒年間，第三房的第六代出現建築匠師，其中李璋瑜被認爲是忠寮燕樓匠師的祖師。李璋瑜公的兩個兒子李棗柴與李五湖也都是建築名匠師。李氏家族的家學源遠流長，名建築學者李乾朗教授就是忠寮燕樓李家後代。李家最拿手的是磚石工，也就是泥水匠的土水師傅。他們所建造的多爲民居，而寺廟則很少。作爲一個地方的匠

1. 1938年 草山林間學校，由台北市教育會夏季學園舉辦學生暑期活動情形。（筆者以Photoshop 上彩）
2. 日本時代寄草山公共浴場的信封（正面）。
3. 1996年攝 陽明山教師會館──原草山公共浴場（草山衆樂園）。
4. 1996年攝 落成於1930年的陽明山教師會館──草山公共浴場（草山衆樂園）的外牆為陽明山首見的「番仔砥」或俗稱「番仔堵」的砌石法。

派，其作品分佈頗廣，除了淡水之外，三芝、草山、北投一帶也有，數量應當有數百座。燕樓李家最擅長砌石牆的石造技術，技巧也最多。

草山林間學校

「草山眾樂園」造型宏偉，外觀美麗，以新穎石造砌法興築外牆的別墅型大建築，興建之後也成爲草山地區石造別墅的典範。之後台灣的一些日本達官貴族，與較有錢、有勢的台灣人，也紛紛開始在草山地區購地興建此種類型之時髦別墅。因此「草山御貴賓館」和洋雙拼並構的布局，以及「草山眾樂園」新型態的時髦石造外牆，雙雙就成爲草山地區別墅建築爭相模仿的典範。這種發展使草山地區逐漸演變成爲台北統治中心之外，在台北城外的另一個地理空間上的權力中樞。這種情形至戰後仍然是如此，其對台北城市空間的影響可謂深遠。

一九三三年，昭和八年四月二十一日「台灣教育會」在草山市區計畫區內興建了「草山林間學校」，於十二月二十日竣工，建坪約一百五十坪，地基工程皆以石砌完成，地上建築則爲木構建築。由台灣總督府官房營繕課設計與監造。林間學校設立的主要目的，原爲提供學童在學校之外的延伸教育之用，提供一個能在暑期做團體生活訓練的園地。一九三五年，昭和十年「台灣教育會」又在林間學校的下方興建「台灣教育會館草山別館」，這個別館擁有溫泉浴場，戶外也建有游泳池與運動場，用以補充林間學校的功能。「草山林間學校」位於今天磺溪內溫泉谷地之西側坡地，也就是中山樓下方出口道路的途中介壽堂附近，陽明路二段下行路段的西側坡地上，戰後的地址是陽明路二段十五號。而「台灣教育會館草山別館」則在其坡下的對面。後來該處建築因爲一九六一年九月十二日，強烈颱風波蜜拉襲台，陽明山莊內的各建物同受颱風重創嚴重損毀，遂被逐一拆除，開始搭配興建中山樓周邊的新建築，今只剩草山林間學校的石砌駁坎殘蹟。二〇二一年十一月二十二日，「草山林間學校駁坎」已依文資法登錄為台北市歷史建築。

「始政四十週年記念台灣博覽會」草山分館

草山地區的發展，日本總督府除了興建迎接裕仁來訪的各種公共設施之外，也興辦行啓之後的各種紀念事業。一九三五年之時，適逢日本統治台灣四十週年，日本總督府就計畫舉辦盛大的慶祝活動，以展現始政之後的治理成果，其中最具指標性的活動就是舉辦「始政四十週年記念台灣博覽會」。這個展覽會，十月十日在台北公會堂，三千多人聚會舉行開會式後，由四架飛機舉行祝賀飛行展開序幕，至十一月二十八日也在台北公會堂舉行閉會式，除了在台北市中心設置了「第一展覽館」與「第二展覽館」之外，更在草山的「磺溪內」溫泉谷地設立了一個「草山分館」，取名為「觀光館」。這個分館的設置，也更進一步改善了草山的公共建設與交通。台北至草山的道路新鋪裝工事，也在一九三五年八月二十三日完成，舉行了打掃清潔祈福的「祓清式」。

「始政四十週年記念台灣博覽會」草山分館觀光館，其位置在今中山樓所在之磺溪內溫泉谷地「國建館」與「圓講堂」之間的平坦地方，占地約八百坪，最初的預算是五萬元，但因為追加了展館電氣、溫泉管路等工程，施工歷時四個月，完工時總經費花了六萬八千元。此館本身為西洋風格之木造二層樓建築，一樓作為展場，二樓包括貴賓室、寢室及食堂。台灣博覽會結束後，這個以「觀光館」為名的草山分館繼續維持成為常設的機構，並改名為「草山御貴賓館別館」，歸屬台灣總督府所轄管，與原接待裕仁皇太子的「草山御貴賓館」，相互呼應日益興盛的草山觀光需求。

草山觀光館以展出日本與台灣各大觀光地區爲主，計共有展出二十九景。其中從第五景到第十三景，就是「台灣八景」與「台灣國立公園候補地」的展出，其中第六景與第十三景，是屬於國立公園候補地，草山與北投都列在其項目之中。其展出的名稱與地點如下：

排序	屬性	名稱	地點
第五景	台灣八景	初夏の淡水	淡水、觀音山、紅毛城
第六景	國立公園候補地	春の劍潭及大屯山系の大觀	圓山公園、劍潭、明治橋、大屯山、觀音山、北投街道
第七景	台灣八景	秋の塔山	阿里山、大塔山
第八景	台灣八景	月夜の日月潭	日月潭
第九景	台灣八景	初冬の新高	玉山、阿里山
第十景	台灣八景	臨海道路	東部斷崖、米崙鼻
第十一景	台灣八景	タロコ峽	太魯閣峽谷
第十二景	台灣八景	鵝鑾鼻燈台	貓鼻頭、鵝鑾鼻、大板埒
第十三景	國立公園候補地	未來の大屯	國立公園候補地大屯山群

「草山第一賓館」與「草山第二賓館」

台灣八景當然炒熱了八景的觀光，但幾年之後，開始陷入戰爭，終至日本戰敗退出台灣。戰後來台的黨政軍特各單位，都相當積極地介入接收北投與草山豐富的日產，尤其是其中的高級旅館、招待所與俱樂部，以作爲該單位的招待所或俱樂部，甚至有作爲該單位高層私用之休憩所的情形。

一九四五年九月一日台灣省行政長官公署成立，一九四五年十一月之後，台灣省行政長官公署公布，將日本時代的「草山御貴賓館」、「草山貴賓館別館」收歸行政長官公署秘書處所轄管。且將「草山御貴賓館」改名爲「台灣省行政長官公署草山第一賓館」；原作爲「始政四十週年記念台灣博覽會」草山分館的「草山貴賓館別館」，則再改名爲「台灣省行政長官公署草山第二賓館」。這兩個賓館主要是作爲接待本國及外國高級賓客之用，所有接待食宿費用，均由台灣省行政長官公署秘書處交際科編列預算支付。

一九四六年，民國三十五年十月二十一日，蔣中正曾專程到台灣參加台灣光復週年慶祝大會，來台期間除了有一晚住宿日月潭涵碧樓外，其餘皆是住宿於「台灣省行政長官公署草山第二賓館」。十月二十六日蔣中正的日記曾記載「旋至草山第一賓館遊觀，此處幽潔，實勝於余現駐之第二賓館也」。當時「草山第二賓館」是類似旅館型態的賓館，而「草山第一賓館」則仍是別墅型原貌。筆者推測蔣中正第一次來台時，對這兩個賓館的評價，其實就是後來國民黨大舉播遷來台進駐草山時，他選擇「草山第一賓館」爲住所，「草山第二賓館」爲總裁辦公室的原因。

1. 1935年　日本台灣總督府「始政40週年記念台灣博覽會」草山分館。
2. 1935年　日本台灣總督府「始政40週年記念台灣博覽會」草山分館，展後改為「草山貴賓館別館」。戰後改為「草山第二賓館」。1949年改為「國民黨總裁辦公室」。
3. 1935年　日本台灣總督府「始政40週年記念台灣博覽會」草山分館，展後改為「草山貴賓館別館」。
4. 1949-6-24　蔣中正正式入住日本時代的草山御貴賓館，也就是當時的草山第一賓館作為在台的第一個正式的住所。
5. 2022年　筆者攝於面天山，1933年所立而戰後碑文被砸毀的「皇太子殿下行啓紀念碑」。對照本書第433頁的照片2.，現該碑周邊已長滿樹木。

草山第一賓館成為蔣在台灣的第一個住所

蔣中正之黨國勢力在中國潰敗，被逼下野之際，主要是由學地理的張其昀之分析與建議，其實已經決定撤守播遷來易守難攻的台灣。一九四七年，民國三十六年五月十六日，台灣省行政長官公署解散，成立台灣省政府。一九四八年，民國三十七年十月三十日，蔣中正安排並命令因胃疾在上海休養的陳誠，從上海移至台灣草山休養，十二月底又命陳誠接任台灣省主席兼台灣省警備總司令。因爲當時的省政府還設置在日本時代之台北市役所，即現在的行政院。所以當時台灣省主席陳誠，也是居住於草山，最先是居住於台糖的招待所，後來改住到台灣電力公司的招待所。

一九四九年一月，蔣中正於下野之際，開始大舉搬運黃金、珍貴文物、政府檔案、文件資料遷台，也將效忠於蔣中正的嫡系黨政軍人員逐步陸續播遷來台。陳誠也受命飛往溪口接受蔣中正的指示，陳誠返回台灣後，隨即準備蔣中正來台時各地的臨時駐用所，計有澎湖馬公城外賓館、台北草山第一賓館及第二賓館、大溪公會堂、日月潭涵碧樓、高雄壽山要塞官邸與四重溪景福旅館等。也計畫蔣中正來台時，先進駐在「草山第一賓館」，並計畫在「草山第二賓館」設立總裁辦公室，開始施建蔣中正在台灣的統治布局。

一九四九年一月二十一日蔣中正宣布下野。在蔣中正引退之後，到來台灣其尚未復行視事之前，國民黨人員就已經大舉進駐於草山，尤其是當時評估易守難攻，相對封閉性的草山溫泉磺溪內谷地及其周邊區域，是最適合做爲「反攻復國」的指揮基地。於是「草山第一賓館」與「草山第二賓館」、「草山林間學校」、「台灣教育會館草山別館」，還有陽明山上眾多被接收的日產招待所、俱樂部、旅館及別墅，就成爲計畫中蔣中正與國民黨黨政軍特人員進駐的辦公及居住的處所。

一九四九年五月十七日到二十五日蔣中正到馬公進駐澎湖貴賓館，五月二十五日蔣中正直上高雄要塞之壽山官邸。此時物價飛漲，金融失控。六月十五日台灣省政府宣布「台灣省幣制改革方案」，發行新台幣。舊台幣四萬元換新台幣一元。六月二十一日蔣中正進駐入宿大溪公會堂，六月二十四日到達台北介壽堂舊日之總督府召開軍事會議，當晚即正式入住戰後改名爲「草山第一賓館」的原「草山御貴賓館」，這是蔣中正正式進駐台灣的第一個正式住所。當日蔣中正日記中寫「到草山，入第一招待所，實比第二招待所幽勝多矣」，這也就是蔣中正民國三十五年十月第一次來台時對此兩處所的評價。

蔣中正進駐草山第一賓館一星期之後，一九四九年七月一日「國民黨總裁辦公室」正式成立設於「草山第二賓館」，距離「草山第一賓館」並不遠，兩者之間也沒有什麼房舍，可以說就是「厝邊隔壁」。「國民黨總裁辦公室」八月一日起正式辦公，當時國民黨總裁辦公室的單位，計有研議決策的「設計委員會」及執行政策的「九組一會」。利用日本時代遺留的「草山林間學校」與「台灣教育會館草山別館」，作爲幕僚單位的工作地點，並進行國民黨的改造。

查看一九五〇年，民國三十九年「陽明山市區平面圖」上，日本時代各建築所標示的名稱，原「林間學校」所在是被稱爲「陽明山莊」，是國民黨總裁辦公室的幕僚單位人員進駐的地點，因此國民黨在整個溫泉谷地的入口處立碑「陽明山莊」爲記，此後七星山下的整個「磺溪內」溫泉谷地，就被泛稱爲「陽明山莊」。而「林間學校」的對面下方原「台灣教育會館草山別館」所在，則是作爲國民黨之「革命實踐研究院」。接著軍方也在該地周邊興建崗哨、班房、庫房、小型加油站等大部分都還存在的建物。

1. 從七星山麓鳥瞰原草山磺溪內之溫泉谷地，左邊建築為原「始政四十週年記念台灣博覽會」草山分館，展後改名為「草山貴賓館別館」。右二建築為「台灣教育會館草山別館」，最右建築為「草山林間學校」。
2. 陽明山莊內已廢棄之加油站。
3. 1949-7-7 蔣中正正式遷入「草山行館」。
4. 草山磺溪內之磺溪，溪內佈滿管路與溫泉井。

蔣中正搬離草山第一賓館的原因

蔣中正當時的一些核心政治幹部陳雪屏、谷正綱、張其昀、唐縱、居正、馬超俊、陶希聖等人，皆安置於草山日人所遺留的諸多招待所與房舍之中。當時也規定在總裁辦公室的所有單位的工作人員，都必須住在草山，進行集團性質的團體生活。並且要求每人參加各單位黨的小組，且規定要認識台灣在地人十個人，進行草山地區的社會調查，監控草山地區民眾的言行，發展群眾路線與組織，設立管理局掌控整個草山的形勢與維安。也就是將草山軍事化、特區化，黨政軍合一，以鞏固當時蔣中正在台灣眞正的政權中心。

一九四九年七月十日蔣中正訪問菲律賓後，來回於中國大陸東南與台灣之間。但國民黨在中國之勢急速惡化。十二月八日宣布「行政院決定自九日起在台開始辦公」。一九四九年十二月十日，蔣中正飛離四川成都，晚間飛抵台北，當晚即回草山第一賓館，從此永遠告別在中國的故鄉。隔年一九五〇年三月一日蔣中正在台北「復行視事」重任總統之職位，總統府設在日本時代的總督府。

蔣中正在三月三十一日才搬入整修擴建完畢的士林官邸，即原「台灣總督府農業試驗所」做爲正式的官邸，但那時仍然同時在使用「草山御貴賓館」及「草山行館」。國民黨在總統府對面日本時代的原赤十字社台北支社，恢復設立國民黨中央黨部。四月底，草山磺溪內溫泉谷地的國民黨總裁辦公室，則搬離陽明山第二賓館，遷入台北市區總統府正對面的國民黨中央黨部。陽明山第二賓館在國民黨總裁辦公室搬到市區後，也曾有勵志社向省政府商借用來接待外賓之用。

至於「草山行館」原是日本時代台糖的招待所。據《桁間巧師——李重耀的建築人生》一書中敘述，當時蔣中正住在賓館，「某一天，蔣中正用完早餐，到戶外散步時，看到奧草山台糖招待所，覺得這個房子的環境不錯，吩咐找人來整理，於是當時在省政府建設廳任職的李重耀建築師被指派負責整理這個房子。整理好之後，蔣總統很快就搬進去住……」。「奧」爲日文後方、深處之意。日本時代所說的「奧草山」即指今天陽明山後山公園，今花鐘所在的陽明公園那一帶。

蔣中正從一九四九年六月二十四日正式入住草山第一賓館，到一九四九年七月六日，爲何只住了兩個星期，就搬離其原本評價甚高的草山第一賓館，而另增了一處居處所？從蔣中正日記，或可讓我們窺見其原因之一二。一九四九年七月六日蔣中正的日記寫著「朝課時甚覺肺部作痛，恐係溫泉硫磺氣味太重之故，乃決心遷回大溪。」隔日七月七日蔣日記寫著「下午到草山……。晚遷後草山」。原來，蔣中正是一九四九年七月七日，因想避開硫磺氣而遷入後山的「草山行館」。

台灣民間稱溫泉爲「磺水」。陽明山莊所在的「磺溪內」谷地，有發源自七星山麓的「磺溪內溪」，也有一些無名溫泉小溪，經中山樓逐一匯流後而名爲「磺溪」，而這個谷地的地裡充滿地熱不時會冒出硫磺煙氣。草山第一賓館所在之地，也屬於草山「磺溪內」的範圍。「磺溪內」有兩個主要溫泉源地，一個是「磺溪內」溫泉谷地位於現在介壽堂前廣場中，日本時代稱爲「湯元」的大湧泉口；另一個是從中山樓旁流下，再流經陽明山莊內之陽明路二段，再轉流經「新園一號橋」、新園街之「磺溪」。

而「磺溪」從陽明路二段轉向新園街，就流經草山第一賓館的新園街大門前，新園街原本就是一條不寬大的山路，蔣中正入住當時尚未興建現在的「新園一號橋」，也未拓建新園街旁通往菁山的大馬路。

「磺溪」在陽明山莊內沿溪有許多溫泉井與管路。中山樓除了因臨近這兩處溫泉源地之外，中山樓建築基地地質鬆軟且充滿硫磺氣，建築周邊地底不時也會冒出硫磺煙氣，所以硫磺煙氣經常濃重瀰漫。昔日國民大會在中山樓開會時，有些國大代表就受不了周邊硫磺煙氣的燕薰，眼睛紅腫，呼吸不適，經常有人掛病號下山就醫。

其實硫磺煙氣時常因氣候與風向而有輕重不同，所以磺溪內的各地，並非日日、時時刻刻都會煙氣瀰漫，令人無法接受。但蔣中正應該是忍受了一段時間，也已經在尋覓能稍離溫泉湧口，及離磺溪煙氣較遠的住所，才會有上面李重耀建築師，回憶整理後山「草山行館」的那段故事。隔月，八月九日蔣訪問韓國後「返台北機場，即回草山行館……」。蔣中正搬入草山行館之後，仍然繼續在使用前山的第一賓館，但主要是午後到此泡溫泉、喝茶、休憩或接待賓客。

草堂、草廬：蔣中正自己前後稱呼不一

不過在蔣中正的日記中，對於住所、會客之所在，經常隨意稱呼，住所有草堂、草廬、寓等自己定的稱呼，但其實蔣中正自己也是有前後稱呼不一的情形。例如根據蔣中正的日記，一九四九年十一月一日陳誠夫婦到草廬，也就是草山行館為蔣中正祝壽，「我父子與彼夫婦四人同席也。食之過飽，出外散步……到前草山第一賓館，擬名爲草堂，而名後草山住室（筆者註：指草山行館）爲草廬也。入浴後，回草廬已十二時，即飲酒就寢。」

但是一九五〇年七月三十一日中午蔣中正到機場歡迎麥克阿瑟將軍後，對住所的稱呼又變了。「予之同車，到陽明山第一賓館後回寓。……四時後在府中兵棋室召開中美軍事會議，麥帥與妻先到余辦公室後，導其入會場，至七時方畢。再在辦公室敘談後，同車送其到第一賓館，即前草廬，乃回寓休息。」第一賓館在此時又由「草堂」變成「草廬」，而蔣中正日記中這裡所稱的「寓」是指士林

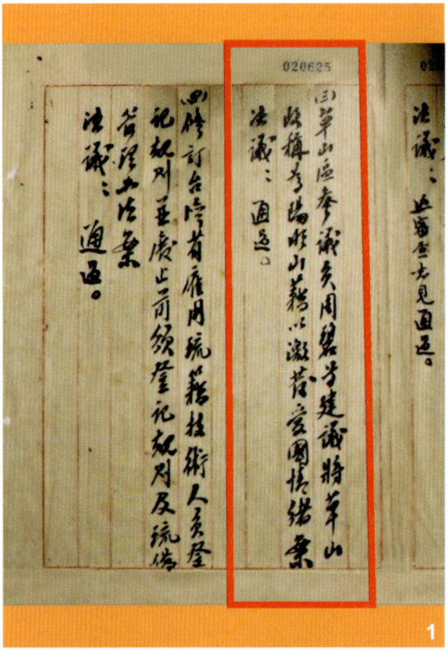
020625
(三)草山區參議員周碧等建議將草山改稱為陽明山藉以激發愛國情緒案
決議：通過。
(四)修訂台灣省雇用琉籍技術人員登記規則並廢止前頒登記規則及琉僑管理辦法案
決議：通過。
決議：照審查意見通過。

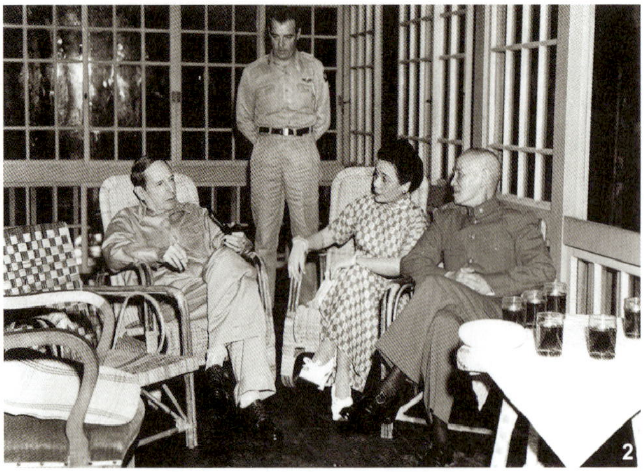

1. 1950-3 台灣省政府委員會，議決草山改名為陽明山的會議紀錄，理由是「藉以激發愛國情緒」。（國家發展委員會檔案管理局）
2. 1950-7-31 麥克阿瑟訪台，蔣中正安排草山御貴賓館──草山第一賓館為接待麥帥的貴賓館。圖為在草山御貴賓館的洋館中聊天晤談。（國史館藏）

官邸。

從這則日記也可以看出，蔣中正接待像麥克阿瑟這種需要最高禮遇的尊貴稀客，就是使用了原「草山御貴賓館」的「草山第一賓館」作爲禮賓館。

且說草堂、草廬的區別在哪裡？其實，在那兵荒馬亂、危疑惶惶，在中國全面潰敗，強調要保密防諜的時代，如果說蔣中正居有九窟以維護安全，都是很正常的考量，而且這些地方如何使用，如何稱呼，並沒有人敢去置喙，所以這些地方全部都是專屬於他使用的居處場所。

但蔣中正另選入住「草山行館」之後，到孫科進駐之前，其間有十多年，這期間第一賓館也並非完全沒有做其他的使用，例如一九四九年至一九五三年，曾供參加革命實踐研究院的將領午休使用；孫立人事件發生後，陳誠爲調查委員會主任委員，一九五五年，民國四十四年九月十九日，孫立人調查委員會也曾利用第一賓館作爲召開會議的地點；一九五八年也曾做爲德國軍事顧問的短期官舍，到這時期蔣中正基本上已經沒有在使用草山第一賓館了。

恐「落草為寇」改名「陽明山」

今天陽明山中山樓所在之整個溫泉谷地，蔣中正進駐當時，包括原「陽明山第二賓館」及日本時代的「草山林間學校」等，及在一九五〇年開始進行興建國民黨幹部宿舍，現在共有十二棟，現在稱爲「松柏村」的舊「陽明新村」等等各項建築。

蔣中正認爲草山位於基隆、淡水與台北之間的三角扼要之地，草山實握有此三角地區之鎖鑰。蔣中正在此指揮黨政軍，將效忠於蔣中正之黨政軍力量，進行改造純化成爲一體，並開始在台灣進行白色恐怖，實施戒嚴威權統治，這就是蔣中正在台灣政治事業的重生肇始之地。在那黨國政軍不分的時代，「陽明山莊」內設置了「國防研究院」、「國防部總政治作戰部青邨幹部訓練班」及「國民黨革命實踐研究院」，場館互通共用，到那裏受訓，成爲日後黨、政、軍、特人員，升遷、進階或實授必經的特訓中心，與進行不可或缺的表忠儀式之場域。「到陽明山受訓」一詞，在那個時代，及之後很長的一段黨政不分的時代，即代表著那人即將升官進爵。

蔣中正搬入士林官邸的同一日，經台灣省政府委員會第一四三次會討論案第三案通過「草山」改名爲「陽明山」；一九五〇年九月八日，當時的「草山管理局」，也隨之改名爲「陽明山管理局」。草山改名爲陽明山，表面上有效法王陽明知行合一學說等冠冕堂皇的理由，表面上也是由台北縣出身北投、士林的縣參議員周碧、曹賜固，以及士林鎭民代表會主席邱有福、北投鎭民代表會主席洪來福，及士林鎭長丁雲霖和北投鎭長廖樹等，共同組成的「草山改名請願委員會」，從下而上所推動。

但當年筆者訪問幾位北投與草山的耆老，他們幾乎都說，周碧早不推，晚不推，日本時代不推草山改名，爲什麼蔣中正他們來才要推動？而且北投富豪周碧雖然是教師出身，但是他是在日本時代接受日本教育，周碧應該不是那麼有中國學問，可以想到什麼王陽明學說。當年周碧等人建議草山改名陽明山的理由竟是「藉以激發愛國情緒」，而不是傳說的尊崇王陽明知行合一的學說。所以當年省府委員會通過討論事項第三案的案名是「草山區參議員周碧等建議將草山改稱爲陽明山藉以激發愛國情緒案」。

草山改名爲陽明山竟然也可以激發「愛國情緒」!?

因此大家幾乎都異口同聲說，草山改名爲陽明山，當年流傳的眞正原因，實際上即是蔣中正住在「草山御貴賓館」及「草山行館」，而且許多追隨蔣中正的國民黨要員，也都集中居住於草山之中，

1. 草山防空洞內部的迴旋坡道。
2. 草山防空洞入口之一。
3. 砲彈頭錐形的草山防空洞剖面圖。
4. 草山防空洞內部共有十六個空間。
5. 草山防空洞內部的動力馬達。

1. 草山防空洞內部最底層的「總統府」。

2. 草山防空洞內部的迴旋梯。

3. 草山防空洞內部的遞物方孔與水庫門蓋。

「落草爲寇」之譏其實已經四起。借周碧等在地人之名，出面提出改名之議，只是認爲形式較好看而已。而蔣中正進駐士林官邸的同一天才改名，或許就是表面上要證明與蔣中正無關。其實，這沒什麼好隱諱的，當年已進駐草山眾多蔣中正的黨政軍政治幕僚，如果沒有人想到這麼龐大的一群人進駐草山，應該會或早已被譏爲「落草爲寇」了，那才是嚴重的失能與失職。

陽明山「總統府」地下防空塔？

效忠於蔣中正的黨政軍特人員，群聚於以陽明山莊爲中心的草山地區，以準備反攻復國爲精神號召的這群人員，在蔣中正復行視事後，雖然疏散開始下山就位。但蔣中正仍然經常居住於陽明山區，草山地區還是應該居安思危的衛戍重地。一九五二年，民國四十一年陽明山管理局在陽明山莊西南方，湖山里「陽明山前山公園」邊的紗帽山下，聘請盧毓駿建築師，設計了一個號稱最新型，計畫專屬於蔣中正使用的防空洞。這個防空洞出口處鑲有石牌刻有「草山防空洞」五個字。盧毓駿也因設計了此防空洞，而與設計中興賓館的黃寶瑜，設計中山樓的修澤蘭，形同蔣中正來台後的三個御用建築師。

這個未有產權登記的處所，與其說是地下防空洞，不如說是地下防空塔，是一「砲彈頭錐型」的大型地下防空塔。因爲具有中央柱、迴旋梯、迴旋樑、迴旋坡道、迴旋隔間牆、迴旋扶梯、全部拱門，再加上砲彈錐形建構，所以此一防空塔的結構應該算是相當堅固可以耐轟炸。且因爲這個防空洞，具有大型空調機器處理空調問題，整個空間是以中央通氣塔爲中心，具迴旋式坡道及樓梯，環繞著通氣塔迴旋而下，上下共具有四層，整個防空塔深十四公尺，如不計廁所空間則分隔有十六個空間，其頂部或走道有傳遞物品或文書的方孔。第一號到第四號空間較大，有兩個方孔，第五號到十一號各有一個方孔，十二號到十六號因空間較小沒有方孔。每個空間皆有編號書寫座位人數，並安排有坐椅，統計起來可以容納六百人，總坪數約六百坪，這個防空洞共有三個在不同位置的出入口。這個防空洞雖然算是龐大奇特，**筆者認為也應該登錄為陽明山地區的文化資產**，但如與長達四百公尺，可容納二千一百五十人，設施齊全，由管碧玲主導登錄為高雄市歷史建築，建於一九二七年的「西子灣隧道及其防空設施」相比，「草山防空洞」仍顯得略為擠促狹隘。

根據地方父老及在地人士口述，這個防空塔建造之後從未正式使用過，在歷來所舉行的各種防空演習，亦從未使用過，因為地方傳說那是蔣中正專屬的防空洞，不是一般市民可以進入使用的防空洞。因而長期無人親近，其結果是器具損毀，黑暗無光，汙漬遍布，蟲鼠孳生，此地逐漸成為再也無人進入的地方傳說，最後就逐漸成為人們所遺忘的空間。

而此防空洞最大的空間是最下層的底部一處空間，約可容納四十人，其地板鋪設亦異於其他空間，鋪有傳統的尺二方型紅地磚。據地方耆老口述，他們孩提時偷溜進此防空洞玩耍時，曾在最底層的室外牆看到貼有「總統府」三個字，因此在二〇一一年，民國一百年時，里長與地方人士重新整理此一地下防空洞，讓這防空洞重見天日時，才由往昔台北市議員康水木的遠房外甥女，當任里長李秋霞女士，根據地方父老口述去製作「總統府」三個字，貼掛在原來傳說的牆壁上。

設立「天領之國」——「陽明山管理局」

日本幕府時代稱幕府直轄的領地為「天領之國」。一九四九年八月北投鎮與士林鎮合併為「草山管理局」，名義上雖仍屬台灣省政府之下等同縣級的單位，但會如此特別劃出成立一個黨、政、警、軍爲一體的管理單位，其實就是因爲蔣中正及總裁辦公室進駐陽明山，爲加強警衛保安，所設直轄於蔣中正眼皮之下的「天領之國」。

「草山管理局」於一九四九年七月即開始籌備，籌備處最先商借台北市省立商業學校辦公，原勘定草山市區中心地帶的公共浴場眾樂園爲管理局的所在地，但由於戰後接收由台灣旅行社經營，所以省政府就協調撥給一筆三萬二千七百五十元修繕費後，台灣旅行社就退出，讓出眾樂園作爲管理局的辦公處。一九四九年十一月十二日管理局改遷至日本時代的「巴」旅館，僅留草山管理局的服務處在眾樂園。「草山」改名爲「陽明山」後，「草山管理局」也於一九五〇年九月八日改名爲「陽明山管理局」。一九五一年，民國四十年五月一日，美軍顧問團成立後，陽明山管理局奉台灣省政府電令，將眾樂園暫借國防部，國防部再將該建築撥由美軍顧問團使用爲單身宿舍，定名稱爲「聯勤陽明山招待所」。一九六九年美軍撤離，一九七〇年原使用「巴」旅館的「陽明山管理局」，與「聯勤陽明山招待所」互換場所。陽明山管理局又回到眾樂園，而「聯勤陽明山招待所」則遷至已改名爲「逸園」的原「巴」旅館。

巴旅館創辦者館野弘六

草山「巴」旅館於一九二三年五月七日開業，開業之時只有本館、八角樓浴場及一獨立的座敷，一九二三年後曾建一洋館，一九二七年再建園區最南側的獨立座敷，一九三一年再建與西洋館相連的簡易小建築，一九三五年爲因應始政四十週年記念博覽會草山分館開辦，又興建了園區最北側的大廣

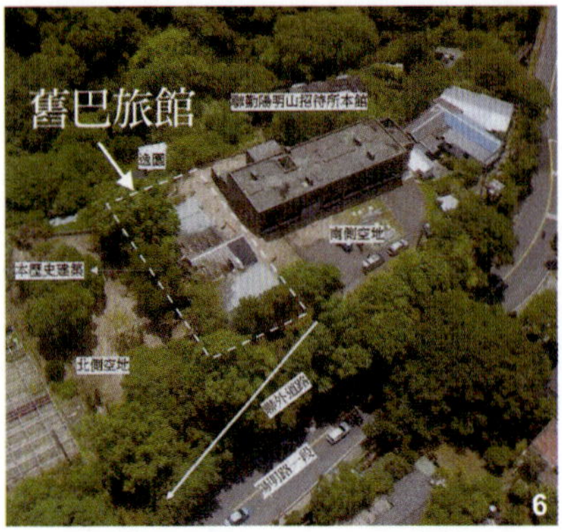

1. 草山衆樂園改為蔣中正眼皮下的「天領之國」。陽明山管理局時期之車寄外觀。
2. 1935年頃 巴旅館。
3. 1997年攝 1973年重新整修之聯勤陽明山招待所本館。
4. 草山南國仙境溫泉宿──巴旅館。
5. 2022年 草山巴旅館創辦人館野弘六紀念碑。（筆者 攝）
6. 台北市歷史建築，原巴旅館澡堂及周邊現況空照圖。（國防部後備指揮部 提供）

間。「巴」旅館是日本信州飯田人館野弘六所創辦，至今已超過百年了。

館野弘六在一八九七年，明治三十年來台開始經營「竹之家」日本料亭，料亭經營成功後，開始投資創辦「巴商會」等許多實業，其中最出名的是創辦台北至草山的「巴」自動車，對草山的早期開發頗有貢獻。「巴」旅館是日本時代草山地區，相當具有代表性的高級溫泉旅館。

館野弘六在一九二七年，昭和二年七月二十一日因胃潰瘍逝世，得年五十五歲。「巴」旅館的土地原是向本文第八章所提過，台灣土地建物株式會社專務取締役社長，曾擔任台灣日日新報記者，後擔任台灣總督府評議會員，也投資相當多知名實業，居住台北北門口街二〇五番地的木村泰治（一八七〇～一九六一）租賃。館野弘六逝世後，由他的妻子館野小捨在昭和五年買下土地繼續經營。一九三〇年，昭和五年七月二十一日，館野弘六逝世後三週年，其知己好友在巴旅館斜對面不遠的小山崙上，建有一「館野弘六氏紀念碑」紀念其開發草山的事蹟。紀念碑是由台北松浦屋老闆中村等有志者共同設置。除幕式當天下午二點半，在發起人台中山口義章的招呼下，由高等法院長後藤和佐二、台北州自動車組合代表鳥居氏、台北檢番代表三谷氏等人代表致詞，再由代表家屬及來賓的台北市尹（市長）增田秀吉燒香……，該紀念碑除幕式，館野弘六生前之知己好友，共有三百五十名參加。

巴旅館的八角澡堂

巴旅館戰後為軍方接收，一九四九年改由草山管理局進駐，一九七〇年管理局遷回眾樂園，與巴旅館互換場地，改成為「聯勤陽明山招待所」，建築分為兩部分：一為新建的本館，另一為戰後改稱「逸園」之日本時代的原巴旅館，現在的地址為陽明山陽明路一段十二號。新建作為「聯勤陽明山招

1. 2022-7-5 已成廢墟的聯勤招待所。
2. 已成廢墟的聯勤招待所內部。
3. 2022-7-5 陽明山聯勤招待所於2005年委外ROT經營，整修工程一年後停止而廢棄。
4. 2022-7-5 草山巴旅館——逸園之西洋館殘蹟。
5. 2022-7-5 草山巴旅館——逸園之西洋館殘蹟外觀。

待所」的本館，一樓有雙人房四間、四人房二間、男、女廁所、倉庫及獨立的九間個人浴室。二樓則有家庭房一間、雙人房七間、四人房三間。「逸園」部分的八角澡堂及其頂部，設有八角尖頂通氣的太子樓一九九〇年代初仍然存在，且浴池中有一道不知何時所建，從浴池中間至屋頂架的隔間牆，將浴池分成兩部分。「聯勤陽明山招待所」在一九九〇年封閉，筆者在一九九七年時再去拍照與調查，巴旅館宛如經過空襲轟炸；而本館的內部裝潢、天花板、櫥櫃也幾乎全部破碎倒塌。整個「聯勤陽明山招待所」全部被廢棄，已成支離破碎的廢墟狀態。

管碧玲國會辦公室在二〇二二年七月五日，再度邀集管理單位至巴旅館會勘整修事宜。根據國防部後備指揮部的管理人員說明，二〇〇〇年時拆除大廣間與後棟建築。二〇〇五年八月，逸園本以ROT方式委由美麗華飯店經營十年，但二〇〇六年因促參契約終止，整修工程停工。原巴旅館只剩原西洋館的牆體，而八角浴室只剩牆體及屋頂部太子樓的木骨架，浴池中間隔間牆亦已拆除，其餘舊有之巴旅館的建築已經全部不存了，只存「聯勤陽明山招待所」時代所建的本館，但廢棄多時也已呈廢墟狀態。巴旅館的八角形公共浴池，牆體分兩層，內層是混泥土所砌，外層則是安山岩砌石牆，其牛頭窗通氣孔、屋架及太子樓通風木構，造型甚爲典雅，亦爲淡水忠寮燕樓派名師承建。

這個八角形浴室坐西朝東，東側本設有廊道連接後棟建築但已遭拆除，目前牆面還留有殘跡。這個八角形浴室以平面來看，是長向二十四（日）尺，短向二十一（日）尺的非正八角形浴室，兩道出入口皆設於東側相鄰。西、南、北向皆開窗。兩道出入口進去即爲南北各一的更衣區，再進去則爲南北各一浴池，各自有一小型的三階梯可下浴池。浴室的東北外側有一日本時代之後才增建的廁所。此浴室的建築，已在二〇一九年十一月二十七日依文資法登錄爲台北市定歷史建築。

館野弘六還有一個事蹟目前也還存留著。原台灣神社內苑鳥居外的水池，有一噴水銅龍，那是館

1. 2022-7-5 草山巴旅館的八角浴場內部。（筆者 攝）
2. 1997年　巴旅館之八角浴場，浴池中央被隔板（圖左邊）隔為兩間。（筆者攝）
3. 圓山大飯店金龍廳的金龍為館野弘六的百年文化遺物。

野弘六在大正八年，一九一九年十一月二十八日奉獻給台灣神社的。一九五二年台灣神社所在之地，改建爲圓山大飯店，一九五六年金龍廳落成啓用，就將該銅龍移到金龍廳中擺設。民國七十六年，一九八七年金龍廳改建時，爲符合金龍廳的名號，就將銅龍鍍塗上一層金色外表變成金龍。所以圓山大飯店金龍廳的金龍，其實也是館野弘六的百年文化遺物。

從「衆樂園」到市定古蹟「草山教師研習中心」

由於「陽明山管理局」緊鄰蔣中正居住之處所，也是直接聽命於蔣中正所直接指揮的系統，是當時有名的特權機關，歷任的六位局長皆是蔣家親信，而該局的局長亦被民間形容成是「士林北投王」，也是蔣中正在總統府外的「另一個侍衛長」。蔣中正在新草山公共浴場「眾樂園」的二樓，也設有一個辦公室，其原擺設仍保存維持至今。筆者調查當時，管理的相關人員言之鑿鑿，說蔣中正在該處辦公室的座位，一般人不能去坐，否則坐了會頭暈，一九九〇年代，筆者在中山樓開會之空暇時間，相關人士還曾邀請過筆者去坐坐看，結果什麼事也沒發生。但信者恆信，傳說也平添不少鄉野趣談。但實際上一九七四年陽明山管理局，已改制降階爲陽明山管理處，只負責陽明公園的管理事宜，不再負有地方行政的權責。

一九八〇年，當時的台北市長李登輝指示教育局長黃昆輝，於「陽明山管理局舊址」，即原眾樂園所在籌設「台北市教師研習中心」。一九八一年九月二十八日教師節，台北市政府於該址正式成立「台北市教師研習中心」，佔地三〇〇〇餘坪。一九八二年五月在楊金欉任市長時，房舍修繕工程竣工奠基。一九八三年完成前棟舊舍改建工程，旋因房舍不足，當時教育局長毛連塭召集有關單位研

1. 草山公共浴場衆樂園，中央位置為1982年被拆除雙通氣塔的八角樓。
2. 1995年　草山教師會館，前陽明山管理局中的蔣中正辦公室。（筆者 攝）
3. 草山衆樂園後棟，家族室與渡廊1985年後全部拆除改建大樓。
4. 1930-10-31　落成的新草山公共浴場衆樂園浴室，1982年衆樂園浴室被拆除改為康樂室。浴室內天花板、地板及牆壁的磁磚也被拆除。（筆者Photoshop舊明信片上彩）
5. 1995年　草山公共浴場衆樂園浴室在1982年後被改為康樂室。

商，決定將後棟原日本時代浴場的「家族室」舊舍拆除，編列工程費二千九百八十萬元及設備費九百萬元，委由賴光善建築師設計。

台北市政府在成立說明中特別指出：「教師研習中心用地原非台北市所有，舊籍不清，建界不明。幾經交涉後改變都市計畫成爲機關用地，才取得土地使用權同意書。」蔣中正時代陽明山管理局之特權機構的本質，從此一婉轉曲折的說明中可略窺一二。

一九八五年六月「台北市教師研習中心」後棟建築發包興建，隔年九月二十八日中心成立五週年時落成啓用。至此原眾樂園的後棟建築拆除消失，連接前後棟的渡廊亦一併拆除，後棟改建變成純鋼筋水泥新式綜合大樓。而前棟大樓是二層樓建築，頂層原有特殊的建築結構「通風層」，因爲屋樑全部蛀掉，一九八二年改建時全部被換掉。

位於眾樂園公共浴場東邊，南北向長形的八角樓，本是一棟獨立的建築，後來才設有樓梯間連接主棟樓，其內南北原各有一座圓形的浴場，中央以石頭牆分開，供男女分別使用，女用浴池還設有婦女更衣室。美軍顧問團進駐之時，原來的圓型男女浴池及分隔石牆，也被拆除成爲大廣間充作辦公室使用，男女浴池兩側的拱廊走道，也全部打掉改建爲廁所或儲放物品空間。八角樓屋頂南北兩邊原也各有一個外觀美麗的通氣塔，後來上面的柱子全部蛀掉，一九八二年翻修時改爲鋼條支撐，原來的通氣孔也被改建拉平，蓋上天花板。而從外觀可以看到的美麗八角樓屋頂上之南北兩個通氣塔，也被修掉了。整個眾樂園浴室拆除改建後擺放乒乓球桌等，舊浴場全部被改爲文康室。從此著名的「草山眾樂園」公共浴場就成爲鄉親永遠挽不回的歷史記憶。

陽明山的冬天較爲濕冷，以前用木炭取暖。燒木炭處在目前中正樓旁的熱水間，熱氣可以透過煙囪從通風口上到二樓房間。現在熱氣出口處已經被堵起來了。唯煙囪外觀尚好，被綠色植物覆蓋著。

筆者在一九九七年九月，附上我們所做的最新調查報告書，及日本時代立平面圖，將「草山公共浴場」向台北市政府陳請列爲市定古蹟，主要是基於三個考慮：

一、陽明山區「番仔砥」新砌石法起源的建物，値得保留爲工技發展見證的歷史性建築。

二、「草山公共浴場」落成之後，草山開始急遽發展，成爲台北統治中心在台北城外的一個權力中樞，至戰後仍然如此，對台北城市空間的影響深遠。

三、「草山公共浴場」基本上也是因溫泉而建的建築，與「北投公共浴場」、「北投台銀舊宿舍」等的代表性一樣，是北投生態博物園區不可或缺的歷史性建築。

當年十月二十三日審查委員到現場會勘，十一月二十七日審查會通過，也尊重局部改建後的建築使用現況，薦請定名爲「草山教師研習中心」以示恢復草山之舊名，一九九八年三月二十五日台北市政府正式公告爲台北直轄市定古蹟。

陽明山中山樓

一九六一年，民國五十年九月十二日，強烈颱風波蜜拉（Pamela）襲台，造成嚴重損失與人員傷亡，木構的「草山第二賓館」也遭受風災嚴重破壞，因此災後被拆除。到一九六六年十一月十二日，孫中山一百〇一誕辰時，中山樓在原第二賓館所在的上方坡地落成啓用，陽明山莊就開始進入了一個全新的「中山樓時代」。

至於陽明山國民黨總裁辦公室撤離後，到一九五九年陽明山莊內所設的國防研究院有了第一期的畢業生，該期畢業生原任勵志社總幹事，曾回憶自稱擔任蔣中正特勤總管四十年，負責蔣家所需及接待外賓，曾任聯勤總司令的黃仁霖上將（一九〇一～一九八三）提議，想將原總裁辦公室改建成一棟兩層官邸，作爲對國防研究院院長蔣中正的祝壽禮。於是由國防研究院主任張其昀，即後來的文化大學之前身中國文化學院的創辦人，推薦修澤蘭建築師設計，原欲取名爲「嵩壽樓」。但蔣中正不贊成該議，反而建議擴大爲可容納八百人開會及文武百官辦公的地方，並屬意中國北方式的宮殿建築。

討論延宕了幾年，但因應時局變化，最後在蔣中正的指示之下，修澤蘭開始規劃設計，一九六五年十月二日開始動工剷除上方坡地，利用剷除的土方去塡補下方的坡地，使中山樓的土地成爲一塊平整之土地，興建了蔣中正所指示的大型開會、集會的宮殿式建築，以迎接孫中山百年誕辰，蔣中正就將此建築定名爲「中山樓」，做爲慶祝孫中山百年誕辰之紀念，並與對岸掀起之文化大革命，作爲對照的中華文化復興運動的代表性建築。

草山前山地區之溫泉湯元

陽明山莊中的介壽堂建於民國四十五年，是以慶祝蔣中正七十歲生日而建，蔣中正在此介壽堂內也有一處辦公室，由於內外場地相對寬敞，建成之後國民黨、國防部、救國團經常在此地舉辦各種大型集會與各種活動。也曾舉辦過招待美軍顧問團駐台美軍與眷屬一千多人的大活動。

國建館初建於民國四十八年十二月，當時屬國防研究院名爲「實踐圖書館」，後配合國建會的舉辦使用而改名「國建館」；「青邨圓講堂」原是在民國五十年陽明山第二賓館因波蜜拉颱風拆除後，而興建做爲教室的講堂，後曾改做爲「國防部陽明山莊視聽教室」。開始興建中山樓之時，陽明山莊也隨之配合大舉拆除建物與整地，除了重新整修今之青邨國建館及青邨圓講堂，並新建梨洲樓、舜水

1. 1999-12-11 北投生態文史協會參觀陽明山中山樓。
2. 1959-12-19 蔣中正巡視國防研究院區，於現在的青邨國建館，興建落成之時名為實踐圖書館。陪同者為張其昀與彭孟緝。該館當時是國民黨革命實踐研究院的圖書館，但亦是黨國不分三個單位共用的場館。（國史館藏）
3. 1961-5-1 美軍顧問團成立十週年，在陽明山莊介壽堂與周邊庭園舉行千人參加的慶祝會。（國史館藏）
4. 1961-12-26 蔣中正參加青年反共救國團在陽明山莊介壽堂舉行的代表大會，與代表在介壽堂大門口合影。（國史館藏）

樓，增建松柏村等等。由蔣中正提名落款的時間，新建築多落成於民國五十五年十月，那個時間其實是配合蔣中正的生日，稍早於中山樓的落成。但其實中山樓與這些建築都是同時改修建或新建，只是中山樓落成時間訂在十一月十二日，是配合孫中山的誕辰。

國民黨的「革命實踐研究院」雖曾兩度遷往木柵「中興山莊」，但幾個單位同時在陽明山莊時，國防研究院、國防部「青邨幹訓班」及國民黨「革命實踐研究院」等，其實是黨國不分三位一體互通共同使用上述之館場。二〇一三年十一月二十日圓講堂與國建館，與中山樓以南至湖山路一段以北的景觀，被登錄為台北市文化景觀「中山樓周邊園區文化景觀」；二〇二一年十一月二十二日已登錄在「中山樓周邊園區文化景觀」中的介壽堂、舜水樓、梨洲樓、八卦升旗台，再被台北市政府登錄為台北直轄市歷史建築。

革命實踐研究院學員宿舍的「梨洲樓」，與講師宿舍的「舜水樓」；集會的場所「介壽堂」，及升旗所在的「八卦升旗台」，這些在興建之初都有配合中山樓連帶風水配置考量的建物，在國民黨與國防部退出陽明山莊後，民國九十年後就全部被廢棄無人看管。

管碧玲國會辦公室二〇二二年七月，曾邀請各相關單位逐一檢視所有的建築，所有建築都已變成廢墟，有些地方還宛如遭遇空襲轟炸過的慘狀。這些建築天花板塌陷，門窗毀壞甚至逸失，有些珍貴木頭屋樑被鋸斷偷走，油漆大片脫落，建築體到處潮濕污黑發霉，屋頂損壞漏水，介壽堂的主體大堂屋頂甚至已經全部不見，只剩鋼鐵屋頂架。

而介壽堂到八卦升旗台之間，有一溫泉源頭出口，這一溫泉湧泉出口，範圍原比現在的範圍大很多，但在陽明山莊時期，為擴大集合場，很大範圍被填平修改成為符合風水布局的八卦升旗台與集會廣場，陽明山莊內的這個溫泉湧泉口，湧出的溫泉也是白磺，有人因過去的形狀將其稱為「日月

1. 2022-7-4 國建館已成為廢墟，圖為筆者與陳林頌。
2. 2022-7-4 舜水樓二樓圖中央位置的珍貴檜木屋樑被鋸斷偷走。
3. 原本是日本時代「羽衣園」的鳥居，如今只孤單地留在陽明山後山公園的原處憑弔過往之歷史。
4. 2022-7-4 介壽堂已成為廢墟。

池」，也有因湧泉顏色而稱之爲「牛奶泉」，是日本時代草山前山地區，眾多旅館、俱樂部、別墅等等的溫泉之「湯元」。

八卦升旗台廣場之南邊，現爲台北市公務人員訓練班的房舍，但在其未改建之前是日本時代的「水道事務所」，戰後爲我政府接收。民國三十九年的陽明山市區平面圖中「水道事務所」被標示爲「台北市招待所」，但實際上是蔣經國一家人在市區長安東路住所之外的陽明山居所，蔣家還曾經在此養過鹿作爲觀賞寵物，蔣經國直到民國五十四年擔任國防部長之後才離開此地搬進七海寓所。

而在中山樓谷地外的右邊，新園街一號的「草山御貴賓館」再進去的「新園街三號」，是蔣中正居住於此時，其安全警衛所使用的處所之一，也是後來革命實踐研究院的職員宿舍區中的一棟，也已在二〇二二年三月七日登錄爲歷史建築。位於陽明路一段六十六號的草山派出所，建於一九三四年，已在二〇一五年登錄爲台北市歷史建築，二〇二三年已啓動修復工程。至於草山御貴賓館之外原來配合皇太子行啓所建的木構草山郵便局，也配合草山改名，在民國三十九年五月一日改名爲陽明山郵局，但在一次意外的車禍被車子衝撞破損之後便拆除了。

蔣中正最後一座行館中興賓館

至於蔣中正的最後一座行館「中興賓館」，即現在陽明山中興路上的「陽明書屋」，則是更後來的另一故事了。今天陽明書屋至後山公園一帶的土地，大部分都是日本時代礦業鉅子，一八八一年，明治十四年十二月二十四日，生於日本千葉縣茂原町，擔任過台北板橋庄、街長，後擔任台北州議會議員的山本義信所擁有。後山公園更是其私人別墅「羽衣園」的庭園，民國四十一年中華民國與日本

1. 2022-7-4 陽明山莊呈廢墟狀態的介壽堂屋頂僅剩下屋架。

2. 陽明山莊之介壽堂與草山前山之溫泉湧泉口——湯元。

國建交之時，我政府還曾經特別將此原名「羽衣園」的後山公園，命名爲原主之名的「山本公園」，以示兩國友好關係。但事過境遷，「山本公園」之名早已不用且爲人所遺忘。如今只有孤單的原來鳥居還在原處憑弔過往之歷史而已。

山本義信的產業戰後被工礦公司接收，後來因耕者有其田政策，工礦公司轉售民營，陽明山的此一部分土地，被瑞三礦業的李建興兄弟取得。李建興兄弟在日本時代曾經歷過苦痛悲慘、兄弟傷亡，被日方控訴反日密圖叛亂的「瑞芳事件」，及目睹戰後的二二八事件，應該是明瞭了在威權統治下，樹大招風的凶險，且應適時向威權獨裁統治者敬表輸忠的必要。或許有人獻策或暗示，一九六三年，民國五十二年十二月二十五日，藉台灣光復節之際，李家兄弟將陽明山的這些土地呈獻給蔣中正祝壽。爾後於瑞芳事件中枉死的李建炎之子，連任多屆台北縣議員及兩屆議長的李儒聰，於民國五十八年被國民黨提名並當選爲終身不必改選的補選立法委員。民國五十三年由總統府祕書長張群撰文的「台北縣李建興昆仲捐獻陽明山公園用地記」石碑，立於陽明山公園內，高位在上的張群讚賞李家兄弟「略知大義，感戴聖德」。其內容曰：「總統神武　光復斯土　建興兄弟　寧有今日　少承先人之教　略知大義　感戴聖德　追念親思　不能自己　遂有此舉」。

軍事堡壘型的賓館

因爲草山行館的格局與腹地其實是相對狹小，中山樓興建後，當時的蔣家幕僚們估量蔣中正如在中山樓有活動，會後有時需一處可以就近休息，或召開小型會議的地方。於是李家兄弟呈獻給蔣中正祝壽的這些土地的一部分，正好就用來興建大型行館「中興賓館」，也就是現在開放的「陽明書屋」。「中興賓館」占地約十五公頃，其大部分土地就是使用李家兄弟所捐獻的土地。中興賓館由當時大壯建築師事務所的黃寶瑜建築師所設計，民國五十九年正式遷入使用。過去筆者在中山樓開會之時，經常抽空走訪草山各地，曾攀登過該中興賓館主建築的屋頂，其屋頂可以俯瞰北投，遠眺觀音山及林口台地，是被稱爲具有龍蟠虎踞之扼要地勢。

中興賓館的內部格局，有由一樓正門庭院進入的正廳，及正廳左右的東、西兩客廳，一樓最東側爲蔣中正辦公室，最西側爲餐廳也兼做會議室。二樓中央是二樓正廳，東側是蔣宋美齡畫室，最東側的南北兩間，北邊是蔣中正寢宮，南邊是蔣宋美齡寢宮，最東側的北邊凸出側室則是書房；二樓西側兩間則爲起居室，最西側則爲浴廁。這些布局、品味與中山樓蔣中正居住的行宮，基本上都相當近似，只是規模小很多而已。

中興賓館主建築的內部裝修雖有宮廷氛圍，但外觀卻是一座相當標準的軍堡型建築。賓館周邊於一九七〇年建構有一約一點五公里的巡守步道，中興賓館周邊共有六處軍哨據點、碉堡、崗亭及營房，成六角形環繞賓館作爲防衛之用，也具有多處隱密的守衛地下暗哨與逃跑密道，及從未使用過的直升機停機坪。所以其整體布局實際上是一處軍事堡壘型建築。

蔣中正晚年病痛纏身

在蔣中正的日記中，有關中興賓館的記述雖不多，但仍可由日記中知悉其使用之一、二。筆者綜述蔣中正那幾年的全部日記內容如下：民國五十八年九月十六日，當時衛戍第十七師師長武子初，在陽明山仰德大道嶺頭違規駕駛，致使蔣中正的座車剎車不及撞上前導車。蔣中正在這一場車禍受傷之

1. 中興賓館內庭院。
2. 中興賓館一樓正廳。
3. 中興賓館二樓蔣中正寢宮。
4. 中興賓館一樓西側會議室兼餐廳。
5. 中興賓館二樓蔣中正書房。
6. 中興賓館之脫逃避險密道。

1. 草山御貴賓館鳥瞰圖。左一為「洋館」、中間為「日本家」，最右邊一棟即1968年由王大閎設計增建的「洋房」。（李乾朗教授 繪）
2. 中興賓館從外部看實為一軍堡型建築。

後健康日衰，經常臥病在床或長住醫院療養。

其實民國五十一年三月間，蔣中正「割除攝護腺，但引發尿道炎、便血、尿道狹窄等併發症。」之後慢性攝護腺炎不時發作，無法根除。民國五十九年開始，蔣中正有失眠症，需吃安眠藥。五十九年七月十一日的日記，「到梨山養痾已一周，手力未能完全恢復」；六十一年二月八日，身多疾病；六十一年四月二十三日連日手抖又痛，無法記事；蔣中正的幕僚註記：「年歲已高，經常要臥病在床治療，導致肌肉萎縮。」有傳言中興賓館風水不佳，蔣中正的身體狀況，因遷入中興賓館而開始出狀況。但中興賓館民國五十九年才正式落成使用，在中興賓館未使前的很久之時，從以上蔣中正的日記來看，其身體早已經有許多的狀況了，而且中興賓館也非蔣中正的主要居所，使用之時日不多也不長，所以蔣中正的身體狀況應該很難說與中興賓館的風水有關。

民國六十一年五月二十日蔣中正與嚴家淦在中山樓舉行第五任總統副總統的就職典禮，其時蔣中正的精氣神已大不如以前。從蔣中正日記看，其就職十日後，民國六十一年五月三十日曾因體力不支，移住中興賓館短期休養，但不久之後，民國六十一年七月二十二日蔣中正嚴重的心臟病發，「由感冒轉為肺炎，形成肺水腫，並出現心肌梗塞。」決定仍在中興賓館內治療，但到八月五日未癒，遂移往榮總治療，這次在榮總入院住了一年多，一直到六十二年十二月二十二日，才出院回士林官邸治療，但血管硬化、主動脈閉鎖不全、攝護腺炎，都產生抗藥性，抗生素漸行失效。也可以說六十一年八月五日後蔣中正就沒有再住過中興賓館了，而在這之前其實蔣中正住進中興賓館的時間也很短很少。

其實蔣中正在第五任總統就職後，就幾乎不公開露面了，很多重要活動，已由嚴家淦副總統或行政院長蔣經國主持或由蔣宋美齡出席。蔣中正在那些年因久未露面，為了平息外界謠傳蔣已經逝世但密不發喪的謠言，其么孫蔣孝勇在民國六十二年七月結婚，刻意在黨營中央日報發布一張與新人在台北榮民總醫院病房內的合照。但從該照片看，其時蔣之行動與精神都已不佳，其後就完全消失在公眾場合及螢光幕前了。

所以民國六十三年「陽明山管理局」改制降階爲「陽明山管理處」，縮編成台北市政府的一個小單位，只負責陽明公園的管理事宜，不再負有地方行政的權責，這也顯示蔣中正不會回來居住於陽明山了。所以整體而言，中興賓館從民國五十九年落成後，到民國六十四年四月蔣中正病逝，實際使用的時間並不長也不多。

不過依筆者觀察，無論是「草山御貴賓館」、「草山行館」或後來的「中興賓館」之整體環境，以當時的科技而言，都屬較易守難攻，且易隱蔽脫逃的地形，應較符合西安事變後，蔣中正屬意的居住處所之型態。

王大閎增建第三棟建築「洋房」

孫中山的獨子孫科，歷任廣州市長、建設部長、財政部長與交通部長，也曾任考試院副院長，及行憲前的第四任及接續行憲後的首任立法院長。行憲之初，在南京選第一屆總統副總統之時，蔣中正雖然曾屬意孫科選副總統但敗於李宗仁之下。從蔣中正的日記看，孫科於一九四九年國民黨在中國敗退之際，曾短暫從一九四八年十二月二十三日至一九四九年三月二十三日，擔任三個月的行政院長，但那時早已跟蔣中正不對盤。

爾後流亡美國退隱多年，已七十多歲矣的孫科，因孫中山百年誕辰將屆之時，海峽兩岸的國共兩黨，明爭暗奪孫中山的革命正統和話語權，也爲了爭取孫科作爲與中國進行文化大革命之對照，因而被鹹魚翻身。一九六五年十一月十二日是孫中山的百年誕辰，所以一九六三年時，孫科即被爭取到台灣任總統府資政，最重要的安排當然是參加在台北舉行的孫中山百年誕辰慶祝活動，接著被提名接任考試院長。這時被民間通稱爲「太子亭」的陽明山第一賓館，也是蔣中正自己居住過的「草山御貴賓館」，就撥由孫科使用作爲其官邸，以示尊崇孫科爲孫中山之獨子的身分與地位。

孫科進住陽明山第一賓館後，對陽明山第一賓館屢有增建改修之舉。原本孫科夫婦與大兒子孫治平夫婦的房間，都設於第一賓館的「日本家」。但一九六八年孫科的二兒子孫治強，也舉家來到台灣與孫科同住，這時第一賓館的空間明顯不足。於是請與孫家有兩代之交的國民黨黨國元老，原司法院長王寵惠之子王大閎建築師，規劃設計了第一賓館的第三棟建物，讓孫家人重新改變居家處所。這一棟由王大閎新增建的建築，沒有建照且興建於現在不能興建建物的保護區內，現通稱爲「洋房」，於是陽明山第一賓館至此變成有了「洋館」、「日本家」與「洋房」三棟主建築。第一賓館增建之後，孫治平與孫治強兩家，改住到「洋房」之中。一九七三年九月，八十一歲的孫科在台北榮民總醫院過世後，埋身在陽明山第一公墓。而「陽明山第一賓館」的「日本家」被改爲餐廳與書房，「洋房」仍由其元配陳淑英、其子孫治平、孫治強作爲房間居住。

「草山御貴賓館」戰後由台灣省行政長官公署接收，前有蔣中正居住，後有孫科一家長期居住與占用，故房舍雖名義上一直由台灣省政府經管，但過去台灣省政府對此建築的管理根本不敢置喙，也曾想過將其「丟包」不管。一九五七年十月三日台灣省政府秘書處，曾藉口「本府各單位即將全部遷至中興新村辦公，台北方面各賓館實已無法兼顧，未免貽誤起見，擬將鈞院經常使用之本府陽明山第一賓館，及另星事物移請貴處就近接管。」。這次省府秘書處函請行政院秘書處接管陽明山第一賓館，但沒有受到理會。

一九八一年九月十一日，台灣省政府再度想要「丟包」，於是函請總統府第三局接管，此次請求被總統府第三局接受，總統府第三局局長陳履元批：「應由局負責查對無誤後簽報用印」。此後陽明山第一賓館即正式由總統府第三局經管。根據國史館出版的《蔣經國書信集——與宋美齡往來函電》，一九八六年一月十六日蔣經國曾函電（由張祖詒副秘書長去電編號S75002及S75002-1）宋美齡稱，關於孫治強母子各情謹稟報於次：一、孫氏在陽明山住宅歷年皆有修葺維護實未至不堪居住程度。二、天母士林並無較第一賓館更爲高爽之公家房舍，刻已囑由黨部在天母士林一帶爲之覓購新的住宅……。

這是總統府第三局經管時期，孫治強母子的許多居住要求未能滿足，所以向紐約的蔣宋美齡告狀。由於蔣宋美齡的二姊宋慶齡是孫中山的夫人，所以理論上比孫科（一八九一年生）小七、八歲的蔣宋美齡（一八九八年生）是孫科的姨母，蔣經國則是孫科的表弟。其實孫治強母子在台灣舉目無眞正的親人，所以孫家有事，就只好直接向在紐約的姨（祖）母蔣宋美齡，及與蔣宋美齡形同母女的宋靄齡之女孔二小姐令偉告狀，所以蔣經國才有這回函電。

孫科父子居住占用共三十二年

另據稱政府當時已多次要求收回該處，但孫治強以生活有隱憂爲理由拒絕，且不時表露對居住生活的不滿。當時總統府第三局還特別召開記者會表示，孫治強一家每月有十五萬元固定收入，而且一九八六年曾領取一千五百萬元。這筆錢雖沒有明講，但確實是給孫家實質的搬遷費，領了這筆錢後孫治強曾承諾要遷離陽明山新園街的第一賓館，但孫治強還是沒有搬出去。

不過各相關機關經管人員，對孫家避之唯恐不及，晚景淒涼的孫治強，實無力維護已經逐漸崩壞，占地寬廣的「陽明山第一賓館」。一九九〇年孫科夫人陳淑英九十八歲時過世，所以佔住正當性全失的孫治強，一九九五年還是只好搬離該處，到台北榮民總醫院附近居住。從孫科入住到孫治強搬出，孫家在陽明山第一賓館共住三十二年之久。

但從孫科入住以來，其龐雜的家族私人雜物，很多都還是留在「草山御貴賓館」中，所以雖然無人居住，但由於從未點交，草山御貴賓館就一直維持著形同孫家儲藏室的狀態。存放那裡的雜物，還是沒有單位想去碰。二〇〇一年七月，孫治強八十七歲時，赴美參加最小兒子的大學畢業典禮時，突發心臟病逝世於洛杉磯。孫科一家人在台灣無根而依附黨國的歷史，至此才算終結，此後，孫家除了埋身於陽明山第一公墓的孫科夫婦外，就無人再居住於台灣了。

該賓館從落成至今，其居住的主角，從接待裕仁皇太子，到蔣中正、孫科、陳淑英、孫治平、孫治強，可說都是皇親國戚。孫治強搬離後，「草山御貴賓館」即空著閒置，但門禁深深眾人不得其門而入，從圍牆外觀看，只見荒煙蔓草、林木森森無法觀察建築面貌，更看不出任何輝煌歷史的蛛絲馬跡。筆者從日本時代該館的幾張照片與建築平面圖，及北投耆老的口述，才略知一二。

筆者那時在新北投中和街的鄰居，開水電行的鄭旺財先生，是北投第一把交椅的溫泉管路專家，因受雇維修溫泉管路，幾乎出入過所有著名的溫泉建築，當然也包括「草山御貴賓館」。鄭旺財先生年事已高的父親，年輕時代也曾經在「草山御貴賓館」工作過。經兩位鄭先生指點，筆者才確認「草山御貴賓館」的地址與方位，否則在一片廣闊的山林之中，入口處只是一扇普通窳陋，有鏽痕的鐵板式鐵門，而且地政機關沒有房產的資料，根本無法知道該賓館的位置所在。筆者在一九九八年初，根據日本時代所存的建築資料，加上幾位地方父老，包括在教師研習中心任職的在地人謝先生的口述，一九九八年五月一日，才向市政府遞出直轄市定古蹟的陳請。

被存查從未辦理第一次登記的「幽靈建築」

「草山御貴賓館」也就是「草山第一賓館」，很長時間名義上雖屬台灣省政府經管，但實際上「草山御貴賓館」是一棟沒有保存登記，從未辦理第一次登記的建築，台灣省政府只是繼承行政長官公署受命轄管，並沒有辦理登記產權。因此「草山御貴賓館」是一棟從未辦理登記的建築，從地政法令上看，是屬於「不存在」的幽靈建築。只要是受颱風、地震、腐朽等自然的因素，或各種人為破壞的因素而倒塌，那麼沒有登記，沒有身分，無所屬的「草山御貴賓館」便會從地球上消失無蹤，也無法在保護區裡重建，只會剩下一個歷史遙遠，地方謠傳的模糊記憶而已。

台灣省政府也想過要解決這個問題。一九八五年四月二十六日，台灣省政府秘書處「七四府財三字第二四六五一號」函復台北縣政府「74.3.23北府財四字第七〇一〇七號函」：「本處經管之台北市陽明山新園街一號省有房屋，使用貴府所有座落台北市士林區草山段磺溪內小段第八八、八九、九一地號三筆土地，請惠發土地使用同意書一份，俾辦該房屋所有權登記」。但是台北縣政府始終不肯發給「土地使用權同意書」，所以省政府始終無法辦理產權登記。

台北縣政府於一九八五年五月十四日「北府財四字第一二六四三一號」函台灣省政府秘書處，也客氣地回覆省秘書處「囑發給台北市士林區草山段磺溪內小段八八、八九、九一地號等三筆本縣有土地使用權同意書乙案，因上列土地都市計畫分區使用編定複雜，且依都市計畫法第四十一條規定：原有建築物不合土地使用分區規定者可繼續作原有之使用，無需發給土地使用權同意書，復請查照。」

這個問題雙方高來高去，完全避重就輕。草山第一賓館的產權登記問題，土地與房舍皆由上下級政府分別所有或經管，登記本無產權糾紛，也不怕界線釐不清的問題。該賓館雖位於保護區內，但都市計畫公布實施後，其土地上原有建築物不合土地使用分區規定者，依據都市計畫第四十一條規定，可繼續做原有之使用。如果無增建、改建，且未改變用途者，本可繼續使用。所以草山第一賓館不必登記產權也仍可使用。

但依法論法，過去草山第一賓館至少有兩個問題：一、孫科一家使用期間屢有增、改建，最明顯的是孫治強一家入住，空間不足便由王大閎增建一棟相連的無建照之違建洋房，嚴格來說已有違法規。二、該建築原爲賓館之用途，供不特定人士、不特定時間使用。但其實該建築先有蔣中正進住，後有孫家長期當專屬住宅使用，已不符該建築原本之用途。孫家吵鬧第一賓館諸問題之際，這個省府與縣府雙方都知道問題癥結之所在，但雙方明知卻不點破，只用公文高來高去，應付不知爲何而來的登記需求，卻完全避談問題之眞正所在。在省縣府都不願違法的情況下核發與使用「土地使用權同意書」，因此草山第一賓館的房屋產權登記問題，省府與縣府相互應付一下，等交代風頭過後，省政府與縣政府便又不再聞問了。事出有因。如果該房屋當時登記了，不知會發生什麼事情，孫家不知會怎樣要求。依筆者看，該孫家正在住居的建築之登記要求，最高層峰應是沒有支持，否則在那種時代，那樣房地都是公有的尊貴建築，怎可能有官方想登記卻登記不成的事情。

省政府秘書處內簽「本處經管之台北市陽明山新園街一號省有房屋所有權登記一案，台北縣政府仍不發給土地使用同意書，本處無法辦理該項登記，本件擬複印存一科原檔存查」。一九八五年六月二十七日經主管批示「如擬」後，草山第一賓館的產權登記問題，便由省政府秘書處存查了。因此日本時代尊貴的草山御貴賓館，也就是國民政府治下，蔣中正來台第一個住所的草山第一賓館，從來都沒有辦妥產權登記，因此省政府只有受命的經管權，也從來就未曾擁有過產權，這個過程請參看筆者整理的《草山御貴賓館二戰後經管與權屬單位處置沿革表》。

紅瓦洋樓依舊在

當年台北市主管文化資產的民政局，要審查會勘這座神秘而為人遺忘的皇家建築前夕，民政局還找不到負責的單位來開門，民政局通知筆者後，我們才臨時到處找人幫忙，最後還是經鄭旺財先生的父親，過去經常進入該館維修溫泉管路的鄭老先生幫忙展開聯絡，才找到門路，才找到管理的相關人員開門。

一九九八年五月二十八日民政局安排學者專家現場會勘，筆者陪同民政局長李逸洋、審查委員李乾朗、米復國、王啓宗、黃柏鈴、堀込憲二、閻亞寧，共六位教授，一行人來到「草山御貴賓館」。當名義上的管理人員開門引領眾人進入這棟神秘的皇家別墅時，筆者的心情相當緊張，因為筆者從來沒有進入過這座建築，知悉內部情形的人，也已有幾年未曾進入這棟建築了。而台北市政府則因此建築沒有登記資料，而土地主要屬於台北縣政府，完全沒有屬於台北市政府的土地，所以根本沒有注意過這棟建築的存在。筆者提出古蹟陳請時，市府主管單位與主管們，還詢問筆者這棟建築到底在哪裡。

至於孫治強，他既非屋主也非地主，那時也已搬出草山御貴賓館幾年了，根本就沒有人再理他了。原本台北市政府公文通知省政府派員出席古蹟審查會議，省政府內部會簽公文之時，秘書處事務

1. 1998-5-28 草山御貴賓館-古蹟審查會勘。左起：王啓宗教授、李乾朗教授、李逸洋局長、黃柏鈴教授、米復國教授、古蹟陳請人許陽明。
2. 1998-5-28 草山御貴賓館-古蹟審查會勘時之外觀。
3. 1998-5-28 草山御貴賓館-古蹟審查會勘時之洋館外觀。
4. 1998-5-28 草山御貴賓館-古蹟審查會勘時，日本家屋頂已經塌陷。

科還狀況外，除了簽公文之年份寫錯外，還簽寫「本處原則同意，惟現住人孫治強先生請台北市政府須妥為安置。」此內簽核稿時，不知是覺得如此寫不妥，還是經查後才知道孫治強早已搬出多年，此內簽的這段文字，才被畫線刪改為「本處同意依文化資產保存法相關規定辦理」。

當時筆者也擔心進去後，如發現該建築早已是面目全非，或根本就是拆除改建了。如果情況是那樣，筆者還提出古蹟陳請，真不知會多尷尬。所以入門後筆者迫不及待地沿著院內道路向內走。當紅瓦的洋館，向外突出的車寄間，出現在筆者的眼簾，竟然還與拿在手上的日本時期照片一模一樣時，筆者眞是如釋重擔，不禁大聲地歡呼：「大家看！與照片一模一樣耶！」眾人當時也笑筆者為什麼會這麼興奮？

掀開草山御貴賓館面紗指定為古蹟

古蹟審查委員到場會勘當時，雖說洋館外觀與日本時期所留下照片的外觀差不多，但是房屋的保存狀況卻極差。洋館門房深鎖，門窗破落，屋頂更塌了一個大洞，裡面堆滿壞腳踏車、電話、壞椅子等舊物家俬，及各種雜物等等，更還有一些書本、文件、畫作，還包括蔣宋美齡送給孫家的國畫，也有蔣經國送的祝壽匾額，與一些雜誌，甚至還有當時的黨外雜誌；而旁邊的日本家更是幾乎整個塌陷，淹沒在雜草之中，其狀況之差，實在令人無法想像當年的皇家級尊貴影像。幸好日本時代的建築圖說尚有留下，如果要修復應該也不是問題。而當時筆者怕有值得保存的文物，所以也主張那些家俬物品先不要處理，應該找有權責的文化主管單位來整理清點該屋內的東西，但後來還是發現，有權責之單位根本不想去碰那棟房舍的問題。

筆者提出的古蹟陳請書說明，陽明山地區的發展始於一九二〇年代，而其急速發展則從裕仁在「草山御貴賓館」的停留開始，台灣總督府在裕仁訪台回程後，立刻於當年大正十二年，一九二三年五月十八日成立「皇太子殿下台灣行啓紀念事業調查委員會」，其中最重要的是，計畫以草山北投爲中心的紀念大公園，該計畫開始在公園中廣植櫻花與造林等等，不但開啓了陽明山作爲台北市之外，達官貴人聚集居住的權力空間，也徹底改變了陽明山前、後山公園一帶的林相。

除此，「草山御貴賓館」也是蔣中正來台的第一個正式住所，蔣中正居住的這段歷史，實與台灣後來的命運接軌，所以「草山御貴賓館」這座皇家級的建築，是個應該列入古蹟的重要歷史現場。雖然以一線之隔位於士林區新園街一號，在中山樓入口道前之旁，但因爲當年草山的溫泉旅遊觀光，與北投溫泉實際上是相呼應的，故該建築仍然應列爲「北投生活環境博物園區」中重要的歷史溫泉建築。

一九九八年七月二十三日台北市政府民政局舉行古蹟審查會，雖然該建築的狀況極差，但多數的學者專家仍然以其歷史意義爲重，通過審查指定爲台北直轄市定古蹟，並薦請定名爲「草山御賓館」。八月十八日市政會議通過確定這座賓館成爲台北市直轄市定古蹟。這棟日治時期陽明山最尊貴的賓館，戰後經蔣中正入住後，到孫科一家入長住，一直到荒廢無人，始終都披著神秘的面紗，幾乎長達五十年，至此終於被筆者掀開面紗，而有了向社會公開其眞面目的機會。

草山御貴賓館指定爲古蹟後，雖然至今仍沒有產權登記，而沒有地政法規上的建築身分，卻開始有了更高位階的文化資產保存法所保護的文化資產身分。文化資產的身分也避免了該建築一但崩毀後就無法在那種保護區復建的慘劇。文化資產的身分，更爲附著在該建築之百年來的歷史，以法律留下了歷史之見證。草山御貴賓館成爲法定古蹟後，也終於有了依法修復，並向一般民眾公開的機會。

草山御賓館古蹟適逢省虛級化與廢省的歷程

陽明山第一賓館的房舍雖名義上由台灣省政府轄管，但其所定著的土地產權，則分屬新北市政府、林務局與國產署所登記轄管（詳見「陽明山第一賓館（草山御賓館）土地權屬表」）。而陽明山第一賓館所在的台北市政府，則既無房產也無土地，故其房地狀況根本事不關己，所以在指定古蹟之前，這棟建築早已被大眾所遺忘，根本不知道如何去碰觸。

不過一九九八年九月一日古蹟公告後，到一九九八年十二月二十五日，僅僅三個多月的時間，古蹟管理機關的台北市政府就政黨輪替了，政黨輪替後的古蹟主管機關台北市政府文化局，覺得台北市政府與台灣省政府是平行機關，憑什麼要幫省政府出錢出力修復該建築，更何況是以前大家都不想也不敢碰，傳說中神祕的陽明山第一賓館。

台北市政府的主事者更曾公開說，許陽明與管碧玲指定那麼多古蹟卻沒有錢修復，有那種類似「責怪我們保護古蹟好像是不對」的奇怪言論。因此每當草山御賓館修復的議題引發時，古蹟所在的主管機關總是一副責任不在我，只願出小錢架設遮棚而已的態度。所以草山御賓館古蹟指定後，修復問題還是不時地受到學者專家的關切與指責。

所以此棟建築從一九九八年九月古蹟公告後的二十多年，還是陷於徒有名義上的經管機關，與古蹟管理機關，卻無單位想碰的窘境，草山御貴賓館所在，還是無人想親近的荒山野地。但更重要的另一個原因是一九九八年那一年，也是憲改啓動省虛級化，開始進行凍省與廢省的一年。台灣省政府成爲行政院的派出機關，其職權僅剩形式上的「監督縣市自治事項」，原省政府的組織，其各廳處及所屬單位也移撥併入中央政府。

陽明山第一賓館（草山御賓館）土地權屬表

管理機關	面積	百分比
新北市政府	7735.82平方公尺	八八%
行政院農委會林務局	908.54平方公尺	一〇%
財政部國有財產署	178.72平方公尺	二%
總計	8823.08平方公尺	一百%

行政院國家發展委員會接管草山御賓館

所以草山御賓館指定古蹟的當年，台灣省政府也開始轉變成爲一個空殼子。從一九九八年至二〇〇七年，總共有四位及兩位代理或代行的虛級台灣省主席。二〇〇七年後至二〇一八年六月三十日逐步進行實質廢省，不再派任專職台灣省主席時，期間的台灣省主席都由行政院一位政務委員兼任，這期間共有七位政務委員兼任過省主席，除了林政則之外，所有政務委員兼任時間都很短暫。台灣省政府再也無錢、無權也無人，可以處理過去省政府原本就不太想管，也不敢管的草山御賓館。

因此草山御賓館的修復與再利用，都不是各有權責單位的施政目標，所以古蹟指定後，無人想管當然就日益頹圮了。學者專家民意代表，也多次呼籲應早日修復。李乾朗教授甚至形容是第一爛的古蹟。筆者在這期間也曾多次陪同記者，進入該館說明必須速爲搶修的急迫需要，管碧玲委員也多次請過幾位省主席關注此一建築，無奈虛級化之後的省主席，都表明實無力修復此一建築。

幸好二〇一八年七月一日正式實質廢省後，行政院決定原台灣省政府的事務與財產，移交國家發展委員會管理。所以這些年來，草山御賓館已經移撥交給國發會，在管碧玲委員等的關注協調下，由國發會啓動了修復的工程，最後修復經費由國發會與文化部協調，直接由文化部編列全額補助預算一億六千萬元，再由國發會委託台北市政府文化局代辦修復工程。

管碧玲委員也曾在二〇二二年四月十二日下午，特別邀集國發會、文化部、營建署與台北市文化局，到現場關心實況與修復計畫的期程。而我們也主張，於民國五十七年，一九六八年應孫科要求，由王大閎建築師設計，於草山御賓館再增建之另一磚造違建「洋房」，也應補登錄爲歷史建築，以便合法修復作爲草山御賓館在孫家居住期間，在那保護區內違建的演變歷史之一部分。我們當天也表明，**基於此建築是台灣非常重要的歷史現場，修復後文化部應啓動審查改列爲國定古蹟妥善照顧保存，也主張草山御賓館將來的再利用，應該與整個陽明山莊的文化資產一起整體規劃再利用，切忌各建築切割分別委外做雜亂，看不出整體歷史的經營，也沒有國家政策方向與國家投資的經營。**二〇二二年八月二十四日，國發會與文化部主辦人員再度在管碧玲國會辦公室，討論商議該建築修復工程應注意的事項，以及該建築修復後，大家對整體陽明山莊該如何規劃交換意見。

二〇二三年三月九日草山御貴賓館，由台北市政府舉行修復工程的開工儀式，預計需要約四年的時間修復。修復之後，當然還有原內部的擺設、裝潢要如何復舊的問題，但在此棟建築落成一百年之際，啓動了這棟建築的修復，當然是意義非凡。二〇二四年三月二十一日筆者應邀出席在古蹟現場舉辦的「草山御貴賓館——棟札儀式暨紀錄片首映會」，筆者也再度重申我們對草山御賓館未來再利用的看法與主張。我們實衷心期待這棟有關台灣歷史歷經滄桑的重要現場，與曾是陽明山最尊貴的建

1. 筆者出席草山御賓館棟札儀式暨紀錄片首映會，重申我們對此建築再利用的看法與主張。（陳忠峰 攝）
2. 2022-4-12 管碧玲委員邀集各相關單位會勘草山御賓館修復工程。
3. 2022-4-12 草山御賓館拆解整理。

築，能順利修復並開放參觀。

國家發展委員會接管草山御賓館之後的處理狀況

工程名稱	經費補助機關	洽辦機關	代辦機關	補助經費	執行期程
第一階段補助緊急搶修工程	文化部文資局	國發會	內政部營建署	九五六萬元	一〇八年二月十三日開工一〇九年九月八日結案
第二階段補助修復再利用補遺計畫、規劃設計（含因應計畫）	文化部文資局	國發會	台北市文化局	五八五萬元	一〇八年四月二日國發會與台北市文化局簽訂委辦契約
第三階段補助修復工程	文化部文資局	國發會	台北市文化局	一點六億元	一一一年五月三日國發會與台北市文化局簽訂委辦契約。

從威權到民主化：草山御賓館與中山樓建築群保存的歷史意義

日本裕仁的台灣行啓，其時間從一九二三年四月十六日到二十七日，雖短短十二天，但所到的地方卻相當多，而且所到之地停留時間大部分都很短暫。如果裕仁行啓之後，草山沒有建設；如果戰後蔣中正沒有進駐，並在隔鄰不遠的草山第二賓館，設立國民黨總裁辦公室，作爲在台灣威權統治事業的肇始之地，那裕仁只停留不到兩小時的草山御貴賓館，充其量就只是裕仁行啓的一個小點而已，歷史意義並不特別大。

如果草山御貴賓館也只是蔣中正居住一小段時間而已，說不定只是一個爭議的遺址而已，但是草山御貴賓館被蔣中正選為進駐台灣的第一處居所之後，可說就與台灣後來數十年發展的命運接軌。從蔣中正進駐「草山第一賓館」，在「草山第二賓館」設置黨國一體的國民黨總裁辦公室，到後來在該溫泉谷地興建中山樓，中山樓興建之後，雖然有接待外賓、舉辦國宴，舉辦各種大型會議與活動的功能，但不管喜歡或不喜歡，筆者認為中山樓最重要的歷史，就是國民大會從市區的「中山堂」移轉至陽明山的中山樓開會，成為國民大會的集會場所，與憲政改革運動的自由廣場、立法院、凱達格蘭大道一樣，成為台灣從威權到民主化的角力之重要歷史現場。

從一九七二年，民國六十一年二月第一屆國民大會第五次會議，開始在陽明山中山樓集會開始，第一屆國民大會曾在中山樓集會五次，第二屆國民大會也集會五次，第三屆國民大會也是集會五次，最後二〇〇五年「任務型國民大會」在中山樓集會終結了國民大會。國民大會在中山樓除了增修動員戡亂臨時條款，也廢除動員戡亂臨時條款、增修憲法條文與選舉總統。在中山樓也總共選舉了第五任、第六任、第七任與第八任總統、副總統。

因此國民大會在中山樓的歷次集會，實是國家從威權體制到民主化，從萬年國會到全面改選，各種勢力集會角力的儀式過程之歷史現場。這個過程使我國國會全面改選，廢除動員戡亂臨時體制、實現單一國會、凍省廢省、總統人民直選，讓台灣逐步成為一個新的自由民主之國家。台灣民主化過程的重要歷史現場，當然不只陽明山中山樓一處而已，但是從一九四九年蔣中正與國民黨進駐該區之後，從草山御貴賓館、草山眾樂園、巴旅館至中山樓及其建築群，在陽明山形成的文化與權力景觀，是台灣從威權邁向民主化，由台灣人民代表通過增修憲法，從廢除動員戡亂體制，到總統全民直選，制定最基本之典章制度的地方，因此是國家發展成為新的自由民主之國家至為重要的歷史見證地，也

1. 第二屆國民大會大會堂之抗爭場景。（右七為筆者）
2. 第二屆國民大會在中山樓一樓大會堂的會議表決。
3. 筆者擔任第二屆國民大會主席團主席，輪值在圓廳主持主席團會議。

是國家應予妥善保存的重要歷史現場。

美國費城「國家獨立歷史公園」

美國費城「國家獨立歷史公園」（Independence National Historical Park）是位於美國賓州費城，由四個街區組成的歷史區域，將美國獨立建國時最重要的歷史現場以「國家獨立歷史公園」的形式保存。這是一個可以做爲陽明山莊如何保存歷史現場之借鏡的案例。

美國費城「國家獨立歷史公園」的核心建築是建於一七三二年的「美國獨立紀念館」（獨立廳Independence Hall），一七七五年華盛頓在此被任命爲大陸軍總司令，一七七六年七月四日，北美十三州代表在這一棟建築簽署了美國獨立宣言，所以這棟建築可說是美利堅合眾國的誕生地，也是一七八七年制定美國憲法，也是全世界制定第一部成文憲法的歷史現場，也是一七九〇年至一八〇〇年美國國會的所在地。

這一棟建築在一九七九年被聯合國教科文組織登錄爲世界文化遺產。因爲一七七六年美國《獨立宣言》和一七八七年《美利堅合眾國憲法》都在這棟獨立廳簽署，這兩份以自由和民主爲原則的文件，不僅在美國歷史上發揮重要作用，同時也對世界各國法律的制定產生了深遠的影響。登錄的標準是「革命權和自治權的普遍原則，如美利堅合眾國獨立宣言（一七七六年）和憲法（一七八七年）所表達，並在獨立廳進行辯論、通過和簽署，對世界各地的立法者和政治家產生了深遠的影響。這兩份文件的基本概念、格式甚至實質內容影響了許多國家的政府章程，甚至影響了《聯合國憲章》。」

其實在美國建國將屆二百年之際，獨立廳周邊一百多年來，已經塡滿了許多紛雜的各種建築物，但從一九五一年開始，美國政府即對獨立廳的周邊進行了一連串的歷史保存整頓工程。以獨立廳及獨立廳西翼及舊「國會廳」（Congress Hall），舊總統府（President's House，美國第一任總統華盛頓與第二任總統亞當斯所租的官邸）為中心，使其建築盡可能恢復到獨立當時的狀況與布置，並將其中北邊三個街區紛雜的各種建築全部拆除，與獨立廳所在的廣場共同建構了一個橫跨四個街區的草坪廣場。

在這廣場的兩側保存了自由鐘、老市政廳、美國第一銀行、美國第二銀行，懷特主教故居（Bishop White House）、第四任總統麥迪遜夫人朵利故居（Dolley House）、自由貴格會會館（Free Quaker Meeting House）……等等許多美國建國初始具有歷史的現場。美國建國元勳富蘭克林的故居，雖已經被拆除，但在這公園內，其故居的原址，重新僅以鋼構樹立其故居簡單線條的外框，標示其初期故居所在，以紀念這位美國的建國元勳。在這歷史公園內，也結合美國第一個學術團體美國哲學學會、舉行第一屆大陸會議的費城木匠廳（Carpenters' Hall），也建築了新的國家憲法中心、新舊雜陳的富蘭克林博物館……等等，形成一個極具歷史氛圍與現代氣氛的歷史公園。

沒有歷史現場的歷史像空氣摸不著

沒有保存歷史現場的歷史就像是摸不著的空氣一樣。筆者從一九九二年開始，有四年多的時間，幾次在中山樓裡開會，總計之時日也可算相當長，所以筆者在那些年對中山樓及其周邊建築與環境，有深入而仔細的觀察。從日本統治，蔣中正建立黨國不分，威權統治的中心，到台灣民主化的過程，目前陽明山莊內的歷史現場，除了中山樓，還有青邨國建館、青邨圓講堂、梨洲樓、舜水樓、介壽堂，八卦升旗台等等，還有增建的松柏村及陽明山前山地區使用的溫泉湯元等等，再加上那段歷史的

1

2

3

4

5

6

7

1. 中山樓二樓蔣中正寢宮邊蔣經國之侍寢廳。
2. 中山樓一樓中華文化堂（大會堂）主席台正面。
3. 中山樓一樓中華文化堂（大會堂）。
4. 中山樓一樓大會堂邊總統國情報告休息室暨會議休息時間會面室。
5. 中山樓一樓代表會客廳。
6. 中山樓一樓會議廳。
7. 中山樓二樓總統休息區。

發源地草山御賓館，還有那段歷史的威權附屬建築草山管理局，就足以成爲國家憲政發展博物館園區至爲充足的要件。

至於中山樓，從其建築的外觀看，是混和了許多中國式建築語彙的獨特大雜燴，有傳統的歇山頂，有捲棚頂、盝頂（如台北市仁愛路國父紀念館那種的平頂）、圓攢尖頂、寶頂等，綠瓦飛簷，綺窗依欄，百福百壽，裡裡外外充滿了一些封建帝王象徵的思維與圖騰，也充滿了帝王風水的封建布局設計，這些種種綜合在一起構成一組巨大的複合式宮殿外觀。但筆者認爲中山樓外觀雖是大雜燴，但融合得並不特別突兀，仍足以成爲一個可以解釋歷史的寬闊博物館。

中山樓一樓稱爲「中華文化堂」的大會議廳是通過修憲案的歷史現場，也是總統未民選之前，由國大代表選舉總統的歷史現場，更是許多朝野衝突，國會打群架的歷史現場。中山樓一樓還有會客廳、總統國情報告休息室。李登輝總統也曾在舞台邊的總統休息室會見過筆者等等許多人士。

二樓有圓廳總統休息區、蔣中正寢宮、蔣宋美齡寢宮與其浴室。這區域的豪華雖不及帝王宮殿金碧輝煌的奢華，但也足以管窺一代威權獨裁統治者的居家品味與生活貴氣，也足以成爲博物館的主題區域之一。

二樓蔣中正寢宮旁有一戰情簡報室，其中有民國五十九年製作的中國大陸東南地區地形模型、福州地區地形模型、潮汕地區地形模型、廈漳泉地區地形模型等等，及位於戰情簡報室旁，蔣經國陪同蔣中正睡覺的侍寢廳。而三樓則有國宴廳及另一個圓廳，國宴廳是舉辦多次國宴的所在地，也是國大集會期間的大會餐廳，也是許多朝野衝突翻桌掀桌打架的歷史現場。

而圓廳則是總統接見賓客、會見國大代表的場所，也是國民大會主席團的會議廳，亦是許多朝野議事攻防與衝突的歷史現場。這個圓廳外的觀景台視野極佳，往中山樓正門方向的紗帽山看去，在中

1. 中山樓三樓圓廳看紗帽山之雙龍抱珠地形。
2. 中山樓二樓蔣宋美齡寢宮。
3. 中山樓二樓蔣中正之浴室。
4. 中山樓三樓圓廳。
5. 中山樓三樓國宴廳。

央圓滾滾的紗帽山，被左右兩邊的山圍攏，形似一顆大圓珠被兩邊的山圍抱著，這正是所謂的「雙龍抱珠」的地形，所以圓廳也是一些人口中，鄉野奇談、津津樂道的帝王之座的所在。

陽明山莊所在的諸多建築及中山樓本身，雖沒有費城國家獨立歷史公園史蹟的密集程度，及新建構詮釋歷史的新建築，也沒有發表美國獨立宣言那種影響世界的歷史現場，但卻是台灣從威權戒嚴獨裁統治，逐步邁向自由民主，台灣人民的代表制定憲典的歷史現場，與立法院、自由廣場、凱達格蘭大道等等，都是屬於台灣無可替代的重要歷史現場，也是台灣必須為自己保存民主化歷史之重要的歷史見證地。

建構屬於台灣的憲政與生態環境博物園區

筆者認為從草山御貴賓館、眾樂園、巴旅館，到中山樓與陽明山莊，及周邊的建築群如草山派出所到草山防空塔，作為台灣民主化歷史公園的建構，除了具有山川泉礦等優良的自然環境，更有從威權、黨國不分到民主化過程的各種建築，具有充足的地理與人文上的條件，如果再加上適當的補充建築或支援性的建築，要建構一個屬於台灣獨特的歷史公園與憲政發展的博物館園區，條件實在是綽綽有餘。

筆者認為這區域的建築群，切忌個別分開招標委外經營，淪為零散經營與自償率績效評估的不穩定輪迴，最後全部淪為咖啡廳與餐廳，淪為各自為政，形同沒有主題，或零零落落的場館，淪為雜亂無章沒有國家方向與主張的再利用。而應該視為國家民主化歷史建構的最重要基礎建設，由國家承擔責任，以國家的力量投資與經營成國家憲政歷史公園，也是一個國家經營的憲政發展與生態環境的精

1. 草山溫泉鳥瞰圖。（吉田初三郎 畫）
2. 七星山麓磺溪內陽明山莊歷史建築分佈圖。①草山御貴賓館 ②中山樓 ③國建館 ④圓講堂 ⑤松柏新村 ⑥舜水樓 ⑦梨洲樓 ⑧介壽堂 ⑨前山溫泉湯元 ⑩八角升旗台 ⑪台北市公務人員訓練班（原草山水道事務所，故蔣經國草山寓所改建）。（筆者 攝）

緻博物園區。

筆者深信這個憲政與生態環境博物園區，其能成功與否，除了幾個重要的歷史現場保存外，還是在於整個山莊及周邊的公園化程度，以及公園的景致是否廣博、精緻又美麗。每年櫻花季時，聚集在中山樓入口大道前，觀賞與搶拍櫻花盛開的人潮，足以給我們一些公園建構能否成功與吸引人的啓示。充分的歷史內涵、美麗的環境、精緻細膩的優良規劃建設，方便的交通及令人留連忘返的美景，那就是關鍵。

筆者衷心希望台灣從威權統治到民主化的過程，在草山御貴賓館與陽明山莊及中山樓的所在地，從草山御貴賓館、草山眾樂園、巴旅館至中山樓及其周邊建築群，在陽明山所形成的文化與權力景觀，能夠建構爲一個國家的重要文化基礎建設，以呈現那段民主化的歷史公園，讓國人後世可以永遠緬懷紀念，而引以爲傲的台灣民主化之經驗的重要歷史現場。

《草山御貴賓館二戰後經管與權屬單位處置沿革表》

許陽明 製表

時間	事件	內容	結果
一九四五年十一月	台灣省行政長官公署與台灣省警備總司令部	聯合組成「台灣省接收委員會」	草山御貴賓館收歸爲台灣省行政長官公署秘書處所經管。
一九四五年	台灣省行政長官公署設置賓館及招待所辦法	「草山御貴賓館」改爲「台灣省行政長官公署草山第一賓館」、「草山御貴賓館別館」改爲「台灣省行政長官公署草山第二賓館」。	

一九四六年四月	草山裡礦溪內一五三番地	草山御貴賓館員工宿舍	收歸爲台灣省行政長官公署秘書處所經管。
一九四七年五月十六日	台灣省政府成立	台灣行政長官公署解散。原台灣省行政長官公署秘書處改成立爲台灣省政府秘書處。	原台灣行政長官公署秘書處所有經管財產業務改爲台灣省政府秘書處經管。
一九五七年十月三日	台灣省政府函行政院秘書處「爲本府陽明山第一賓館管理擬移請貴處接管函請查照」。	本府各單位即將全部遷至中興新村辦公台北方面各賓館實已無法兼顧未免貽誤起見擬將鈞院經常使用之本府陽明山第一賓館及另星事物移請貴處就近接管。所有經費按照本府本年度所列該賓館費用預算付撥支應。	自發文退（省政府的計畫沒有成功）。
一九八一年九月十一日	台灣省政府秘書處函總統府第三局	「本處經管之陽明山第一賓館及頂北投招待所領用之財務一批。移由貴局接管，函請查照惠辦見復」。	總統府第三局局長陳履元批：「應由局負責查對無誤後簽報用印」。
一九八五年四月二十六日	台灣省政府「七四府財三字第二四六五一號」函復台北縣政府「74.3.23北府財四字第七〇一〇七號函」：「台北市士林區草山段礦溪內小段、八八、八九、九一地號三筆縣有土地核發使用權同意書疑義乙案。核復如說明二，請查照。」	查都市計畫公布實施後，其土地上原有建築物不合土地使用分區規定者，依據都市計畫第四十一條規定，可繼續做原有之使用。本案台北市陽明山新園街一號省有房屋，經洽據本府秘書處查復，係於都市計畫編定爲保護區前所建築，依照上開規定，除增建、改建外，應可作原來之使用，至於本府秘書處爲辦理該項房屋所有權第一次登記，請貴府發給土地使用權同意書乙節，若經貴府查明該項房屋可以辦理所有權登記，可由貴府自行斟酌辦理，如本府秘書處亦不要求辦理設定土地權登記，則毋須依照土地法第二五條規定辦理。	主席邱創煥 財政廳廳長李厚高決行。

一九八五年五月十四日	台北縣政府「北府財四字第一二六四三一號」函台灣省政府秘書處	囑發給台北市台北市士林區草山段磺溪內小段八八、八九、九一地號等三筆本縣有土地使用權同意書乙案因上列土地都市計畫分區使用編定複雜，且依都市計畫法第四十一條規定：原有建築物不合土地使用分區規定者可繼續作原有之使用，無需發給土地使用權同意書，復請查照。	依據鈞府74.4.26七四府財三字第二四六五一號函辦理　縣長林豐正。
一九八五年六月三日	台灣省政府秘書處「七四秘事字第43430號」函復台北縣政府「七十四年五月十四日七四北府財字第一二六四三一號」函	「本處經管之台北市陽明山新園街一號省有房屋使用貴府所有座落台北市士林區草山段磺溪內小段八八、八九、九一三筆土地，仍請惠發土地使用同意書一份，俾辦該房屋所有權登記，請查照惠辦見復。」本府74.4.26七四府財三字第二四六五一號函「……並未表示無需發給該項同意書之旨意。」	本府經管上址省有房屋使用基（土）地係屬貴府所有，爲辦理該房屋所有權登記依規定應附土地使用同意書申辦，始可由地政機關受理，本處爲該房屋今後合法使用與方便管理起見，仍請貴府惠發現有建物土地使用同意書一份備用。祕書長劉兆田。
一九八五年六月二十一日	台北縣政府「七四北府財四字第一八七一二四號」函省政府秘書處	仍請依照本府74.5.14「北府財四字第一二六四三一號」函辦理，請查照。	省政府秘書處內簽「本處經管之台北市陽明山新園街一號省有房屋所有權登記一案，台北縣政府仍不發給土地使用同意書，本處無法辦理該項登記本件擬複印存一科原檔存查」。六月二十七日批示「如擬」。
一九九八年五月一日	許陽明向台北市政府民政局公文陳請將四處指定爲古蹟	一、北投文物館。二、國軍八一八醫院向陽學苑。三、草山御貴賓館。四、不動明王寺及其石窟。	

一九九八年五月二十八日	台北市民政局請古蹟審查委員現場會勘。	審查委員：閻亞寧、米復國、李乾朗、黃柏鈴、崛込憲二等共六位教授	民政局長李逸洋主持，由陳請人許陽明陪同現場說明。
一九九八年七月八日	台北市民政局北市民三字第八七二二〇二〇九〇〇號開會通知單	民國八十七年七月二十三日星期四上午九時三十分市府大樓八樓中央區八〇一財政局會議室。舉行北投文物館（含禪園）、國軍八一八醫院向陽學苑、草山御貴賓館、不動明王寺及其石窟等四處古蹟鑑定審查會。	除禪園外全部通過鑑定審查。
一九九八年九月一日	台北市政府府民三字八七〇四八〇三七〇一號公告	草山御賓館、前日軍衛戍醫院北投分院、北投文物館……等為台北市直轄市定古蹟。	不動明王寺及其石窟因定著土地鑑界於稍後十月十四日公告才公告。
二〇〇八年三月二十五日	變更/修正北市文化二字第〇九七三〇一四三四〇〇號公告	公告修正台北市市定古蹟草山御賓館所定著土地之範圍。	
二〇一八年七月一日	實質廢省	原台灣省政府的事務與財產，移撥行政院國家發展委員會。	草山御賓館移撥交行政院國家發展委員會經管。

〈第十一章〉北投溪與北投石

雖然日本人櫻井廣三郎，在明治三十一年，一八九八年曾經在日本玉川溫泉中採集過「北投石」，不過當時並未命名，也未發現其特殊之處，所以並不算新發現。明治三十八年，一九〇五年岡本要八郎（一八七六～一九六〇）來北投住於天狗庵一長段時間，做「北投溪」的礦石調查，在「北投溪」中發現了這種具有特殊結晶的礦物。

岡本要八郎發現北投石具放射性

一九〇七年岡本發現了北投石的特殊結晶具有放射性。據說岡本要八郎在行李袋中同時放有「北投石」、底片與錢幣，結果發現底片感光並有錢幣之顯影，拿進實驗室仔細研究之下才發現「北投石」具有放射性。那是在一八九八年居里夫人發現「鐳」後幾年，就發現在北投的「北投石」也具有放射性元素鐳，「北投石」因而聲名頓時大噪。

這一傳聞和德國科學家倫琴以及法國科學家貝克勒爾，發現新X光與鈾的輻射過程很相似。倫琴也是意外地發現X光附近的底片曝光，從而發現X光。貝克勒爾也是意外地因底片曝光而發現鈾礦會發出輻射。

一九一一年日本東京大學礦物學權威神保小虎教授來台現地調查「北投石」，回日本後，又到秋田縣仙北郡田澤湖町的玉川溫泉中調查，結果發現玉川所產之礦石，與「北投溪」所產的「北投石」兩者是相同礦石。所以玉川溫泉所產的相同礦石，後來也命名同爲「北投石」。

一九一二年十一月十二日，由神保小虎博士和俄國的鐳礦調查委員長Prof. Vernardsky先生，在俄京聖彼得堡的世界礦石大會中，用日語的「北投」發音，一起爲這個新發現的礦石，取名爲「北投石」（Hokutolite）公開發表。「北投石」是首度發現於台灣的珍稀礦石，也是全世界迄今爲止唯一以台灣地名訂定學名的礦石。

大正十二年，一九二三年四月七日，日本裕仁皇太子蒞臨北投並渡涉「北投溪」，即爲考察觀看「北投石」而來。事後日人還在北投溪畔立碑紀念，即今置於瀧乃湯庭院的「皇太子殿下御渡涉紀念」石碑。早在一九三三年十一月二十六日，日本台灣總督府就將「北投石」指定爲「天然紀念物」。戰後一九五二年日本政府又特別爲玉川溫泉的「北投石」，指定爲「特別文化財」。

受首任台北市尹武藤針五郎影響來台

由於我們在推動北投重建時，認識岡本家的台灣友人，因爲看到新聞報導，就熱心地與筆者聯絡，幫我們與岡本要八郎的哲嗣岡本正豐先生牽線而取得連絡。二〇〇二年二月十七日，陳林頌到日本千葉縣拜訪岡本要八郎之哲嗣岡本正豐先生，除了贈送岡本先生北投溫泉公共浴場修復的紀念品，也獲得岡本先生回贈有關岡本要八郎的一些珍貴照片與資料。當時陳林頌也代表我們邀請岡本先生，在適當時機來台灣訪問，參訪與紀念一百年前岡本要八郎在北投所做的事功。

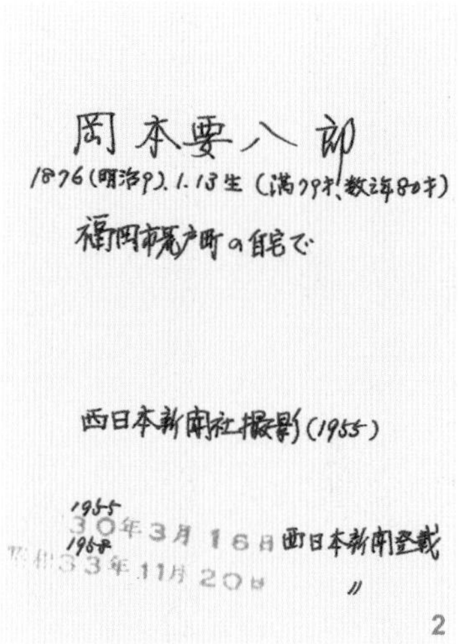

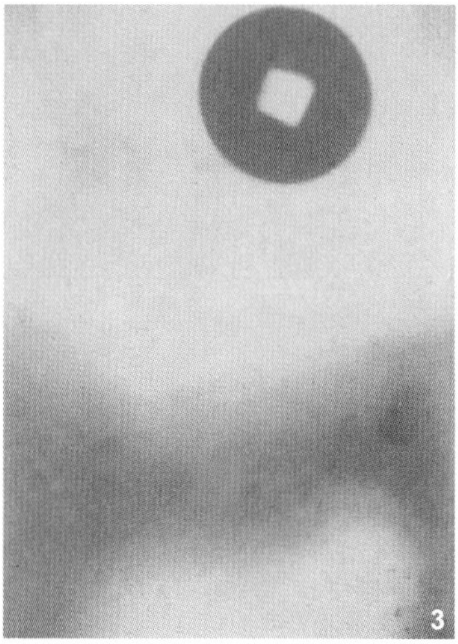

1. 1955年　岡本要八郎在九州福岡市荒戶町自宅照。岡本正豐先生贈送筆者岡本生前極為喜愛的照片，照片後所寫說明為岡本要八郎之親筆書寫。
2. 岡本要八郎親筆書寫之照片說明。
3. 岡本要八郎由行李袋中的底片感光發現北投石具有放性物質。
4. 影響岡本要八郎來台的是其親五哥，也是日本時代首任台北市尹（市長）——武藤針五郎（1870-1926）。

從「日本銀行金融研究所貨幣博物館」館長退休的岡本正豐先生，曾在北投石發現一百週年之時，二〇〇五年十月應立法委員管碧玲之邀請來台參訪。那時岡本正豐曾向我們說明，他父親會來台灣任職，係受其五伯父，日本時代第一任台北市市長，台北市尹武藤針五郎（一八七〇～一九二六）的影響，因爲岡本要八郎是武藤家過繼給岡本家的八弟。武藤針五郎是明治二十八年，一八九五年渡海來台的第一波日本官僚，明治四十一年，一九〇八年曾任恆春廳長；明治四十三年，一九一〇年曾任台北廳庶務課長；大正三年，一九一四年改任桃園廳長；大正九年，一九二〇年九月一日，台灣地方制度改正，五州二廳制度實施，台北市役所成立，武藤針五郎出任台北市尹，是日本時代設置台北市後的第一任市長。武藤針五郎歿於大正十五年，一九二六年五月四日午後三時。葬儀六日在台北三橋葬儀堂依佛式進行，近千人出席。

根據岡本正豐先生贈送的日文資料，杜聰明博士《渡台紀念錄》文集中「介紹岡本要八郎老師」及岡本要八郎親撰的《北投石碑後日譚》等岡本要八郎在家使用過的出版資料，筆者整理如下：岡本要八郎是明治九年，一八七六年一月十三日在日本愛知縣三河國士族的家中出生，在故鄉的西尾高等小學就讀，由於表現優異，三重縣尋常中學畢業之後，就被西尾尋常小學聘請在學校任教。明治三十二年，一八九九年四月，他二十四歲時來到台灣，是第一期來台的教育人員，曾任教設於艋舺祖師廟的國語學校第一附屬學校。

後來又擔任總督府編修官，參與樹立國民教育的最高方針，以及從事國民讀本的編纂。從一九一四年到一九二八年之間，岡本繼小竹德吉之後，到廈門旭瀛書院任教擔任院長，那是一所在廈門的台商子弟學校。所以早期在艋舺以及廈門，有多位傑出學者和商界名人，都曾受教於岡本先生，例如洪長庚（著名的眼科博士）、王受祿、陳逢源（企業家）、黃丙丁、王洛（台北衛生院長）、陳華洲等等。

明治二十一年，一八八八年，岡本還就讀小學時，因爲受到飯田校長的影響，開始對礦物產生興趣，從此一生都沉浸於礦石的研究。二十三歲時就研究寫了「愛知縣幡豆郡礦物誌」。來台灣的第二年，岡本曾到角板山做礦物採集旅行，從此就一直利用公暇研究台灣的礦物。

岡本要八郎常到淡水找好朋友小竹德吉，台灣第一位博士杜聰明是小竹德吉的學生，因此岡本就認識了杜聰明，所以杜聰明也同樣得到岡本無私的教導。根據杜聰明的回憶：「在老師（岡本）住在現在的測候所前方總督府甲三號單身官舍的時候，小竹老師曾經帶筆者去拜訪老師。當時筆者還就讀滬尾公學校，那時就看到老師非常專心的在房間裏觀察礦石，或是在走廊用水清洗附著在礦石的砂子，岡本老師那種專心研究礦石的姿態，到現在都還清晰的浮現在筆者腦海中。」

明治時期礦石四大發現

一九五五年，岡本受往日台籍授業學生邀請來台歡度八十壽誕。杜聰明演講時回憶，岡本在明治四十一年，一九〇八年四月時，被分派到總督府擔任技術員，在礦務課工作。在任二十多年的時間，不但創立博物館礦物室，還把自己所收集的三百種礦物標本全捐獻出來，成爲台灣礦物採集的創始人，岡本總共採集到六十八種新的礦物。在那之後的四十多年，雖然也有人採集到新的礦物，但是數量仍不及岡本所採集的一半。

岡本在明治四十一年，一九〇八年一月時和川上瀧彌先生一起創立了台灣博物學會，並且發行了台灣博物學會誌。這個學會是當時除了台灣醫學會之外，唯一和自然科學有關的學會，而其會誌到戰

1. 1915年　兒玉新平紀念博物館（現在台北228公園中的國立台灣博物館）開館時，岡本要八郎（右）攝於地質礦物陳列室。該室礦物是以岡本所採集的礦物標本為基礎所設立的陳列室。

2-6. 1998年　由礦岩協會會友收集在筆者辦公室的一批北投石，筆者拍照後全數無償捐贈北投溫泉博物館。由這批北投石可以看出每顆北投石的結晶態樣各異。（筆者 攝）

後仍然繼續發行。所以岡本對台灣有關理科教育方面的貢獻是非常的大。

杜聰明說：「日本明治時代所發現的四大礦物，有兩種是岡本要八郎發現的。四大礦物分別是栃木縣的櫻石、岐阜縣的苗木石、台灣的北投石，以及大屯山的硫黃結晶，而後兩種是岡本發現的。其他在台灣發現的礦石還有一九〇二年在士林三角埔及頂北投竹子湖，還有貫流唭哩岸之磺溪及附近河川一帶發現的角閃石（Hornblende），一九〇三年發現的風信子礦（Zircon），一九一六年在新店溪發現的酸化鈦礦（Anatase），以及在金瓜石發現的硫砒銅礦（Enargite）。岡本的著作「台灣礦物調查報告」，以及一九一六年出版的「台灣產北投石調查報告文」都是台灣非常重要的礦物學文獻。」

在岡本要八郎調查研究北投石之後，有不少學者踵繼岡本研究北投石，但岡本在一九一五年所寫，由「台灣總督府殖產局」出版的「殖產局出版第百拾五號《北投石調查報文》」，一直是研究北投石的聖經級作品。

昭和三年，一九二八年岡本從廈門回到日本，住在佐賀縣唐津。一九三一年搬到福岡市後，就召集同志一起創立了福岡礦物趣味之會。一九三九年到九州大學擔任理學部、工學部的礦物學講師。一九四四年時，還寫了一本「福岡縣礦物誌」。岡本從興趣出發，以自學的方式研究礦物，一生孜孜不倦，而成爲一位偉大的礦物學家。

善光寺岡本翁頌德碑

岡本要八郎在一九五三年曾親撰「北投石碑後日譚」，由日本礦物趣味の會出版，詳述過「岡本翁頌德碑」製作的始末。昭和十四年，一九三九年時，由於長島先生的提議，以及益富、櫻井等一百多人的發起，決定建立一個岡本要八郎的記念碑。最後選了一塊產於日本秩父，高三點五尺，寬二點三尺，筆者測量厚約零點五尺，帽子型綠色斑糲閃綠岩爲碑，並請曾任台北州知事的高田富藏書寫碑文「岡本翁頌德碑」，該碑刻好後就送來北投。但碑石送到岡本調查北投石時的固定住處天狗庵後，因爲時局的關係並沒有被立起來。接著因戰爭，戰後日人撤離等等原因，該石碑就被遺忘了。

過了十多年，岡本的學生們，開始尋找該石碑的下落。一九五三年八月，張洪蚶先生寫信告訴岡本：「很幸運的那塊石碑被保存起來了，現在被立在北投溫泉區內一位徐坤泉先生所經營的文士閣夜花園的庭院裏。」而徐坤泉先生則回憶說：我是在天狗庵的廚房遺跡的地板上發現到這塊石碑的，當時我覺得這應該是日本某位科學家的紀念碑……所以就把它立起來了。雖然我並不認識岡本老師，但是看到這麼多岡本老師以前的學生對老師如此的敬重，我也感到非常的敬服。

雖然岡本的學生們想「將來如果有辦法的話，想把石碑立在溪邊。」但紀念一個日本人功績的石碑，要立在北投溪畔供人瞻仰，以戰後的政治環境，終究是不可能的，於是這個紀念石碑就先由岡本的學生洪長庚博士收放在自家眼科醫院的庭院中。最後，岡本的學生們，就商量集議將該石碑安排立在北投銀光巷，相對偏遠、幽靜、低調的善光寺中。民國五十二年，一九六三年三月二十九日舉行揭幕儀式，岡本眾多的故舊門生都出席了該碑揭幕式。

這就是現在立於北投善光寺石階旁之「岡本翁頌德碑」的由來。北投善光寺是一所頗具歷史的日式「淨土宗西山深草派」之寺院，寺中供存有不少日本時代人物及二二八受難者的牌位，筆者在調查北投的文化資產時，還曾親眼看到寺中供放著一八九五年率軍領台的北白川宮能久親王的牌位。

李遠哲研究北投石的放射性同位素

「北投石」含稀有之放射性元素，其生成之原因，迄今雖未完全明白，但礦石科學界咸認其爲具有高度教育性與科學性之礦石。故許多學者都曾以北投石爲研究對象，其中最出名的是中央研究院李遠哲前院長。民國五十一年李前院長就讀新竹清華大學研究所時，即因「北投石有在地性又有研究價值」，就以研究北投石爲碩士論文。李前院長的碩士論文題目爲《STUDY ON THE RADIOACTIVITIES OF HOKUTOLITE》，即《測定北投石的放射性同位素成分》。

李前院長曾在北投我們舉辦的活動中，告訴過我們一個往事，當時作爲研究生的李前院長，曾指出濱口博教授對北投石之分析，直接使用白金坩鍋是錯誤的方法，因爲白金和鉛會變成合金，北投石中所含的硫酸鉛，一部分會與白金坩鍋合成，這樣檢測北投石中的硫酸鉛含量就會錯誤。但濱口教授堅持錯誤的方法，並做出錯誤的硫酸鉛含量十七％之結論。後來李前院長完成以正確方法，做出正確北投石成分硫酸鉛含二一％的分析。英文論文寄到日本發表，但濱口教授還是將李前院長當時的論文改了，用濱口教授自己錯誤的數據發表。李前院長說：「所以，我第一篇發表的論文，裡面的數據是錯誤的。」這個故事在圓神出版的《李遠哲傳》中也有敘述。

北投石文化景觀建議區域

岡本正豐先生曾提供過我們一份當年岡本要八郎調查北投石時親繪的地圖複製本，我們在推動北投重建時，根據岡本要八郎的報告文，及其在地圖上所標註的各地形，建議指定「北投石自然文化景

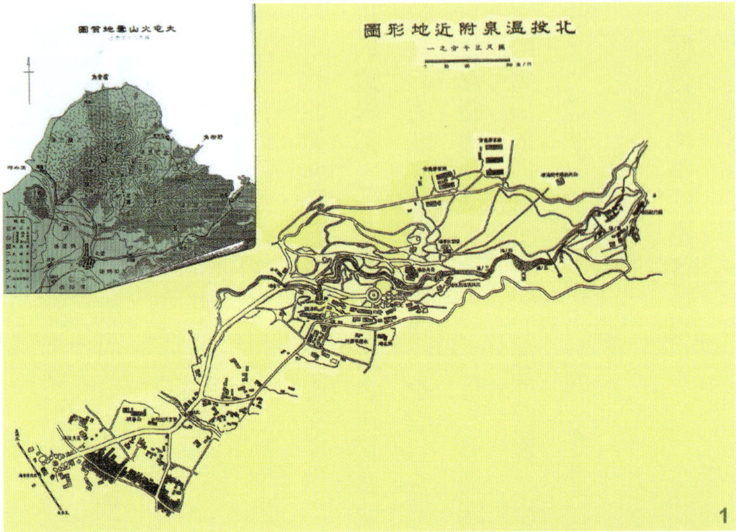

1. 北投溫泉附近地形圖。岡本要八郎在1916年「台灣產北投石調查報告文」中繪製使用的北投溪北投石研究地圖「北投附近地形圖」。（筆者以Photoshop上彩）

2. 1961-7 李遠哲院長在清華大學研究北投石的碩士論文。

3. 1936年 昭和11年10月20日新薈芳老闆李築碑與穿著漢式制服的新薈芳女中們，攝於北投善光寺，該建築戰後雖然仍存在，但已陸續被改建。「岡本翁頌德碑」戰後1963年由岡本要八郎的學生們立於善光寺參拜階梯道旁。

觀」及設立「北投石自然文化景觀特定區」的地點，其範圍在「『北投溫泉親水公園』中，位於『北投溫泉博物館』西南側，『北投溪』第一號瀑布溯溪而上至『地熱谷』的溪流，及溫泉路與中山路範圍內的地熱谷及其谷地。」

「北投溪」係發源於北投「青磺」源頭之「地熱谷」的溫泉溪流。「北投溪」的溫泉，在流經「北投公園」轉向「舊北投」，在七星公園匯流入「磺港溪」中，之後就通稱為「磺港溪」，之後再輾轉流經關渡平原進入基隆河。「磺港溪」在薇閣小學前至北投區公所、北投市場一帶已經在一九九〇年代加蓋。

不過「北投溪」生成「北投石」的環境，僅爲「第一瀧」上溯至「地熱谷」一帶，這段是應該保護與復育「北投石」的溪流河段。

就地理結構看，「北投溪」的溫泉源頭「地熱谷」，可能爲一個舊火山蒸汽的爆裂口遺跡。「地熱谷」從日本時代到民國六十年代稱爲「地獄谷」，是台灣「青磺」的唯一產地。而早期猛烈的火山作用，將爆裂出來的碎屑物火山灰、火山塵、火山礫……等等溶岩帶出地表，順著山谷而下，就形成火山碎屑的湧浪結構，這些湧浪一波波的往下移動，在冷卻、膠結、堆積、再堆積的過程當中，就形成目前「北投溪」河床上階梯的地形。這些具有落差的地形，就是我們所稱呼的「瀧」……日語的瀑布之意。「北投溪」上的火山碎屑湧浪結構，我們認爲是必需保護的自然文化與地理景觀。

「北投溪」中小瀑布下方所形成的凹陷河床地形，稱爲「瀧壺」，大部分都是因爲「瀧」上方的水流從高處往下衝擊，而對下方的河床所造成的侵蝕稱爲「瀧壺穴」。一般而言，水流、溫度、酸鹼值在較大範圍的「瀧壺穴」中，都會呈現比較穩定的狀態。所以「北投溪」過去所生成的「北投石」，不管是結晶顆粒的品相，或是產量都是以在「瀧壺穴」者爲佳。因此「溪瀧」與「壺穴」也是應重點保護的自然文化景觀。

所以我們當時建議指定「北投石自然文化景觀」，及設立「北投石自然文化景觀特定區」的範圍如下：

一、北投溪第一瀧（北投溪第一號瀑布，位於「北投溫泉博物館」西南側。）及其瀧壺穴。

二、北投光明路二五七號日式小屋（位於「北投溫泉博物館」東南側。原請台北市政府在「北投溫泉親水公園」計劃中，照我們原陳請之建議，規劃爲「北投溪與北投石解說站」，但後來被台北市政府拆除不存了。）

三、北投光明路二五七號日式小屋基地及其東側（位於「北投溫泉博物館」東南側。）具強烈輻射反應的岩盤。

四、北投溪第二瀧（北投溪第二號瀑布，位於北投光明路二四四號「瀧乃湯」大眾溫泉浴場前。）及其瀧壺穴。

五、北投溪上各處火山屑岩湧浪結構。

六、北投溪第三瀧、北投溪第四瀧、大河原、北投溪第五瀧及其瀧壺穴。

七、地熱谷溫泉落口至第五瀧溪段。

八、中山路與溫泉路之內的地熱谷及其谷地。

北投溪是孕育北投石的溫床

一百多年前北投溫泉鄉的發展，就是從北投溪的溫泉利用開始的。而綻放幽微放射性鐳特產於溪中的珍稀礦物「北投石」，更是珍貴的國寶礦石。「北投石」的生成條件，與生成原因，是一個非常好的科學與教育的題目，只可惜過去幾十年來，北投的發展從不以這項珍貴稀有的自然文化資產爲號召，以致「北投石」的光輝被「污名化」的色情產業所掩蓋，沒有得到應有的重視，也逐漸被人遺忘。

北投溪是北投溫泉文化的母體，也是孕育北投石的溫床。北投的溫泉事業與文化，是隨著北投溪發展出來的。不過「北投溪」的保護與「北投石」的復育問題，也就是北投溫泉文化母體保護的問題，這就是說北投溫泉區的重建，需要處理這個基本的問題。所以基於保存天然珍貴物產，提倡科學、教育、環保，以及最重要的自然文化資產「北投溪」的保護，與「北投石」的復育，是非常重要的。

在我們原先所構思的「北投溫泉親水公園」規畫案裡面，大概可將整條「北投溪」分成三段：第一段是北投石復育區，從地熱谷到銀星橋；第二段叫做自然溪流區，從銀星橋到第一瀧；第三段叫戲水區，從第一瀧到北投公園的石拱橋。

但經我們仔細研讀陳培源教授的論文、岡本要八郎先生的調查報告，以及親水公園施工後，一些歷史景觀重新出土，那是我們常在老照片中看到，原以爲早就被破壞了的景點。但施工時挖開土方後再出現了，我們才知道，原來有些景觀還存在著，只是被道路拓寬及土石淤積埋沒了。我們也發現，原先建議規畫的「北投石保育區」範圍是不夠的。當內政部都市計畫委員會在審議「變更北投溫泉親水公園附近地區主要計畫案」的時候，筆者列席陳述意見，就建議希望「北投石保護區」能規畫到第四瀧，並將幾處重要的景點，特別給予保護。

規畫「北投溫泉親水公園」的最重要目標，就是恢復「北投溪」水源與溪流水道的清淨，不再讓污廢水排進北投溪中。「北投溫泉親水公園」硬體設施第二期工程告一段落後，接下來的工程重點就在「北投石復育區」和「地熱谷」的北投石復育規劃。但那時工程進展遭到的最大困擾就是在地熱谷出口門前，已經被停業多年，但尚未拆除之攤販區的幾位攤販的零星抗爭。

實際上，他們和市府的租約，在那之前的好幾年前就已期滿，當時他們也都有簽下切結書，切結租約屆滿時他們即無條件歸還土地。雖然在筆者提出計畫很久之前，因為有孩童在地熱谷煮蛋燙傷，台北市政府因此就順勢禁止民眾在地熱谷煮蛋，致使賣蛋的攤販生意大不如前而多已歇業離開。

地熱谷攤商的錯怪

但其中有幾位攤商看到我們推動的溫泉親水公園計畫，多認為尚有利可圖，就重燃爭取開放地熱谷煮蛋，並在已經停業但尚未被拆除的攤販區恢復營業的希望。於是其中有幾位就跑出來反對拆除攤販區的計畫，並將他們被停業的所有責任，順勢推給筆者及我們推動的溫泉親水公園計畫，也將怒氣遷怒到筆者身上，認為是筆者倡導的觀念與計畫妨害她們的生計。其中有一位姓鄭的女攤販，還數度故意利用半夜十二點，到筆者家樓下，以潑婦罵街的方式大聲吵鬧詛咒筆者，害不知情的鄰居，還以為發生了什麼大事；她也曾故意在筆者家附近的北投街上，攔路堵住筆者，對筆者當街大聲辱罵；也在幾次協調會中，請過民進黨的市議員大力抨擊筆者推動的計畫是「不知民眾疾苦，自以為是」。

過去曾經為了方便讓民眾煮蛋，業者曾不顧自然生態環境，不時地載運了許多卡車的砂土倒入「地獄谷」噴口旁邊以形成灘地，然後讓民眾在灘地上的小噴口以溫泉煮蛋。其實民眾置身於沸騰高溫噴泉旁煮蛋，是非常危險的娛樂，也常有人被不時突然冒噴出的溫泉嚴重燙傷而送醫急救；再者經過煮蛋及地熱谷中的各種人爲活動，也造成了青磺溫泉的汙染，這些汙染過的溫泉，再導流去溫泉旅館或浴場讓民眾消費，這是完全錯誤的行爲，也是不道德的行爲。這些情事屢屢造成議論，市政府才會在一九九三年禁止民眾進入地熱谷內煮蛋。

市政府禁止在地熱谷中煮蛋，是我們推動溫泉鄉重建之前好幾年前的事，跟推動「北投溫泉親水公園計畫」完全沒有關係。但我們也無畏無懼，攤販不論是就地恢復，或是遷移到親水公園的任何一區，都會持續影響溫泉親水公園成敗的水源與水質，所以我們也堅決反對恢復這些汙染水源與溪流的活動。所幸我們所推動的「北投溫泉親水公園」計畫，相當獲得一般大眾與北投鄉親的認同，保護地熱谷溫泉水源的呼聲也非常大，在溫泉親水公園的工程中，最後終於把位於地熱谷出口處，已停業多年的攤販區完全拆除。

確立新時代溫泉文化休閒區的都市計畫

我們所提的「北投溫泉親水公園特定專用區」計畫，歷經與居民和業者的溝通會議，舉辦公聽會，歷經折衝、協調、溝通，尋求最大的公約數，總共開過十八次的溝通說明會，一九九八年十二月十八日終於由台北市政府都市計畫委員會，在陳水扁市長卸任前夕審議通過，確定文化休閒的發展方向，擴大公園綠地面積、增設文化古蹟保存區、保存天空線等等，並解決溫泉旅館業者的土地使用區分問題，將溫泉業者幾十年來的困擾一舉解決。

對於這個都市計畫，有一些媒體詮釋爲是將北投溫泉旅館「就地合法化」。事實上這並非筆者主張之政策的主旨與重點，這種說法也相當不公平，而且涉及的也非旅館業而已。因爲北投的溫泉業發展已超過百年，事業的發展先於都市的形成，也曾帶來過風華的溫泉榮盛歲月，可是都市計畫卻一直停滯，以致北投溫泉谷地的都市計畫，與實際一百多年來的都市發展不能相符，也造成已經發展一百多年的溫泉事業及其聚落，對當時都市計畫的規定陽奉陰違。依照當時的都市計畫，已經營百年的溫泉旅館與相關的產業，全部坐落在住宅區，不符都市計畫使用區分的規定，以致可以說所有溫泉區的商業活動，包括設立旅館與餐廳，全部是不符法規的行爲。因此業者每當需要向政府辦理異動登記時，只好各顯神通，民眾也繪聲繪影，說這說那非常不堪。無法讓人民依法公開透明地處理這些情事，是非常糟糕的事情。

雖然以前不是沒有人提出過這個問題，但擺不平這個問題。原因很簡單，因爲過去沒有人提過能讓社會與民眾都能信服，且具有新時代前瞻性之都市計畫。溫泉區如果沒有提出運作的典範，與土地使用的最高關懷原則，卻直接將「住宅區」改爲目的不清楚的「商業區」，而且界線在哪裡？誰決定？當然擺不平分配的問題，當然也不能讓社會信服與認同。而且花錢請人做計劃向政府提出，誰出錢意見紛歧，大家也都希望自己的土地做最好的安排，所以就不成比例的放大自己的想法，而爭吵不休。而市政府也不知忌憚什麼，怕圖利他人？怕爭吵不休無法擺平？竟長期任都市計畫完全落後於都市的實質發展，而讓人民自己去各顯神通，眞是非常糟糕的事情。

但筆者所提的這個北投溫泉區新世紀的都市計畫，綱領全部是筆者自己構想，自己執筆，全部免費，任何人也都不必出任何錢，也不必靠關係關說。筆者提出時，談合理使用土地，談時代適用的規範問題，最初還都是議論紛紛。說這不知是眞的還是假的，怎麼會有免費這種事？台灣是一個功利社會，任何人都會很容易懷疑別人，會做這種說完全不涉及自己利益的事，背後是否有不可告人的動機與事情？但事實證明筆者讓一切過程都透明公開，也借重台北市都市計畫局公務人員的專業，文書作業全部是市府公務人員擔綱，也舉辦過十八次公開的說明會。公開透明，任何人隨時都可以討論，事實證明，眞的沒那麼困難。

而且筆者自己及家人都沒人在經營事業，家人也是在大學教書，都是單純的政治社會改革運動者，完全是站在一個都市改造運動的立場，公開處理此事，不怕惡意的造謠，也不怕被檢驗，也隨時可供檢驗。最後大家也都瞭解了，筆者所提的眞的是一切都可以公開討論，隨時可以查到內容加以檢驗，都是利益大眾的計畫，最後大家都接受了筆者的論述與想法，沒有人需要去爭吵。日後筆者擔任台南市都市計畫、都市設計、都市重劃……等等幾個有關都市發展之委員會的主任委員，都是用這樣的態度公開透明討論處理。

一九九九年六月二十九日，內政部都市計畫委員會審議「北投溫泉親水公園特定專用區」案，筆者以原始提案人身分列席說明，也請求審查委員成全「北投石景觀特定區」的建議。最後會中決議：地熱谷供生態保育使用，增列不得任意採取北投石及煮蛋等相關管制規定，以確保自然生態資源免遭破壞，並於細部計劃書內明白規定，變更範圍面積及管制內容，應請台北市政府依生態保育原則，及原地熱景觀區規劃範圍詳予劃定。

但內政部都市計畫委員會認爲，「北投溫泉親水公園特定專用區」不是行政區域，也沒有特定區管理機關，僅是一個都市計劃案，因此將計劃名稱改爲「變更台北市北投溫泉親水公園附近地區主要計劃案」。同年十一月十一日，台北市政府也依內政部的決議，公告發布實施「變更台北市北投溫泉親水公園附近地區主要計劃案」，及「變更台北市北投溫泉親水公園附近地區細部計劃案」計劃圖說。

這個由筆者所構思，提出以溫泉文化的保存與發揚爲典範的都市計畫案，以保存溫泉文化、古蹟、天空線，合理使用溫泉區，並擴大公園綠地的面積，可說爲北投下一世紀的都市發展，鋪設了一個全新的概念與規畫。也讓發展已經一百年的北投溫泉區，有一個名正言順的土地使用規範。幾年來的努力，終於有了一整體性的圓滿結局。

賦予北投石文資法上的地位

不過我們還是有很多工作要做。要保護「北投溪」，當時最能運用的法令是公園路燈的管理辦法。但遊客要在溪裡撿石頭，或是要下去溯溪，並沒有辦法規範。如果利用都市計畫的方法指定爲保護區，祇能管制開發，但北投溪處在已經高度開發的都市街區內，周邊已經開發，布滿建築與商業活動。雖然必須強制禁止民眾撿拾或挖取溪中石頭，但在罰法或管理上，法源還是有問題。

所以那時以都市計畫的方式提出保護區的要求，教育上或宣示上的意義大於法制上的意義。因爲要保護北投石，根本缺乏法源，縱使都市計畫劃定保護區，周邊環境也無法合乎當時相關法令對於保護區的要求。當然，要在指定成保育區或保護區之後，再來大興土木施作保護工程，在理論上或法令上都會產生極大的自我矛盾。所以當時我們認爲，保護北投石與北投溪，當務之急是從法律上賦予北投石一個明確的法定身分。

當時的「文化資產保存法」的相關規定並不周詳，其中第三條、第四十九條、第五十三條、第五十六條……等自然文化景觀的部分，都是只有「動、植物」而沒有包含「礦物」。如第四十九條規定：「自然文化景觀由經濟部會同內政部、教育部與交通部審查指定之，並依其特性區分爲生態保育區、自然保留區及珍貴稀有動植物三種。」

根據這個規定，我們可以登錄台灣珍稀的動物藍腹鷴、帝雉，登錄珍稀的蘭嶼羅漢松。但是，好像台灣珍貴稀有的自然資產中，只有動物與植物，而沒有礦物。事實上，「北投石」是一個具有高度科學與教育意義的天然物產，也是全世界首先發現於台灣的珍貴稀有礦物，絕對是應該立法保存並指定保護的珍貴稀有礦物。

對「北投石」的保護若沒有法律依據，保護是無法施行的。因此，當親水公園的施作已經完成到一定程度與範圍，下一個步驟，最重要的就是要著力於使「北投石」成為國家自然紀念物，或珍貴稀有礦石的指定與登錄工作，也就是需要修改文資法。等文資法修訂完成後，再向主管單位提出陳請，指定並登錄「北投石」為「自然紀念物」或「珍貴稀有礦物」。

所以我們接著進行幾個後續工作：一個是修法；一個是陳請指定「北投溪」為「北投石自然文化景觀特定區」；並陳請「北投石」成為文資法保護之「珍貴稀有礦物」的「自然紀念物」。如果能順利指定完成，那就進入最後一個階段，針對「北投溪」進行整體的保護規畫，也就是「北投石自然文化景觀」的劃定與永續經營。

北投溫泉博物館即將成立之時，在當時筆者鄰居，也是礦岩協會理事長，已故的陳嘉林老師引介之下，礦岩協會「北投石小組」的收藏家們，集體捐出他們所收藏的北投石，由筆者代表他們捐給北投溫泉博物館。特別是我國第一位獲得奧運舉重獎牌，一九八四年奧運舉重銅牌得主蔡溫義，其在嘉義擔任藥師的哥哥蔡溫隆先生，無條件捐出所收藏的八百公斤重，附著滿滿美麗北投石結晶的國寶石，親自開車護送到北投給北投溫泉博物館展示，而成為鎮館之寶。這些收藏家們並宣示此後他們不再收藏北投石，要觀看北投石就以北投溫泉博物館展示的這批為限，希望大家不要再去採挖、收藏與展示北投石，以杜絕仿效收藏而引起破壞。

5

6

4. 1998-9-10 北投溫泉博物館鎮館之寶800公斤的大北投石回家暫放梅庭中，大家小心翼翼地搬運。
5. 蔡溫隆無償捐贈北投溫泉博物館的鎮館之寶——800公斤最大的北投石。
6. 1998-12-29 北投溫泉博物館之北投石展覽室，捐贈北投石之礦岩協會會友展示市政府的感謝狀。

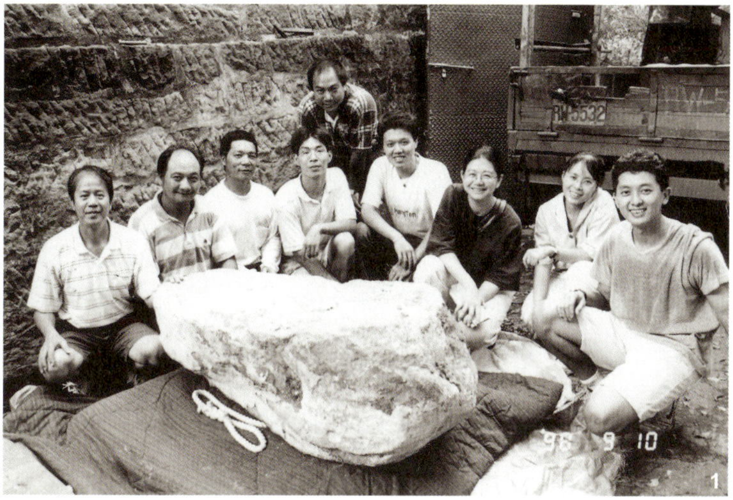

1. 1998-9-10　北投溫泉博物館鎮館之寶800公斤的大北投石回家暫放梅庭中。卸下後溫錦隆先生、黃桂冠老師、陳嘉林老師、陳林頌等大家一起合影留念。
2. 1998-9-10　捐贈北投溫泉博物館鎮館之寶800公斤大北投石的蔡溫隆先生，親自開車將該大北投石從嘉義護送到北投。
3. 1998-9-10　北投溫泉博物館鎮館之寶800公斤的大北投石回家暫放梅庭中。

不朽的社區營造與創生事業

這些北投石的行家們，也同時反映希望一舉將保護區劃定到北投溫泉博物館旁邊的第一瀧，因爲北投溪第一瀧之後就沒有北投石生成了。不過以當時的環境而言，要擴大到那樣的範圍是非常困難的，因爲「北投溪」位於高度開發的都會區，與周邊居民的生活幾乎沒有界線，若是一夜之間全變爲保護區，對周邊居民的排放廢污水，或活動將造成極大困擾，那保護工作一定會遭到困難。如果不是一步一步進行，從污水管接管，到步道規劃施做完成，再用景觀設計與設施來區隔保護區域，否則保護區是很難成功的。

這整個工作不只是單純都市計畫的保護區而已，而是應修正文化資產保存法的條文，在「珍貴稀有動、植物」中，增列「礦物」來保存與保護，讓「北投石」依法取得尊貴的法律地位，以形成「北投石」是國寶級珍稀礦物的社會心理，這樣才能訂定嚴謹保護的範圍。但最重要的是，設施配合法令要能周全，這樣「北投石」的保護才不會與居民的生活引發衝突，北投溪與北投石的保護才能水到渠成。

「北投溪」與「北投石」的保護，必須要讓居民接受，讓居民對「北投石」的存在產生與有榮焉之感，如此才能收到實效。若是居民覺得爲了這條溪的保護，而妨礙了日常生活與社區發展時，那就會與居民產生衝突，保護與保育就會很困難。所以「北投溪」公園段全區的保護指定，要如何指定，將是下一階段要思索與完成的最重要事情。

在我們的概念裡，保護「北投溪」與搶救「北投石」，這是在搶救北投溫泉文化與發展的泉源母體，我們認爲這是「不朽的社區營造與地方創生的事業」。只要「北投溪」能得到適當的保護，它將

會奔流一千年、兩千年……而不會消失。這樣「北投溪」沿岸居民的活動及生活、建築、文化甚至藝術，就能永續隨之發展。因此我們把這件事，訂爲我們當時最重要的工作目標，希望能順利推動這一搶救北投溫泉母體的計畫。

陳林頌曾提出「有人疑惑『親水』公園是否和北投石復育區嚴格的保護有所牴觸……在此願提供另一個向度的思考。『若文明中無船，則夢幻枯竭』，若夢幻要能航行，又豈忍糟蹋載舟之水。一九九四年起北投溫泉公共浴場的研究、保存與再利用，終於從空間的文化再造，開始把溫泉帶給人群的溫暖重新植回這個磺味溢失的山谷，而同時展開的『北投溫泉親水公園』更適時地維繫了溫泉地的命脈，五年來累積的諸多文化資產研究成果與保存案的成功，聚沙成塔地形構了『北投生態環境博物園區』。回首平田源吾來到北投溫泉地創設了天狗庵，百年後我們所做的一點點努力，或許就是這條孕養著溫泉文化的北投溫泉溪所賦予我們的使命，而這個工作才剛要開始。」

北投生態文史工作室推動北投石保育

一九九九年三月原投入「北投溫泉博物館」籌備的北投鄉親，有感於「北投溫泉博物館」成立後，北投的重建，已進入了一個新的階段。爲了召集相同理念的鄉親，推動後續的北投溫泉鄉重建工作，在廣爲徵詢意見後，大家就決定成立由北投國小黃桂冠老師擔任召集人的「北投生態文史工作室」，並成立「生活環境博物園」雜誌，以推廣「生活環境博物館」的理念，並將「保護北投溪，復育北投石」列爲兩年之計畫工作重點。

五月三十日由「生活環境博物園雜誌」、「北投生態文史工作室」發起，由關渡國小家長會、義

1

2

3

4

1. 1999-10-31 「愛護北投溪 復育北投石」聯盟舉辦萬人手牽手「愛護北投溪 復育北投石」環繞北投溪活動。
2. 1999-5-30 「愛護北投溪 復育北投石」聯盟於台北市議會，由黃桂冠老師主持「呼籲成立北投石景觀特定區」記者會。
3. 1999-10-13 「愛護北投溪 復育北投石」聯盟拜訪中研院李遠哲院長，推動復育北投石。
4. 1999-10-31 「愛護北投溪 復育北投石」LOGO。（林淑慈老師 繪製）

方國小家長會、新民國中家長會、中華礦岩協會，在台北市議會舉辦「搶救北投石」及推動「北投石景觀特定區」記者會，並展示七千名民眾的簽署名單。提出我們的呼籲：

一、將「北投石」的故鄉，從地熱谷至北投溪，設立爲「北投石自然文化景觀特定區」。

二、立法院修改「文化資產保存法」，在「自然文化景觀」與「珍貴稀有動、植物」中，增列「礦物」一項，俾便依據「文化資產保存法」指定「北投石」爲嚴禁挖採、買賣的珍貴稀有礦物。我們認爲此一條文的修正，只加一個分類「礦物」，既不涉及意識型態，也不涉及經濟利益，應該較易形成共識。

四月三十日，陳林頌、蔡孟珊與筆者在台大思亮館，由「戶外遊憩學會」邀請在其主辦的「婦女與休閒研討會」發表「北投溫泉女性空間與休閒規劃 一個運動性的思考 ～以搶救北投台灣銀行舊宿舍爲例」論文時，向主持論文發表會的立委范巽綠和穆閩珠，請求協助修正文化資產保存法，將「礦物」列爲文化資產保存法保護的對象，以便將「北投石」列爲國家珍貴稀有的礦石。兩位委員隨後即向立法院提出修正案。

一九九九年十月初，北投區各社團於「北投生態文史工作室」召開「愛護北投溪；復育北投石」活動的籌備會議，同意成立「愛護北投溪 復育北投石」聯盟，同意今後有關「北投溪」與「北投石」的保護與復育工作，由共同參與單位具名參加，並推舉筆者擔任召集人。一九九九年十月三十一日「北投溫泉博物館」開館一週年慶時，「生活環境博物園雜誌」、「北投生態文史工作室」發起，舉辦「愛護北投溪；復育北投石」萬人手牽手環繞「北投溪」的活動。這個活動獲得在地二十多個團體與鄉親熱烈的支持參與，並廣獲各式媒體的大幅報導。立委翁金珠看到新聞報導，當晚即造訪北投生態文史工作室，關切文資法中之「北投石條款」，並表示將全力協助修法。

1. 1999-10-31 「愛護北投溪 復育北投石」聯盟由陳林頌策畫舉辦「萬人手牽手環繞北投溪活動」。後排左起：黃桂冠老師、陳淑貞、陳琦君老師、黃寶猜。前排右起：許陽明、管碧玲教授。

2-4. 1999-10-31 「愛護北投溪 復育北投石」聯盟舉辦萬人手牽手「愛護北投溪 復育北投石」環繞北投溪活動。

推動珍貴稀有文化資產增列「礦物」

當年十二月二十一日，行政院在審查通過文資法修正草案，將「珍貴稀有動植物」改爲「珍貴稀有動植及礦物」，並定名爲「自然紀念物」。一九九九年十二月二十三日，立法院召開教育及文化、內政及民族、經濟及能源、司法四個委員會，併案審查文資法部分條文修正草案的第一次聯席會議，確定文化資產保存法增列「礦物」，其中，除了第四十九條自然文化景觀的主管機關尚須協調外，可說已經審查完竣。不過後來協調將珍貴稀有「動物」刪除，改以「野生動物保育法」的保育類動物取代。

二〇〇〇年一月十五日，立法院挑燈夜戰修正通過文化資產保存法修正案，以因應九二一地震後續的文化資產保存問題，而我們推動的第三條修正案「礦物」，也在此次修正正式列爲文化資產保存項目，並於二月九日正式公告。不過文資法的第四十九條、五十三條、五十六條……等相關的條文，當時卻未能同步配套修正。

爲了「北投石」，我們拜訪翁金珠委員，翁委員也居中安排我們向行政院副院長劉兆玄，陳請指定「北投石」與「北投溪」爲「自然文化景觀」，並訂定「北投石自然文化景觀特定區」。那年一月二十四日我們拜訪立法院翁金珠委員，並透過翁委員協助，與行政院劉兆玄副院長辦公室約定「指定北投石」與「北投石自然文化景觀特定區」陳請案送件時間。

二〇〇〇年二月二十二日行政院文資維護小組召集人劉兆玄副院長，在行政院接見「愛護北投溪，復育北投石」聯盟的代表。黃桂冠老師、中華礦岩協會陳嘉林老師、北投國小家長會曾國賽會長、北投逸仙國小家長會葉家和會長、林泉里張聿文里長、陳林頌和筆者，一起在翁金珠與范巽綠兩位委員的陪同下，到行政院向劉兆玄副院長正式送交陳請書，並討論北投石指定為自然文化景觀的相關問題，最後劉兆玄副院長當場指示幕僚，將本案列入下次行政院文化資產保存維護推動小組的議程中。

二月二十四日立法院文化立法推動聯盟委員，在筆者的邀請下，考察「北投溫泉博物館」暨「北投石自然文化景觀」，並由翁金珠委員國會辦公室、范巽綠委員國會辦公室、北投生態文史工作室、生活環境博物園雜誌社共同主辦，在「北投溫泉博物館」中，舉行一次熱烈討論的協調會。該次活動是推動指定「北投石」為「珍貴稀有礦物」，指定「北投溪」為「北投石自然文化景觀」，暨設立「北投石自然文化景觀特定區」系列活動的一部分。

除了翁金珠、范巽綠委員出席與筆者共同主持協調會外，在劉副院長的支持下，行政院相關部會業務主管人員，相當踴躍地出席二月二十四日的活動與協調會，出席人員計有：內政部民政司司長林慈玲、古蹟科科長趙文傑、經濟部礦業司黃文發科長、經濟部礦務局林健豪、曾保忠組長，經濟部水資局五組洪銘堅副組長、文建會葉桂珠、吳麗珠科長、農委會保育科方國運科長、營建署國家公園組盧淑妃科長、行政院第六組游郁芬科長……等等。而北投鄉親也有礦岩協會陳嘉林老師、工作室召集人黃桂冠老師、北投國中洪斐霏老師、復興高中李雲嬌老師、工作室蔡聰敏與李碧玉……等等，大家在會中熱烈地討論「北投石」指定為珍貴稀有礦物的相關問題與後續工作。

此一協調會議的會議結論，會後函送各相關單位。結果台北市政府文化局於五月一日「北市文化二字第八九二〇二〇七〇〇〇號」書函說「一、貴單位函中陳請北投石列為珍貴稀有礦物部分，依文化資產保存法第三條規定，將可依法指定。二、有關北投石暨北投溪第一瀧至地熱谷設立北投石自然文化景觀特定區指定部分，依文化資產保存法第四十九條『自然文化景觀由經濟部會同內政部、教育

1-2. 2000-2-22 行政院文資維護小組召集人劉兆玄副院長接見「愛護北投溪 復育北投石」聯盟。

3. 2000-2-24 立法院教育文化委員會會勘北投溪，於北投溫泉博物館座談交換意見。

4. 2000-2-24 立法院教育文化委員會會勘北投溪。

部、交通審查指定之』，本局可協同向主管機關申請辦理指定相關作業。」

筆者也在二〇〇〇年三月一日致函李遠哲院長，將我們的心聲與願望，告訴完全知道北投石是何種珍貴礦物的李院長，希望借助李院長研究過北投石，且具有最高的科學聲望，能爲北投石幫忙發聲。李遠哲院長也非常熱心地，將我們的訴求再一次地傳達，逐一寫信將我們的訴求轉給許多單位的首長與立法院的相關委員。

北投石保育——中央事務？地方事務？

行政院文化資產保存維護推動小組第六次會議時，即根據劉副院長指示將此議題列入討論。五月十六日行政院「台字八十九文字第一三七七九號」，由院長蕭萬長具名的函「檢送本院文化資產保存維護推動小組第六次會議紀錄一份，給各單位及陳請單位，請查照。」

此函主旨「有關北投石之保護具體措施研處情形案：

一、有關文化資產保存法中自然文化景觀之主管機關，依照本院七十四年台七十四經一四九三號函，主管機關仍爲行政院農業委員會；另文化資產保存法之修正亦應盡速辦理，請相關機關全力配合。

二、有關『北投石』及『北投溪』之保護，請行政院農委會盡速邀集相關機關研處，進行『自然保留區』之規劃。」

據此會議紀錄，農委會於二〇〇〇年六月八日開會「研商規劃保護北投溪北投石有關劃設自然保留區事宜」。此會議結論：

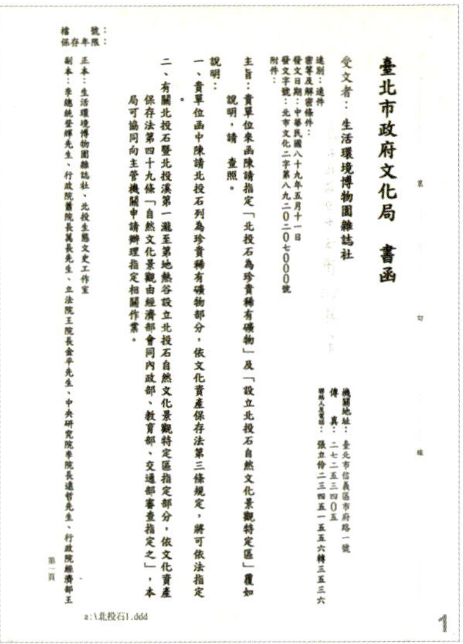
臺北市政府文化局　書函

受文者：生活環境博物園雜誌社

速別：速件
密等及解密條件：
發文日期：中華民國八十九年五月十一日
發文字號：北市文化二字第八九二〇二〇七〇〇〇號
附件：

機關地址：臺北市信義區市府路一號
傳　真：二七二五三四〇五
聯絡人及電話：張立伶二三四五一五五六轉三五三六

主旨：貴單位來函陳請指定「北投石為珍貴稀有礦物」及「設立北投石自然文化景觀特定區」覆如說明，請　查照。

說明：

一、貴單位函中陳請北投石列為珍貴稀有礦物部分，依文化資產保存法第三條規定，將可依法指定。

二、有關北投石暨北投溪第一瀑至第地熱谷設立北投石自然文化景觀特定區指定部分，依文化資產保存法第四十九條「自然文化景觀由經濟部會同內政部、教育部、交通部審查指定之」，本局可協同向主管機關申請辦理指定相關作業。

正本：生活環境博物園雜誌社、北投生態文史工作室

副本：李總統登輝先生、行政院蕭院長萬長先生、立法院王院長金平先生、中央研究院李院長遠哲先生、行政院經濟部王

檔　號：
保存年限：

第一頁

a:\北投石1.ddd

1

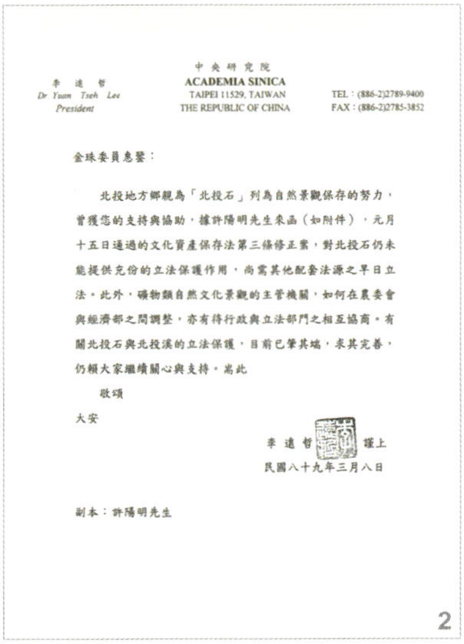
李遠哲
Dr. Yuan Tseh Lee
President

中央研究院
ACADEMIA SINICA
TAIPEI 11529, TAIWAN
THE REPUBLIC OF CHINA

TEL：(886-2)2789-9400
FAX：(886-2)2785-3852

金珠委員惠鑒：

北投地方鄉親為「北投石」列為自然景觀保存的努力，曾獲您的支持與協助，據許陽明先生來函（如附件），元月十五日通過的文化資產保存法第三條修正案，對北投石仍未能提供充份的立法保護作用，尚需其他配套法源之早日立法。此外，礦物類自然文化景觀的主管機關，如何在農委會與經濟部之間調整，亦有待行政與立法部門之相互協商。有關北投石與北投溪的立法保護，目前已肇其端，求其完善，仍賴大家繼續關心與支持。耑此

敬頌

大安

李遠哲　謹上

民國八十九年三月八日

副本：許陽明先生

2

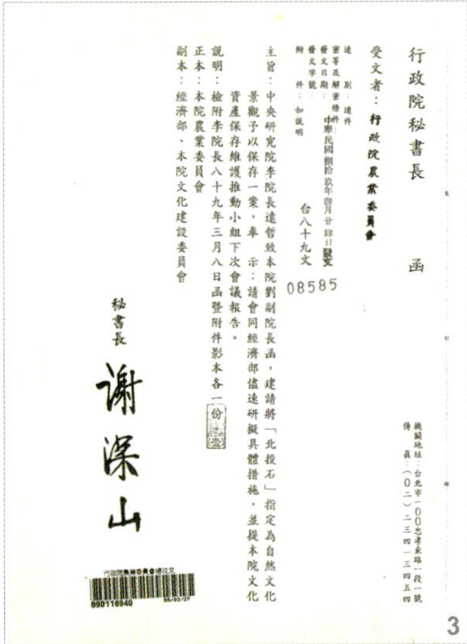
行政院秘書長　函

受文者：行政院農業委員會

速別：速件
密等及解密條件：
發文日期：中華民國捌拾玖年叁月廿肆日
發文字號：台八十九文08585
附件：如說明

機關地址：台北市一〇〇忠孝東路一段一號
傳真：（〇二）二三四一三四五四

主旨：中央研究院李院長遠哲致本院劉副院長函，建請將「北投石」指定為自然文化景觀予以保存一案，奉　示：請會同經濟部儘速研擬具體措施，並提本院文化資產保存維護推動小組下次會議報告。

說明：檢附李院長八十九年三月八日函暨附件影本各一份

正本：本院農業委員會

副本：經濟部、本院文化建設委員會

秘書長　謝深山

3

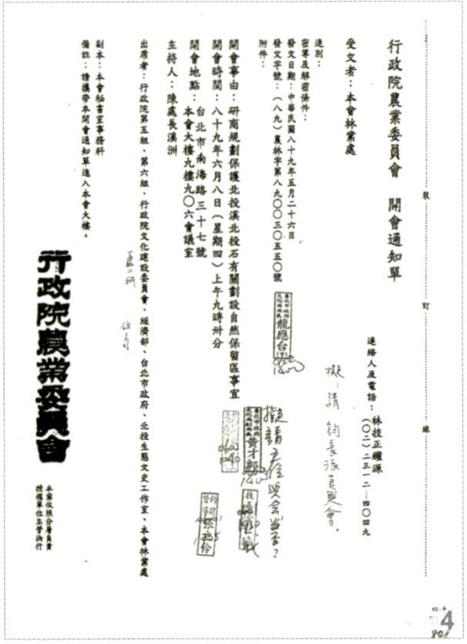
行政院農業委員會　開會通知單

受文者：本會林業處

速別：
密等及解密條件：
發文日期：中華民國八十九年五月二十六日
發文字號：（八九）農林字第八九〇〇三〇五五〇號
附件：

聯絡人及電話：林技正纖謙（〇二）二三一二—四〇四九

開會事由：研商規劃保護北投溪北投石有關劃設自然保留區事宜
開會時間：八十九年六月八日（星期四）上午九時卅分
開會地點：台北市南海路三十七號
本會大樓九樓九〇六會議室
主持人：陳處長溪洲
出席者：行政院第五組、第六組、行政院文化建設委員會、經濟部、台北市政府、北投生態文史工作室、本會林業處

副本：本會秘書室事務科
備註：請攜帶本開會通知單進入本會大樓。

行政院農業委員會

4

1. 2000-5-11 台北市文化局函覆處理北投石相關事宜是中央機關事務，台北市可協同辦理。

2. 2000-3-8 李遠哲院長為北投石函翁金珠委員。

3. 2000-3-24 行政院秘書長函知各單位李遠哲院長有關北投石事務函。

4. 2000-6-8 農委會研商規劃保護北投溪北投石有關劃設自然保留區事宜」開會通知。

一、案經與會各單位代表充分交換意見，獲有共識，肯定台北市政府對當地社區環境品質管理建設之努力，咸認爲北投石之來源不斷，復育機會可期，樂觀其成。

二、請北投生態文史工作室協助台北市政府相關單位，參酌鄰近社區之意見，妥予規劃制定北投溪（石）自然保留區經營管理計畫，由台北市政府函送本會，俾依法循序辦理北投溪（石）保護相關權宜之審議及指定事宜。

其實，當年我們推動指定「北投石爲珍貴稀有礦物」及「設立北投石自然文化景觀特定區」到此就卡住了，因爲北市認爲『自然文化景觀由經濟部會同內政部、教育部、交通部審查指定之』這是中央的事務；而農委會則認爲「自然保留區經營管理計畫，由台北市政府函送本會」，所以這是台北市政府相關單位的事務。從行政程序來看，最終都需要台北市政府配合工程施作與管理，確實是應該由地方政府將此案做計劃完成並決議後送往中央。

BEITOU ROCK是什麼？

而且接續陳水扁市長之後的當時市府首長中，有人對日本時代文化遺留的保存是有異見的。當年有位年輕的市府首長在慰安婦議題炒起來的時候，甚至親口對筆者說出溫泉博物館應該改爲二戰日軍之暴行的展覽館。日軍二戰的暴行是事實，慰安婦也是殘暴的事實，但問題是北投公共浴場或北投溫泉博物館跟日軍暴行有何關係？這種想法完全脫離原來我們對「北投生活環境博物館」的建構，這種看法實在太跳脫常識，也太離題，幸好後來並沒有看到他們如此重新去建構，否則不知又要掀起什麼樣的風波與爭論。

市府也曾有首長對北投石的外文有異見，認爲「北投石」是台灣的東西，外文不該以日語HOKUTOLITE命名，所以日後有次在北投公園，市府所辦的展覽中，我們看到有一張說明牌，竟將「北投石」改翻譯爲令人啼笑皆非的「BEITOU ROCK」，這除了完全不顧歷史與國際學術的定名原則外，也完全搞錯，北投石本是一種沉澱結晶，而不是一般岩石。所以將北投石保護的後續程序，儘管表面上說樂觀其成，卻找理由推給別單位，此案因此消極不作爲而卡住。這應該也有文化上，也是意識形態上的質疑，或有反對日式文化的意識在內吧？

其實文化保存的工作，處處會扞格別人的利益或思想或意識形態，決不是在舉辦嘉年華會。由於那時筆者接續的工作，是到民進黨中央黨部擔負忙碌的工作，接著又到台南市去服務，接著遷居到高雄市。那時如果再去向台北市政府要求處理北投石的保育，當然是有困難的。

北投石發現一百年

二〇〇五年管碧玲就任立法委員，適逢北投石發現一百週年，台灣相關的學界利用這百年紀念之時，在日本時代作爲跑馬場的北投復興崗，舉辦了一次北投石及溫泉的國際研討會。我們也利用北投石發現百年紀念之時，兌現了我們之前向岡本正豐先生的邀請。

二〇〇五年十月五日岡本正豐先生伉儷接受立法委員管碧玲的正式邀請飛抵台灣，「管碧玲國會辦公室」除了安排岡本正豐先生到國際研討會致詞並接受禮讚外，更安排岡本先生拜會行政院長謝長廷、教育部長杜正勝，並安排岡本先生從台北北投溪到高雄醫學院，走過其父親在台灣工作，或後來再次來台停留過之地點的「緬懷岡本要八郎之旅」。

1. 2002-2-17 陳林頌與江建國到日本千葉縣岡本府上拜訪岡本正豐先生，並代表我們邀請他在北投石發現一百週年時來台灣訪問。
2. 2005-10-7 岡本正豐伉儷北投溪的緬懷之行。（陳林頌 導覽）
3. 2005-10-7 岡本正豐伉儷參訪北投善光寺「岡本翁頌德碑」。
4. 2005-10-7 筆者於國防大學北投復興崗「北投石發現一百週年紀念會」上致詞，並歡迎岡本正豐先生伉儷蒞台參訪。
5. 2005-10-7 岡本正豐先生於北投復興崗「北投石發現一百週年紀念會」上致詞。

十月六日，管碧玲國會辦公室，特邀請岡本正豐先生在台友人的親屬，及關注北投石的鄉親作陪，在北投溫泉博物館正後方的新秀閣溫泉旅館，由筆者作東爲岡本正豐先生洗塵接風。七日，參觀善光寺的「岡本翁頌德碑」，並到北投復興崗政戰學校，參加「北投石發現一百週年紀念會」，除了筆者在會中致詞歡迎岡本正豐先生伉儷外，岡本正豐先生也在會中致詞並感謝大家。

由於岡本要八郎曾在廈門旭瀛書院任教並擔任過院長，該院可說是日本時代的台商子弟學校，該校校友會的一些幹部，見報得知岡本先生夫婦要來台的消息，就與「管碧玲國會辦公室」聯絡，七日晚，其同學會幹部，在台北國賓大飯店舉辦了一次岡本正豐先生伉儷歡迎會，並邀筆者作陪。八日，參觀北投溫泉博物館，及其父親當年發現北投石的北投溪沿岸，並參加了我們「保護北投溪 復育北投石」聯盟舉辦的活動。

謝長廷院長公告進行北投石保育的法源

十月九日，「管碧玲國會辦公室」安排參觀在二二八公園中，岡本要八郎工作過的國立台灣博物館，也去中央研究院拜訪研究過北投石的李遠哲院長，十日晚上參加國慶在高雄的煙火晚會，並由管碧玲委員正式在高雄設宴歡迎岡本正豐先生伉儷。岡本要八郎在一九五五年曾來台由學生慶祝八秩祝壽大會，當時曾經參觀其學生杜聰明博士，擔任創校院長的高雄醫學院。所以管碧玲國會辦公室，也在十日安排岡本正豐先生伉儷拜訪參觀高雄醫學大學，也受到校方的熱烈歡迎。

岡本要八郎任教過台北市老松國小的前身，設在艋舺祖師廟的國語學校第一附屬學校。所以我們安排十月十一日回到台北，參觀老松國校及剝皮寮，岡本同樣也受到師生的熱烈歡迎。下午管碧玲委

1

2

3

1. 2005-10-9 岡本正豐伉儷參訪其父親岡本要八郎服務過的國立台灣博物館（前身是兒玉總督後藤民政長官紀念館），由蕭宗煌館長（右三）親自接待，陪同者：礦岩協會故陳嘉林理事長（右二）、陳林頌（左一）、故師大范燕秋教授（左二）、黃桂冠老師（左三）。
2. 2005-10-9 「愛護北投溪 護育北投石」聯盟陪同岡本正豐伉儷拜會李遠哲院長。
3. 2005-10-7 廈門旭瀛書院台灣校友會，在台北國賓大飯店歡迎岡本正豐先生伉儷。

員也安排岡本正豐先生伉儷，由教育部長杜正勝，及「愛護北投溪 復育北投石」聯盟的北投鄉親陪同到行政院，由謝長廷院長接見，並對保護北投石事宜交換意見。陪同的管碧玲委員表示，當年新修訂的文資法已提供了「自然地景與自然紀念物」的指定法源，能給予國寶級礦石北投石應有的法律保護，但施行日期規定由行政院以命令定之。所以請行政院應及早公布施行新修正的文資法，以對北投石展開指定與保護，並作爲北投石發現百週年的獻禮。謝院長表示肯定，並指示幕僚儘速通過文資法施行日期的公告。

追贈教育部一等文化獎章

另外管碧玲委員也安排教育部審查通過，追贈一等文化獎章予岡本要八郎先生，十月十二日在教育部，由教育部長杜正勝追贈「一等文化獎章」給一代礦石學者岡本要八郎，由岡本正豐先生代表受贈，以表彰岡本要八郎在一百年前，發現北投石對教育與文化的卓越貢獻。立委管碧玲說，岡本要八郎不但是礦物學家，也是一位成功的國民教育家，他曾獲聘在艋舺祖師廟的國語學校第一附屬學校，今之老松國小的前身任教，也曾參與台灣總督府的教育方針計畫，他利用公餘時間投入台灣礦物的研究，藉由發現北投石，把台灣帶進世界，獲得教育部追贈一等文化獎章可謂實至名歸。

岡本先生的名言爲：「把別人的孩子當成是自己的孩子教導，別人就會把我的小孩當成是他自己的小孩。」也強調做學問是「樂學至上 研究第一」。岡本先生六十歲左右就取了自己死後的戒名爲「良慈院正知日華居士」。「良慈」就是其所發現北投石之鐳的英文Radium，讀音轉化而來的，「正知」是別號，「日華」是日本國和中華民國的意思，因爲他都在這兩個地方從事教育、研究工作。同

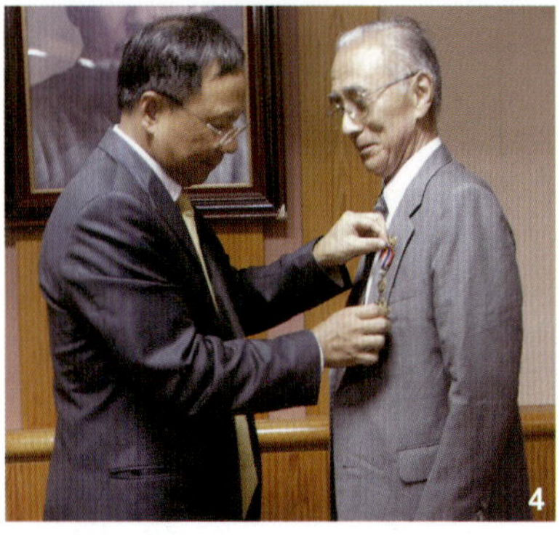

1. 2005-10-10 管碧玲委員與筆者在高雄正式宴請歡迎岡本正豐先生伉儷，並觀賞國慶煙火。
2. 2005-10-12 岡本正豐先生伉儷由管碧玲委員與北投鄉親陪同至教育部，接受杜正勝部長追贈岡本要八郎一等文化獎章。
3. 2005-10-11 行政院長謝長廷接見岡本正豐先生伉儷與陪同的管碧玲委員。
4. 2005-10-12 岡本正豐先生代表岡本要八郎先生接受杜正勝部長追贈岡本要八郎一等文化獎章。

時，他自己也動手整理家族墓園。平時就告訴他的兒子，若他死後要注意的事項，此方說不要寫「藥石罔效」等。

岡本正豐在頒獎典禮致詞時表示，岡本要八郎已於四十五年前以八十四歲高齡辭世，距離岡本要八郎在台灣工作的時間，也是九十二年前的事情，台灣人還記得岡本要八郎，並追贈獎章，讓他身爲岡本要八郎之子深感榮幸，教育部頒發具有相當大意義的獎章，也讓他深深感激。

隨後行政院也遵照謝院長指示，於二〇〇五年十月三十一日行政院院臺文字第0940051650號令發布文資法第一條至第九十一條，第九十三條至一百〇三條，定自十一月一日正式實施。隨後我們也依循新公布施行的文資法，請「管碧玲國會辦公室」出面爲「北投石」提出申請爲屬「自然紀念物」的「自然地景」，並將「北投溪」提出申請爲屬「自然地景」的「自然保留區」。推動工作到此，雖然「北投石」的保育與保護，仍有許多工作要去做，但是「北投石」與「北投溪」依文資法指定保護與保育已有了依據，而且我們也準備了文件，要向台北市政府提出北投石的各項指定申請。

「直轄市定自然地景北投石自然保留區」公告

不過，隔年二〇〇六年台北市長選舉，民進黨提名謝長廷選台北市長。我們與台北市當時的在任馬英九市長，及國民黨提名台北市長候選人郝龍斌，在市長選戰中打成一團，兩位市長候選人的雙方人馬互告，雖然選後相互都撤回告訴，但馬英九與筆者，兩人都陷入市長選戰衍生出的特別費官司，兩人是朝野各一位受起訴者，雖打到三審都無罪定讞，筆者特別費官司前後共打了四年多，官司所費時間實在不短。所以在那種嚴重衝突對抗的朝野關係中，北投石保留區這件事自然無法進行，所以北投石相關的指定登錄工作就暫時又停擺了。

不過幸好後續有人，二〇〇六年當選台北市議員的吳思瑤也非常關注教育文化，繼續推動此保育工作。在吳思瑤議員的努力之下，在法源公告後八年，台北市政府於二〇一二年十月四日於在地召開說明會後，歷經三次自然地景審議委員會審議，才通過將北投溪所座落之台北市北投區溫泉段一小段二九地號等九筆土地、面積零點二公頃，依文化資產保存法第七十九條第一項規定指定爲自然保留區之方案，並由台北市政府於二〇一三年十二月二十六日以「府產業動字第10233765600號」公告指定爲「直轄市定自然地景北投石自然保留區」，後報經農委會二〇一四年一月十日備查在案。

天然紀念物指定尚待努力改善環境

因爲我們的目標還有一個，就是將「北投石」依文資法指定爲「天然紀念物」。所以在台北市政府公告「北投石自然保留區」後，管碧玲國會辦公室在二〇一四年一月二日，再度以高雄市管服字第1030002號函，請行政院農業委員會依文化資產保存法指定登錄「北投石」（Hokutolite）爲「自然紀念物」，並指定登錄台北市北投區之地熱谷至北投溪第一瀧之「北投溪」相關沿岸爲「國定自然地景北投石自然保留區」，並設立相關保育機制。

農委會在一月二十七日農林務字第1031700070函復「……經指定爲自然紀念物之自然地景，依文資法第八十條規定，需進行管理維護及提供輔導措施。爲維護民眾權益，將北投石指定爲天然紀念物前，應優先辦理各單位、法人團體及自然人所持有之北投石狀況普查；指定公告後，爲避免私人持有之北投石有違反文資法第九十四條之虞，須立即辦理登錄作業。目前政府各單位皆未有民眾持有北

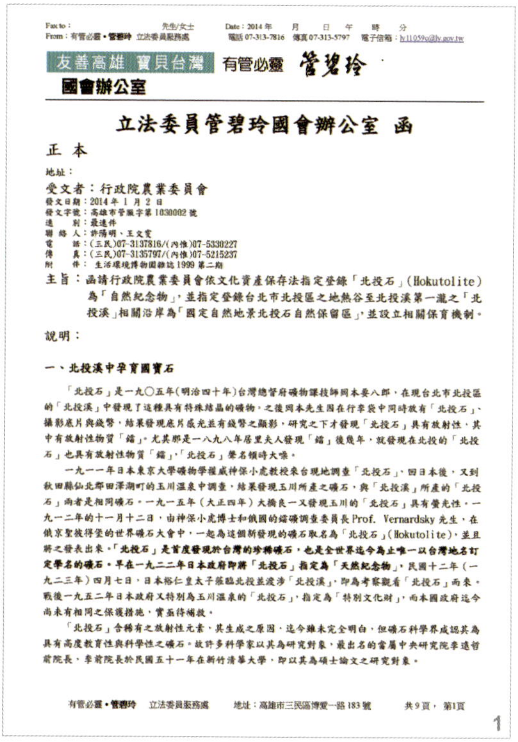

Fax to：　先生/女士　Date：2014 年　月　日　午　時　分
From：有管必靈・管碧玲　立法委員服務處　電話 07-313-7816　傳真 07-313-5797　電子信箱：ly11059c@ly.gov.tw

友善高雄 寶貝台灣　有管必靈　管碧玲
國會辦公室

立法委員管碧玲國會辦公室 函

正 本

地址：

受文者：行政院農業委員會
發文日期：2014 年 1 月 2 日
發文字號：高雄市管服字第 1030002 號
速　　別：最速件
聯 絡 人：許陽明、王文寬
電　　話：(三民)07-3137816/(內惟)07-5330227
傳　　真：(三民)07-3135797/(內惟)07-5215237
附　　件：生活環境博物園雜誌 1999 第二期

主旨：函請行政院農業委員會依文化資產保存法指定登錄「北投石」(Hokutolite)為「自然紀念物」，並指定登錄台北市北投區之地熱谷至北投溪第一瀧之「北投溪」相關沿岸為「國定自然地景北投石自然保留區」，並設立相關保育機制。

說明：

一、北投溪中孕育國寶石

「北投石」是一九〇五年(明治四十年)台灣總督府礦物課技師岡本要八郎，在現台北市北投區的「北投溪」中發現了這種具有特殊結晶的礦物，之後岡本先生因在行李袋中同時放有「北投石」、攝影底片與錢幣，結果發現底片感光並有錢幣之顯影，研究之下才發現「北投石」具有放射性，其中有放射性物質「鐳」。尤其那是一八九八年居里夫人發現「鐳」後幾年，就發現在北投的「北投石」也具有放射性物質「鐳」，「北投石」聲名頓時大噪。

一九一一年日本東京大學礦物學權威神保小虎教授來台現地調查「北投石」，回日本後，又到秋田縣仙北郡田澤湖町的玉川溫泉中調查，結果發現玉川所產之礦石，與「北投溪」所產的「北投石」兩者是相同礦石。一九一五年（大正四年）大橋良一又發現玉川的「北投石」具有螢光性。一九一二年的十一月十二日，由神保小虎博士和俄國的鐳礦調查委員長 Prof. Vernardsky 先生，在俄京聖彼得堡的世界礦石大會中，一起為這個新發現的礦石取名為「北投石」(Hokutolite)，並且將之發表出來。**「北投石」是首度發現於台灣的珍稀礦石，也是全世界迄今為止唯一以台灣地名訂定學名的礦石。早在一九二二年日本政府即將「北投石」指定為「天然紀念物」**，民國十二年（一九二三年）四月七日，日本裕仁皇太子蒞臨北投並渡涉「北投溪」，即為考察觀看「北投石」而來。戰後一九五二年日本政府又特別為玉川溫泉的「北投石」，指定為「特別文化財」，而本國政府迄今尚未有相同之保護措施，實亟待補救。

「北投石」含稀有之放射性元素，其生成之原因，迄今雖未完全明白，但礦石科學界咸認其為具有高度教育性與科學性之礦石。故許多科學家以其為研究對象，最出名的當屬中央研究院李遠哲前院長，李前院長於民國五十一年在新竹清華大學，即以其為碩士論文之研究對象。

有管必靈・管碧玲　立法委員服務處　地址：高雄市三民區博愛一路 183 號　共 9 頁，第1頁

1

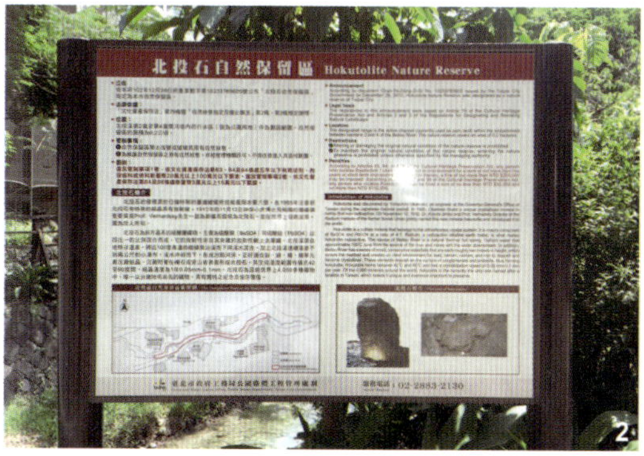

2

1. 2014-1-2 管碧玲委員函請設立國家級之「國定自然地景北投石自然保留區」公文。
2.「北投石自然保留區」告示牌。

投石之資料，事先普查工作曠日費時，事後登錄及後續執法作業亦擾民傷財，無法有效獲得民眾支持。……北投石其生成原因與環境特殊條件密不可分，若其離開生成環境，將無法持續地促進北投石生成。北投石之保護應優先維護北投溪流之獨特地質環境。……故現階段暫無指定爲天然紀念物立即保存之迫切性。」

「……次查北投溪之現況已非原始未經干擾之自然狀態，係趨於不利北投石生長之狀態，爰台北市政府指定爲直轄市定自然地景先進行必要管理維護，將訂定相關政策逐年改善地熱谷源頭及沿溪周遭溫泉業者排放廢水情形，俟北投溪狀況改善且水溫逐趨穩定，北投石能持續形成時，始得依文資法第79條第2項之規定，於增加其價值時再評估變更爲國定自然地景。有關北投石保育及北投溪環境改善事宜，本會將促請台北市政府加強辦理，俾利增加本自然保留區之價值。」

如果談到北投石之時，筆者經常被問到其「指定」的層級，只有「市定」自然保留區，北投石不是國際馳名嗎？北投溪與北投石，不是應該屬國家級的「國定」自然保留區與天然紀念物的嗎？

其實，農委會的這份復函，正是我們多年來一直呼籲的，環境恢復自然與維護，是保護北投溪與復育北投石最重要的基本工作。這些做到了，北投石有恢復生成之時，就是升格爲國定資格之時。所以世界唯一以台灣之名命名的北投石，我們經約二十年的努力，才勉強做到指定與保護的法源都具足了，但這才是開始起步而已，這些工作尤須一步接一步，一棒接一棒，持續不懈地努力，所以我們才說保護北投溪與復育北投石，是「不朽的社區營造與地方創生的事業」，希望有志者繼續加入、投入這個行列，接續努力，來改善北投溪的環境。

因爲並非人人都在收藏北投石，也因爲北投溪中現在已很難、很難、很難找到北投石的蹤跡了，所以現在還擁有北投石的收藏者，幾乎都是在公告「直轄市定自然地景北投石自然保留區」之前就擁有者，並無違法的問題。所以要依法登錄管理一小群收藏者或商貿交易者並非不可能的天方夜譚。但是我們絕不能，尤其是中央主管機關，決不能認定要改善這些環境問題，或進行科學化、數據化與透明化的管理，是「擾民傷財」永遠不可能的工作，因此就將保護或管理北投石的「進階升級」工作擺放著，幾乎成永久冬眠不理後續升級的工作。

而我們尤其要監督台北市政府，繼續拿出方案解決從地熱谷至北投公園口之間，家庭與飯店、營業場所的所有汙廢水之排放截流與導流工程，雖然歷屆市政府或多或少都有使力做這個工作，但這問題要徹底解決當然相當困難，特別需要台北市政府很大的決心，編列預算強力支持與投入，而且也需要民眾願意強力支持與配合，沒有民意的強大壓力，這件事可能不會再有後續的進展。

徹底維護地熱谷與北投溪周邊環境的工作，其實也是有助國計民生，創造北投觀光價值，與溫泉事業升級發展不可或缺的工作。居民與政府如都有此共識，當然可以水到渠成，最後也一定會有一個圓滿的結果才是。屆時，「北投溪」將在她所孕育發展的泉煙故里中，安逸、雅緻地靜靜奔流，而「北投石」也將再爲北投綻放出令我們驕傲的光芒，我們還需要共同繼續努力。

〈第十二章〉
北投與台語片的好萊塢

過去金馬國際影展中的兒童動畫觀摩會，多由台北金馬影展執行委員會與台北市社會局合辦。依往例，社會局會安排孤兒院童到戲院觀賞，每一次活動大約能有兩百名兒童受邀觀賞，能盡力照顧弱勢，這當然也是一個不錯的方式。

金馬影展到北投

一九九六年第三十三屆金馬國際影展要舉辦時，台北金馬影展執行委員會照例找台北市政府社會局合辦兒童動畫影片欣賞。當時台北市社會局長陳菊女士，注意到我們四月七日「戀戀溫泉」園遊會的活動相當成功，也亟思改變與金馬影展合作的傳統模式。陳局長於是建議金馬執委會找筆者討論協助企畫。

十月間，當金馬影展執委會人員與社會局初次與筆者討論這項活動時，原先預定在大安森林公園舉行，但筆者認爲應該以「金馬下鄉，走出市中心的迷思」爲訴求，來改變活動的方式。兩單位終於同意，一九九六金馬國際影展「兒童動畫戶外觀摩會」，訂於一九九六年十一月十六日晚上在北投公園舉行，並由筆者負責策畫與執行的工作，包括所有經費的籌募，完全不使用公家的經費。這是金馬

1

2

3

1. 1996-11-16 1996「金馬國際影展兒童動畫戶外觀摩會」在北投公園舉行，北投鄉親踴躍參與。
2. 1996-11-16 管碧玲主持1996「金馬國際影展兒童動畫戶外觀摩會」。
3. 1996-11-16 北投鄉親陳明章老師在新北投捷運站所舉行的「台灣電影 北投尋根──北投與台語片展」中演唱。

國際影展首度離開市中心，到都市邊緣地帶舉辦首映會，而且是與社區合作的方式來進行。這次金馬國際影展除了放眼國際外，也有結合在地社區的重要意義。精緻的文化活動終於走出「市中心文化消費迷思」。

過去很多藝文、表演活動團體總認爲，郊區，也就是都市的邊緣地帶，在文化、藝術方面的消費能力比不上市中心，當時我們認爲這是一種「市中心文化消費迷思」。這樣的結果，讓很多市區邊緣的市民，相對地失去文化消費的機會，也失去文化接觸與吸取的機會。金馬國際影展「下鄉」北投舉辦兒童動畫影展，爲文化消費方式帶來另一種可能性。當金馬執委會與台北市社會局，同意筆者提出的方案後，筆者立即與北投區的各國中、小學的校方與家長會，密集地開協調會。因爲筆者本身當時也是北投區家長會長聯誼會的成員，平常與各校及其家長會都有相當多的交流，所以這個活動也獲得各校家長會的全力支持，同意一起來，幫忙發放活動傳單，全力號召各校學童參加。

一九九六年十一月十六日當晚的活動七點半開始，但七點鐘剛過，北投公園已經開始出現人潮，許多小朋友爭著來搶好位子。當天的活動果然是全場爆滿。當時逸仙國小家長會顏麗兒會長，與逸仙國小愛心媽媽們在現場的協助與支援，讓整個會場雖熱鬧卻是井然有序。

當晚筆者邀請九歌兒童劇團演出精采的「土豆與毛豆」兒童劇作爲活動的開場，接著就播放這次金馬國際影展的兩部動畫片「豬之物語」與「蟲蟲找聰明」。該晚會由當時還在大學教書的管碧玲主持，愛豬成癖的當時台北市副市長陳師孟當晚整場席地而坐，津津有味地觀賞「豬之物語」，從頭坐到結束。

爲了製造更強的互動氣氛，活動最後則是進行有獎徵答，由副市長陳師孟主持開問與開獎。陳副市長一開頭便讓小朋友猜「北投石」，以及北投的第一家溫泉旅館「天狗庵」。結果，幾乎全部的小朋友都熱烈地舉手搶著回答。看到這樣的情形，我們不禁感到欣慰，那一年來大家努力推動的北投鄉土教育，應該算有一點成果。

在台北金馬影展執行委員會國際總監游惠貞小姐，與社會局陳菊局長支持協助下，終於讓這場活動順利完成。活動結束後，許多來觀賞的鄉親，都問明年還會不會再辦？也因此因緣，管碧玲曾在二○○二年爭取高雄市主辦第三十九屆金馬影展及頒獎活動，筆者也接續爭取金馬影展四十週年在台南市立藝術中心與知名國定古蹟「億載金城」中舉辦，這兩次活動也是金馬影展首度走出台北市，也是眾星雲集，頒獎活動民眾熱情參與非常熱鬧。

台灣電影　北投尋根

在推廣金馬國際影展在北投舉辦兒童動畫觀摩會時，有一次筆者接受佳音電台的訪問。主持人李清志教授提到，他聽說過去有許多台語老電影是在北投拍攝的。

這句話引起筆者相當大的好奇，經過多方打聽，與大學時代的老朋友，當時任職國家電影資料館的李天礢副館長，還有該館資料組的薛惠玲小姐，再加上電影研究者，台大政研所的學妹，當時任職自立晚報的黃秀如小姐（現任左岸文化出版總編輯）討論後，決定與國家電影資料館合作舉辦一次有關北投與台語片的展覽。我們將這個活動定名爲「北投與台語片資料展」，定位是「台灣電影　北投尋根」之旅。

這個展覽的誕生，一方面是配合金馬影展兒童動畫觀摩會在北投舉行，另一方面也是因此活動而發掘出來的社區歷史，可以讓社區創生的想像因爲歷史的根基而更爲寬廣，所以筆者說這也是社區與

1. 1996-11-16 「台灣電影 北投尋根──北投與台語片展」有多位老影人蒞臨：手繪海報大師陳子福、台語片紅星金玫小姐、曾仲影導演、辛奇導演、李泉溪導演、電影資料館李天礢副館長（中間站立者）。
2. 1996-11-16 「台灣電影 北投尋根──北投與台語片展」的主持人管碧玲（中）與兩位策展人薛惠玲（右）、黃秀如（左）。

1-2. 1996-11-16 「台灣電影 北投尋根──北投與台語片展」北投鄉親踴躍參與。

3. 1996-11-16 管碧玲在新北投捷運站所舉行的「台灣電影 北投尋根──北投與台語片展」現場。

我們的「自我再發現」之旅。

從這幾位台語片研究者的研究中，我們因而知道，台語片極盛時期，曾經生產過上千部的影片，但我們舉辦活動那時，找得到的老台語片只剩二百多部，而且大都因爲時間久遠，過去缺乏設備與場地可以做妥善的保存，所以大多數還倖存的影片，保存的狀況並不理想。多數影片都面臨酸化變質，亟待整理搶救、重新拷貝或更需要數位化搶救與保存。這些影片都是台灣電影文化的無價瑰寶，稱之台灣國寶也當之無愧。**我們舉辦「台灣電影　北投尋根」這個活動，也是想喚起台灣民眾珍視台語片這個文化資產，也珍視北投這地方曾經有過的美麗地景條件。**

這次的展覽活動，除了展出台語老電影、老影人劇照、電影海報與傳單外，最重要的就是「北投與台語片」資料展的部分，展示過去老台語片，經常拍片的地方與旅館，也展出「溫泉鄉的吉他」一部最能代表北投特色與意象的電影劇照。

那時我們花了好幾天的時間，在國家電影資料館裡，嗅著嚴重酸化而有撲鼻惡臭的「溫泉鄉的吉他」，一看再看，爲的就是辨識影片中的北投景點。電影資料館的幾位朋友也很辛苦地忍著惡臭，在成堆的影片膠卷上標定位置，以便沖洗展覽用的劇照，並撰寫圖片說明。

活動安排在一九九六年十一月十六日與十七日，計畫在已經驗收完成但尚未啓用的新北投捷運站內舉行。原先我們向捷運局商借地方時，捷運局以尚未正式使用婉拒商借，不過經筆者向市長室報告後，陳市長認爲這是很好的事情，也可以爲捷運通車熱身，就請相關單位，全力協助促成，所以這個活動最後終於在非常寬敞而理想的新北投捷運站內舉辦。整個活動在薛惠玲與黃秀如兩位專家全心投入下，除了北投鄉親陳明章大師外，還有國寶電影海報畫家陳子福先生，老台語片導演辛奇與明星金玫等等多位老台語片電影人的參與，參與民眾擠滿新北投捷運站的大廳，我們由發放的傳單估計，參觀活動的人數有超過四千人，整個活動順利圓滿完成非常熱鬧。

北投各社區發展協會也全力動員參與，尤其是奇岩社區發展協會、大同社區發展協會幾乎全員到齊；北投的各國中小學家長會也熱烈參與，特別是逸仙國小家長會，因學校就在新北投捷運站附近，所以就近大舉出動人力支援現場需求；北投許多單位如北投文物館等等也熱情參與，都讓這個活動眞正成爲「我們社區」的活動。

台語片的好萊塢

我們爲了讓「台灣電影 北投尋根」這個展覽，有更多的論述或講故事的內容，一九九六年十月十六日筆者邀請台語片老導演辛奇先生，一起探訪昔日「台語片的好萊塢」的各個場景。在識途老馬的辛導演帶領下，與國家電影資料館當時的李副館長，薛惠玲小姐、黃秀如小姐，我們一起踏上了追憶台語片在北投拍片的回顧舊地之旅。

我們沿北投公館路邊的山路蜿蜒直上，先探訪了「威靈頓山莊」到「軍艦岩」一帶，再沿著奇岩路，經過「中和禪寺」輾轉到「北投公園」。「威靈頓山莊」與其後山的景觀相當漂亮，是當時很多文藝片與武俠片喜歡取景的地方。事實上「中和禪寺」那時尚留有拍攝武俠功夫片時「烏龍院」的道具屋，而北投公園一帶則因溫泉旅館密佈，是當時台語片拍攝的重鎭。

據薛惠玲與黃秀如小姐研究，一九五五年，民國四十四年，第一部台語片「六才子西廂記」正式問世；翌年，由於「薛平貴與王寶釧」的大賣座，台灣影壇開始掀起一陣台語片旋風。當時民間的製片廠，除了台中的「華興電影製片廠」，和鶯歌的「玉峰製片廠」堪稱較具規模之外，大部分的影片不是租個倉庫搭內景，就是向旅館借地方，利用現成的房子拍戲。

根據辛奇導演進一步解釋說：當時向旅館借地方拍片，全台灣還有那裡比得上北投的溫泉區呢？優雅的亭台別墅可以拿來拍攝花前月下的愛情文藝片；奇險的岩石小徑可以用作高來高去的武俠動作片；還有旅館的房間、餐廳、玄關、後院，無一不可入戲，出門又就是可以拍外景的美麗北投公園；更重要的是，電影公司老闆就帶著一票演職員，浩浩蕩蕩地開進旅館裡，包吃、包住、又拍片又休閒，不但省去趕通知的舟車勞頓之苦，又可以藉生活一起培養默契，無怪乎北投溫泉區廣受台語片界的喜愛。白天要拍外景，只要走出旅館，到處都是外景；晚上則回到旅館接著拍內景。一天的工作結束了，也不必趕回家，就到隔壁的房間倒頭睡覺。說到吃的問題，三餐大多在旅館解決，即使是出外景，也是由旅館準備了大鍋飯菜，扛到外景地去。就這樣，一組人日以繼夜地不停工作，大概花上十五至二十天便可拍竣。辛導演回憶說，在台語片的黃金時期，北投的旅館區到處都有人在拍戲，最誇張的時候，甚至一家旅館內就同時有三組人在拍戲。

曾經在民國五十四年到六十年間擔任聯合報影劇記者的戴獨行先生即回憶道：「北投是台語片的好萊塢，那兒的大大小小無數溫泉旅社，成了台語片的『天然』攝影棚。要採訪台語片只要抽空跑一次北投就夠了，到各旅社蹓躂一遍，那些公司在拍那些片，到了那些台語明星，就全部一目瞭然了。」由於戴獨行先生的這篇報導的說法，得到當時台語片界的普遍認同，因此台語片界大家就暱稱北投為「台語片的好萊塢」。

台語片時代的天王女巨星金玫小姐，在我們舉辦的「北投與台語片資料展」時，就曾追憶說：「在那時候，一個月當中，總有一半以上的時間，是睡在北投。」

然而台語片在經過民國四十年代和五十年代兩次的黃金時期，緊接著進入民國六十年代後，由於

1. 北投中和禪寺前奇岩路入口的巨岩，曾是武俠片拍片的熱門景點，也是拍婚紗的勝地。
2. 陽明、奇峰與陳雲卿在「雙面情人」中的一場衝突戲，在北投迎賓閣旅社。（國家電影資料館）
3. 周遊、田明與月春鶯的「假鴛鴦」──北投迎賓閣旅社。（國家電影資料館）
4. 北投是台語片的好萊塢──北投迎賓閣旅社。

政策打壓台語，再加上電視台開播，電視機逐漸普及走入家庭，華語節目與華語片也強勢抬頭，再加上台語片本身並沒有因時代的進步而改變其製作方式，終於越走路越窄，以致完全從台灣影壇消失。聽我們當時訪問或參加我們活動的老台語片電影人說，那時台語片失去市場，台語片拍片者或倒閉，或無力付款，以致無法贖回或拿回在香港沖洗的影片，以致被當成垃圾直接丟棄在維多利亞港中。在台灣也有很多影片被成衣業者收購，拿去剪裁當撐起舊式襯衫領的內裡墊片，或軍警學生大盤帽的頭圍內襯，台語片界實狀極悽慘。這種情形持續直到一九八〇年代台灣新電影興起，台灣戒嚴解除，社會逐漸開放，才又有改編自文學作品，或關懷社會與大眾現實生活，而受到注意的寫實台語片出現。而老台語片在北投的拍片現場，今天已經大都歷經滄桑，面目早已全非了。

昔日北投拍片的場景

當時我們依照薛惠玲小姐提供之基本資料，將辛奇與李泉溪兩位導演所導之片，在北投拍片場地調查的結果整理如下，以供憑弔：

北投拍片旅館	年代	片名	導演	旅館現狀	其他外景
玉川園	一九六五	三元相思曲	李泉溪	泉源路上改建民宅大樓	
玉川園	一九六六	暗殺命令	李泉溪		
玉川園	一九六七	三八新娘憨女婿	辛奇		

玉川園	一九六九	阿西返外家	辛奇		
玉川園	一九六九	阿西父子	辛奇		
玉川園	一九六九	新烘爐新茶古	辛奇		
玉川園	一九六九	金瓜寮老師父	辛奇		
牡丹莊	一九六四	祝你幸福	李泉溪	溫泉路上尚在經營	
牡丹莊	一九六五	哀愁風雨橋	李泉溪		外雙溪
牡丹莊	一九六六	喜歡做新娘	李泉溪		
牡丹莊	一九六六	內山姑娘要出嫁	李泉溪		
牡丹莊	一九六七	玉面狐狸	辛奇		
牡丹莊	一九六八	伴子尋郎君	李泉溪		高雄
迎賓閣	一九五七	妙英飄零記	辛奇	地熱谷上方三二行館	
迎賓閣	一九六三	湯島白梅記	辛奇		
迎賓閣	一九六五	地獄新娘	辛奇		陽明山、台中
迎賓閣	一九六五	難忘的火車站	辛奇		
迎賓閣	一九六五	雙面情人	辛奇		玉峰
迎賓閣	一九六五	遊俠四金剛	李泉溪		

迎賓閣	一九六五	遊俠四金剛（續）	李泉溪		
迎賓閣	一九六五	遊俠四金剛（完）	李泉溪		
迎賓閣	一九六六	夢中的媽媽	辛奇		台大
迎賓閣	一九六六	悲情關子嶺	辛奇		谷關
迎賓閣	一九六六	冰點	辛奇		華語片
迎賓閣	一九六九	阿西做大舅	辛奇		
迎賓閣	一九六九	燒肉粽	辛奇		
迎賓閣	一九六九	滿面春風	李泉溪		
泉源莊	一九六五	豔賊黑蜘蛛	李泉溪	泉源路上改建大樓	
泉源莊	一九六五	豔賊蜘蛛子	李泉溪		
泉源莊	一九六六	七海小遊俠	李泉溪		
美華閣	一九六六	難忘的愛人	李泉溪	原址荒廢	
華泉	一九六五	女通緝犯	辛奇	北投公園邊頂好超市大樓	
華泉	一九六六	故鄉聯絡船	辛奇		澎湖、恆春
華泉	一九六七	酒女夢	辛奇		
華泉	一九六八	勿欠賬	辛奇		

華泉	一九六九	無法度	辛奇		
華泉	一九六九	處女心	辛奇		
華泉	一九六九	丈夫要出嫁	辛奇		
華泉	一九六九	暗光鳥	辛奇		
華泉	一九六九	浪子心	辛奇		
華泉	一九六九	劉茶古遊台灣	辛奇		
新薈芳	一九六四	恩愛三百六十五日	辛奇	北投公園邊改建大樓	
新薈芳	一九六四	爲著五角銀	辛奇		
新薈芳	一九六九	鑼聲若響	辛奇		宜蘭
碧瑤	一九六四	八十八號情報員	李泉溪	溫泉路上改爲養老院	（華語片）
碧瑤	一九六五	破棉被	辛奇		
碧瑤	一九六六	後街人生	辛奇		萬華
碧瑤	一九六六	死光錶	辛奇		
碧瑤	一九六六	迷魂鎗	李泉溪		
碧瑤	一九六七	獨眼貓	李泉溪		

溫泉鄉的吉他

「彈著這支心愛的吉他，流浪到這裡，太陽已經沈下山，只有我在嘆氣，啊……」，「溫泉鄉的吉他」這首台語老歌，一般大眾耳熟能詳，但是多數人卻不知道另有一部叫作「溫泉鄉的吉他」的台語老片，更不知道這部片子已經瀕臨毀壞邊緣。這部「溫泉鄉的吉他」是一九六六年由周信一導演，黃秋田與陳雲卿等主演，黑松影業公司出品的影片。主要場景是在北投泉源路上的玉川園旅社拍攝的，該旅社雖然已經拆除改建爲住宅大樓，但影片中美麗的北投山谷、地熱谷、北投溪溫泉瀑布、亭台、小橋，及北投公園的各地景貫穿全片，也實在是像一部北投地景的紀錄片。

只是當時該部影片是以底片（負片）的方式保存在國家電影資料館中，已經酸化頻臨崩壞邊緣，必須清洗、整理並沖印成正片的拷貝，才能用來放映。其實不只如此，已找到的台語老片，都一樣亟待清洗、整理，重新拷貝，並同時將之數位化起來保存，以便將台灣僅存的上百多部台語老片，以珍貴的電影文化資產保存起來。

在籌備「北投與台語片展」時，筆者才知道有這一部塵封已久，已經嚴重酸化，而且瀕臨毀壞的老台語片。所以那時筆者就答應電影資料館去募款搶救處理這部影片。在許多鄉親的支持下，募款相當順利，尤其是在歷史上曾經提供電影工業大量產品的柯達公司，當時在北投還有一個大工廠，他們知道了筆者這個計畫後，就非常認同而給予大力支持。我們募到電影資料館估計的款項後，就全數直接轉交給電影資料館處理，經過一些時間，這部塵封已久的電影終於在一九九七年三月二十六日下午，在電影資料館舉行了「溫泉鄉的吉他」重新拷貝試映會。並將該片的重新拷貝，舉辦一個簡單的捐贈儀式，由筆者代表捐款單位無償捐贈給國家電影資料館。

一部屬於30年前北投風情的電影
一部令人懷念的台語老片

溫泉鄉的吉他

重見天日首映會

時間：3月29日（星期六）
下午七時三十分
地點：北投公園溜冰場
〈下雨改在北投逸仙國小活動中心〉

僅以重新拷貝「溫泉鄉的吉他」
慶祝329淡水線捷運通車
並以此片呼籲
大家來搶救屬於國寶級的台語老片

戀戀溫泉鄉 329慶祝捷運通車系列活動
召集人 許陽明 敬上

彈這支心愛的吉他，流浪到這裡，
太陽已經沈下山，只有我在嘆氣，啊——

「溫泉鄉的吉他」這首台語老歌，一般大眾可說是「耳熟能詳」，但是多數人卻不知另有一部叫「溫泉鄉的吉他」的老台語片，更不知這部片子已經「奄奄一息」在毀壞的邊緣。去年十一月時我們主辦了一場「北投與台語片」，介紹台語片的「好萊塢」---北投時，才在國家電影資料館，看到這部塵封已久，已經酸化導致惡臭撲鼻，在一九六六年出品但未經整理的負片。雖然如此，現已多被破壞的北投美好景致，在這部三十年前的舊片中，卻是歷歷在目，不禁讓我們懷念不已。

台語片最盛時差不多生產了上千部的片子，如今找得到的，只有二百多部，而且亟待整理搶救。這些電影都是台灣電影文化上的無價瑰寶，也是台灣的國寶，維護保存這些影片，是整個社會的責任，尤其國家更要負起保存這些資產的基本責任。

「溫泉鄉的吉他」是反映那個時代的一部北投記錄，有深層土地意識的認同感在內。所以那時我們就發願要負起這部片子整修拷貝的任務，受到大家支持，這部片子即將於三月二十九日晚上，在她的誕生地----美麗的北投公園中，舉行重見天日的首映會，一方面是要慶祝捷運的通車，另一方面也要藉此呼喚社區意識，表達重建北投溫泉鄉的重要性，當然最重要的也是希望藉此呼籲，大家共同來搶救珍貴的台灣電影文化資產，歡迎蒞臨指導！

溫泉鄉的吉他
1966

出品　黑松影業公司
監製　周金火
製片　陳進成
導演　周信一
編劇　鈺　仁
攝影　李嵩川
音樂　曾仲影

演員
黃秋田　陳雲卿
小　林　李　鳳
吳非宋　武拉運
幕後代唱　鄭秀美

劇情介紹

浪子回頭的秋田，在溫泉鄉走唱維生。某日適流氓向玉川園老闆娘索債，挺身而出打跑流氓後，留下主持音樂廳，原本一落千丈的生意日有起色，秋田也贏得老闆女兒的芳心。

秋田名聲傳出，昔日朋友又上門來糾纏。為免累及飯店，只得暫時離開。怎知玉川園的老債主又來逼債，老闆娘只好放棄飯店，轉讓他人。

秋田得知消息，亟欲尋找老闆娘母女的下落。老闆娘女兒因生活所迫墮入風塵，兩人重逢悲喜交集。秋田為解救老闆娘一家的困境，懇求富家女投資玉川園，向債主要回飯店。在一個晴朗的日子裡，大家相聚玉川園慶祝獲得重生。秋田自覺責任已了，背著吉他向眾人告別，重新踏上走唱的旅程。

（玉川園飯店今已拆除，改建為今日北投泉源路玉川溫泉大廈）

大家來搶救台語老片！

如果您知道老電影、本事、畫報、資深影人、劇照、明星照、美術設計圖稿、劇本----等等，請與我們聯絡。

國家電影資料館
台北市青島東路七號四樓
電話：02-3924243-4
傳真：02-3926359

許陽明
台北市北投區中和街239號2樓
電話：02-8917982　02-8914737
傳真：02-8914494

1

2

3

1. 1997-3-29 「溫泉鄉的吉他」重見天日首映會傳單。
2. 溫泉鄉的吉他劇照——主角黃秋田在北投的小橋上彈吉他。（國家電影資料館）
3. 溫泉鄉的吉他劇照——主角黃秋田在北投溫泉谷地彈吉他。（國家電影資料館）

當天電影資料館薛惠玲小姐也邀請了該片的男主角黃秋田先生、幕後代唱鄭秀美女士到場，也邀請了國寶級海報畫家陳子福老先生及夫人蒞臨觀賞。

除了黃秋田，當年幾位參與本片的工作人員，事實上都從未看過該片。因爲拍攝與錄音都是分開的，每次片子完工，他們也要在錄音室趕工錄製歌曲，常常是一片接一片地唱，根本沒有習慣跑去戲院坐下來看電影，那時也不像今天的電影已經電子數位化並「串流」了，可以很方便地使用電訊影音數位設備及平台看到成品。當年畫電影海報也是不必看片子的，祇要有一些劇照就可以畫了。

「搶救老台語片聯盟」

事隔三十年後，幾位參與該影片的工作人員，在觀賞影片時忍不住流下眼淚，深深地感懷當年拍片時物力的困乏與拍片的辛勞。

一九九七年三月二十九日晚上，在這部電影當年的誕生地——美麗的北投公園，我們爲「溫泉鄉的吉他」舉辦重見天日後的首映典禮。電影放映過程中，歷歷如繪的北投溫泉鄉景象，深深勾動了北投鄉親的鄉土情懷。會後還有許多鄉親不斷地關懷劇中人物與景物的現況。最感欣慰的是我們在首映會中宣布要籌組「搶救老台語片聯盟」，結果首映會舉行後兩天，行政院秘書長趙守博在立法院接受原本是作家出身的王拓委員質詢時，就宣布行政院將動支第二預備金四千六百萬元，並考慮每年編列兩千萬元維護費，保存電影資料館中亟待搶救的兩百多部台語老片。

不久後我們搶救重新拷貝的「溫泉鄉的吉他」也在電視的電影頻道中播出。也因爲我們看到這部影片，發現片中主角黃秋田坐在北投溪的一座水泥橋上彈吉他的那座橋還存在！我們也立刻請市政府

1. 1997-3-29 「溫泉鄉的吉他」在北投公園舉行重見天日首映會。

2. 1997-3-26 筆者捐贈國家電影資料館修復之台語老片──「溫泉鄉的吉他」。

3. 2000-12-5 筆者參加國家電影資料館向捐助個人與單位致謝的茶會。

將那座本來計畫拆除的橋，保留下來並立牌說明。這座橋就是現在一些旅遊說明所指的「溫泉鄉的吉他橋」。

儘管台語片的好萊塢已成歷史，我們現在只能在一些老台語片中追憶那段歷史。但是搶救台語片意外獲得初步的回響，「溫泉鄉的吉他」不但是影片的名稱、歌曲的名稱，也相當程度成爲北投的象徵，祇要唱起「溫泉鄉的吉他」，就讓人會想到北投。

日後管碧玲擔任高雄市新聞處長時，也催生了高雄市電影圖書館，並在二〇〇二年十一月三日於高雄市鹽埕區愛河畔開館，開館後也大受電影愛好者歡迎。除此之外也創辦了「高雄影展」與「南方影展」，爲台灣的電影文化與資產的推廣保存，盡了我們的一點心力。管碧玲擔任立委後，也曾經在二〇〇六年八月去韓國考察韓國的數位影音產業，也對台灣的電影、影音文化產業、數位串流，及其平台持續關注，眞是感謝「台語片的好萊塢」給我們的啓發。

〈第十三章〉北投溫泉博物館與溫泉親水公園

北投溫泉鄉重建的營造工程，那時在媒體上呈現的，多是一些與北投歷史相關聯的一些活動，更重要的是那些活動，受到社區居民相當踴躍地參與，但那種情形，很多人以爲是理所當然的事情。

「凱薩」與「繆思」之間的思辨與交手

其實北投那幾年中重建所做的事，決不是學童簽簽名，一下子博物館、溫泉親水公園、溫泉系列古蹟就從天上掉下來了，好像童話故事內容一樣簡單容易，但其實根本就沒有學童簽名送到市政府與送給市長那回事。公共浴場古蹟陳請，當時會成功壓過纜車站的計畫，主要都是靠用計畫與市府相關首長與人員多次的討論、說明與現場解說的結果。而系列溫泉古蹟的陳請，更是經我們對北投進行地毯式的調查後，逐一測量、歷史探索、建築研究後，書寫陳請書溝通而獲得眾多審查委員深深認同而爭取來的。

或有人違誤地把北投重建事情，形容成是大家抱著姑且一試的心情，去參加台北市政府的環境改造計畫徵選競賽，結果竟然意外地獲得獎項的肯定。於是不瞭解或無法理解整個努力過程的人，就把這些做出來的事情，全部簡化歸納成是政治關係的成功運作。

如果說北投那時重建會成功，只是政治關係的成功運作，其實就如同說只要政治不介入一切就不會失敗，或是說只要政治不介入一切就會成功，都是一樣的天眞。公共事務政治無所不在，也沒法不面對。所以那些說法都離事實相當遠，不但太簡化了公共政策與公共事務整個過程的複雜，與各種不同主張或利益的角力，也忽視了各界眾多參與者的努力。如果「凱撒」是指「公權力」，而「繆思」是指「創意發想與公共討論」，則文化政策與文化建設，很多時候，總是「凱薩」與「繆思」之間的思辨與交手的結果。你我皆可以成爲「凱撒」，也可以成爲「繆思」，兩者並不完全是對立的，或一定會交惡衝突的。但「凱薩」的公權力之舞使，如何與「繆思」攜手相處並進，則永遠是一項課題。

當年積極推動拆除北投公共浴場以興建北投纜車站的陳議員，就曾向市府首長嗆聲說，筆者與他同是北投選出的民意代表，市長卻只偏聽筆者的意見。事實上，陳議員的父親曾在筆者的舅舅許坤山先生所創辦，在北投生產王冠牌磁磚的建興窯業做過業務人員。筆者的小舅許坤山先生，日本時代台中工業學校第一屆建築科畢業，民國四十二年九月十一日，二十九歲時在大屯山下的北投中和街，創辦了建興窯業，是戰後台灣第一家自主建立，而非接收日本產業的本土瓷磚工廠，其生產的「王冠牌」磁磚也是戰後本土磁磚的第一個品牌。曾自創生產流程，開創半自動化生產程序。以前金門回程的輪船用「金門土」當壓艙物，當「北投土」無法再開採時，許坤山先生也是第一個發現，便宜的金門土，可以轉作爲北投磁磚業使用的瓷土，這樣可大幅減低成本，因此曾帶動本土磁磚業與日本磁磚對抗的黃金時代。因此一九九四年台灣省政府教育廳編印，介紹職業教育的傑出畢業生中，介紹許坤山先生爲「台灣磁磚工業的功臣」、「台灣磁磚界的太祖」。

只不過在民國六十年前後之時，北投的窯業工廠燒煤炭升窯，致產生嚴重空氣汙染，市政府新政策禁止燒煤，因此北投眾多的陶瓷工廠，紛紛決定遷移到可以燒瓦斯的鶯歌與竹南等地，當時王冠工廠也決定要從北投遷移到鶯歌。筆者的母親罹病過世前，民國五十年代上半期，一直是貼拚王冠磁磚的女工。而民國六十年開始，工廠要遷到鶯歌當時，該議員的父親，也是筆者家姊們在王冠牌磁磚的同事，做銷售業務的「田明仔」適時看好正在起飛的「起厝業」的遠景，因而辭職離開王冠轉往建築業發展。筆者親友多人與他父親曾是熟識的同事，所以筆者與該議員的出身，最初應該也沒有什麼大的差異。

只是我們對北投的想像與主張卻是完全相反。該議員除了一直主張拆除北投公共浴場，來做爲纜車站之外，其對待其他文化資產的態度也是大同小異。當年我們陳請北投穀倉爲市定古蹟之時，台北市文化局通知我們「北投穀倉」，訂於二〇〇〇年，民國八十九年六月十九日舉行古蹟審查公聽會，要我們陳請單位到場說明。但是前一天的大白天，北投穀倉遭怪手開拆。那時我們赫然發現，阻擋義工去阻止怪手繼續破壞，強勢站在破壞現場的怪手旁，擔任開拆破壞者的保鑣，也正是那位議員。北投陳濟棠墓園被怪手整個破壞也幾乎是同一行徑。

「有青，才敢大聲」

所以筆者想當時市府對北投的政策，也是認同了我們對歷史文化的立場，及我們用文化與歷史來改善及改造環境，與所採取的愼密周全之主張，更是認同我們工作室實現主張所採取的認眞、務實的態度與方法。所以那是一種對願景主張的選擇，而不是偏聽。當時筆者就常常對外說，好的計劃人人愛，我們對北投重建的計畫，就是這樣受主政者與很多居民的認同與喜愛，所以市政府就樂觀其成，並全力實現引爲自己的建設與政績。

事實上那些年我們辦公室向外界發表的每一個主張，或向市府提出的案子，都不是市府的計畫案，反而都是我們對都市發展與環境改善的自有主張。當年筆者開始進行北投文化資產的調查陳請古蹟時，那時一起在社區參與的同志，很多認爲那是吃力不討好，顧人怨的事情。那不是參加嘉年華會，所以最後就只有黃桂冠老師等幾位老師及幾位研究生，我們一起踽踽獨行。

「有青，才敢大聲」但我們絕非「青仔欉」。我們這些想法與主張提出前，一定有社區人士或專家的參與，並且大部分都跟市政府的主事單位盡力做充分的溝通，有時甚至是「對抗式的溝通」後，才送出完整的計畫案。更重要的是，我們所有的研究案或提案，沒有一案是政府既定的計畫案，也沒有任何一案申請政府經費補助才去做計劃。我們並不是那種以社團或法人名義，卻專包政府施政計畫案的「文化包商」或「政務包商」。甚至我們推動北投溫泉親水公園，還是市府「見獵心喜」主動納入社區改造計畫，希望能成爲其他提案的示範計畫。

所有我們提出的案子，都是從社會或都市與環境改造的運動立場出發，我們只要說了就一定動手去做或力行去實踐，所以那幾年我們所陳請的重大案子，幾乎沒有失敗的，包括一九九九年與市政府拆除計畫對抗，參與搶救成功指定爲古蹟的「蔡瑞月舞蹈研究社」，而且古蹟審查通過當晚立刻於半夜遭到不明人士放火燒毀，我們也立刻展開訴求台北市政府必須完成古蹟公告且必須修復；也「再發現」而強力指定民宅與之共構的熱蘭遮城幾處殘蹟爲國定古蹟。還有搶救更大的華山文創園區，也就是搶救原台北第一酒廠使之成爲藝文與文創的空間；之後還有搶救台南市成功大學力行校區廣大完整的「前日軍台南衛戍病院」。筆者認爲應保存該建築的想法，與成功大學拆除改建爲醫學大樓的計畫完全相反，因而與成功大學的長官起了很大的衝突，筆者雖沒有干涉成大建醫學大樓的計畫，但筆者認爲成大要改建醫學大樓還有其他的土地可以利用，而「前日軍台南衛戍病院」是獨一無二的文化資產，破壞了便永遠失去了。所以儘管那些過程都經過了一些衝突，但最後我們還是將之完成指定爲古蹟，而且指定爲古蹟後，事實上也並沒有妨害到醫學大樓的發展計劃。

甚至更後來，阻止更龐大的文化資產鐵路局「台北機廠」被解剖分割。我們雖與鐵道界同好團體的朋友一同，也出版了詳細的說明爭取保存。但因鐵路局以負債纍纍，需土地開發來抵償負債做爲理由，且當時鐵路局恃當時之法有明文規定，國定古蹟的審議必須由所有權者或主管機關提出，所以當年的鐵路局仗此法律規定而有恃無恐，即使有管碧玲委員在立法院交通委員會提案無異議通過，要求鐵路局向文化部提出國定古蹟之審議，鐵路局也自認爲立法院委員會決議並沒有強制力，而拒絕讓台北機廠端上文化部的文資審查會議。

那時我們在立法院是少數，但管碧玲委員也運用對國會生態的了解，在朝野黨團國家總預算協商時提出，要求鐵路局遵守委員會的決議並列入協商決議文中，在協商中迫使執政黨不得不接受委員會的決議，讓該案變成有史以來唯一以國會三讀決議通過，具有法律強制效力的要求文資送審案，而成功將台北機廠轉爲以「國定古蹟」全區保存，並規畫作爲鐵道博物館。

重大的文化保存案，總是周旋在意識形態、政治與經濟的糾葛及利害之間，在許多重大的案例中，雖然我們面對許多強大的阻礙、對抗與波折，但站在當時政府政策對立面，面對強大勢力的我們，從來就不怕奮鬥，從華山園區到台北機廠的保存，最後都還是成功。我們在台北市都市計畫委員會中發言爲台北機廠奮戰時，都市計畫界的泰山北斗辛晚教教授，更是以台北市都市計畫委員的身分，在委員會中發言指出：「管碧玲委員與許先生的發言，完全沒有個人的利益。」這些案例都是我們從台灣歷史出發，靠完整的計畫，與深思熟慮的正確策略與方法去說服或導正，成功完全沒有僥倖。

催生溫泉親水公園

筆者曾經在一九九六年二月十九日出刊的「北投社」第一期雜誌上，發表了一篇「爲北投溫泉親水公園催生」的文章。基於對環境的了解，筆者將北投溫泉溪幾個有特色的景點，歸納串連成一個整體概念，並規劃成六大區域：一、地熱谷：溫泉與火山自然教室。二、珍稀礦石「北投石」的溫床：溫泉河川保育區。三、「溪之瀧」親水區。四、兒童溫泉親水區。五、溫泉公共浴場與溫泉博物館。六、遊憩區及中山路的防空壕溝。至於還保存著日本時代之完整而珍稀罕見的防空壕溝區，稍後我們辦公室建議再利用做爲「兒童迷宮區」。由於構想完整周全，後來台北市政府所定案的「北投溫泉親水公園」計畫案，差不多都是採納這些構想爲基本架構。

北投溪青磺溫泉流經美麗的北投公園，在公園境內有五個「湯の瀧」，也就是有五個露天溫泉瀑布「瀧」（TAKI），民眾在日本時代還可以在「瀧」下沖泡溫泉，那是日本時代北投溫泉最具特色的景觀，那些溫泉瀑布也是日本時代，遊客在北投最有紀念性的拍照熱點（詳見第二一二頁二一三頁圖）。但在我們啓動北投溫泉鄉重建之時，北投溪早在垃圾、土石崩塌，旅館與家庭廢水的肆虐之下，再加上擴建道路的侵奪，這些最具特色的溫泉景觀「瀧」已被破壞不堪。除了溪流變得狹窄，河道上下的落差也已不大，所以「瀧」景觀早已不復往日變得不明顯了，也可以說北投溪早已是奄奄一息了。

北投溪是孕育北投溫泉文化的母體

北投溪其實是孕育北投溫泉文化與事業的母體，這條深具特色，可以展現親水性質的溫泉河川之死亡，實在是北投環境破壞的警訊，也是北投地理、文化資源上的一大損失。

泡浸溫泉，是一種有文化內涵的活動，但舊日北投的溫泉休憩活動中，相當偏重曖昧的感官消費面，並沒有用心去提倡溫泉文化。我們深知，如果有一個可以展現與導向有內涵的溫泉文化之地，將有助於扭轉情色產業爲溫泉區所帶來的偏見。這樣才能讓社區的居民感到驕傲與尊嚴。

「北投溫泉親水公園」就是在這樣想法下規劃出來的。我們覺得政府有必要建設這一個全台獨一無二的溫泉親水公園，我們決定全力爲此公園催生！我們認爲如果我們立刻展開整治行動，不但可以拯救北投溪，還可以更進一步塑造一個溫泉文化與環境保育的指標。

具有五個溫泉瀑布「瀧」的北投溪，火山遺跡的地形與結構依舊在。不過，沿岸大部分土坡都或多或少有自然的崩塌，或人爲建設的侵奪使河床變得狹窄，而且整條溪嚴重淤積土石與垃圾。熱海大飯店那段更被覆蓋鋼筋水泥結構的違建大停車場，溪中還堆積著旅館廢棄的床墊與雜物。

早年興建市立圖書館北投分館時，在溪邊建擋土牆，而擋土牆地基的粗糙表面，將火山運動遺留的河床覆蓋，人爲施工水泥物成爲該段溪流的一部分。另一嚴重破壞生態景觀的是廢水排水管，北投溪沿岸到處都外露著錯綜複雜，參差不齊的旅館、家庭的廢汙水管線密佈，並隨意排放污廢水到北投溪中。此外，地熱谷出口之後，以水泥架設在溪流上的攤販區更是嚴重的污染源。

這些陳年問題若不改善，北投溪只會加速死亡。幸好那時台北市政府認同我們的想法，很快地依據我們的主張進行規畫與編列預算的工作。

一九九八年三月一日「北投公共浴場」修復工程開工，以極精確的施工進度，在極短的時間裡就啓動了北投溫泉博物館的建設。社區居民也因此感受到市府的認眞，因而也樂於積極參與，僅僅以八個月的時間，就將已成廢墟多年的北投公共浴場，硬體與軟體同時完成，將北投公共浴場修復，十月三十一日就在眾多鄉親歡欣鼓舞的熱烈氣氛中，以「北投溫泉博物館」之新生命準時開館，為北投溫泉鄉的重建，開啓了一座嶄新的里程碑。

一九九八年六月「北投溫泉親水公園」也正式開工，共分為六期工程計畫，拆除熱海飯店前北投溪上的停車場，修建沿溪木頭棧步道、北投石學習步道；中山路六號「梅庭」旁早已積累層層垃圾的坡地，開挖清除變成依坡度而設的露天公共溫泉浴場（即後來稱為千禧湯的露天浴場）；公共浴場旁的違章建築，也拆除變成「北投溫泉博物館」的露天小劇場等等，這些工程也都在一年內順利完工。關係到北投溪整治之衛生下水道污廢水截管工程也陸續啓動。而「北投溫泉博物館」修復工程的開工與上樑典禮，我們也都辦了有意義的創新活動，為社區參與民眾留下豐富的共同回憶，也為北投許了一個全新的願景。

溫泉博物館開工

「北投溫泉博物館」第一期的拆除檢視工程只有一個月的時限，廠商為了不使工期延宕，在二月十一日舉行簡單的開工典禮後就先行動工。不過「北投溫泉博物館」的開工典禮，是那兩年來北投鄉親推動北投溫泉鄉重建工作的大事，所以參與我們推動博物館活動的鄉親，經幾次的開會，大家決定以展現筆者所揭櫫的，以「親手打造自己社區博物館」的精神來舉辦這次開工典禮。

大家決定以小朋友的活動為主軸做各種表演，社區人士捐贈北投文物給「北投溫泉博物館」，由阿扁市長代表接受。一九九八年三月一日一早，社區民眾、市府工作人員已完成各項準備工作。開

1. 1996-4-7 「戀戀溫泉活動-為北投溫泉親水公園催生」。
2. 1999年 原本是垃圾推積層的坡地，經筆者建議，重新建構成北投溫泉親水公園的露天浴場。
3. 1998-8-5 北投公共浴場修復工程舉行上樑儀式，儀式主角為北投國小黃桂冠與呂鴻文老師與其學生們。
4. 1998年 修復中的北投公共浴場，筆者與木工領班師傅馬日良先生。

工典禮由管碧玲司儀，上午十時阿扁市長到達會場，在「北投公共浴場」這棟佈滿鷹架的美麗建築之前，以鏟砂儀式宣示「北投溫泉博物館」的開工。

一次特別的上樑儀式

上樑儀式是建造工程的一件大事，早在修復工程動工之際，我們就構思要舉辦一次隆重而有意義的儀式。營造廠挑了八月五日上午八時，作爲上樑大喜的良辰吉時。

日本的建築，會舉行上樑儀式，稱爲「上棟式」，相當於台灣傳統的上樑禮或就樑禮，是房屋建造到屋頂時，所舉行的隆重儀式。「上棟式」舉行時會留下紀念物，這種紀念物習慣以日本名稱稱呼爲「棟札」，一般而言是用一塊檜木書寫與修建工程相關事宜的木牌，內容可能包含參與人員、監造官員、工程技術人員、承包廠商名單與起造時間，或恭請的神祉，或書寫特別祈求的事項。有的棟札很簡單，而有的棟札的內容卻是豐富且相當華麗。

筆者在調查北投古蹟時，發現上樑紀念物是瞭解其建築年代的最佳證物，北投的日式建築整修時，幾乎都有發現棟札，例如吟松閣屋頂就存有記載日期，一根似是「落篙」的方形長木棒，作爲上樑紀念物。另外舊稱「鐵眞院」的北投普濟寺，樑上更有一副詳細紀錄昭和九年整建鐵眞院的「棟札」，與搭配棟札的「幣串」；北投文物館發現的棟札，棟札上所呼請的神祉更高達三十九尊；台灣銀行舊宿舍或等等，除了歷盡滄桑，曾經發現多處屋架有燒得焦黑痕跡，不知過往有多少次火災與整修的北投公共浴場外，在整修時都有在屋頂發現此類文物。

我們與營造廠商量後，決定依古法舉行上樑儀式，由木工領班師父馬日良先生親自以上好檜木，製作三支上樑紀念木板，也用以祈求施工順利平安。阿扁市長、民政局李逸洋局長代表業主與主管單位，各在一支上樑紀念物上簽名。本來筆者拿紀念木板去給市長簽名時，阿扁市長說他不在市府工程上署名掛牌，但是筆者跟市長說，這是祈福紀念用的，是放置在屋頂的內部，不是宣傳用的，外面完全看不到。阿扁市長經筆者說明後，才欣然在木板上簽名。

第三支上梁紀念木板則由社區的代表集體簽名紀念，分別由呂鴻文、黃桂冠老師，與那時在北投國中要升三年級的蔡柏堅同學，代表重新發現此建築而要求保存的師生們；另外則由筆者代表提出陳請單位，並邀請協會的洪德仁先生共同簽名。當年北投國小資源班發現這建築時，蔡柏堅同學是國小六年級生，當時的他就曾大聲說要抗議拆除這棟建築的計畫。

此次「北投溫泉博物館」的上樑紀念物，也就是一般稱呼的棟札，是依照文公尺，亦稱爲魯班尺、門公尺或門光尺等，即是長一尺四寸分八、寬一寸分二八的規格製作。

祭拜禮完成後，當天的重頭儀式上樑典禮就上場了。首先由李逸洋局長將一支紀念物以紅緞帶綁在中央主樑的北側，再由蔡柏堅同學在中央主樑南側，同樣以紅緞帶繫上一支紀念物，最後則由李逸洋代表陳市長在中央主樑的正中央繫上紀念物。完成上樑紀念物的繫綁祈福後，由木工領班師父馬日良先生在主樑上，親自操繩指揮工作同仁緩緩地，將「北投溫泉博物館」的中央主樑吊上，調整固定在屋架上，象徵工程已順利進行。這時熱鬧的鞭炮聲也響起。市府與社區民眾一起上樑，是代表這棟建築是大家的。這應該是公共工程中，最有創意的上樑儀式，而蔡柏堅同學應該也是年紀最小的公共工程上樑儀式的主角。

松山城樹下的俳句徵文

「北投公共浴場」成了古蹟，只完成了保存的工作，接著我們要思考的是如何讓它再生，再度成爲社區文化生活的中心。

筆者在那期間數度利用出國機會，去觀摩一些與社區歷史關係密切的博物館。例如去參觀日本四國松山市的「道後溫泉本館」，及松山市幾樣重要的文化資產，筆者看到幾個有創意的措施，可說相當有感觸。

日本明治維新前，盤據俳句文壇的多是一些世代相傳的所謂「宗匠」，他們以寫俳句爲職業，內容徒具形式無病呻吟。正岡子規提倡革新運動，鼓吹寫實方法創作俳句，使日本俳句文壇大眾化，而出現欣欣向榮的新氣象。四國的松山市以溫泉、文學與旅遊之都宣傳聞名。四國是正岡子規的故鄉，那裡有一個紀念正岡子規的「松山市立子規紀念博物館」，不過以紀念館來紀念俳句詩人並不是非常特別。

爲了彰顯松山市是文學之都，最奇特的倒是他們在街上、樹下、松山城邊豎立小木箱，像收信箱一樣，但木箱裡面掛著書寫俳句的徵稿卡片，供民眾隨時靈感一來，很方便地就能取得書寫的卡片，民眾或許就可寫下只有刹那間才能掌握的千古名句，且立刻可以投入街頭的文學郵箱，投稿非常方便。這是長年不輟的徵稿活動。他們以這種方式向人介紹這裡是「日本的俳句之都」，並以之塑造城市風貌吸引觀光客，可說是相當有特色。

這些由松山市政府觀光局主辦常設的俳句徵稿郵局信箱，是爲紀念出身松山市的正岡子規（一八六七～一九〇二）、柳原極堂（一八六七～一九五七），與曾在松山市任教的夏目漱石（一八六七

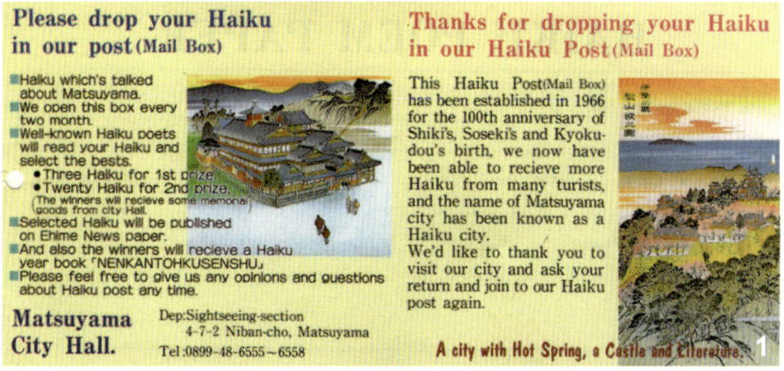

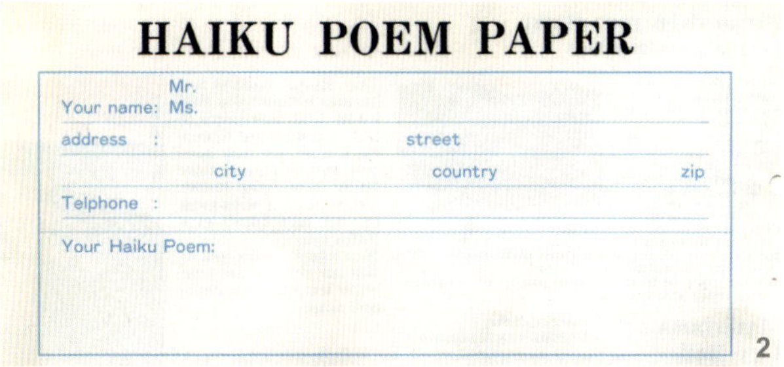

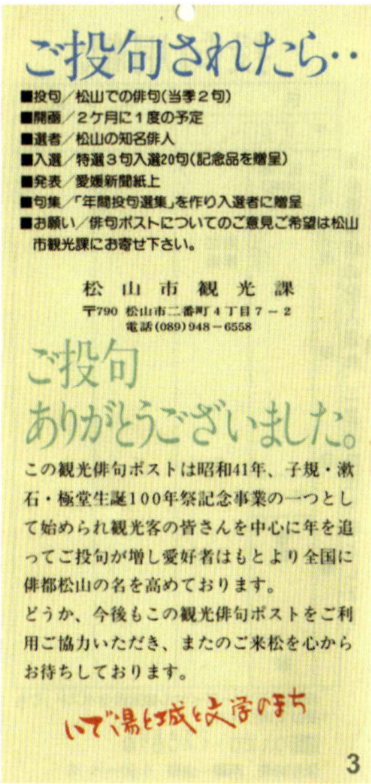

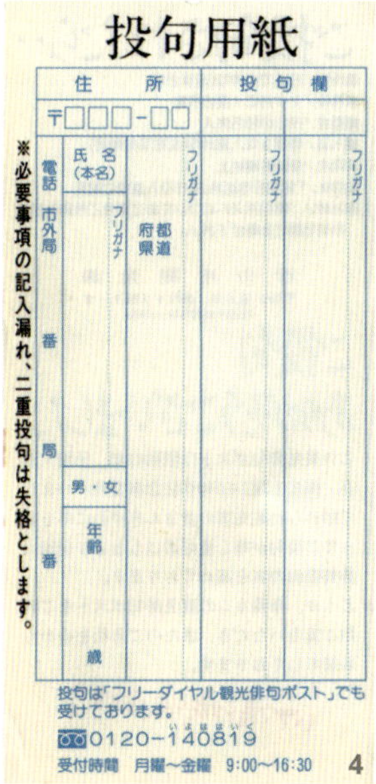

1-2. 日本四國松山市俳句徵稿英文版卡片正反面。

3-4. 日本四國松山市俳句徵稿日文版卡片正反面。

1. 1997年　挪威「維吉蘭雕刻公園博物館」，用了40年的時間完成，充分展現人民對藝術的高度等待與忍耐。
2. 日本四國松山市道後溫泉紀念夏目漱石，以夏目漱石經常流連寫作的房間，用其名著《少爺》為名的「少爺之間」。
3. 日本四國道後溫泉館本館，筆者參觀皇室專用的「又新殿」。
4. 日本四國松山市道後溫泉供浴客休息的大廣間。

（一九一六）三位出生於同一年的日本著名詩人與文豪一百歲的誕辰而設立。每年市政府還鄭重地對遊客投稿正式公開評審與獎勵，從一九六六年，昭和四十一年開始，幾十年從未間斷，至今徵稿甚至伸向海外，二〇二〇年二月松山市由副市長梅岡伸一郎率隊，致贈我國台灣大學文學院一個「俳句之都 松山俳句信箱」在台灣徵稿。一個政府對一件文化主題有那樣數十年的長久用心，在台灣應該也算是一件不可思議的事情，但日本松山市，能以出身該市的大文豪爲傲，而且那樣長期用心，即使市長換人做，也都能持續不間斷地做那同樣的一件事，用以建立城市的牢固形象，那種不炒短線的文化用心眞是讓人欽佩。

那年我們去松山市，是我們的劍道協會與日本松山大學進行劍道交流活動，因爲松山市有一座歷史悠久的「道後溫泉本館」，所以主導那次劍道交流的朋友，也是江蕙小姐童年時在北投駐唱時之北投東皇溫泉旅館的老闆吳相羅先生，因此邀請筆者擔任隨隊顧問以增加與對方交流的話題。那次受到當地朋友的熱情接待，在參觀「道後溫泉本館」時，接待我們的松山市劍道界朋友，知道北投也有一棟宏偉的溫泉浴場計畫要修復時，更是熱心提供相關資訊，帶著筆者四處參觀收集資料，而「道後溫泉本館」的工作人員知悉筆者到訪的目的時，也是盡情悉心導覽，包括皇室專用的浴池與浴室「又新殿」的「御居間」、「御湯殿」、「御廁」等等，夏目漱石寫作的地方等等，不但允許筆者隨意拍照，更贈送筆者絕版的道後溫泉「百年情緒」紀念海報，那是一張表達道後溫泉本館修復一百年來，帶給人民深厚的情感與浪漫的情懷，以紀念該溫泉本館修復百年的大型美麗之海報。也送有該建築的平、立面圖的出版品，供我們推動修復「北投公共浴場」的參考。

來自歐洲觀察的衝擊

一九九七年六月，筆者參加在英國格拉斯高舉行的世界扶輪大會，筆者則利用機會參觀了北歐與英國共三十多家各種類型的博物館，並從中思考如何來規劃「北投公共浴場」的再利用。

芬蘭羅凡尼米（Rovaniemi）號稱是聖誕老人的故鄉，芬蘭人在那不毛的北極圈上，建構這麼一個觀光景點，一般人看到的可說是一個紀念品的購物中心，還有各種組合的聖誕卡郵寄服務而已，但世界各地來訪的人們，在地上所畫的北極圈與緯度線，興奮地照相留念，也大排長龍與「正牌」的聖誕老人照相，而那張收費的「照片」實在很貴，但是幾乎所有觀光客，都甘願樂意被大賺那特貴的照相錢。那眞是一個大賣傳說與傳奇的地方！

筆者也到北極圈內歐陸的最北點——挪威的「北角」，在那裡往下觀看日不落地的景觀。午夜時分當太陽落到接近海面時，鐘聲大響悅耳而悠遠，一艘觀光遊輪也正好駛到太陽的位置，這時太陽又冉冉再度升起，那種氣氛簡直就像在一座天海相連霞光四射的聖堂中，人們虔誠地、肅穆地在注視上帝的神蹟，那是種非經人工設計的自然景觀，但其氣氛的營造卻非常的吸引人。在那天涯海角邊，看到密密麻麻的人群聚集在觀看那一景觀，還不太能相信那是北極圈內的極地呢。

挪威首都奧斯陸最著名的地標，由挪威沒受過學院訓練的素人雕刻家維吉蘭（Gustav Vigeland 一八六九～一九四三），單獨一個人，用了四十年的光陰，一件一件地慢慢雕刻，共創作了一百九十二件主題含括六百個各式各樣人物的作品，來展現生命開端至死亡過程的故事。其創作建構的過程經歷了四十年，以台灣人民的耐心來看實在難以想像，眞是展現了挪威人民對藝術高度「等待」與「忍耐」的文化氣度。以台灣的政府採購法來看，更是不可能的事情。這個公共的雕刻公園，每年都吸引千千萬萬世界各地來的遊客，而成爲人民驕傲的「維吉蘭雕刻公園博物館」（VIGELAND —— Sculpture Park and Museum）。

筆者再看到一艘長眠海底三百多年的戰艦之歷史，從打撈過程的戲劇性，到長達十七年的逐步防腐過程，到精緻地展示其艦身細部，以呈現該時代的歷史與藝術，並引起歐陸各國建築師參與競賽的「瓦薩戰艦博物館」，不禁令人感佩其規畫設計的精緻、用心與成功。

在面積不大的愛丁堡，以各種形式結合古蹟的博物館竟然超過三十家，令人目不暇給，而成爲該城市最重要的生命景觀。看到展示十八世紀以來愛丁堡人民的悲歡故事，看到衣不蔽體畏縮牆角手抱襁褓兒女，以草料覆蓋臥地縮成一團而眠的七口人家景象，不忌諱展示悲苦一面的「人民故事」博物館；看到絡繹不斷的幼童，在老師帶領下聚精會神做筆記的小型「兒童博物館」，都讓筆者感觸到這些社區博物館的生命力到底是什麼？

而去愛丁堡那時，整個都市似乎都在準備迎接第五十屆愛丁堡國際藝術節。該藝術節是國際最負盛名的藝術節之一，受邀請的、沒有受邀請的、主流的、非主流的，互別苗頭爭奇鬥豔。這樣的一個藝術之都，爲什麼也那樣吸引人？

親手打造自己社區的博物館

參觀了這些博物館與觀光景點之後，筆者不斷地在思考，那些社區型的博物館爲什麼也會那麼迷人？「北投公共浴場」如果要成爲博物館，其型態、定位與生命力會在那裡？如何讓民眾認同與喜愛？

經過與一些朋友、專家密集討論後，我們對「北投公共浴場」作爲一個「北投溫泉博物館」的型態與定位漸漸地浮出。

筆者認爲當時的北投，要保護溫泉資源、保護溫泉的歷史與文化，保存凱達格蘭先民的歷史基地，保存漢人開發北投的史蹟，保存日人開發北投所遺留的史蹟與日式建築群，或戰後新住民移居而來的點點滴滴，並以博物館來展現，都是重建北投刻不容緩的要事。所以「北投溫泉博物館」也應從此出發，於是筆者逐漸將之發展成一種論述，讓這個博物館從規畫到建造，呈現出是一種社區自己打造的博物館，也讓博物館成爲北投的文化地標，更讓他成爲展現北投歷史、文化的精緻社區博物館，也希望將來能結合凱達格蘭文化館，結合「北投溫泉親水公園」，與中山路四號「北投文化館」，而形成一個「生活環境博物園」的中心博物館。

嚴格地保護歷史區域，不讓這些區域中之建築與街道的歷史紋理遭到破壞，再加以豐富的博物館來展現其歷史，不但不會使發展受到限制，反而會吸引來自世界各地源源不絕的遊客，來創造無限的商機，與文化交流的機會。筆者深信這是我們北投應該取法的一個創生方向。筆者在台南市推動「安平港國家歷史風景區」、「孔廟文化園區改造」等等，推動「古蹟破百計畫」強力指定文化古蹟，配合環境美化改造，都是基於以文化改善美化環境這種理念。

「北投溫泉博物館」開幕那天算起的第一年，每個假日的新北投捷運站，平均約多出一千五百位旅客。二〇〇〇年元旦北投一家荒廢多年，又以新型態經營方式重新開張的溫泉旅館，開幕當天爆滿。經店家逐一做市調，竟然發現每一個來消費的客人，其目的都是來參觀「北投溫泉博物館」。店家向筆者反映說，他們已經深深信服文化的魅力。

一九九七年六月筆者從北歐與英國回北投後，筆者對所見所聞不斷地思索，也不斷地與人討論，將「北投溫泉博物館」的定位與內容再加修正，最後並將「『親手打造自己社區的博物館』——『北投溫泉博物館』之建構與規劃」一文，發表在一九九七年六月三十日出刊的《北投社雜誌》第六期中。後來台北市政府也確實以接受筆者的概念的態度，放手讓社區與學者專家一起去討論、規劃與打造「北投溫泉博物館」。

那篇文章所陳述的觀念與建構，也被中國工商專校建築科教授嚴亞寧率領的研究規劃團隊所採用，再通過層層的會議與審查逐漸定案，後來「北投溫泉博物館」開館時的展示內容，差不多都依照該文的內容規劃。

專職義工紛紛加入

一九九八年八月五日「北投溫泉博物館」復建上樑日當天，正好從軍中退伍的陳林頌，也因當年的夢想成眞，也因感動與熱愛而自願以專長當專職義工進駐工地，以便就近聯繫、討論、協助博物館軟硬體的處理，並照相與記錄參與過程，後來我們並將每日紀錄的重點，以《許陽明辦公室：社區志工籌備「北投溫泉博物館」工作日誌——從上樑日至開館日（1998.8.5-1998.10.31）》發表，長期刊登於網站中以昭公信。另外一個在讀研究所時，也經常到筆者辦公室協助調查與繪圖的北投人蔡孟珊小姐，後來也進駐工地協助博物館的籌備。在黃桂冠老師召集下，從社區的立場，整合社區的意見，並從中協助展示品的徵集工作。「北投溫泉博物館」開館後展出的一批貴重北投石，與一批各式各樣的溫泉陶管與水管，都是大家自動自發各自利用各種關係去收集後，全部無償獻給博物館的。

九月開始黃桂冠老師、陳林頌與蔡孟珊，開始義務徵募與訓練博物館的義工，在過程中又陸續有

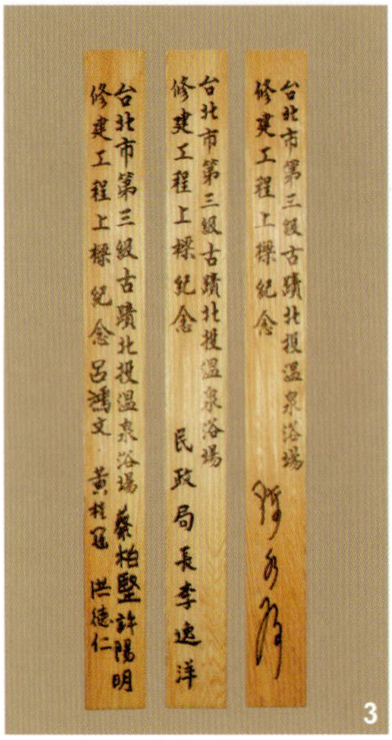

1. 1998年　工地人員通知筆者察看修復中的北投公共浴場在工地挖到的陶管。
2. 1998年　北投公共浴場修復後，北投溫泉博物館開館前的志工訓練。
3. 1998-8-5　北投公共浴場修復上棟式的棟札。

幾位因覺得很有意義而變成專職義工，他們的加入使「北投溫泉博物館」在一開館，便順利地有足夠的工作夥伴與合格的導覽義工。這些人都是自動自發全心的投入，而且沒有支領任何的報酬。爲什麼會如此？其實很單純，只因爲他們深具理想性格，衷心喜愛這棟建築與這個地方，也因深深認同與深愛自己的家園，而產生熱情來投入的一群志同道合的鄉親而已。

「北投溫泉博物館」成立後，除了向北投國小短暫借調黃桂冠老師到館指導與支援外，附近幾個國中小學的幾位老師，例如北投國中陳琦君老師、洪斐菲老師、新民國中黃文菊老師、北投國中陳瑋鈴老師、復興高中李雲嬌老師與李碧玉姊妹等等，也不時地來義務協助館務。陳林頌便因全盤而完整的參與，且被評估具備專業的才能，因而被民政局約聘爲督導，實際負責「北投溫泉博物館」開館後非常龐雜的館務，直到任職一年滿，他考上台大建築與城鄉研究所，就離職再去深造。之後他積極參與蔡瑞月舞蹈社的搶救成功，也結合天母的一群社區媽媽提出陳請「草山水道系統」成爲第一個系統性的古蹟。

台大城鄉所畢業後，投入管碧玲在高雄市參選立法委員的團隊，之後便到立法院擔任管碧玲委員國會辦公室的主管，也繼續擔負諸多文化資產的調查與搶救，例如二〇一三年利用國會休會期間，花了近三個月時間上山下海，作全國燈塔總調查，詳細調查我國當時，除了太平島燈塔之外的全部三十八座燈塔，逐一對燈塔的內外部詳細拍照檢查，提出完整的現狀報告並提出建議，以及各燈塔文化資產的評估，與指定或登錄爲文化資產等級，並開放觀光的建議。他也參與許多其他重大政策的改革，包括年金的改革工作等等，接著到行政院海洋委員會工作至今。

展示北投石的思辯

一九九八年八月二十六日，透過黃桂冠老師的引介，曾帶領學生研究北投石，而獲得一九九七年北市中小學科展優等的北投國小曾麗俐老師，帶著大家在酷熱的夏天中午涉水認識北投石；曾老師耐心地在已被污染的溪水中翻動佈滿污苔的河床礫石，並不時感嘆北投石不斷地被人挖掘取走。結束北投溪踏勘後，曾老師又帶大家前往拜訪在北投中和街的中華民國礦岩協會。礦岩協會在陳嘉林理事長的領導下，成立了一個北投石研究小組，一直熱衷於北投石的研究。經過陳理事長詳細的說明，大家又更瞭解北投石的奧妙和珍貴。

一九九八年三月間北投溫泉溪第一期疏浚工程進行時，礦岩協會會員發現有爲數不少的疑似北投石，被不知情的工程人員當作廢料運走，當時除了北投鄉親佘經棟先生力圖攔截砂石車外，陳嘉林先生也緊急反應，卻只能無奈地看著卡車揚長而去。

爲了要避免這種問題再發生，大家又開了一次會，希望由筆者趕緊召集大家來整合，讓所有關懷鄉土文化與歷史遺產的朋友，能更密切的合作，來共同保衛北投最珍稀的天然資源。接著大家也商談北投石展示事宜，及北投溪的保護，並請求設立於北投的礦岩協會，能在博物館展示北投石所面臨的困難上予以支援，並且無償捐贈北投石供博物館公開展示。陳理事長不但表示將鼎力協助，更當場慷慨承諾號召會員捐贈北投石，並尋找巨型北投石供博物館展示，以回饋社會及鄉親。這些原本的收藏家，除了陳嘉林理事長外，礦岩協會北投石小組的會友蔡溫隆、黃加雄、謝有信、潘其明、陳信誌，後來也都無償捐出他們所收藏的北投石，供北投溫泉博物館展示，他們也集體宣示此後不再收藏北投石，並且要投入北投石的保育，這時所有關心北投石的鄉親與資源都組織整合起來了。

北投溫泉博物館所需展示的北投石有了眉目，展示硬體設施也公推由陳林頌加緊協調籌畫。但在那時，大家對於展示北投石的方式也曾經有一些思辯，大家討論過，在「北投溫泉博物館」展示北投石，等於鼓勵民眾收藏，但又考慮若不先讓大家認識北投石，如何提倡研究和復育?但最後經陳林頌與北投國小黃桂冠老師等人的討論，獲得共識認爲現階段仍然應該在博物館展示北投石，等到北投溪的環境適合北投石的復育後，那時可以再將北投石歸還北投溪。

八百公斤的北投石回來了

一九九八年九月七日晚間，礦岩協會陳理事長興奮地告訴我們，住在嘉義的會員蔡溫隆先生，將捐贈一顆生成附著密密麻麻北投石結晶的八百公斤巨石給博物館。他是我國在奧運第三位獲得獎牌，也是第一面舉重銅牌蔡溫義的兄弟。原本大家打算要南下嘉義運送北上，經過聯繫後蔡先生堅持要親自運來北投。這個消息實在令大家驚喜感動，我們原本想在北投石送達當日舉辦迎接北投石回家的歡迎會，但考慮如此大張旗鼓，說不定又會像彩繪玻璃一樣慘遭偷竊，只得秘密聯繫安置在暫時充當親水公園工務所的「梅庭」院子裡。

一九九八年九月十日，蔡溫隆先生駕著一輛經過特別改造的起重車，將北投石小心翼翼地用大棉被包裹，凌晨四點便從嘉義出發。上午十點多抵達博物館工地時，陳理事長和會員佘經棟等人也同時到場，北投溫泉博物館工程的承包商熱心地派出多名泰工，當天正在進行屋瓦工程的許多先生也前來協助。這時陳理事長在一旁向大家說明，這顆大型北投石是蔡先生珍藏多年的傳家之寶，在來北投前還特地將它梳洗打理一番；而其他陪同到場的會員也都承諾將全部無償捐贈北投石供博物館展示，並且宣示以後將不再收藏北投石，要讓北投石今後都能在北投溪中，永遠自然成長存留。對於這些朋友們爲了社會教育和關懷土地，不惜割愛所藏寶貝的精神，實在令人非常地感佩。

一顆將無償捐贈給溫泉博物館的巨大超級珍貴的北投石，終於在眾人的祝福中，緩緩地降落在離北投溪一牆之隔的梅庭中，大家迫不及待地打開繩索和棉被，觀賞這個佈滿北投石結晶的巨岩，眾人莫不驚嘆。在大夥與北投石合影留念後，黃桂冠老師致贈一份自己準備的小禮物給汗水淋漓的蔡溫隆先生，在向蔡先生與礦岩協會的朋友們道謝時，好幾位朋友都不禁地流下感動的淚水。

這一顆就是目前展示在「北投溫泉博物館」之中，大家公認是鎮館之寶的八百公斤北投石。但在北投溫泉博物館的展示中，捐贈者只寫中華礦岩協會，卻沒有眞正的捐贈者的名字。

博物館的五臟六腑

「北投溫泉博物館」開館日期的規畫，本來預計在一九九八年八月九日，也就是以一九一三年八月九日由台灣日日新報社主辦，慶祝「北投公共浴場」落成，所舉行的「北投納涼會」之日。

此外，「北投公共浴場」落成的紀念日，也相當適合作爲開館日。考慮到古蹟修復的種種嚴謹要求，六月開館是不可能來得及的，若選在八月九日爲開館日也相當適合。原先也想過如果八月九日仍然來不及，可先行宣示開館，舉行第一階段開館，稍後在一九九八年十月三十一日再全面開館，以利長久推廣與宣傳活動的設計。但最後也因工程進度的限制，計算工時後，只能選擇一九九八年十月三十一日爲開館日。

一九九七年四月二十五日，台北市政府研考會主委林嘉誠奉市長之命，前來「北投公共浴場」瞭解現況並列管該案，當天我們討論後原則決定「北投溫泉博物館」開館日期訂定在一九九八年十月三十一日，或最遲在一九九八年十二月之前開館。

談定開館時間後，筆者就積極與嚴亞寧教授磋商修復時程，與軟體的內容架構。為求周延就規劃了系列的討論會，也敲定討論會的架構與工作進行的時程。從一九九七年五月二十日開始，我們與嚴亞寧教授的團隊，總共舉行了十一次正式的「北投溫泉博物館討論會」。

其中在十月六日舉行的第九次討論會是在民政局舉行，由李逸洋局長主持，與會的學者專家王啓宗、周宗賢、薛琴、黃柏鈴、崛込憲二等等幾位教授，皆悉心對嚴亞寧教授與筆者所提的規劃內容加以斧正，使規畫內容得以做更適切的調整；「北投溫泉博物館第十次討論會議」則是在北投區公所舉行，由民政局長李逸洋先生，與筆者共同主持「成立北投溫泉博物館座談會」之北投社區座談。蒙各國中、小學校長、老師、里長、社區協會理事長……等等，共六十一位鄉親參加，並蒙呂鴻文老師、龍玉琴校長、沈峰範校長、黃強校長、張正直理事長、陳林頌先生、盧敏基秘書長、張聿文理事長、許維新里長、王茂男校長……等先生的熱烈發言指教，大家實受益良多。

第十一次討論會則是由民政局副局長葉良增先生與筆者共同主持，與溫泉旅館業者共同參與討論的「成立北投溫泉博物館座談會」，共有東皇、泉都、牡丹莊、新生莊、金都、嘉賓閣、新晖莊、水莎連等負責人共十一人參與。他們都根據經驗踴躍發言指導與鼓勵，他們的經驗使得該規劃草案得以再作更好的修訂。在此實在要對所有參與的學者專家與北投鄉親致上由衷的感謝。

「北投溫泉博物館」的使用規畫，我們希望應是「豐富而精緻」的，以呈現完整的溫泉鄉面貌。最後我們將郭中端老師與崛込憲二教授介紹之「生活環境博物園區」（ECO-MUSEUM）之中心博物館（CORE-MUSEUM）的功能，與我們的想法整合在一起。

一樓部分是固定展出，主題為「北投與溫泉」，其內容為火山、溫泉、北投石、北投石放射性實驗、浴場、北投溫泉博物館的歷史、建築特色導覽說明等等。至於原一樓大浴場，由於北投的人口密度、空間密度已與當年興建時完全不同了，如果維持浴場的功能，則整棟建築的空間，就會成為以浴場的使用與服務設施為主，這樣博物館的空間使用，或使用的人口都會受到侷限，因此在此次規畫中並無恢復浴場使用之計畫，此次的修復本來計畫應將浴場的管線恢復，預留將來恢復使用的可能，但後來建築師團隊評估，恢復管線對浴場的古蹟破壞太大，且浴場的部分已不再做浴場之用途，而規畫為純實物建築與歷史空間的展示，所以後來就維持當時的狀況，只修理浴池的鋪面瓷磚。

文化館與小劇場

對溫泉的實地體驗，我們規畫利用「梅庭」旁的「北投溫泉親水公園」中的露天浴場來表現，以增加博物館建築內部的功能及可利用的空間。整個「北投溫泉博物館」是放置於一個較大的，以北投溫泉區作為一個「生活環境博物園區」ECO-MUSEUM的空間來思考，因此「北投溫泉親水公園」緊鄰中山路四號與六號之間的「露天公共浴場」可作為浴場功能之補救。

二樓部分原則上規畫為一個動態與開放的展示空間。在開館時，原則上先規畫並製作完成北投溫泉鄉的歷史、文物、人物、產業、溫泉旅館等展出。除此之外，中山路四號將規畫成「北投文化館」，成為「北投溫泉博物館」的一部分，那是一個完全開放的空間，以供社區活動之用，並用於鼓勵鄉親提計畫申請免費在此成立「專案工作室」，這個功能也是在歷次博物館討論會中，不時有鄉親提出的建議。

1

2

3

1. 1998-10-31 北投溫泉博物館開幕，筆者接受副市長林嘉誠頒獎表彰從搶救、古蹟指定，博物館規劃到開館的努力。
2. 1998-10-31 北投溫泉博物館開館，由管碧玲教授擔任主持司儀熱鬧開幕。
3. 1998-10-31 北投溫泉博物館開館紀念章。（陳林頌 製作）

一九九八年十月三十一日「北投溫泉博物館」準時開館，因爲陳水扁市長競選連任請假，而由林嘉誠副市長主持開幕，管碧玲教授擔任主持司儀，開幕並由林嘉誠副市長頒發感謝狀給推動博物館成立的筆者等人。北投溫泉博物館開幕當天，及開幕之後也吸引川流不斷之民眾湧來參觀。在開館的第一年當中，共計約三十萬人次來參觀。後來根據文建會的統計，北投溫泉博物館的參觀人數，除了如鹿港龍山寺、安平古堡、億載金城等幾個知名的國定古蹟之外，參觀人數排名一直長居全國最前茅。而北投溫泉區的旅館業者看到大量旅客湧入的情況下，不約而同地陸續整修門面，改善設施，加強宣傳與服務。北投溫泉文化與復興，不知不覺中呈現一片榮景。

「北投溫泉博物館」雖然很順利的開館了，可是博物館在建構的過程中，經常有許多不同觀點的意見，要求增添各種不同型態的展示內容。不過這棟建築定位爲北投社區歷史博物館是無可替代的，其他的想法與需求，筆者一直認爲應該可以另外找尋其他建物來利用，以順便擴充其他建築的使用。

爲了滿足一些不同需求，我們也陳請市政府將中山路四號的雙層木構建築留下，並建議使之成爲「文化館」，使之變成「北投溫泉博物館」的第二館，變成興辦學習活動或文化工作坊形式之場所，以補「北投溫泉博物館」面積與功能之不足。爲了使中山路四號與二號的博物館能自然連結搭配，兩棟建築間具有相當高差的空地，如何規劃就成爲一個問題。

筆者住家附近剛好有一家小小的咖啡屋，店名就叫「小劇場」。有一天筆者看到此店之招牌，突然靈光一現：何不把中山路二號與四號之間凹下去的空地變成戶外小劇場，使兩棟建築由一座戶外劇場連成一體？筆者將這個構拿出來討論後，大家都覺得非常好。

1. 北投溫泉博物館旁的小劇場，原有三間違章建築，拆除後與博物館建築之間有一個不小的高低落差空間，最後筆者建議利用地形規劃成戶外小劇場。

2. 已遭火災並被拆除之歷史建築——北投中山路4號。

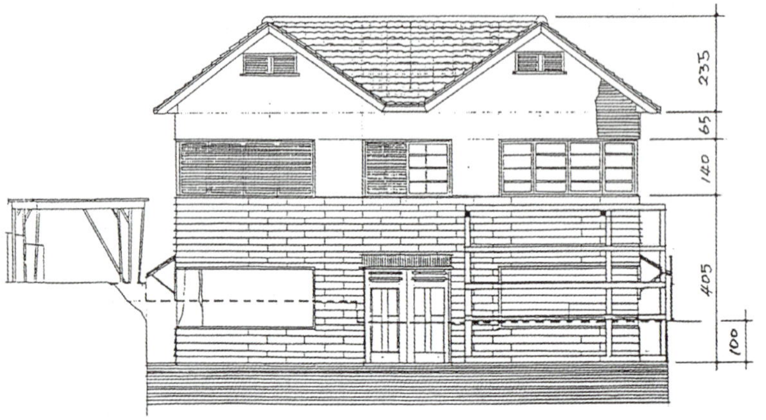

1

2

3

1. 北投中山路4號的北向立面圖。（郭中端老師-事務所 繪）
2. 1998-4 民政局李逸洋局長率領文資委員審查會勘梅庭，由陳請人筆者導覽說明。
3. 1998年 鳥瞰歷史建築——北投中山路4號。（筆者 攝）

維護歷史建築自然原貌

經過不斷討論與思考後，我們發現一個大問題：四號館的問題很嚴重。四號館雖然造型獨特珍貴，但是建築本身情況極糟，除了內部木樓梯尚好外，整棟建築已經腐朽不堪，勢必拆除重建。此外，四號館前面緊臨道路，後面則緊貼溪流，根據法令如要修建，必須要往道路內縮十公尺，如此一來面積根本不足，根本無地可供重建，無法整體規畫使用。

經過多次研究與會勘，大家接受筆者的意見，把此棟建築陳請爲古蹟，以克服法令的限制。最後大家也決定由筆者出面將其陳請爲古蹟，我們雖知這樣做可能會很勉強，不過只有成爲文化資產，才能克服建築法令的限制，所以筆者就將中山路四號，與預定作爲露天浴場管理站的中山路六號「梅庭」，一起陳請爲古蹟。

民政局邀請專家學者會勘與審查後，認爲四號與六號要列古蹟尚有不足，不過大家都認爲應該提報爲「歷史性建築」以保留該建築，但當時這是發展局的職權。最後台北市政府發展局邀請學者專家會勘與討論後，通過審議列爲「歷史性建築」，才克服了要修復時法令上的限制。

回想一九九八年四月二十九日，在北投公園內的北投圖書館中開審查會，兩位建築師身份的委員，以法令的觀點認爲，這棟建築需要徹底拆除重建，而且能再使用的建材所剩無幾。所以他們反對將四號館提列爲歷史性建築。不過台科大的王惠君教授站在社區立場，以整體規劃爲考量，並且以日本伊勢神宮爲例，那個國寶級建築，每二十年定期拆除，再以同樣最古老的技術方法重建，在重建的過程中，古老的建築技術與祭典，都能因之流傳千年。王惠君教授認爲四號館已經是台灣珍稀，拆除殆盡的建築形式。重建正好可以保留建築形式，這種形式也是一種文化財，所以列爲歷史性建築並無

1

2

3

4

1. 2013年　金光閃閃的伊勢神宮之豐受大神宮御正宮。（筆者 攝）
2. 2013年　日本伊勢神宮第62回式年遷宮。（引自伊勢神宮旅客說明摺頁）
3. 1998-4-29　北市府發展局為北投中山路四及六號梅庭，在北投公園舊圖書館開修復審查會，筆者列席說明。
4. 2024年　歷史建築梅庭，新整理的臨北投溪之後庭園。（筆者 攝）

不妥。這樣才說服大家通過審查，將中山路四號與六號都列為「歷史性建築」。這個問題解決後，「小劇場」的想法也為規畫設計單位採納，並在博物館開館後不久完工實現。

也因王惠君教授的這番指教，二〇一三年，適逢伊勢神宮每二十年一次的第六十二回「式年遷宮」，筆者還特地到日本三重縣伊勢市伊勢神宮去參觀，並寫了兩篇文章《伊勢神宮——重生與永恆的神話之旅》與《生生不息 永恆的祈禱——伊勢神宮天照大御神的衣、食、住》發表。

中山路四號焚毀與六號梅庭的虛構故事

不過四號館的命運多舛，一九九八年底，市政府換屆市長換人，新市府成立後想法不盡相同，新的民政局長也試圖將四號館規劃成為「公民會館」，不過意見好像難以整合，結果該棟建築就一直被閒置放著，沒有修復計畫也沒有積極作為，到二〇〇二年的二月之時，該建築竟在半夜被一把不知從何而來的無名怪火全部燒毀。

筆者曾經為文提過在「古蹟政治學」裡，怪火與怪手是最廉價的劊子手，發生了這種事，正如我們搶救的蔡瑞月舞蹈社一樣，在通過古蹟審查後，半夜突被人縱火燒毀，發生這種事相關單位也沒有積極追查，實在是令人非常無奈。四號館被火燒毀之後，不久市政府就把那地方夷平並整理成草坪與停車空間。那棟通過審查公告的文化資產，就永遠消失了。

而六號館因門口有于右任書寫的「梅庭」兩字，因而被稱為「梅庭」。在二〇〇五年十二月二十日再經一次台北市古蹟審查委員會，再度依文資法審查通過為「歷史建築」登錄，並於二〇〇六年六月二十七日經市政會議確認。

1-2. 2014年攝　只因門口借用于右任的書法「梅庭」兩個字，北投梅庭被虛構成于右任的夏日別墅。結果原本的溫泉別墅建築，被違誤變身為于右任書法展示館。（筆者 攝）

3. 1998年　梅庭登錄為歷史建築時之石砌浴室。（筆者 攝）

4. 2024年　歷史建築梅庭的浴室，最新被修改成一個全新的磁磚大浴缸。（筆者 攝）

梅庭本是一棟依傍於溫泉溪畔，洋和式相融的別墅型溫泉宅邸，其厚實的牆壁與地下室，專家認爲那是可以見證因應二戰空襲的建築特色。檢視該建築的特色與地理區位，我們認爲其最佳的功能，就是我們原本規劃作爲露天溫泉浴場的管理站，也兼作爲浴客泡溫泉後，更衣、休息與喝茶的舒適空間，以符合溫泉親水公園設置的原意，開放初期也是如此運用，那也是我們觀察日本著名浴場，多有相匹配提供浴客休息茶聚的場所之後的構想。但市府換屆市長換人後，不久就有不同的思維了。由於門口有于右任書法「梅庭」兩字，有一天竟突然被穿鑿附會虛構成這棟建築是于右任的夏日別墅，整棟房舍也被改變成以展示于右任書法爲主，連原本之所以在此溫泉溪畔建屋而特別建造的溫泉浴室，都被改造而不見了，現在最新的改變則是一樓原本古樸的石砌浴室，竟被改造而消失，卻又另加建一個全新時髦貼磁磚浴室。

其實于右任的生前官舍故居雖已拆除改建，但其位於國立台灣師範大學附近的台北市青田街九號，則是公開的資訊。民國六十六年至六十七年之時，其故居尚未拆除改建之前，筆者在當研究生的時代，曾有一整年的時間，每周一次至已故于右任生前在青田街的舊官邸上課，而有直接與其家屬相處的經驗。過去的政府宣傳，于右任長期身爲監察院長，從來就是肩負監察、彈劾百官、糾舉政事，而有兩袖清風之稱。眞的是不敢擁有，事實上也根本沒有夏日別墅。所以宣傳說梅庭是于右任的夏日別墅，眞是褻瀆了當年政府所宣傳之于右任的兩袖清風。

且我們在北投溫泉區重建的那些年，經常與公有建築梅庭原來住戶溝通搬遷事宜的過程中，也確知于右任根本沒有住過那裡，連去過都沒有。那棟建築除了門口的「梅庭」兩字之外，與于右任絲毫沒有任何關係，而且此屋內也沒有種梅花。門柱上「梅庭」那兩字也不是爲這棟建築而特別書寫的，「梅庭」兩字是原住戶從其他的地方借過來使用的字體而已。雖有該建築的關係人公開在媒體指證歷歷，指出于右任夏日別墅是虛構，但當時有關單位似乎也不以爲意。其之所以會如此，背後原因可能是陸客來台觀光最盛的那些年，爲了投陸客之所好，牽強附會，突然編造出來的虛構故事。所幸現在梅庭已經徹底將這個虛構的故事移除了，已經開始有了新的定位了。只是筆者希望將來陸客如果再來，市府不會再故技重施虛構于右任的故事。

台式蒙古烤肉餐廳突變張學良幽禁故居

無獨有偶，在一九九〇年代，專做台式自助蒙古烤肉的北投禪園餐廳，在陸客最盛時期，也在一夕之間突然變成「少帥禪園」張學良幽禁舊居。禪園編出這樣的故事來定位，相信也是出於商業企劃，爲了吸引陸客吧？我們從已公開的國家檔案局之監禁張學良的資料與文書報告，可以知道張學良的「初期監護工作由情報局第一特勤組負責，主要任務爲限制其活動、警衛安全、防止武力劫持與逃脫，民四十九年該組改隸本局（國家安全局），現有工作同志十八員（不含外圍崗哨憲兵十五員），並逐漸放寬其活動範圍，准其與親屬及奉准人員交往，任務重點爲：一、防止劫持與脫逃。二、防止不法交往。三、維護對象本身安全。」

根據國家檔案，張學良從民國五十年被移監到北投，至八十三年爲止，在北投被軟禁三十四年的舊居，位於北投復興三路七十號，是頗有資產的張學良在民國四十八年自費購置。監視報告說「土地二千餘坪，自建二層樓房一棟，民七十六年賣出其中九百餘坪，得款四千五百萬元，除購買公債並存入台銀生息，加上在美財產，經濟富裕。」而張學良被軟禁的舊居，已經在二〇一六年八月八日依文資法登錄爲台北市歷史建築，範圍包括主房、車房、門房、地下禮拜堂（具防空洞功能）、崗哨等。

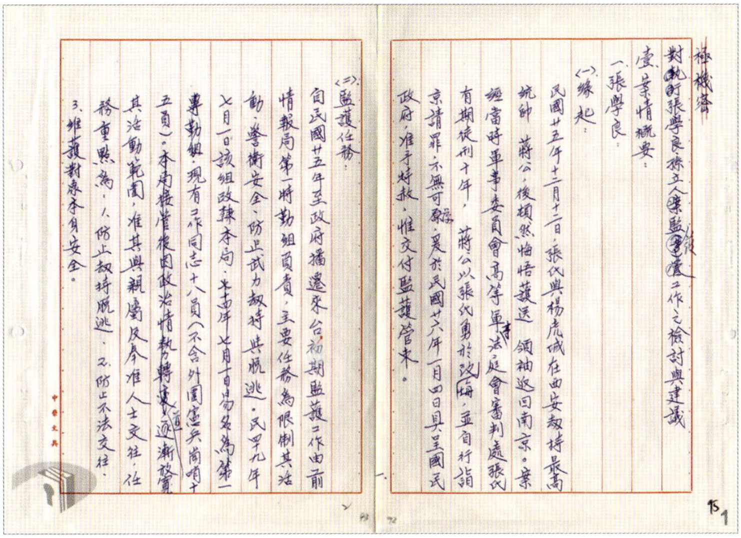
極機密

對執行張學良、孫立人案監護工作之檢討與建議

壹、案情概要：

一、張學良：

(一)緣起：

民國廿五年十二月十二日，張氏與楊虎城在西安劫持最高統帥 蔣公，後頗然悔悟護送 領袖返回南京。案經當時軍事委員會高等軍法會審判處張氏有期徒刑十年，蔣公以張氏勇於改悔，並自行詣京請罪，不無可原，爰於民國廿六年一月四日具呈國民政府，准予特赦，惟交付監護管束。

(二)監護任務：

自民國廿五年至政府播遷來台初期監護工作由前情報局第一特勤組負責，主要任務為限制其活動，警衛安全，防止武力劫持與脫逃。民四十九年七月一日該組改隸本局，七十四年七月十日易名為第一專勤組，現有工作同志十八員（不含外圍憲兵崗哨十五員）。本局接管後因政治情勢轉變，逐漸放寬其活動範圍，准其與親屬及奉准人士交往，任務重點為：1、防止劫持脫逃。2、防止不法交往。3、維護對象本身安全。

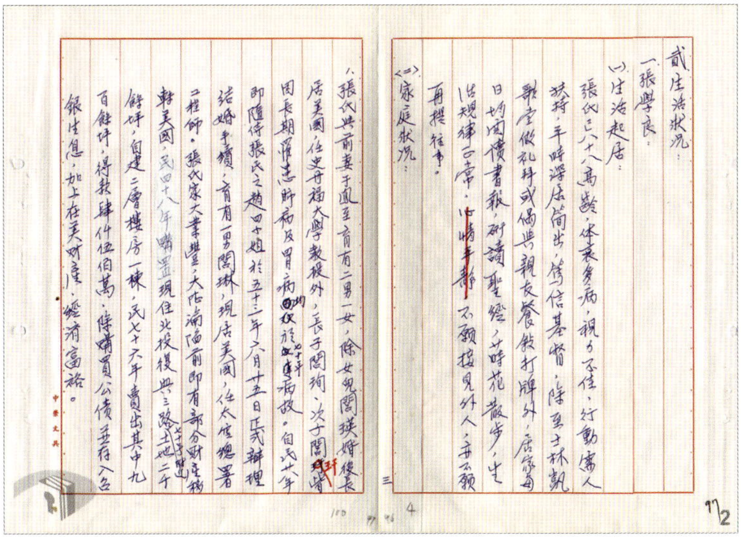
貳、生活狀況：

一、張學良：

(一)生活起居：

張氏已八十八高齡，體衰多病，視力不佳，行動需人扶持，平時深居簡出，篤信基督，除至士林凱歌堂做禮拜或偶與親友餐敘打牌外，居家每日均閱讀書報、研讀聖經，或蒔花散步，生活規律正常，心情平靜，不願接見外人，亦不願再提往事。

(二)家庭狀況：

1、張氏與前妻于鳳至育有二男一女，除女兒閭瑛婚後長居美國，任史丹福大學教授外，長子閭珣、次子閭玗因長期罹患肺病及胃病，相繼病故。自民廿六年即隨侍張氏之趙四小姐於五十三年六月十五日正式辦理結婚手續，育有一男閭琳，現居美國，任太空總署工程師。張氏家大業豐，大陸淪陷前即有部分財產移轉美國，民四十八年購置現住北投復興三路七十號土地二千餘坪，自建二層樓房一棟，民七十六年賣出其中九百餘坪，得款肆仟伍佰萬，除購買公債並存入台銀生息，加上在美財產，經濟富裕。

1. 張學良軟禁文獻之一，此份文件可以看出有多少人員在處理其軟禁事宜。（國家檔案局）。

2. 張學良軟禁文獻之一。此份文件可以看出其購買北投居所的時間與地址。（國家檔案局）。

其實老北投人都知道，張學良故居門外配備有一班憲兵，根據國家檔案館的資料這班憲兵共十五員，在監視他並維護他的安全。當年復興三路七十號門口正對面有一監視哨站，也總是停放一部監視人員的軍用吉普車，只要張學良出門，那輛吉普車就緊跟在後面隨行，那個景象至今還是那一帶很多北投老鄉親的共同記憶。「民國八十二年初，張氏夫婦因感年事已高，行動不便，起意遷居，嗣於八十二年三月租用台北市天母中山北路六段四〇五巷四十五弄十號二樓房屋一戶，陸續自北投居處遷入新住所。……至原配屬之十五員便衣憲兵，則於稍後撤離歸建。八十二年十二月十五日張氏夫婦赴美探親旅遊，迄八十三年六月……」張學良專案結束。

禪園順著山坡建築的格局，原分爲五個大小不一，以日式木構爲主的建築，且各間有高低落差，總共約一百七十二坪，最大的部分才七十八點五坪，這樣的空間，不可能容納那麼多監視人員，且其相對開放的空間，也根本不是具有嚴密圈圍軟禁的功能。爲了吸引陸客絞盡腦汁，編造故事，圖以增加商機雖可以理解，但罔顧自身公信力，讓社區風情與歷史失去公信與信賴感，總是令人覺得非常怪異。

北投的溫泉文化資產之特色與環境本身就是主角。我們從來就是認爲，北投溫泉鄉的重建，不是依附在虛構的故事之上，而是建立在保存良好的溫泉歷史文化，與維護優美雅適的環境之上，我們堅定認爲那樣才是眞正產生溫泉鄉魅力之所在，也是永續經營之所繫的堅實基礎。

爭議與共識的公開處理

「北投溫泉博物館」的建築修復工程，當時歷經數度審查後，還是有一些爭論。今天的面貌是經過幾次翻案重議才完成的。以二樓涼亭式的欄杆、樑柱的保留而言，規劃設計單位最初是建議以空調處理室內溫度，故規劃爲密閉式的玻璃牆放置在涼亭式樑柱的內面。

這樣的規劃將會破壞內部的空間，如果又要保持西南角望樓爲涼亭式原狀，則內部接軌的地方會變得很奇怪。結果在一次審查會中，又建議取消密閉式玻璃牆，恢復純涼亭式原貌，並規劃由上往下之鐵捲拉門，作爲擋風與保全之用。

後來由於幾位審查委員都參考日本的例子，尤其王啓宗教授更專程前往日本四國道後溫泉，考察類似建築的作法，薛琴等諸位老師亦專程前往日本多方考察，最後才在一次審查會中翻案成功，才將二樓的空間依照原貌修復，並做可以推拉，類似日本建築防雨之「雨戶」的木構擋風板，可以用推的方式將這些擋風板收納至牆面內，類似收納雨戶的「戶袋」內。有防風需要時，也是將擋風板拉出即可，收納都很方便。有一次筆者還與閻亞寧教授爭論得蠻嚴重的，最後大家妥協才得到目前常令遊客讚不絕口的美貌。

博物館外牆雨淋板的顏色，也是在一九九八年九月五日，在工地集合了多位畫家、學者、建築師、工程師、社區的鄉親，和施工單位一起討論浴場大浴池的瓷磚，大家對白與灰黑兩色難以抉擇。在北投的國立台北藝術大學的總務長，後來擔任校長的楊其文教授建議隨機混合使用，最後大家以表決通過楊教授的建議。

我們覺得在視聽室中原規畫的沙發不好用又不好保養，最後大家開會決定改爲三種高度的傳統台式木長條椅。木長條椅用途多，好保養又有特色，開館之後常常令參觀遊客驚喜不已。也有社區居民莊秀鸞女士，自動自發貢獻自己拍攝的浴場舊照片，以供重做彩繪玻璃之依據。陶藝名家蔡曉芳先生也熱心協尋，貢獻仿舊之瓷磚，以供浴場修復之用。

1. 2015年　北投公共浴場修復後的北投溫泉博物館望樓。
2. 2023年　北投溫泉博物館一樓大浴場。
3. 1998-10-31　北投溫泉博物館開館海報。（筆者製作）

在審查階段或施工階段，大家常有爭議，我們都儘量讓問題公開討論，形成共識。例如爲浴池不做防水層以免打掉浴池重作而破壞原貌，或爲親水公園中第一號瀧邊的石砌邊坡，不能以擋土牆的方式施工，或爲戶外劇場與博物館的距離、高差，甚至堅持溫泉博物館的名字全銜一定要加「北投」兩字，而有所爭論，最後終於定名爲「北投溫泉博物館」。這些都是開會公開討論，形成共識後才定案的。

筆者在那之後有四年時間在台南市服務，接觸到相當多古蹟修復的問題。歷史保存及古蹟維護，雖然已有一些普世認同的憲章、宣言、決議文或建議文，但這些課題在台灣還是一個新的學習，尚充滿可以「進步的空間」。依我們修復古蹟的制度，或政府採購及預算運用的種種制度與限制來看，我們要遵循國際最高的標準原則，來使用經費，並容忍長久時間慢慢地考究修復，實在是還有一長段的路要走。

公共浴場修復的歷史侷限與調適

北投公共浴場的修復，並再利用爲「北投溫泉博物館」，其時間是相當的快速。雖然大家那時搜尋資料已有兩年，但仍然無法周全。像二樓大廳的舞台，在修復完工之際，才出現一張該處的舊照片，發現修復的南面外牆與日本時代那位置的牆面有一些差距。現在二樓的屋頂通氣窗及功能，也未能完整的修復成原貌。兩支煙囱的功能，或其室內的原貌，浴池的管路等等，因不明所以，所以也未能恢復，也還有許多細節，也不盡完全如人意。左側煙囱之下一、二樓之間的樓梯位置是由推論出來的，樓梯風格與型態是模仿台灣大學徐州路原法學院的木構禮堂之樓梯而製作的。

不過在一樓中，東北方有一水泥柱，上面有七種不同的磁磚，那都是歷經好幾次的修補，才變成如此的面貌。在修復時最後眾議決定留下修補歷史的痕跡，將柱面的所有各式磁磚全部保留，而不將顏色統一處理。另外大浴場牆面的米白磁磚，有的是完全改成新的；有的是新舊雜混，使人看不出何者為舊，何者為新。

其實處理這些問題本來就很難。一則因北投公共浴場在戰後經歷的歷史角色太雜，例如同時使用為派出所、民眾服務站、台北縣議會招待所，那這些角色所使用的樣貌要不要留？但這些角色使用時，都曾將建築做一些修改，所以要完全不留這些歷史痕跡可能也有問題。二則因資料不足，沒有北投公共浴場的內外部原始建築圖細節可供檢視，即使斷代處理，將修復的樣貌訂在某一時期，也無法完全正確修復。雖然這些都是可以深入討論比較的，但其實我們也保留著開放的態度，如果有一天全部資料蒐集或理論建構成熟，且還有共識，說不定累積的資料就可對本館的建築，再做一次完整的處理，我們認為這也是一種公共學習。**所以我們也一直主張文化部要建立全國文化資產的歷史與建築設計的資料庫，以流傳供後世遵循、參考與對照的重要性。**

自我再發現的學習

當時有極少數的幾個社區人士，將那幾年北投溫泉文化古蹟的指定與北投溫泉博物館重建的快速進展，形容成筆者是「政治力介入」。這些看法完全忘記當時大家束手無策，要求筆者身為一個在地民意代表出面處理的過程。筆者也曾被一些不知從何而來，故意影射說筆者介入工程的惡毒流言。其實民意代表信守承諾、參與社區事務、推動改革與改造本是義務。社區人士參與規劃討論，或監工使公共工程合理，也是成熟公民社會的常態。每個公共工程告示板也都有鼓勵監工的檢舉電話。其實沒有參與規劃，要如何做成熟的監工？由此也可知，參與這些公共事務，大家都是責無旁貸的。如果不是這樣，那外界如何能知道北投纜車後來發生弊案的細節？又如何阻止天狗庵遺蹟要被剷平變成大飯店的一部分？文化建設人人有責，這應該也是公民社會、社區主義的精髓之一。

其實筆者參與重建北投的工作，從社區協會名稱、雜誌名稱到雜誌的編採，以及一些大型活動的策劃、造勢，特別是整體長遠而務實的推動策略，無一不是盡所擁有的個人資源與力量投入。「許陽明辦公室」是一個資源整合的單位，所以那些年幾度出錢力助我們辦活動的柯達公司主事者王惠英小姐，也認爲「我們樂於出一點小錢，讓許先生去整合成一個大工程，我們覺得參與得很高興。」對社區營造很有研究的王惠君教授，也高度肯定認爲台灣社區營造最缺乏的是這種「資源的整合者」。

我們扮演了整合各種資源的角色，如同一個廚師，有些菜是自己種、自己養，而有些則是利用別人種、別人養的菜，但是好的廚師才能把各種菜色、佐料，煎煮炒炸辦成一桌豐盛備受讚美的宴席。面對社區中各方人士提出的許多紛雜不同意見，有些如果沒有經過整合；有些如果沒有堅持整體規畫的理想而勉力獨行，甚至因此得罪人，這些重建計畫是會變得躊躇不前，是無法進行的。筆者推動的**北投重建絕不是一場喝茶聊天的座談茶會，也絕不是一場輕鬆歡樂的嘉年華會。**

其實呂鴻文老師、黃桂冠老師、曾麗俐老師、陳林頌先生，還有介紹、安排散居各地朋友捐獻出珍貴無價鎮館之寶「北投石」的中華民國礦岩協會的陳嘉林老師，以及所有參與及付出心力的團體和個人們，都是那些年北投溫泉鄉重建不可或缺的重要關鍵人物。

而最值得我們肯定與學習的是呂鴻文與黃桂冠老師她們的教學哲學、態度與方法，如果沒有她們也不會有後續一連串的事情發生。另外是陳林頌先生，當時他大學未畢業的一個學生，因爲寫畢業論文，而了解有權機構的想法，生怕這棟美麗的建築被拆掉，焦急地四處投訴要爲這棟建築找出路，也寫出極有水準的論文，他的論文其實是我們瞭解北投的入門階。因爲他的論文報告有整體性的思考，也有深入具體可行的建議，其實這是筆者向陳市長報告的主體，沒有這種報告，根本就不能說服市政府全力支持大力投資。

接到這個陳請案後的兩年多，筆者一直沒有忘記最初筆者對北投國小老師們的承諾，筆者到處與人討論願景，張羅多項大型活動的經費，像義美公司、科達公司、台新銀行、民權扶輪社等企業團體，都曾是筆者募款的對象，這些都是公開募款與公開徵信，筆者也一直呼籲爲北投的古蹟或博物館徵募一筆基金，而受益的人應回饋。對筆者個人而言，這些都是「自我再發現」的過程，也是一個學習與成長的珍貴機遇。筆者也認爲只要有心，人人或多或少都可以貢獻一己之心力，這些都是筆者說的「親手打造自己社區的博物館」的眞義。

〈附錄三〉

社區博物館的營造傳奇

黃桂冠

北投溫泉博物館從被挽救到改建，一直受到媒體的關切，一開幕參觀人潮不斷。在開館階段，最重要的工作是要讓觀眾在最短時間之內，便能對博物館有相當的瞭解，建立深刻的印象。豐富而生動的導覽解說是最好的方式。解說過程中，幾個解說點以及小故事，最能讓觀眾產生共鳴，並為人所津津樂道：

首先是視聽室的長板凳。原先工程單位將視聽室設計為階梯式的，設有固定的沙發座椅，表面看來比較舒適，卻使得空間使用顯得過於制式與僵化。有一次社區人士聚會，許陽明先生提及這事，大家都覺得不妥，因為博物館可供使用的活動空間太少，視聽室的座椅若是改為活動式，可增加這個空間各種使用的可能性。

大家熱烈討論這個識題。有人提議：「何不用長板凳！」這個提議讓大夥兒一致叫好；但是，椅子若全部一樣高而地面又鋪平，會不會影響觀賞影片的效果？這時有人建議道：「如果地板高度不變，何不改變板凳的高度，設計低、中、高三種形式的板凳？這樣一來，前後座的高度就自動調整啦！」此話一出，眾人無不拍手叫絕，事情就說定了。

工程單位從善如流，還慷慨地用上好的木料幫我們製作了一批精巧的長板凳，如今，每次一打開視聽室的門，一股檜木的香味便竄了出來。而一走進這間特殊設計的視聽室，觀眾總會引發思古幽情，彷若回到童年野台看戲的情境。

大浴池畔的彩繪玻璃的失竊，讓人憤慨不已。如今能以相當接近原貌的狀態復原，要感謝一位默默付出的友人：莊秀鸞女士。

認識莊秀鸞女士，得歸功於工地工程師凱凱。莊秀鸞住在溫泉路，是位自由創作的攝影師，她在「浴場」破落時期，便常到附近拍照，因此保留有許多「浴場」舊照，其中包括每一塊彩繪玻璃的細部照片。當「浴場」開始進行整建，她數次闖入工地，暗自關切建築改建的狀態；凱凱發現她，幾次攀談後，鼓勵她提供舊照片，作爲工程單位重建施工的依據。

莊女士不但慨然允諾，還利用深夜在工地舉辦了兩次幻燈片放映會，並將其拍攝得極接近原件的彩繪玻璃正片沖映成照片，提供給工程單位。她還親自對於玻璃樣稿提出仔細的比對與修正建議。如今，失竊的彩繪玻璃，雖然是在地人心中的痛，但至少仍然能以神似的樣貌再現世人眼前。

我喜歡考考觀眾，讓他們猜猜壁面的磁磚哪些是新的？哪些是舊的？通常觀眾都會很認眞的睜大眼睛，貼近那些長著細碎芝麻點的米白磁磚，認眞看個分明。說實話，到目前爲止，還沒有人能分得出新舊來。他們全都像一家人，實在是太像了！仿古陶瓷名家蔡曉芳先生所提供的磁磚，自然有著與眾不同的氣韻。

八、九月間，工程單位反應一樓內牆的米白磁磚，由於花色特殊，若要保留部分可用的完整磚塊，恐怕很難找到其他類似的磁磚來補砌牆面。許陽明先生在工地找到一片完整的舊磁磚，送到好友陶磁名家蔡曉芳先生的工作室，請他想想辦法。（筆者註：蔡曉芳先生年輕時是筆者母舅創辦之北投建興窯業調配釉料與實驗的技師，筆者從小就認識。）

由於工地雜務繁忙，也沒有人特別記得這件瑣事。一個晴暖的秋日午後，我們到工地關切工期進程，細心的許先生注意到正在砌牆的工人，手中的磁磚和舊物幾乎一模一樣，他一個箭步搶上前去，詢問那幾箱磁磚的來歷。工人莫名所以的回答道：「不清楚哩！說是你的朋友，姓蔡。伊那天送好多箱這種磁磚來，說是給博物館用的！」

許陽明揚起手中那片新磁磚，興奮地回頭大喊：「你們看！蔡曉芳送來的，燒得幾乎和原來的完全一樣！」看到蔡先生燒出的磁磚，我們除了驚嘆與佩服，還有深深的感動。

一座小小的社區博物館，有著賞石家爲它奉獻畢生收藏之最，有小學生關切它的絕續存亡，有攝影師主動提供珍藏作品，甚至有揚名國際的陶瓷名家默默爲它燒造磁磚……博物館裡有著說不完的、動人的故事；當然也有些讓人心痛的故事。就在淚水與笑聲的交會中，織就了在地人的故事與傳奇。這就是社區博物館最有魅力的所在吧！

（本文原刊登於「生活環境博物園雜誌」第一期，一九九九年三月。）

（本文作者爲北投國小教師）

〈第十四章〉結語——生活環境就是博物館

郭中端老師在規劃「北投溫泉親水公園」的時候，引用了一個「生活環境博物館」（ECO-MUSEUM）的概念，這個概念是後來我們推動北投溫泉鄉重建工作，藉來使用最有力的說明。也是我們在爲外界導覽北投時，讓對方相對容易理解且相當簡便的一個概念。在這個規劃中，「北投溫泉博物館」的角色，是扮演「生活環境博物館」之「中心博物館」的角色。

生活環境博物館

提出這項概念的是國際博物館會議（ICOM）會長安利力比葉於一九七一年所發表。他以當時在歐洲各地大行其道的民家聚落博物館爲初胚，擴充其意爲「生活環境博物館」（ECO-MUSEUM），指一種在已構成生活文化圈內，對人們生活及區域的自然社會環境的變化、發達的過程，以歷史的手法探討，並對自然及文化遺產用現地保存、育成的方法，來預測對該地域社會的適應及發展，進而對地域社會的進展有所貢獻，所認定的對象是以地域社會爲對象，基本方式以博物館的組織擴大爲野外、戶外博物館方式。

一九九七年筆者參觀過，位於瑞典斯德哥爾摩，園區佔地三十萬平方公尺，由哈列流士（Artur

Hazelius）於一八九一年設立，歷史已超過一百三十幾年的「斯堪塞」（Skansen）博物館。Skansen是瑞典語小城堡（fortlet）之意，那是全世界第一家野地開放式的博物館（Open-air Museum）。哈列流士那時看到瑞典開始工業化，傳統的建築受到工業化的影響，正在快速消失中，於是他開始從瑞典各地搶救拆遷寶貴的文化資產，將一群古蹟建築集中而構成一個生態博物園區。

筆者當年參觀之時，「斯堪塞」包含了二十三棟建築的「鎮街建築區」（The Town Quarters），四十六棟「鄉居建築區」（Buildings of the Countryside），並結合公園區與野生動物區。當我們走在其中鄉居時，母雁媽媽帶著一群可愛的小雁子，一排歪歪斜斜地穿過遊客的眼前，實在令遊客驚喜不已。

在此博物館區內的建築並非樣品屋，也非標本保存。區內有許多傳統工廠與古老商店，如玻璃工場、金匠工作室、麵包坊、咖啡小館……等等。也有一建於一七二九年的木構大教堂，照常讓一般民眾用來舉辦婚禮，筆者參觀時，正好有一對新人在木構教堂裡結婚，親友也都簇擁參加；也有古老印刷店用古老簡單的手動印刷機在幫顧客印東西，甚至還有一間古老的儲蓄銀行……等等，照舊在做一般的生意……園區內也有許多傳統市集定時舉辦。總之，園區內的一切都照日常生活在運行，這種型態的博物館，逐漸受到各國的模仿並設置類似的民俗村，「斯堪塞」可說就是一個「生活環境博物館」的原型。

什麼是「生活環境博物館」？郭中端老師在我們的北投社雜誌第七期發表了一篇「博物館新潮流」的文章，對這個概念有很精闢的說明。

這個地球上所有的東西都有可能變成世界的遺產，也都有可能成為博物館的收藏品。人類遺產的資料來源並非限定於一百年或二百年前的東西，而現在流行的東西，也許就是明日博物館最好的展品

1. 筆者發行《生活環境博物園雜誌》六本，推廣生活環境博物園的理念。
2. 1997年 建於1729年瑞典Skansen Open Air Museum內的木構教堂，仍然在正常運作。（筆者 攝）
3. 1997年 筆者在瑞典的Skansen野地開放博物館，圖為穿著傳統瑞典服飾的少女，園區一切照日常生活運作著。

或資料。因此我們說都市是「活的博物館」，這個「活的博物館」在「現在」這個時間繼續生存與發展，這與傳統博物館展示櫃陳列的凍結文化遺產不同。他是根生於這片土地，同時堆積歷史、永續存在的展示場，馬路或街頭巷尾就是他的參觀動線，而不同的都市、不同的街道也就是性格迥異的博物館、內容不同的展示室。

地區住民為博物館區的主人翁

這種思想是以地區住民爲博物館區的主人翁，這與傳統博物館好像時鐘停擺的展示方式不同，而是積極的將變化中的社會直接的展現在參觀者前，讓他親身體驗，當然也有將這種概念的博物館，稱爲「沒有圍牆的博物館」。

這種思潮的特色是不但現存物沒有「展示室」，而且現存物在戶外野外到處都是，而中心位置的博物館本館只是利用做爲目錄室或資訊提供中心，甚至只是一個具有服務設施的通道而已。

在「生活環境博物館」這個概念下，我們開始構思，怎麼將北投建構成一個「活的博物館」或沒有圍牆的博物館。根據郭老師所介紹的「生活環境博物館」概念，筆者想像的也必須是要環境優良，而且有歷史文化可以呈現，才可構成可看的博物館，所以就加入了人民努力維護環境的積極面向。筆者整理了北投的一些生活環境的資源，歸納整理成一篇「北投生活環境博物園區的建構與步驟」的文章，刊登在一九九七年十月三十一日出版的北投社雜誌第七期。一九九九年三月筆者再度創刊不定期發行的「生活環境博物園雜誌」以推廣我們對生活環境之展示與改造的一些理念。

在那篇文章中筆者提到，「北投生活環境博物園區」其實是利用一些早已成型的生活圈與生態環境，和一些已完成或實施中的建設案做爲基本單元，最後才以理論來建構而成的。這個構想成功的關鍵在於人們是否認同這種概念與整合。社區居民如果不能認同，使各種構成因子淪爲雜亂四散的資源，或各不相干的個別景觀與文物，這樣「北投生活環境博物園區」的說法就顯得浮誇而無法成功，所以筆者曾提出「社區居民親手打造自己社區的博物館」這樣的論述，因爲這樣的社區居民，才具備共同維護社區的良善共識，並且願意親身實踐，這樣「北投生活環境博物園區」才有建構的可能。

「生活環境博物園雜誌」前後發行六期，六期非賣全部贈送。這六期的主題有：《搶救一棟溫幽秀麗屬於女性的建築》、《論華山台北第一酒場的保存與再利用》、《保護北投溪·搶救北投石》、《推動「高雄港歷史風貌保存區」》、《建構台灣歷史不可荒廢的歷史現場》、《２０１３年全國燈塔總調查》、《重建與重生》、《多納部落的石板屋之夢》、《要求鐵路局台北機廠全區保存》、《柳營「頤樓」的特色與價值》、《台北機廠全區保存的最後一哩路》、《台灣國家級鐵道博物館的規劃願景》、《聯合國氣候變化綱要公約締約方第20屆大會》、《迷幻驚奇的西子灣隧道群》……等等，以推廣我們對「生活環境之展示與改造」的一些理念。

至於「生活環境博物園區」這個名詞，在台灣使用了二十多年之後，或許有人會認爲名詞用老了，所以如果出現別的名詞，或用別的名詞取代，例如「無圍牆博物館」，或「沒有展覽室的博物館」，或「生活文化圈」，或用更新穎的說法「創生」生活圈、「創生」文化圈等等，或更以經營地方產業或振興經濟的「築夢聚落」、「築夢社區」爲名，因爲其中相當多指涉的概念都是近似，甚至是相同的概念，只是換一個說法，或關注的焦點差異而已，所以筆者認爲也沒有什麼關係或大問題。

推動文化資產保護作為基礎

我們當年所提出的「北投生活環境博物園區」的工作，其中最重要的工作就是以「北投溫泉博物館」爲中心，指定或登錄其周邊特別是與溫泉相關的文化資產，作爲論述這個概念的基本元素。所以我們結合學者專家，訪談社區耆老、鄉親共同發掘北投的歷史，並從研究北投的歷史文獻，來建構與推動「北投生活環境博物園」的系列文化資產的保存。

除了指定北投溫泉公共浴場爲古蹟外，一九九七年九月筆者向台北市政府提出，第一批的北投古蹟陳請案九處，包括長老教會北投教堂、北投普濟寺、北投台灣銀行舊宿舍、北投文物館、草山公共浴場……等等共十四棟建築，同年十月二十三日市政府邀請學者專家現場會勘，筆者借用「長老教會北投教堂」向學者專家做簡報，並說明這是建構「北投生活環境博物園區」的第二階段工作，希望學者們成全此議，並宣佈正式推動「北投生活環境博物園區」。往後筆者又整理了幾批建築名單，陸續提出文化資產指定與登錄的陳請。

這些文化資產中不少屬於私人所有，多數人對文化資產的指定與登錄，還有諸多的疑慮或誤解，即使產權屬於公有，管理單位也多數反對他們經管的建築成爲文化資產，也因這些工作非常龐雜與麻煩，觀念很難溝通，也很容易引起誤會與衝突。在這些阻力之下，幸好有幅込憲二教授與郭中端老師，及李乾朗教授……等，在學術專業上義務指導，還有陳林頌與蔡慈鴻等幾位建築系的學生義務幫大忙，還有許多鄉親樂於通報一些建築要筆者去評鑑，且那時的台北市文化資產審查委員會的大多數委員，也從沒看過這樣以主題性、系統性方法推動文化資產的保存，也相當認同筆者的作法而鼎力支持，所以那些年所推動的文化資產保存工作就有相當好的成果。

所以到千禧年之際，由許陽明辦公室所提出的文化資產保存陳請案，指定與登錄成功的已經有：北投公共浴場、長老教會北投教堂、北投普濟寺、北投台灣銀行舊宿舍、吟松閣、北投公園石拱橋、梅庭、前日軍台北衛戍病院北投分院、北投文物館、北投穀倉、草山御賓館、草山教師研習中心、北投不動明王石窟……還有被燒掉的中山路四號等等，還有審查通過但未公告的天狗庵門柱與石階、瀧乃湯，更還有許多件提出而被市政府延宕處理的北投石自然保留區、七虎球場、北投公園……，還有與大家一起倡議的新北投火車站回家吧等等。

美麗的文化資產

所幸的這些年來，我們在北投陳請成功的文化資產，除了美麗的共同歷史記憶「北投公共浴場」，及一些溫泉文化資產與宗教文化資產外，連我們當年提出陳請或呼籲，保存包括原住民與新住民的歷史現場與文化資產，還有經過這些年各界人士與鄉親的繼續努力，北投到近年所通過指定或登錄的各項文化資產，已經相當多了，這些都可以成為「北投生活環境博物園區」的內容：

一、北投溫泉博物館：二十世紀促進北投發展最重要的公共建設，美麗優雅的溫泉公共浴場。

二、北投公園：與北投溫泉公共浴場，共同成為二十世紀促進北投發展最重要的公共建設，美麗優雅的公園，與周邊各種景觀形成一個溫泉文化景觀。北投公園與周邊不同時期留下的景觀，在在都反應了「二十世紀初都市公園及休閒生活特色」。

三、新北投火車站：二十世紀促進北投發展最重要的交通建設之遺蹟。

四、北投公園石拱橋：東西方建橋文明交會的美麗石橋。

五、天狗庵紀念公園：北投溫泉鄉發展肇始之紀念地。
六、北投普濟寺（原鐵眞院）：一棟肅穆幽靜、見證北投開發歷史曲折的寺院。
七、北投台灣銀行舊宿舍：一棟庭台樓閣，曲徑幽深，象徵日本茶室文化的優雅建築。
八、草山教師研習中心：促成陽明山發展的歷史性建築。
九、長老教會北投教堂：原是北投社凱達格蘭人的信仰中心。
十、草山御貴賓館：皇親國戚居住戰後主導台灣歷史的皇家賓館。
十一、日軍台北衛戍病院北投分院：北投溫泉鄉發展與日俄戰爭的見證。
十二、吟松閣：榮獲第一家古蹟旅館的桂冠，氣質優雅的溫泉建築。
十三、北投不動明王石窟（杏林巷）：具有山神廟性質的簡單禮佛石窟，見證祈求北投發展之社會心理。
十四、大師山「北投眞言宗石窟建築群（弘法大師巖石窟及波切不動明王石窟……等）」。
十五、北投文物館：原佳山旅館、二戰時日本軍士官俱樂部、神風特攻隊最後的家園。
十六、北投穀倉：見證蓬萊米在台北地區與北投農業的發展，大台北地區僅存且保存完整的日本時代穀倉。
十七、竹子湖蓬萊米原種田事務所：台灣蓬萊米的故鄉。
十八、「台北水道草山水源、輸配、貯存暨發電系統」：一座日本時代從北投到天母以大量湧泉供水與發電的一條完整的供水系統。
十九、梅庭：中山路六號，落成於一九三〇年代末期，位於北投溪畔的溫泉宅邸。
二十、七虎籃球場：戰後來台新住民帶來的文化歷史現場。

二十一、石牌漢番界碑：漢人開墾北投與原住民衝突與協調的歷史見證。這一項也是我們原先想啓動保存北投的歷史文化，第一個呼籲要保存的文化資產，二〇〇八年已依文資法登錄爲「一般古物」。

二十二、番仔厝保德宮：凱達格蘭北投社人的最後聚落的聚落信仰。已經列爲「凱達格蘭北投社」文化景觀之中。

二十三、瀧乃湯：雖審查古蹟通過，但未公告完成法定程序。一棟見證北投溫泉利用、改良之歷史，北投現存最古老的公共浴場。

古蹟陳請指定的過程相當曲折。不過整體而言，結果還算圓滿。這個過程獲得許許多多學者專家的指導，與鄉親幕前幕後的大力協助，也有陳林頌與已故蔡慈鴻建築師（當時還是在校研究生）兩位，義務進行古蹟的研究調查與測繪。

後來陳林頌再接再厲，利用他在台灣大學城鄉研究所的碩士論文中的一部分調查，與北投鄉親，還有天母的一群媽媽，組成「草山生態文史聯盟」，從反陽明山保護區變住宅區的「反保變住」之後，主導將北投到天母古道中的「台北水道草山水源、輸配、貯存暨發電系統」，一個水道工程的完美典範，在二〇〇二年十一月十三日，由陳林頌提出古蹟陳請，並在二〇〇三年七月九日審查通過爲台北市定古蹟，該案是全國首創的系統性古蹟。由東初上人興建於一九七一年（民國六十年）的北投農禪寺，二〇〇四年七月爲保留其弘法的發源地，也因在不合規的地目上興建寺院，而自行陳請登錄爲歷史建築來加以保存。

新住民的文化資產——草山行館、張學良故居、中山樓及周邊文化景觀

除了以上所列的文化資產外，我們也另有主張，提出各族群的歷史文化都應該予以尊重保存。而這二十多年來，這一主張也有了不少的進展。

二〇〇五年三月蔣中正在陽明山的行館「草山行館」也登錄為歷史建築。一九五二年，中華民國與美國雙方共同簽訂協議，將草山行館入口道旁的新生街七號連同九號、十三號交換予美方，美國駐中華民國在台灣的大使藍欽（Karl L. Rankin）夫婦搬進新生街七號，並增建迴廊與新生街五號連接整併使用，這裡後來一度變成AIT的陽明山招待所。二〇二一年二月二十三日北投陽明山新生街五號、七號與九號同時登錄為歷史建築。

因為藍欽的住所接近蔣中正的草山行館，可說是「厝邊隔壁」，所以地方一直流傳著一些非常戲謔的說法。藍欽為何會選在此地做為住所，與蔣中正當緊鄰的「隔壁親家」？這種選擇到底是偶然還是刻意？筆者當年在普查地方文化資產時，曾聽當地耆老戲稱這是「老蔣」與「老美」安排的就近互相監視。這當然是笑談，要互相監視根本不必用這樣的方法。而今日在地的里長李秋霞女士，更是笑說她們現在地方流行的新故事更是勁爆。新的這種說法是：如果出事時，蔣中正要逃，隔壁鄰居即是美國領土，翻牆過去接受保護就安全了。鄉野趣譚，眞假無從查證，卻增添鄉野父老茶餘飯後的歡笑趣談。

近年有更多新住民的歷史記憶，在北投鄉親與相關單位的努力下，被登錄為文化資產。原日軍台北衛戍病院北投分院旁的宿舍區，在戰後由國軍與新住民進駐，發展成一個軍眷村「北投中心新村聚落」，這個聚落在張聿文里長等人長期關注努力之下，二〇一一年八月，也登錄為文資法上的「聚

落建築群」；而由於政工幹校，今之國防大學政治作戰學院，設於日本時代的「北投跑馬場」所在之地，因此有不少相關的新住民因而遷移進入北投居住，逐漸地他們也留下了他們的歷史足跡。一九五四年，民國四十三年建立在政工幹校內，因紀念民國四十二年東山島事件陣亡的「國民革命軍陣亡政工人員紀念碑」；一九五五年建立的「復興武德精神堡壘」，都在二〇一八年七月十三日登錄為歷史建築。

位於北投復興三路七十號，幽禁張學良的處所，也在二〇一六年登錄為歷史建築。興建於一九六六年的陽明山「中山樓」，因為是歷次國民大會修憲、選舉總統副總統與許多重要政治活動的現場，在一九九九年登錄為紀念性建築，二〇〇五年六月再度公告指定為台北直轄市定古蹟，二〇一三年十一月二十日更進一步擴大登錄為文化景觀，名稱為「中山樓周邊園區文化景觀」。

在黨國不分的時代，位於中山樓周邊磺溪內谷地的國民黨革命實踐研究院、國防部、總政治作戰部青邨訓練班合用的建築「青邨圓講堂」、「青邨國建館」，也在二〇一三年十一月二十日分別登錄為歷史建築。革命實踐研究院學員宿舍的「梨洲樓」與講師宿舍的「舜水樓」；集會的場所「介壽堂」及升旗所在的「八卦升旗台」，也都在二〇一一年十一月二十二日登錄在「中山樓周邊園區文化景觀」之中。而在中山樓谷地外的右邊，「草山御賓館」（新園街一號）再進去的「新園街三號」，是蔣中正居住於此時，其安全警衛所使用的處所之一，也是後來革命實踐研究院的職員宿舍區中的一棟，也已在二〇二二年三月七日登錄為歷史建築。在北投中央北路的「中國電影製片廠」，其廠區的「A攝影棚、錄音室」也在二〇一七年登錄為歷史建築。

生活環境博物園區

然而最可惜的則是吟松閣陷入長期停業，整修也呈停頓的狀態，亟待其家族內的協調。當年被筆者尊爲北投溫泉建築三寶的瀧乃湯，當年建築狀況是較不佳的，但現在已經全面整修過了，情況算相當良好。而當年建築情況算很好的吟松閣與星乃湯，二十多年間卻陷入危境。當年失之交臂而沒有指定爲古蹟的星乃湯（逸邨）在停業後，十年來建築逐漸崩壞塌陷，滿目瘡痍，且產權已陸續爲建商所收購，見新聞報導，即將改建爲住宅大樓，殊爲可惜。當然也還有筆者認爲應該需要照顧的凱達格蘭北投社人之文化景觀的處理尚未圓滿。

這二十多年來，我們當年的呼籲，各族群在北投的各種歷史建築物，已陸續指定或登錄爲文化資產。而普濟寺（鐵眞院）與住持宅、北投文物館、北投台銀舊宿舍、前日軍台北衛戍病院北投分院、瀧乃湯也都已經陸續修復；新北投火車站，儘管有些鄉親對回歸的位置與建物的眞實性，有諸多的不滿意，但終究是一個歷史意象已重返回到北投。修復或回復不理想的文化資產，就期待有朝一日有機會在更多的共識，或更適當的機會再來處理。

規畫北投文化節慶

「文化圈」或「社區營造」或「地方創生」本就是「生活環境博物園區」（ECO-MUSEUM）不可或缺的一環。「北投溫泉博物館」開館後，除了要展現北投溫泉鄉的溫泉與社區史外，也應該扮演帶動溫泉鄉文化的地方，使其能夠在溫泉鄉的重建工程中，成爲「北投生活博物園區」的「中心博物館」，也能成爲建構「溫泉文化圈」或「溫泉社區營造」或「溫泉地方創生」的中心。

除了硬體的古蹟指定與修復、環境的美化與優質改造外，北投地方應有代表性的活動，以帶動北投文化的發展。我們當時構想下面幾個節日，希望這些示範性的設計能經過「推動與共識」的過程，能成爲北投區的「文化節日」，以後能定期由社區主辦，與市府、區公所合作一起推動這些具有北投特色的節慶活動，以形成溫泉鄉的文化特色，並藉由這些活動讓遊客留下難忘的遊歷記憶：

一、三月二十九日至四月二十九日「國際觀光月」與「國際觀光節」：此一節日是紀念淡水線捷運在一九九七年三月二十九日在北投與新北投捷運站舉辦慶祝活動，除此建設北投溫泉公共浴場、北投公園成爲溫泉鄉建設的奠基者的井村大吉，其在北投公園的銅像是在一九三四年四月七日揭幕的，一九九六年的此日也是舉辦「戀戀溫泉」園遊會，重建北投溫泉鄉活動開始的日子，另外在一九二三年四月二十五日，日本皇太子裕仁到北投溫泉公共浴場訪問，並且渡涉過出產北投石的北投溪。我們希望這一天，能夠成爲「北投國際觀光節」，號召來台灣的外籍人士，來北投當客人。

二、六月十七日「北投溫泉節」：北投溫泉公共浴場落成開場於一九一三年六月十七日，這一天可說是北投溫泉鄉發展上最重要的一日，所以我們計畫將之規畫成「北投溫泉節」。

三、八月九日「北投納涼節」：一九一三年八月九日，爲了慶祝北投溫泉公共浴場的開幕，由台灣日日新報社（台灣新生報的前身）舉辦了一個「北投納涼會」，有五千多人參加的泡溫泉活動。此一節日可以用來促銷夏日的溫泉淡季。

四、十月十七日「湯守觀音節」：湯守觀音是日治時期設立的溫泉守護觀音，設立的原意是希望在泡溫泉之餘，也能藉宗教的力量，帶來心靈上的修養。湯守觀音開光於一九〇五年十月十七日，此一日即訂爲「北投湯守觀音節」，以具有溫泉特色的宗教活動來帶動溫泉鄉的文化發展。

台北市政府民政局開會通知單

保存年限
檔號

速別：最速件
密等：
受文者：許陽明辦公室
副本收受者：本局第三科
開會事由：台北第一酒廠舊址古建築物會勘（現爲八德停車場用地）
開會時間：八十七年九月四日（星期五）下午二時卅分
開會地點：台北市八德路一段一號（中正區梅花里辦公處）
主持人：李局長逸洋
聯絡人（或單位）：黃永進
電話：二七二五六二三九
出席單位及人員：黃教授柏鈴 閻教授亞寧 李教授乾朗 薛教授琴 米教授復國 李教授學忠 王教授啓宗 卓教授克華 徐教授福全
列席單位及人員：台北第一酒廠（八德路一段一號） 許陽明辦公室（台北市北投區中和街二三九號二樓） 本市中正區公所
備註：請中正區公所聯絡建物所有權人或管理單位配合現場會勘相關事宜。
發文單位：臺北市政府民政局
發文日期：中華民國八十七年八月二十七日
發文字號：北市民三字第八七二二六〇六〇〇號
附件：台北市直轄市定古蹟陳情案乙份

a:\0721.ddd

1. 北投溫泉博物館是「北投生活環境博物園區」的中心博物館。
2. 2005年 京都祇園祭是最具代表性的日本國際性文化盛典，七月舉辦期間也是京都名聞世界的旅遊熱季。（筆者 攝）
3. 1998-9-4 華山文創園區「台北第一酒廠」舊址古建築物會勘，通知陳請人（筆者）之公函。

當然，以上這些舉例，是筆者對北投溫泉事業的一種文化與經濟活動的示範式提醒。其實這二十多年來，在以北投溫泉博物館爲中心博物館的概念之下，北投各式各樣有關溫泉事業的活動，已經幾乎是常態在舉辦了。日本各地的傳統文化祭典，常是吸引觀光客的最佳代言特色。僅舉日本京都的祇園祭爲例，這個祭典的歷史已經有一千多年了，每年七月一整個月都是祭典活動期，七月份的京都，尤其是每年七月十六日舉行宵山祭典與十七日舉行山鉾遊巡，前後一兩星期，京都市中心充滿旅遊人口，活動高峰現場的街道更是人擠人，是日本最負盛名的國際文化盛典之一。京都也有相當盛大的其他慶典，如葵祭、五山送火，都是集宗教、歷史、文化與商業、旅遊的最佳典範。

筆者想提醒的是，文化活動切忌粗製濫造、假冒亂湊，文化活動越重視歷史緣由與傳承，越能深入社區的共同記憶，越能產生社會的共鳴；越精緻的在地化之文化歷史，越有機會國際化。

以新視野為下一個百年灌注創生活力

從社區就是博物館的理念開始，社區參與是一種積極的生活態度，也是一種終身學習。以現在更流行的說法，也是地方創生、地方改造的必要動力。社區是有機的生命體，活動只是在刺激這個生命體展現動能，當社區自己動起來，就能自主地尋找更多可以參與、實踐自己的公共議題，這也是北投在下一個一百年保持生命力與地方創生的最重要憑藉。

一九九六年開始到一九九八年，筆者以「北投溫泉博物館」爲中心，經過地毯式的探索與發掘，提出報告與陳請書，分次向台北市政府陳請指定在北投，特別是與溫泉有關的日本時代之文化遺產爲古蹟。這是當時筆者推動「北投生活環境博物園區」的重點工作。

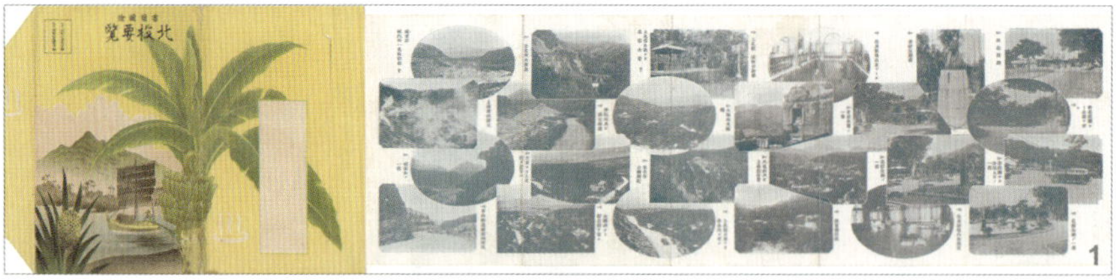

1. 日本時代「書簡圖繪　北投要覽」旅遊摺頁（正面）。
2. 1999-3-17 巴黎-台北都市發展研討會，筆者為法國貴賓導覽北投溫泉博物館。
3. 1988年　拆除中的新北投火車站。（筆者 攝）

我們設定以「溫泉」爲主題來規劃古蹟的陳請，因此「北投生活環境博物園」系列古蹟，應該是台灣第一個以生活主題來規劃的古蹟群。從北投公共浴場開始，從台北到高雄到台南，從蔡瑞月舞蹈社、華山文創園區台北第一酒廠、台灣煉瓦會社打狗工場、前日軍台南衛戍病院，到環繞台灣的燈塔，從海島的彭佳嶼燈塔，到台灣最高海拔的文化資產——原台灣總督府嘉義氣象台阿里山觀象所，到台北機廠全區保存爲國定古蹟。這二十多年來，我們所陳請的文化資產，成功依法指定與登錄的建築已經超過百件，或我們推動的國家政策歷史現場的保存與再現，這些可說都是從我們在北投的經驗開始的。

我們把北投的重建目標定位爲「充滿溫泉文化資產的溫泉鄉」。但那些年距離日本時代已經至少有五十年了，很多溫泉興起時代的人、地、事、物，已經被忘淡。北投的溫泉文化資產在未經我們詮釋之前，多數是那時的北投鄉親，或外界眼中的無名建物，或根本就不知有這些溫泉文化資產的存在。經過我們展開搜尋，並敘述這些溫泉文化資產的再發現歷程，再述說屬於這些文化資產的歷史故事，到我們陳請成爲法定文化資產之後，這些文化資產就轉變成爲北投非常重要的文化觀光財，也就成爲外界研究或旅遊書寫，廣爲引用與介紹的北投熱門景點，自然也是北投觀光旅遊不可錯過的景點。

這可以說是一個社區「自我認同」與「自我再發現」，重新追尋創生新典範的過程與結果。對北投這個溫泉鄉而言，不只是消極的保存歷史與文化，而是透過文化資產的保存，更進一步地積極以文化資產所在的點，擴大到周邊，甚至整體環境的積極改善與美化。這不但是重新建構自己歷史的意象，更是積極地創造自己家園發展的新方向與新願景。

國家圖書館出版品預行編目資料

北投．草山溫泉歷史「再發現」物語：從日治「天狗庵」到民國「中山樓」／許陽明作. -- 初版. -- 臺北市：圓神出版社有限公司, 2024.12
640面；17×23公分. --（圓神文叢；166）
ISBN 978-986-133-947-4（平裝）

1.CST：溫泉　2.CST：歷史　3.CST：人文地理
4.CST：臺北市北投區

733.9/101.9/115.4　　113015583

Eurasian Publishing Group 圓神出版事業機構 用心與你對話．視野無限寬廣　圓神出版社 Eurasian Press

www.booklife.com.tw　　reader@mail.eurasian.com.tw

圓神文叢 166

從日治「天狗庵」到民國「中山樓」

北投．草山溫泉歷史「再發現」物語

作　　者／許陽明
內頁照片／許陽明提供
發 行 人／簡志忠
出 版 者／圓神出版社有限公司
地　　址／台北市南京東路四段50號6樓之1
電　　話／（02）2579-6600．2579-8800．2570-3939
傳　　真／（02）2579-0338．2577-3220．2570-3636
副 社 長／陳秋月
主　　編／賴真真
責任編輯／許陽明團隊
校　　對／許陽明團隊．賴真真
美術協力／劉鳳剛
印務統籌／劉鳳剛．高榮祥
監　　印／高榮祥
經 銷 商／叩應股份有限公司
郵撥帳號／ 18707239
法律顧問／圓神出版事業機構法律顧問　蕭雄淋律師
印　　刷／國碩有限公司
2024年12月　初版

定價 800 元　　ISBN 978-986-133-947-4